KB072325

리씽크
Re:think

리씽크 Re:Think
오래된 생각의 귀환

2017년 2월 24일 초판 1쇄 | 2017년 5월 18일 7쇄 발행

지은이 · 스티븐 풀

펴낸이 · 김상현, 최세현

책임편집 · 김형필, 허주현, 조아라 | 교정 · 박지숙 | 디자인 · 霖design

마케팅 · 권금숙, 김명래, 양봉호, 임지윤, 최의범, 조히라
경영지원 · 김현우, 강신우 | 해외기획 · 우정민

펴낸곳 · (주)쌤앤파커스 | 출판신고 · 2006년 9월 25일 제406-2006-000210호
주소 · 경기도 파주시 회동길 174 파주출판도시
전화 · 031-960-4800 | 팩스 · 031-960-4806 | 이메일 · info@smpk.kr

ⓒ 스티븐 풀(저작권자와 맺은 특약에 따라 검인을 생략합니다)

ISBN 978-89-6570-411-9 (03320)

• 이 책은 저작권법에 따라 보호받는 저작물이므로 무단전재와 무단복제를 금지하며, 이 책 내용의
전부 또는 일부를 이용하려면 반드시 저작권자와 (주)쌤앤파커스의 서면동의를 받아야 합니다.

• 이 책의 국립중앙도서관 출판시도서목록은 서지정보유통지원시스템 홈페이지(http://seoji.nl.go.kr)와
국가자료공동목록시스템(http://www.nl.go.kr/kolisnet)에서 이용하실 수 있습니다.
(CIP제어번호: CIP2017003557)

• 잘못된 책은 구입하신 서점에서 바꿔드립니다. • 책값은 뒤표지에 있습니다.

쌤앤파커스(Sam&Parkers)는 독자 여러분의 책에 관한 아이디어와 원고 투고를 설레는 마음으로 기다리고
있습니다. 책으로 엮기를 원하는 아이디어가 있으신 분은 이메일 book@smpk.kr로 간단한 개요와 취지,
연락처 등을 보내주세요. 머뭇거리지 말고 문을 두드리세요. 길이 열립니다.

Re:think
리씽크
오래된 생각의 귀환

스티븐 풀 지음
김태훈 옮김

쌤앤
파커스

재발견의 시대

Ⱡ

Rethink [동사]

1. 어떤 생각을 다시 하다, 재고하다
2. 생각하는 방식을 바꾸다

—

"군대의 침략은 막을 수 있으나 제때를 만난 사상은 막을 수 없다."
- 빅토르 위고Victor Hugo

—

전기차는 미래다. 아주 오랫동안 그랬다. 최초의 전기차는 1837년에 영국의 화학자인 로버트 데이비슨Robert Davidson이 처음 만들었다. 19세기 말에 (특유의 엔진 소리 때문에 '벌새'로 불린) 전기차 택시들이 런던의 거리를 돌아다녔다는 사실은 지금 완전히 잊혔다. 런던 경찰국장은 마차 택시보다 절반 이하의 공간을 차지하는 전기차 택시들이 심해지는 혼잡 문제를 해결해줄지도 모른다고 말했다. 파리, 베를린, 뉴욕에서도 전기차 택시들이 손님을 찾아 돌아다녔다. 19세기 말에 미국에 등록된 전기차의 수는 3만 대 이상이었다. 전기차는 휘발유차보다 훨씬 인기가

많았다. 소음이 덜했고, 오염물질도 덜 배출했다. 20세기는 전기차의 세기가 될 것이 분명했다.[1]

그러나 10여 년 후 전기차의 생산이 서서히 줄다가 나중에는 중단되었다. 런던의 마차 택시기사들은 경쟁자인 전기차 택시의 고장과 사고를 들어 공세에 나섰다. 결국 런던 전기차 택시회사는 문을 닫고 말았다.[2] (전기차 택시는 기술적 문제를 겪기는 했다. 그러나 현재 맨해튼과 런던의 택시기사들이 우버를 최대한 나쁘게 말하듯이 당시 경쟁자들이 과장한 측면이 있었다.) 한편 대규모 유전들이 발견되면서 휘발유 가격이 급락했다. 헨리 포드Henry Ford는 전기차의 절반 가격에 휘발유차를 팔기 시작했다. 미국의 도로 사정이 나아지면서 더 멀리 여행하는 일도 가능해졌다. 반면 전기차는 한정된 배터리 용량 때문에 그럴 수 없었다. 그에 따라 결국 내연기관이 세기를 주름잡게 되었다.

그러다가 마침내 기술기업가인 일론 머스크Elon Musk가 등장했다. 페이팔의 공동 창립자로서 이베이에 지분을 팔아 거부가 된 그는 캘리포니아에서 정교한 전기차를 만드는 사업에 돈을 쏟아부었다. 그는 거의 모두가 전기차는 시기상조라고 생각하던 2004년에 테슬라 모터스라는 실리콘밸리의 신생 기업에 초기 자금을 대고 회장이 되었다. 공동 창립자인 제이 비 스트로벨J. B. Straubel은 당시 상황을 이렇게 회고한다. "지금은 그때 사람들이 우리 사업을 얼마나 형편없이 평가했는지 모르는 경우가 많아요. 창업투자자들은 전부 도망치기 바빴어요."[3] 그러나 머스크는 자기 돈으로 창업 자금을 댈 수 있었다. 곧 그는 테슬라의 대표가 되었다. 2008년에 테슬라는 고속도로를 달릴 수 있는 첫 전기차로

10만 9,000달러짜리 로드스터를 출시했다. 노트북과 휴대폰에 들어가는 리튬 이온 배터리를 동력원으로 삼는 이 차는 한 번 충전으로 약 320킬로미터 이상을 달릴 수 있었다. 무엇보다 투박한 친환경차가 아니라 날렵한 스포츠카처럼 보였다. 머스크는 탄소 섬유 차체와 4초 안에 시속 약 97킬로미터까지 가속할 수 있는 성능을 고집하면서 첫 모델의 개발 과정을 지연시켰다. 그 결과 타고 싶은 전기차가 만들어졌다. 테슬라의 첫 모델은 환경을 중시하는 부자들이 신분 과시용으로 타는 차가 되었다. 조지 클루니, 맷 데이먼, 구글의 래리 페이지와 세르게이 브린도 이 차를 샀다.[4]

테슬라의 다음 제품은 약간 더 점잖은 외관으로 주류 시장을 겨냥한 모델 S였다. S는 세단Sedan 혹은 설룬Saloon의 머리글자지만 숨겨진 역사적 메시지도 갖고 있었다. 잘 알려진 대로 헨리 포드는 모델 T를 만들었다. 알파벳 순서로 보면 T 앞에 S가 온다. 즉, 포드가 만든 휘발유차 이전에 전기차가 있었다는 의미다. 머스크는 전기 작가에게 이렇게 말했다. "어떤 의미에서 한 바퀴를 돈 셈이죠. 모델 T보다 앞서 나온 차가 21세기에 다시 만들어지고 있으니까요."[5] 모델 S는 히트작이었다. 또한 미국의 고속도로 안전당국이 시험한 차량 가운데 가장 높은 안전성을 자랑했다.[6] 테슬라는 2015년까지 해마다 5만 대를 팔았다. 한편 닛산과 BMW 같은 기성 자동차 회사들도 전기차를 만들기 시작했다. 2016년에 테슬라는 기본 가격이 3만 5,000달러에 불과한 모델 3를 만든다고 발표했다. 24시간 안에 70억 달러 규모의 선주문이 들어왔다. 머스크는 트위터에 올린 글에서 "전기차의 미래는 밝다!"며 감탄했다. 어쩌면 전기차라는 아이디어는 다시 자리를 잡을지도 모른다.

현대의 전기차는 신기술로 더욱 제품성이 높아진 뛰어난 아이디어지만 새로운 아이디어는 아니다. 소비재 기술산업에 해당되는 사실은 과학과 다른 사상 분야에도 해당된다. 인간의 이해가 깊어지는 과정은 점진적으로 진행되지 않는다. 사실들을 거대하게 쌓아둔 채, 무지에서 지식으로 부드럽게 넘어가는 과정이 아니라는 것이다. 그보다는 더욱 흥미로워서, 360도로 회전하고 지그재그로 달리는 거친 롤러코스터와 비슷하다. 대개 과거는 현재보다 지적 진화가 덜 되었다고 생각하는 경향이 있다. 많은 측면에서는 실제로 그렇다. 그러나 과거가 혼란과 오류뿐만 아니라 당대에는 인정받지 못한 놀라운 진리도 지니고 있다면 어떨까? 알고 보면 정말로 그렇다.

이 책은 제때를 만난 아이디어들을 다룬다. 이 아이디어들은 수백 년 혹은 수천 년 전에 태동했다. 그러나 지금에서야 제때를 만났다. 그중 다수는 누군가 새로운 각도에서 조명하기 전까지 조롱당하거나 억압받으며 오랜 세월을 보냈다. 그러나 이제 현대 기술, 생물학, 우주학, 정치 철학, 비즈니스 이론, 철학 그리고 다른 많은 영역의 첨단에 서서 돌아오고 있다. 재발견되고, 갱신되고 있다. 다시 생각되고, 새로운 방식으로 생각되고 있다. 즉, 재고되고 있다. 창의성은 종종 다른 영역에 속하는 기존 아이디어들을 통합하는 능력으로 정의된다. 그러나 간과되었던 아이디어가 지닌 가치를 깨닫는 상상력일 수도 있다. 우리는 혁신의 시대에 살고 있다. 그러나 지금은 재발견의 시대일 수도 있다. 알고 보면 혁신은 오래된 아이디어에 의존하는 경우가 놀랄만큼 많기 때문이다.

연금술의 가치

이제는 오래된 것이 새로운 것이다. 오늘날 많은 개인 트레이너들은 기구를 버리고 체조와 케틀벨 같은 구식 운동을 권한다. 음식산업에서는 500년 전에 귀족들이 즐겼을 법한 공들인 성찬을 만드는 추세가 생겼다. 인터넷으로 음악을 바로 듣는 시대에 새 앨범을 출시하는 가장 멋진 방법은 레코드판이다. 자전거 인력거가 맨해튼과 뉴욕의 거리를 돌아다닌다. 성인들은 채색용 책을 산다. 심지어 비행선까지 돌아왔다. (영국에서 제작한 100미터 길이에 헬륨 가스를 채운 에어랜더Airlander 10은 무거운 화물을 옮기는 사업에서 헬기와 경쟁하기 위해 설계되었다. 승객용 비행선도 다시 생길 가능성이 있으며, 나사는 금성의 구름 속에 떠 있는 우주정거장에 보급품을 제공할 비행선의 개념도를 만들었다.)

그러나 이처럼 여러 측면에서 이뤄지는 과거를 향한 문화적 전환과 더불어 새로운 것에 맞춰진 엄청난 초점도 있다. 스마트폰, 스마트워치, 피트니스 트래커, 창업 문화와 세계적인 초고층건물 올리기 경쟁, 우버와 와츠앱 등이 그런 예다. 그래서 인류사를 통틀어 지금이 그 어느 때보다 변화의 속도가 빠르다는 말을 자주 듣게 된다. 과거는 긴 실수의 목록일 뿐이다. 이제 우리는 더 잘 안다. 역사는 구식이다. 미래는 목전에 있다. 〈타임〉지의 전 수석 편집자는 "낡은 아이디어에 순응하는 것은 치명적"이라고 말한다. "지금은 생각할 수 없는 일이 이뤄지는 시대"다.[7]

그러나 복고풍 대 미래풍, '이제는 오래된 것이 새로운 것' 대 '혁신의 시대' 같은 문화에 대한 이런 의견들 자체가 아주 오래된 것이다. 두 의견을 동시에 가지는 데서 생기는 긴장도 마찬가지다. 오늘날 기술은 인상적인 속도로 변하고 있다. 그러나 19세기에도 그랬다. 1875년부터 1900년까지 25년 동안 냉장고, 전화기, 전구, 자동차, 무선 전신이 발명되었다. (1899년에 막 끼어든 종이 클립은 말할 것도 없다.) 그러나 같은 시기에 미술 공예 운동은 전통적인 수공예와 디자인이라는 오래된 아이디어로 향하는 확연히 낭만적인 회귀에 나섰다. 또한 시인들은 아서 왕의 전설을 다시 썼다. 그리고 르네상스는 근대성의 도가니라는 칭송을 받으며 재발견되었다. 19세기 말은 당시에도 유례가 없는 것처럼 보였던 양상으로 앞과 뒤를 모두 바라보고 있었다.

어쩌면 모든 시대는 고유한 방식으로 과거와 복잡한 관계를 맺고 있으며, 사람들은 모든 이전 시대, 적어도 르네상스 이후로는 그랬다는 사실을 깨닫지 못한다. 오늘날 어떤 아이디어가 오래된 것이라는 사실을 깨닫지 못하면 어떤 일이 생길까? 기술기업들이 (고등교육 같은) 훌륭한 사회제도를 긍정적으로 '단절'해야 한다고 주장하는 '실리콘밸리 이데올로기'는 우리가 지닌 고유한 현대적 지혜를 토대로 신선하게 출발해야 한다는 통념을 단적으로 보여준다. 여기서 혁신이라는 개념은 이단아 같은 젊은 기업가가 번뜩이는 영감을 토대로 무에서 유를 창조하여 세상을 바꾸는 것이라는 식으로 대단히 협소해진다. 실리콘밸리 이데올로기에 따르면 모든 곳에서 과거의 방식은 대체되어야 한다. 이는 몇 초만 지나면 메시지가 영구적으로 지워지는 사진 및 영상 메시지 앱인 스냅챗식 철학이다. 지난 것은 도움이 안 되니 아예 사라져야 한다는 것이다.

단절적 혁신을 바라는 이 실리콘밸리의 꿈은 2014년에 뉴욕대에서 열린 '누구에게도 필요치 않은 멍청한 물건과 끔찍한 아이디어 대회'를 통해 멋지게 풍자되었다. 출품작으로는 명령을 내리면 어지러움을 유발하는 구글 글래스 앱과 아기들을 위한 데이트 앱 등이 있었다. 누구도 떠올린 적이 없는 어떤 아이디어란 유례없는 천재성을 담은 것일 수도 있지만 떠올릴 만한 가치가 없는 것일 수도 있다. 일론 머스크는 자신이 단절을 일으키는 일을 한다고 생각지 않는다. 그는 한 인터뷰에서 이렇게 말했다. "강연을 나가면 저는 종종 단절을 즐겨 일으키는 사람으로 소개됩니다. 그러면 '잠깐, 사실 저는 단절을 일으키는 일을 좋아하지 않는데 그렇게 말하니 참 단절적으로 들리는군요.'라고 말합니다. 그보다는 '어떻게 하면 사정을 더 낫게 만들 수 있을까?' 하는 쪽으로 생각하는 편입니다."[8]

앞으로 살피겠지만 혁신가들은 테슬라의 전기차처럼 지난 것을 되살리고 개선하여 사정을 더 낫게 만드는 일이 많다. 과학철학자인 파울 파이어아벤트Paul Feyerabend는 "어떤 발명도 홀로 이뤄지지 않는다."고 말했다.[9] 다른 사람이나 시대로부터 고립되어 이뤄지는 발명은 없다. 약간만 재고해보면, 묻혔던 어떤 아이디어들이 언젠가 재발견될 수 있지 않을까?

우리는 모두 좋은 아이디어를 사랑한다. 그러나 어떤 아이디어가 좋은지 아닌지 어떻게 알 수 있을까? 유용하거나, 돈이 되거나, 도덕적으로 칭송할 만하거나, 다른 사람들에게 영감을 주면 좋은 아이디어일까? 혹은 다른 사람들에게 도움을 주거나, 단지 세계관을 크게 바꿔놓으면 좋은 아이디어일까? 아마도 이 중 전부 혹은 일부에 해당할 것이다. 유용성을 기준으로 아이디어를 평가하는 것은 매력적으로 보인다. 그러나 유용성은 더 좁거나 넓게 인식될 수 있다. 무엇을 위해 유용하다는 것인가? 누구에게 유용하다는 것인가? 언제 유용한다는 것인가? 아이디어를 '좋다', '나쁘다'로 나누는 것은 매우 거친 접근법이다. 그보다 더 나은 접근법이 필요하다.

우선 아이디어에 대한 인식은 시간이 지나면서 바뀐다. 이 과정에서 재발견이 이뤄진다. 전기차는 마차가 초래하는 정체와 (유기적) 오염 문제를 감안하면 좋은 아이디어였다. 그러나 저렴한 휘발유를 연료로 쓰는 차가 지닌 능력을 감안하면 그다지 좋은 아이디어가 아니었다. 최초의 전기차는 한 번 충전하면 약 48킬로미터밖에 주행할 수 없었으며, 20세기 초에는 화석연료를 쓰지 말아야 할 시급한 이유도 없었다. 그러나 현대에 이르러 기후학과 배터리 기술이 같이 발전하면서 문제 많은 아이디어가 아주 좋은 아이디어로 바뀌었다.

그렇다면 아이디어란 정확하게 무엇일까? 생각 혹은 제안과 같은 뜻일까? 처음 얻는 영감 아니면 마지막 결론일까? 순간적인 천재성의 발현 아니면 길고 세심한 숙고의 산물일까? '아이디어'를 정확하게 정의하기는 어렵다. 그러나 어떤 판사가 포르노에 대해 말한 대로 '보면 안다.' 아이디어로 간주되는 대상 자체가 재고해야 할 문제다. 아이디어를 생각하는 방식을 재고하지 않으면 엄청난 가능성을 놓칠 수 있다.

그러나 과거의 어떤 아이디어들은 명백히 '나쁘다'는 사실을 모두가 안다. 그 아이디어들은 그냥 잘못되었고, 새로운 발견을 통해 영원히 대체되었다. 이제 우리는 그 아이디어들을 그저 우스운 실수 정도로 가볍게 치부한다. 역사적으로 폐기된 수많은 아이디어 중에서도 대단히 평판이 나쁜 것 중 하나가 연금술이다. 다른 원료를 금으로 바꿀 수 있다고? 당연히 말도 안 된다. 우리는 뉴턴이 대단히 명민한 사람임에도 연금술에 이끌렸다는 사실을 안타깝게 여긴다. 현대적인 시각으로 보면 연금술은 기껏해야 희망사항, 나쁘게는 난해한 사기에 불과하다. 그러나 연금술은 과학을 발견하기 전에 사람들이 하던 것이었다.

'현자의 나무'라는 아이디어를 보자. 17세기 연구서에 모호하게 암시된 내용에 따르면 '현자의 나무'는 납을 금으로 바꾼다는 유명한 '현자의 돌'보다 앞선 것이었다. 특별하게 처리한 금의 씨앗을 심으면 금나무로 자라난다는 식이다. 이것이 '현자의 나무'다. 허무맹랑한 이야기다.

그러나 10년 전에 미국의 화학자이자 과학사가인 로렌스 프린시페 Lawrence Principe가 '현자의 나무'가 실제로 가능한지 알아보기로 했다. 그는 현대 화학의 창시자 중 한 명인 로버트 보일Robert Boyle이 쓴 비밀스러운 연금술 서적에 적힌 대로 특별한 형태의 수은인 현자의 수은을 만들었다. 그리고 17세기 연금술 논문과 실험서를 토대로 재구성한 제조법에 따라 현자의 수은과 금을 섞은 다음 유리구슬 안에 밀봉했다. 그러자 거품이 일더니 빵처럼 부풀다가 액체로 변했다. 여러 날 더 가열하자 가지처럼 뻗어나가는 소위 '수지상樹枝狀 프랙탈' 구조가 형성되었다. 그야말로 눈앞에서 금나무가 자라난 것이다.[10]

결국 연금술은 그렇게 터무니없는 것만은 아니었다. 가령 현재 역사학자들은 로버트 보일이 연금술사들의 연구를 근본적으로 '강탈'하여 귀중한 통찰을 얻었으면서도 대중들에게는 연금술을 허튼 수작으로 폄하했다고 주장한다. 다시 말해서 그는 과거로부터 아이디어를 취하여 새로운 것을 제시하면서도 그 아이디어를 떠올린 선대의 사상가들을 깔보는 일종의 '부도덕한 재고'를 저질렀다. 현재 이뤄지는 연구들도 연금술을 통해 안료와 기름을 만드는 오래된 제조법이 유용하다는 사실을 확인하고 있다. 오래된 문헌에 있는 암호화된 용어들을 제대로 번역하면 대부분의 기이한 내용은 사라진다. 가령 2015년에 〈케미컬 앤드 엔지니어링 뉴스Chemical & Engineering News〉에 실린 연구 결과에 따르면 "'용의 피'는 황화수은을 가리키고, '흑룡을 점화한다.'는 말은 고운 가루로 만든 납에 불을 붙인다는 뜻"이다.[11] 연금술은 반과학적 미신이 아니라 당시에 실행할 수 있었던 최고의 과학이었다.

뻔히 잘못된 것처럼 보였던 오래된 아이디어가 올바른 것으로 드러날 때 우리는 과거에 대한 생각 그리고 아이디어 자체에 대한 생각을 재고하지 않을 수 없다.

과거를 돌아보는 밝은 눈

일론 머스크가 만든 전기차 회사는 니콜라 테슬라Nikola Tesla의 이름에서 그 명칭을 땄다. 그는 19세기 말과 20세기 초에 활발하게 활동한 세르비아계 미국인 공학자이자 발명가로서, 에디슨이 개발한 직류 전기 공급 체계에 맞서서 현대식 교류 전기 공급 체계를 개척했다. (2006년에 크리스토퍼 놀런Christopher Nolan 감독이 만든 영화 〈프레스티지〉에서 테슬라를 인상적으로 연기한 사람은 다름 아닌 데이비드 보위David Bowie였다.) 테슬라는 1888년에 최초의 교류 유도전동기에 대한 특허를 냈다. 그로부터 1세기 넘게 지난 후 테슬라 모터스의 엔지니어들은 같은 종류의 장치를 중심으로 첫 차량을 설계했다.

테슬라는 1926년에 50년 후 세상이 어떨지 묻는 질문을 받고 이렇게 답했다. "무선 기술이 완벽하게 적용되면 온 세상이 거대한 뇌로 변할 겁니다. 텔레비전과 전화기를 통해 수천 킬로미터나 떨어져 있어도 앞에 있는 것처럼 서로를 보고 듣게 될 겁니다. 그리고 이런 기능을 하는 장치는 지금의 전화기와 비교하면 놀라울 만큼 간단해서 호주머니에 넣고 다닐 수도 있을 겁니다."[12]

와, 스마트폰을 예측하다니.

테슬라는 "사람이 타지 않고 무선으로 조종하는 비행기"도 예측했다.

그렇다. 바로 드론이다.

또한 테슬라는 "국경이 대부분 사라지고 다양한 인종들이 한데 모여서 조화롭게 살아가는 세계를 향해 큰 진전이 이뤄질 것"이라고도 예측했다.

뭐, 세 가지 예측 중에서 두 개가 맞았으면 나쁘지 않다.

테슬라가 가진 미래의 기술에 대한 전망은 인상적일 만큼 정확했다. 그러나 이 책은 이러한 놀라운 예측을 다루지 않는다. 일단 책을 읽기 시작하면 과거의 모든 영역에서 흥미로운 현대적인 아이디어를 예측한 사례들을 보고 싶어질 수도 있다. 그러나 이런 식별은 신중을 기해야 한다. 태양 아래 새로운 것은 없다는 안일한 결론은 유례없는 아이디어를 발견하거나 꿈꾼 사상가들에 대한 모욕이다. 한편 좋은 아이디어의 모든 전조를 명민하다고 칭송하면 단순한 우연을 천재성의 증거로 오인할 위험도 있다. 19세기의 독일 과학자인 헤르만 폰 헬름홀츠 Hermann von Helmholtz는 이 점을 잘 지적했다. 그는 다음과 같이 당시 학술지에 검증되지 않은 가설들이 너무 많이 실리는 현실을 비판했다. "수많은 아이디어들 중에서 결국 부분적으로나 전체적으로 옳다고 판명되는 것들이 나오기 마련이다. 오히려 항상 잘못 추측하는 것이 기술이다. 이처럼 넉넉한 확률이 존재한다면 누구나 자신이 먼저 발견했다고 떠들썩하게 주장할 수 있다. 설령 틀렸다고 해도 망각이 덮어줄 것이기 때문이다."[13] 맞는 말이다. 그냥 무작위로 추측해서 나중에 나올 아이디어를 예측하는 것은 좋다. 그러나 빨간색이나 검은색에 돈을 거는 룰렛 플레이어도 약 절반의 경우에는 맞춘다. 단순한 예측은 올바른 전망을 한 사상가들이 칭송받는 이유인 영웅적인 통찰에 해당되지 않는다.

앞으로 살펴겠지만 과학은 수많은 재고가 이뤄지는 영역이자 그 자체가 재고를 위한 도구, 아마도 최고의 도구다. 그러나 과학이라는 도구가 지닌 한계를 부정하는 경우가 너무 많다. 우리 시대에 과학을 옹호하는 사람들은 좋은 의도라고는 하지만 과학에 관해 잘못된 인식을 갖고 있다. 이 점은 이해할 만하다. 미국인 중 40퍼센트 이상이 겨우 1만 년 전에 신이 인간을 창조했다고 믿으며, 냉소적인 정치인들은 기후학 분야에서 나온 탄탄한 연구 결과를 계속 배척하고 있기 때문이다. 결국 과학 옹호자들은 과학이 매끄럽게 돌아가는 기계처럼 인류를 점진적으로 계몽하며, 유일하게 믿을 수 있는 지식의 원천이라고 내세우는 경향이 있다. 과학이 도덕적 가치의 원천이 될 수 있음을 보여주려는 시도까지 이뤄지고 있다. 과학을 옹호하는 사람들 중 다수는 개인적으로는 분명 더 지성적이지만 대중적으로는 과도한 단순화를 저지르는 경우가 많다.

앞으로 살피겠지만 과학과 (철학 같은) 다른 학문은 서로 영향을 주고 받으며, 이는 좋은 일이다. 일반적으로 인간의 이해는 오류를 잘못 홍보함으로써만 진전되는 경우가 많다. 또한 가장 중요한 점은 좋은 아이디어가 발견되더라도 마침내 재발견될 때까지 수십 년 내지 수백 년 혹은 수천 년 동안 거부당하거나 조롱당하기도 한다는 것이다. 그렇다. 과거는 오류와 기만으로 가득하다. 다시 말해서 현재와 비슷하다. 그러나 망각에서 돌아오기를 기다리는 놀라운 보석들도 지니고 있다.

이 책에서 소개하는 일부 아이디어는 근래에 자연과학 분야에서 다시 등장했다. 가령 생쥐가 체리 냄새에 대한 두려움을 물려받을 수 있다거나, 우리의 우주가 영원히 불어나는 다중 우주 중 하나일 뿐이라는 개념들이 여기에 해당한다. 한편 일부 아이디어는 말도 안 되게 들릴 수 있다. 가령 전자電子가 자유의지를 지닌다거나 무한하게 많은 수의 당나귀가 있다는 아이디어가 그렇다. 그러나 이 모든 아이디어는 신중한 추론 과정을 거친다. 물론 일부 철학자들이 이미 내세우지 않았을 만큼 말도 안 되는 의견은 없다. 그러나 2부에서 살피겠지만 말도 안 되는 것처럼 보이는 아이디어가 타당하게 보이는 아이디어만큼 중요한 경우가 많다.

곧 우리는 역사의 다른 일부가 될 것이다. 그러면 어떤 일이 일어날까? 아이디어의 미래는 어떨까? 과거는 미래를 말해주는 믿을 만한 지침이 아니다. 그러나 우리에게 주어진 것은 과거뿐이다. 주류나 전문가들이 조롱하던 아이디어가 시대를 앞서간 것으로 드러나는 경우가 많다. 그렇다고 해서 과거의 헛소리들을 모두 믿어야 한다는 말은 아니다. 또한 지금은 당연히 옳다고 여기는 아이디어도 분명 나중에는 조롱당할 것이다. 그렇다고 해서 우리의 판단력에 대한 희망을 모두 버려야할 이유는 없다. 아리스토텔레스는 천성적으로 노예인 사람들이 있으므로 노예제를 수용할 수 있다고 생각했다. 이 책의 3부에서 나는 다음과 같은 질문을 제기할 것이다. 미래 세대를 부끄럽게 만들 우리 세대의 통념은 무엇일까? 지금은 말도 안 된다는 이유로 진지하게 받아들이지 않는 아이디어들은 무엇일까?

재고와 재발견의 기술은 권위, 지식, 판단, 옳고 그름 그리고 생각 자체의 절차에 대한 우리의 생각에 의문을 제기하는 데 있다. 아이디어는 나비처럼 핀으로 고정할 수 없다. 시간의 흐름과 함께 살아가고 생각하는 사람들로부터 나와서 수세기 동안 전달되기 때문이다. 같은 아이디어가 시대에 따라 나쁠 수도 있고 좋을 수도 있다. 또한 어떤 아이디어는 부정확하다는 의미에서 나쁘지만, 그럼에도 더 나은 것을 향해 나아가는 데 필요한 디딤돌 역할을 한다는 점에서 좋을 수도 있다. 더욱 일반적으로 재고는 어떤 아이디어가 잘못되었다는 의미에서 나쁘다고 해도 유용하다는 의미에서 좋을 수도 있음을 말해준다. 즉, 플라세보 아이디어Placebo Idea가 될 수 있다는 것이다. 심하게 말하자면 때에 따라서는 아이디어의 옳고 그름이 중요치 않을 수도 있다.

아름다운 만연체 소설을 쓴 헨리 제임스Henry James의 형이자 19세기의 선구적인 심리학자인 윌리엄 제임스William James는 아이디어가 받아들여지는 험난한 과정에 대한 냉소적인 묘사를 한 사람으로 (아마도 사실과 다르게) 종종 제시된다. 거기에 따르면 새로운 것이 나타났을 때 사람들은 "맞지 않아."라고 말한다. 그러다가 나중에 확실하게 맞는 것으로 드러나면 사람들은 "중요치 않아."라고 말한다. 끝으로 중요성을 부정할 수 없게 되면 사람들은 "어차피 새로운 것도 아니잖아."라고 말한다.[14] 이 변화는 끔찍하게 긴 시간에 걸쳐 진행될 수 있으며, 그 과정에서 끔찍하게 많은 슬픔을 초래할 수 있다.

아이디어의 세계는 움직이는 표적과 같다. 지금부터 다루는 내용은 정지된 장면들이다. 아이디어를 확실하게 판단할 수 있는 정적인 생각의 묶음으로 그리기 쉽다. 그러나 실은 그렇지 않다. 아이디어가 상어처럼 살아 있으려면 계속 움직여야 한다. 아이디어는 어떤 대상인 동시에 과정이다. 이 과정은 계몽으로 나아가는 길고 직선적인 행진인 경우가 드물다. 계속 재고하지 않는다면 제대로 사고하는 것이 아니다. 프랑스 속담에는 "일단 물러서면 더 멀리 뛸 수 있다Reculer pour mieux sauter."는 말이 있다. 뒤로 물러서는 것이 앞으로 나아가는 최선의 길이 될 수 있다. 그리고 최고의 새로운 아이디어는 종종 오래된 것이다. 지금부터 살피겠지만 이 사실은 최첨단 미세수술과 현대의 전쟁에도 적용된다.

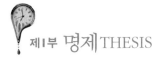

제II부 반명제 ANTITHESIS

태양(들) 아래 새로운 것 • 125

모든 아이디어가 이전에 존재했던 것은 아니다. 그러나 대개 외견상 완전히 새롭게 보이는 아이디어도 일반적으로 평가받는 것보다 더 많은 과거의 요소를 포함하고 있다.

이제는 약간의 추를 되돌릴 때 | 환영할 수만은 없는 재고 | 핵무기와 게임이론 | 또 다른 우주가 존재할 가능성 | 우주 밖에 무엇이 있을까 | 돌고 도는 우주론 | 반증 불가한 이론 | 다시 플라톤으로

아직은 모르는 일 • 155

어떤 아이디어는 확증할 길이 없어도 계속 되돌아온다.

범심론의 부활 | "인류 역사상 가장 멍청한 시각" | 우리는 충분히 알지 못한다 | 장발인 사람들의 관점 | 마음의 블랙박스 | 상식을 거스르는 생각 | 세기를 건너뛴 유대감 | 아이디어가 다시 살아나는 이유

좀비들이 공격할 때 • 184

때로 아이디어는 분명 죽은 상태여야 할 때 되살아난다.

좀비 아이디어의 부활 | 세계는 평평하다 | 음모론 시장 | 진실은 저 너머에 | 재연 혹은 소멸 | 부정적이지만 유용한 결과 | 반론이 유의미한 이유 | 아이디어 시장의 변방에 서라

틀리는 법 • 211

그러나 틀린 아이디어가 되돌아오는 일은 아무 아이디어도 없는 것보다 낫다. 틀린 것은 우리가 모르는 것을 상기시켜준다는 점에서 유용할 수 있다.

더 나은 생각의 조건 | 원칙에 맞선 괴짜들 | 패러다임이라는 장벽 | 되살려낼 가치 | 탐구의 디딤돌 | 다시 틀리다

플라세보 효과 • 246

어떤 오래된 아이디어는 너무나 강력해서 옳은지 여부도 중요치 않다.

플라세보 아이디어 | 모호한 힌트에 대한 재구성 | 정신은 어떻게 작동할까 | 불확정성 원리 | 나를 기쁘게 해주오 | 말의 실효성 | 정말 그런 것처럼! | 자유의지는 존재하는가

제III부 예측 PROGNOSIS

Re:think
Re k
e think
R t
Re:think

제 1 부

명제

THESIS

"어떻게 옳은지는 모르지만 어쨌든 옳은 오래된 생각들이 있다.
원리를 모른다고 해서 효력이 없는 것은 아니다.
오래되고 폐기된 생각이 결국
그 효력을 증명할 중요한 빠진 조각을 찾도록 영감을 줄 수도 있다."

옛것의 충격

새로운 환경이 오래된 생각을 요구할 때

—

"인간이 역사로부터 배울 수 있다면 어떤 교훈을 얻을 것인가!"

– 콜리지Coleridge

—

과거의 지혜가 지금도 유용할 수 있다는 사실은 새로울 것이 없다. 그러나 환경이 변하면 우리의 생각도 변해야 하는 것 같다. 새로운 상황은 새로운 아이디어를 요구한다고 생각하기 쉽다. 가령 20세기 초에 발명된 탱크는 전투에 대한 생각의 변화를 요구했다. 제1차 세계대전에 동원된 초기 탱크는 다루기 어려웠고 용도에 한계가 있었다. 그러나 영국군 장교인 존 '보니' 풀러John 'Boney' Fuller 같은 사람들은 앞으로 기갑전이 전쟁의 양상을 크게 바꿀 것이라는 사실을 재빨리 예측했다.[1] 한편 새로운 상황은 오래된 아이디어를 위한 새로운 공간도 열어준다.

그래서 오래된 아이디어가 가장 적합한 것으로 드러날 수 있다. 역설적으로 새로운 환경에 대한 최고의 대응은 과거의 사고방식으로 돌아가는 것일 수 있다.

가령 21세기 초에 미국은 새로운 전쟁을 수행할 준비를 하고 있었다. 구체적으로는 수만 명의 지상군을 동원하여 침입하는 것이 아니라 현지에서 반군과 협력할 소수의 특공대를 잠입시키는 방식이었다. 그린베레Green Berets로 불리는 특공대는 온갖 최신 기술로 무장한 채 잠입하여 레이저로 유도하는 폭격의 지원을 받았다. 그러나 임무를 수행하려면 1세기 동안 미군에서 중단되었던 전통을 되살려야 했다. 탱크와 다른 차량들은 기마대의 돌격을 영원히 쓸모없게 만들었다. 혹은 적어도 그렇게 보였다. 미군 병사들이 아프가니스탄에서 말을 타고 전장을 달리기 전까지는 말이다.

기마대의 부활

아프가니스탄 전쟁은 2001년 10월에 미치 넬슨Mitch Nelson 대위가 이끄는 12명의 특공대원들이 검게 칠해진 치누크 헬기를 타고 아프가니스탄으로 진입하면서 시작되었다. 이 헬기에는 특이하게도 말 사료가 실려 있었다.

이 말 사료는 탈레반과 싸우기 위해 미군 특공대가 지원할 북부 연합 군벌인 압둘 라시드 도스툼Abdul Rashid Dostum 장군에게 전해줄 것이었다. 사실 도스툼에게는 말 사료가 더 필요치 않았다. 대신 그는 특공대가 가져온 6병의 러시아 보드카를 고맙게 받았다. 그는 무엇보다 폭탄이 필요하다고 말했다.[2] 작전은 그렇게 진행될 예정이었다. 미국의 폭탄과 아프가니스탄의 기마대가 탈레반의 본거지를 공략하는 식이었다. 북부 연합 전사들은 말 대가리 위로 AK 47을 쏘면서 탈레반의 방어선을 향해 달려갔고, 미군은 무전을 통해 소련제 탱크와 대공포 그리고 기관총이 점점이 배치된 적의 진지로 정밀 공습을 유도했다.

그렇다면 미군은 어떻게 작전 위치로 이동했을까? 당연히 말을 타고 갔다. 말은 아프가니스탄 내륙에서 여전히 최고의 이동수단이었다. 한 대원은 "다른 곳으로 이동하고 싶다면 말이 유일한 수단이었다."고 회고했다. 대부분의 대원은 이전에 한 번도 말을 탄 적이 없었는데도 말이다.[3] 넬슨 대위는 도스툼 장군과 회동한 후 대원들에게 속성으로 승마 교육을 시켰다. 그는 군화가 등자에 걸린 채 안장에서 떨어질 경우 말을 쏘지 않으면 죽을 때까지 돌투성이 길 위로 끌려 다니게 된다고 경고했다. (그러나 막상 닥쳐보니 그럴 필요는 없었다.) 곧 병사들이 탈 말을 지급하는 데 드는 비용은 놀랄 만큼 늘어났다. 말의 시장 가격이 마리당 1,000달러로 금세 3배나 뛰었기 때문이다.[4]

일반에 공개된 한 장의 사진을 보면 바람과 햇빛을 막으려고 두건을 쓴 10명의 특공대원들이 말을 탄 채 삭막한 계곡을 가로지르고 있다. 한 대원은 돌길 위로 급히 달려갈 때 말발굽에서 불꽃이 튀던 광경을 회고했다. 그들은 150미터 높이의 낭떠러지를 따라 한 줄로 산길을 지나갔다. 한 대원은 말에서 떨어지는 바람에 등뼈가 부러졌다. 그래도 그는 임무를 완수하기 위해 모르핀 주사를 2대나 맞고 다시 말에 올랐다. 대원들은 곧 말에 대한 애착심을 갖게 되었다. 한 대원은 지친 말을 끌고 16킬로미터를 걸어서 기지로 복귀했다.[5] 또 다른 기마대 지휘관인 맥스 바워즈Max Bowers 중령은 나중에 구약시대 같은 느낌을 받았다며 이렇게 말했다. "세실 데밀Cecil B. De Mille 감독의 영화 속 영화배우 찰턴 헤스턴Charlton Heston이 걸어 나올 듯한 분위기였어요."[6]

말은 이동수단으로만 사용되지 않았다. 공격수단이기도 했다. 미군은 돌격 작전에서 성공하기 위해 적어도 한 번 이상 우군과 함께 말을 타고 전투에 뛰어들었다.[7] 기밀문서에서 해제된 넬슨 대위의 보고서를 보면 다음과 같은 내용이 나온다. "저는 탈레반의 탱크와 박격포, 대포, 병력수송차, 기관총에 맞서서 경보병과 기마대를 운용하는 방법을 교육했습니다. 다총신 기관포가 발명되면서 구식이 되었다고 생각했던 전술이었습니다. … 우리는 포탄과 저격수의 총탄이 날아드는 가운데 기마대가 탈레반 진지를 공격하기 위해 수 킬로미터에 걸쳐 돌격하는 광경을 목격했습니다."[8] 위성 전화와 레이저 유도 폭탄이 지원하는 기마대의 돌격은 오래된 아이디어가 새로운 양상으로 부활한 생생한 사례였다. 그러나 아프가니스탄 전쟁은 계속 진행되는 과정에서 과거로부터 얻은 지혜를 잊는 위험을 너무나 명백하게 드러내기도 했다.

"어떤 계획도 적과의 교전에서 살아남지 못한다."는 군사 격언을 들어본 적이 있을 것이다. 이 말은 20세기 중반에 노련하고 냉소적인 해병대 상사가 했을 법한 말처럼 들린다. (제너럴 일렉트릭의 회장인 잭 웰치Jack Welch가 이 말을 인용했고, 권투선수 마이크 타이슨Mike Tyson이 "누구나 계획이 있다. 주둥이를 얻어터지기 전까지는"이라는 호전적인 내용으로 고쳐 말했다.)[9] 사실 이 말을 한 사람은 19세기의 프로이센 지휘관이자 군사이론가인 헬무트 카를 베른하르트 그라프 폰 몰트케Helmuth Karl Bernhard Graf von Moltke

육군 원수다. 한편 '감정과 생각'을 바꾸기 위한 노력을 근래에 미국이 중동에서 벌인 군사 행동에 대한 낙관적인 묘사와 연계할 수도 있다. 그러나 다음의 표현은 1950년대에 말레이 반도에서 반군 대응 작전을 이끌었던 영국군 지휘관 제럴드 템플러Gerald Templer 경의 회고록에서 나왔다. 그는 "총으로 무찌르는 것은 문제의 25퍼센트에 불과하다. 나머지 75퍼센트는 이 나라 사람들의 지지를 이끌어내는 데 있다."라고 썼다. 그의 말에 따르면 답은 "사람들의 감정과 생각에 있다."[10] 이와 같은 반군 대응 전략은 현대의 군 지휘관들이 계속 다시 배워야 하는 교훈이다.

군사 전문가들은 어떻게 전략을 진전시킬까? 그들은 불가피하게 과거를 살핀다. '장성들은 항상 현재의 전쟁이 아니라 지난 전쟁을 치른다.'는 냉소적인 말이 있지만 군사軍史는 미래로 향하는 유일한 지침이다. 이론가들이 과거의 분쟁을 재고하여 현재와 미래에 적용할 수 있는 교훈을 이끌어내기 때문에 군사교리의 진화는 언제나 재고의 형식을 띤다. '군사 지성military intelligence(군사 정보라는 뜻이나 여기서 intelligence는 지성을 의미 - 옮긴이)'은 모순어법이라는 시시한 농담에서 알 수 있듯이 요즘 군사 부문의 지적 역량은 쉽게 무시된다. (이라크전이 '정보 오류'로 발발되었다는 놀랄 만큼 탄탄한 유언비어는 이런 사고방식에 힘을 실어준다.) 그러나 군사교리의 진화는 세심하고 학문적으로 이뤄진다. 군사전략가들은 역사의 교훈을 더 잘 배우려고 끊임없이 노력한다. 킹스 칼리지 런던King's College London의 전쟁학 교수인 로렌스 프리드먼Lawrence Freedman 경이 《전략의 역사》에서 보여준 대로 분쟁 시 현대의 군사전략가들은 반복적, 의식적으로 고전적인 군사적 사고로 돌아간다.

이런 맥락에서 과거가 이제는 무의미하다는 생각은 대단히 위험할 수 있다. 1990년대 일군의 미국 이론가들은 '군사軍事의 진화'로 알려진 주장을 내세웠다. 그들의 주장에 따르면 감시 체계 및 '지능형' 무기 같은 기술의 진전은 향후 분쟁이 발생했을 때 소위 '전운'을 사그라뜨리고 쉬운 승리를 보장할 만큼 미국에 유례없는 우위를 제공한다.[11] 도널드 럼스펠드Donald Rumsfeld 전 국방장관은 2002년에 〈포린 어페어즈 Foreign Affairs〉에 실은 글에서 이 진화의 개념에 그린 베레가 아프가니스탄에서 말을 타고 전장으로 달려가는 흥미로운 상황을 포함시켰다. 그는 이런 상황을 통해 "군사의 진화는 단지 새로운 고도 기술 무기를 만드는 것만이 아니라 (분명 그 일부이기는 하지만) 새로운 사고방식 및 전투방식과 관련된 것이기도 하다."는 사실을 알 수 있다고 썼다.[12]

그러나 곧 미국은 아프가니스탄과 이라크에서의 경험으로 한동안 '럼스펠드 교리'로 알려진 군사의 진화가 현실적으로 만족스러운 성과를 오래 유지하기에는 너무 혁신적이라는 사실을 깨달았다. 적국의 정권은 쉽게 무너뜨릴 수 있었다. 그러나 이전에 필요하다고 여겼던 규모보다 훨씬 적은 병력을 고집하는 럼스펠드의 방식은 해방된 주민들이 따르지 않을 때 문제를 초래했다. 아프가니스탄 전쟁 초기에는 미국 군사상 처음으로 게릴라 전사로 훈련된 특수전 요원들이 전쟁을 주도했다.[13] 이라크를 침공한 훨씬 많은 재래식 병력도 국무부와 다른 부문의 전문가들이 적절하다고 여긴 규모보다 훨씬 적었다. 미군은 아프가니스탄과 이라크에서 오랫동안 부족한 병력으로 반군과 싸웠다. 미군 인사 중 누구도 30년에 걸쳐 반군 대응 전략을 진지하게 고심하지 않았기 때문에 이런 상황은 더욱 문제였다.[14]

이 문제를 도외시한 것 자체가 베트남전의 유산이 되었다. 일부 요원이 베트남에서 악명 높은 약탈을 저지른 특수전 병력을 수십 년 동안 배제한 것도 마찬가지였다. 미국은 베트남전이 끝난 후 다시는 진흙탕에 뛰어들지 않겠다고 결심했다. 대신 군사전략가들은 (당시 생각한 대로) 유럽에서 미국과 소련 사이에 벌어질지도 모르는 강대국 전쟁과 관련된 이론에 새롭게 집중하기 시작했다.

연구 방향은 확정된 전쟁터에서 대규모 병력이 벌이는 전투에 대한 이론을 다룬 19세기의 영향력 있는 이론가이자 프로이센 장성(후에 러시아군에 투항)인 카를 폰 클라우제비츠Carl von Clausewitz에게로 향했다. 클라우제비츠는 뛰어난 저서인 《전쟁론》에서 프리드리히 대왕과 나폴레옹이 벌인 전쟁을 냉소적으로 분석하면서 "정치와 폭력 그리고 우연의 역동적인 상호작용"으로 묘사했다.[15] "전쟁은 다른 수단을 통한 정책policy의 연장선"이라는 유명한 정의를 내린 사람도 그였다. ("다른 수단을 통한 정치politics의 연장선"으로 소개되는 경우도 있는데 여기서 정치는 국내에서 벌어지는 다툼이 아니라 국제적인 권력투쟁을 말한다.)

문제는 《전쟁론》이 미완성인 데다가(완성하기 전에 클라우제비츠가 사망했다.) 내적 일관성이 결여되어 있고 누구도 그가 제시한 중심 개념의 진정한 의미를 모른다는 것이다. 그 중심 개념은 적의 중심Schwerpunkt 혹은 무게중심, 즉 힘의 근원에 대한 그의 생각이다. 그는 적의 주력군이 중심이라고 정의하지만 중심이 여러 개일 가능성도 허용한다. 클라우제비츠를 연구한 20세기 후반의 서구 군사전략가들은 머리글자를 즐겨 쓰는 군대의 성향에 따라, 이제는 자연스럽게 코그COG로 불리는 무게중심Centre Of Gravity이라는 개념을 확장하여 강점 내지 약점의 근

원, 단일 내지 복수의 목표 혹은 물리적, 심리적, 정치적 현상을 거기에 포함시켰다.[16]

코그라는 개념이 1980년대와 1990년대를 거치면서 무분별하게 여러 갈래로 나뉘는 가운데 현장에서는 또 다른 문제가 서방국가들을 기다리고 있었다. 2004년 무렵 미국은 이미 이라크를 점령하는 데 애를 먹고 있었다. 그래서 군사전략가들은 반군을 다룬 과거의 저서로 다급하고도 결연하게 눈길을 돌렸다. 그들은 제럴드 템플러의 책과 게릴라전에 대한 다른 지침서들에 쌓인 먼지를 급하게 털어냈다.

2006년이 되어서야 (나중에 '이라크 안정화Surge 작전'을 지휘하게 되는) 데이비드 퍼트레이어스David Petraeus 중장이 포트 리븐워스Fort Leavenworth의 내부 저널인 〈밀리터리 리뷰Military Review〉에 반군 대응 작전은 무엇보다 "반군에 대한 지원을 줄이고 그 이데올로기가 지닌 인력引力을 약화하는 정치 환경을 조성하기 위한 노력"에 집중해야 한다고 썼다. 다시 말해서 현지 사람들의 감정과 생각을 바꿔야 한다는 것이었다. 그의 지침은 현대적인 용어로 표현되었지만("문화적 인식은 힘을 배가한다."), 1922년에 ('아라비아의') 토머스 에드워드 로렌스Thomas Edward Lawrence가 영국군 장교로서 아랍 반군과 함께 오스만 투르크에 맞선 경험을 담은 《지혜의 일곱 기둥》 같은 고전을 인용한 데서 알 수 있듯이 오래된 지혜를 반영한다. (로렌스는 반군에 대응하는 양상을 "칼로 수프를 먹는다."는 인상적인 표현으로 묘사했다.)[17] 퍼트레이어스가 쓴 논문의 제목은 〈반군 대응법 학습Learning Counterinsurgency〉이었지만 '반군 대응법 재학습'으로 부르는 것이 더 적절했을지도 모른다. 이미 잊혔기 때문에 '감정과 생각'을 바꿔야 한다는 교훈은 엄청난 비용을 초래하며 힘들게 재발견되어야 했다. 오래된 아이디어를 무의미하다고 치부할 때 이런 일이 일어난다. 반대로 오래된 아이디어를 유념하면 생명을 구할 수도 있다.

기병대는 2001년 초강대국의 군사적 목적에 필수 불가결한 것으로 드러났다. 미국은 아프가니스탄과 이라크에서 첨단 기술을 활용하고 적은 병력을 투입하는 혁신적인 방식으로 싸울 작정이었다. 그러나 이 새로운 군사적 환경은 더 오래된 아이디어들, 막상 일이 닥쳐서야 너무나 늦게 되살아난 반군 대응 역사의 교훈들을 요구했다.

옛 것 의 역 설

현대 의학을 현대 전쟁처럼 거의 인간미 없는 첨단 기술로 생각하기 쉽다. 이제 약물은 분자 수준에서 가공된다. 키홀 수술keyhole surgery, 컴퓨터 처리 영상술, 로봇 활용은 고통이 거의 없는 마술 같은 치료를 약속한다. 그런데도 왜 의사들은 다시 거머리를 활용하는 것일까?

의료용 거머리는 3개의 턱과 100개의 이빨을 지니고 있다. 거머리는 이 턱과 이빨로 피부를 찢어서 먹이가 놀라지 않도록 만드는 마취제, 혈액이 더 잘 흐르도록 혈관을 확장시키는 화학물질, 그리고 혈액이 응고되어서 만찬을 즐기는 데 방해가 되지 않도록 막아줄 항응혈제를 투입한다. 그런 다음 피를 빨아 먹기 시작한다. 거머리는 체중의 10배나 되는 피를 빨아 먹을 수 있다. 끔찍하지 않은가?

거머리를 치료 목적으로 활용한 역사는 길다. 고대 인도와 그리스 의학서에도 기록되어 있을 정도다. 중세와 초기 근대 유럽에서는 다양한 체내 불균형을 바로잡기 위해 사혈 치료를 했다. 고열로 피부가 달아올 랐는가? 몸에 피가 너무 많아서 그렇다. 처방은? 거머리를 이용한 사 혈. 경박하게 행동하는가? 다혈질이라, 즉 몸에 피가 너무 많아서 그렇 다. 처방은? 거머리를 이용한 사혈. (이처럼 툭하면 피를 뽑으려 들었기 때문에 의사들이 거머리로 불리는 경우도 많았다.) 19세기에는 모든 질병이 내장의 염 증에서 기인한다는 한 의사의 이론에 따라 유럽 전역에서 거머리 요법 열풍이 불었다. 그 의사는 금식과 사혈을 통해 몸에서 독기를 제거할 수 있다고 믿었다. 거머리를 이용한 사혈은 색정증色情症부터 결핵까지 모든 병에 이상적인 치료법으로 여겨졌다. 미국은 독일에서 수백만 마 리의 거머리를 수입했다. 미국의 거머리들은 피를 빠는 능력이 뒤떨어 졌기 때문이다.[18] 그러나 결국에는 화학과 생물학이 득세했고, 20세기 초가 되면서 거머리 요법은 비과학적인 의학의 혐오스러운 역사로 치 부되었다.

그러다가 1985년에 보스턴 교외에서 5세 소년이 개에게 물려서 오른 쪽 귀를 뜯기는 사고가 발생했다. 성형외과 의사인 조지프 업턴Joseph Upton은 성공적으로 접합수술을 마쳤다. 문제는 귀에 피가 통하지 않 아서 검게 죽어버린 것이었다. 귀로 흘러들어온 피가 혈관에서 응고되 어 다시 나가지 못했다. 항응고제나 절개술도 소용이 없었다. 다행히 업턴은 거머리를 쓰면 피가 몰려 있는 증상을 해결하는 데 효과가 있다 는 내용의 글을 읽은 적이 있었다. 그는 거머리를 길러서 파는 바이오 팜Biopharm의 연락처를 찾아냈다. (바이오팜은 거머리의 생리와 행동을 다룬 3 권짜리 연구서를 쓴 동물학자, 로이 소여Roy T. Sawyer가 불과 두어 해 전에 세운 회사였 다. 그는 거머리의 침에 들어 있는 흥미로운 화학물질 때문에 치료용으로 다시 쓰게 될 날이 곧 올 것이라고 생각했다.) 바이오팜은 웨일스에 있었다. 그래서 30마리의 거머리는 대서양을 건너 보스턴으로 날아왔다. 업턴이 두 마리의 거머리를 소년의 귀에 붙이자 피가 뭉쳐서 검게 변했던 귀가 몇 분 만에 건강한 색깔로 돌아오기 시작했다. 며칠 후 소년의 귀는 정상을 되찾았고, 업턴은 미세수술 그리고 피를 빼는 두어 마리의 연체동물을 활용해 귀를 다시 붙이는 데 성공한 최초의 의사가 되었다.[19]

사실 업턴보다 먼저 거머리 요법을 재발견한 사람들이 있었다. 애초에 그들도 해당 주제를 다룬 논문을 읽고 거머리 요법을 알게 된 것이었다. 1960년에 두 명의 유고슬라비아 성형외과 의사가 〈영국 성형외과학 저널British Journal of Plastic Surgery〉에 거머리를 이용한 울혈 치료 실험에서 긍정적인 결과를 얻었다고 발표했다. 다만 그들은 다른 방법을 찾아야 한다는 결론을 내렸다.[20] 1972년에는 자크 보데Jacques Baudet라는 프랑스 외과의가 거머리를 활용하여 수술 후 혈액 응고를 방지하는 데 성공했다. 보데의 기법은 프랑스와 영국에서 모방되었다.[21] 또한 1981년에는 〈뉴욕타임스〉에 소개되기도 했다.[22] 아마 4년 후 업턴이 거머리 요법을 떠올릴 수 있었던 것은 이전의 의료 논문 내지 이 기사를 읽은 덕분이었을 것이다. 어쨌든 "세 번째는 운이 좋다Third time lucky."는 말처럼 업턴이 거둔 놀라운 성공은 주요 기사로 소개되면서 진정한 거머리 요법의 르네상스를 불러왔다. 그 결과 미국에서 거머리 요법이 폭넓게 활용되었으며, 2004년에는 미 식약청이 거머리를 '의료기구'로 승인하면서 외국의 거머리 사육 기업들도 미국 시장에 진출할 수 있게 되었다.[23] 현재 거머리 요법은 손상 부위의 혈액 순환과 혈관의 재결합에 대단히 큰 효과가 있어서 접합 수술, 피부 이식, 재건 성형 수술에 자주 사용되고 있다.

바이오팜은 거머리의 침에 들어 있는 활성 항응혈제인 히루딘Hirudin 이라는 단백질을 별도로 만들어낼 수 있으며, 의료용 거머리뿐만 아니라 팔뚝만 한 크기에 약 15센티미터 길이의 바늘 같은 입을 먹이에 꽂는 끔찍한 아마존 거머리를 비롯한 다른 종으로부터 여러 가지 유용한 물질들을 분리하거나 재합성해낸다. 그러나 의료용 거머리가 여전히 뛰어난 복합적인 효과를 발휘하며, 저렴한 데다가 그냥 놔둬도 번식을 잘한다. 더욱 놀라운 점은 아직 완전히 이해되지 않은 침 속의 다른 물질 덕분에 퇴행성 관절염의 증상도 완화시킨다는 것이다.[24] 또한 일반적으로 쓰는 비스테로이드 항염증제보다 부작용이 적고, 국부에 잘 투여된 약물보다 통증과 경직도를 완화하는 효과가 뛰어나다.[25] 통증과 염증을 완화하기 위해 거머리를 활용한 아유르베다 의술과 다른 전통적인 의술들이 옳았던 셈이다.

공교롭게도 조지프 업턴은 과거에 쓰이던 혐오스러운 치료법을 되살린 다른 경험도 있었다. 그는 베트남전을 치르는 동안 조지아 주 오거스타에서 군의관으로 일했다. 당시 많은 병사들이 심하게 감염된 상처를 안은 채 미국으로 돌아왔다. 업턴은 남북전쟁 때 의사들이 구더기를 활용했다는 사실을 알았다. 구더기는 죽은 살만 먹기 때문에 괴사된 조직을 제거하는 데 효과적이었다. 업턴은 시험 삼아 구더기를 써본 후 대단히 치료 효과가 좋다는 사실을 알았다. 그러나 그 소식을 들은 장교들이 당장 중단하지 않으면 군법회의에 회부하겠다고 그를 협박했다. 나중에 업턴은 소년의 귀를 되살릴 아이디어를 얻었을 때 당시의 경험을 떠올리고 상사들에게 거머리를 쓸 것이라는 사실을 알리지 않기로 결정했다.[26] 그래서 일단 일을 진행하고, 직접 시술했다. 이처럼 과거의 아이디어를 재고하는 사람은 때로 규칙을 깨야 한다.

현대 의학에서 전통적인 요법을 재발견하고, 재평가하는 일은 상당히 흔하다. 가령 서구의 연구자들은 전통적인 중국 의학을 대부분 쓸모없다고 여겼다. 그러나 한 여성은 중국 의학을 발판으로 노벨상을 탔다. 1969년에 중국의 약리학자인 투유유屠呦呦는 정부의 요구에 따라 새로운 말라리아 치료제를 찾기 위한 비밀 사업에 착수했다. 개사철쑥이라는 풀의 추출물이 좋은 치료제 후보처럼 보였지만 결과가 일관되지 않았다. 투유유는 전통 의학서로 돌아가 단서를 찾았다. 그 결과 4세기에 쓰인 한 책에서 약쑥을 활용하는 치료법을 찾아냈다. 그녀는 이 정보를 토대로 안정적인 추출법을 개발했다.[27] 그 책에는 약쑥을 그냥 물에 담그라고 되어 있지만 투유유는 그때까지 약쑥을 물에 넣고 끓였던 것이다. 그녀는 그 과정에서 활성 성분이 파괴된다는 사실을 깨닫게 되었다. 1,400년 전에도 의사들은 쉽게 약쑥을 물에 넣고 끓일 수 있었지만 그렇게 하지 않았다. 투유유는 에테르 용제를 쓰는 방식으로 전환하여 추가 임상 실험을 하기 전에 생쥐와 자신을 상대로 먼저 실험했다. 그러자 약물 내성 말라리아가 치유되었다.[28] 투유유는 현재 전 세계에서 말라리아 주요 치료제로 쓰이는 강력한 신약, 아르테미시닌을 개발한 공로로 2015년에 노벨 의학상을 받았다.[29] 이야말로 재고가 힘을 발휘하는 양상을 보여주는 사례다. 이 일은 새로운 환경을 맞아 오래된 아이디어로 돌아가려는 의식적인 결정 덕분에 일어났다.

투유유가 참여한 정부 사업은 문화혁명으로 많은 대학들이 문을 닫고, 중국 최고의 말라리아 연구자를 비롯한 지식인들이 '숙청'당한 지

얼마 되지 않은 1967년에 시작되었다. 그동안 베트남에 있는 중국의 우군인 베트콩과 북베트남군은 말라리아 때문에 전사자보다 더 많은 병사들을 잃고 있었다. 베트남과 중국 남부에서 구할 수 있는 약에 내성을 지닌 말라리아가 빠르게 퍼져갔기 때문이다. 당시에는 가장 강력한 약인 클로로퀸으로도 치료가 안 되는 경우가 늘어났다. 그래서 호치민은 새 약을 개발해달라고 중국 정부를 설득했다. 그에 따라 군에 1급 기밀 연구집단인 '프로젝트 523'이 꾸려졌다. 그중 한 부서는 전통 의서를 연구하는 구체적인 임무를 수행했다. 그 결과 투유유가 새로운 시대에 맞는 오래된 아이디어를 재발견하게 되었다. 그녀의 연구는 전 세계에 걸쳐 수백만 명의 생명을 구했다.

부활한 스토아 철학

현대인에게는 바쁘고 혼란스러운 생활에 맞는 최신, 첨단 심리요법이 필요하다. 그러나 오랜 기간이 소요되고, 빈번하게 감정과 개인사를 조사하는 프로이트식 심리치료법은 임상적 효능을 제대로 입증하지 못했다. 게다가 그렇게 자주 시간을 낼 수 있는 사람도 많지 않다. 현재 활용되는 요법은 거의 하나의 알고리즘으로 축약할 수 있는 일련의 규칙과 자기계발 기법들로 구성된 인지행동치료다. (실제로 컴퓨터로 실행되는 경우도 있다.) 인지행동치료는 공포와 불안으로 이어지는 자신의 부정적인 사고패턴을 스스로 인지하고 더욱 현실적이고 실용적인 방향으로 사고를 대체하도록 유도한다. 가령 대인관계에서 불쾌한 경험을 하고 나면

'내가 호감을 느끼는 유형이 아닌 사람들을 만나는 일이 항상 불쾌해.'라는 생각이 들 수 있다. 이 경우 인지행동치료는 초기 인식을 중립적으로 재설정하도록 만들고('어쩌면 상대방이 다른 일 때문에 짜증이 난 상태라서 무례하게 굴었을 수도 있어.'), 부정적인 자기 인식에 근거한 '집약'적인 결론으로 건너뛰는 습관에 저항하도록 만든다. 이 방식은 임상적으로 큰 성공을 거뒀다. 예를 들어 영국의 국립임상연구원은 확실한 대화요법으로 인지행동치료를 권장하기도 했다. 인지행동치료는 말 그대로 '증거 기반' 요법으로서 철저히 현대적이지만 과학 이전 시대에 깊은 뿌리를 두고 있기도 하다. 실제로 인지행동치료의 기원이 된 영감이 현재 나름의 방식으로 되돌아오고 있다.

'나는 매일, 모든 면에서 나아지고 있다.'라는 지나치게 낙관적이고 긍정적인 생각의 절정처럼 들리는 말을 들어본 적이 있을 것이다. 사실 이 주문은 프랑스의 약사로서 자기계발서를 통해 최초로 세계적인 명사가 된 에밀 쿠에Émile Coué라는 흥미로운 인물에게서 나왔다. 그는 《자기암시》라는 책으로 1920년대에 미국에서 큰 인기를 끌었다. 그는 긍정적인 주문을 반복하면 정신건강과 신체건강을 개선하는 일종의 무의식적인 태도인 '자기암시'를 촉발할 수 있다고 말했다.

미심쩍은가? 쿠에는 이런 말도 했다. "우리의 뇌가 행동을 좌우하는 생각, 습관, 본능에 해당하는 못을 박는 널빤지라고 가정하라. 나쁜 생각이나 습관 혹은 본능, 말하자면 나쁜 못이 존재한다면 좋은 생각이나 습관 혹은 본능을 그 위에 놓고 망치로 두들겨라. 다시 말해 자기암시를 하라. 새 못이 들어가는 만큼 오래된 못이 빠져나온다. 망치로 두들길 때마다, 다시 말해 자기암시를 할 때마다 새 못은 더 들어가고 오래된 못은 더 빠져나온다. 그래서 일정한 횟수만큼 망치질을 하면 오래된 못이 완전히 빠지고 새 못으로 대체된다. 이런 대체가 일어나면 그에 따라 사람도 변한다."[30]

이는 현대식 인지행동치료의 이면에 있는 생각과 같다. 두 요법은 모두 저절로 생겨나는 부정적인 생각을 인지하고 의식적인 노력을 통해 적절한 반응으로 대체함으로써 나쁜 생각을 완전히 몰아내도록 유도한다. 이 방식은 쿠에와 동시대 인물로서 심리치료 분야에서 '이성적 설득' 학파를 만든 신경병리학자 폴 뒤부아Paul Dubois가 추구한 치료 원칙이기도 했다. 그는 이 원칙을 다름 아닌 마르셀 프루스트Marcel Proust 에게 적용했다. 초점을 맞춘 이성적 노력('인지')을 통해 감정적 장애를 극복할 수 있다는 이 원칙은 이미 2,000년 전에 개발되었다. 그 주인공은 스토아 철학자들이었다. 이제 그들도 되돌아오고 있다.

일상적인 대화에서 쓰는 '스토아주의적(금욕적)Stoical'이라는 단어는 스폭Spock(〈스타트렉〉 시리즈에 나오는 등장인물 - 옮긴이)처럼 엄격하거나, 절제되어 있거나, 불평 없이 고통을 감수하거나, 심지어 감정이 없는 것을 뜻한다. 그러나 고대 스토아 철학자들은 이보다 쾌활했다. 혹은 적어도 그렇게 살려고 노력했다. 스토아 학파는 키프로스의 섬 도시 키티움 출신의 제노Zeno가 아테네에서 창시했으며, 에픽테토스Epictetus와 로마 황제 마르쿠스 아우렐리우스Marcus Aurelius 같은 사람들이 대표적인 글들을 남겼다. 그 핵심 사상은 "인간은 어떤 대상이 아니라 그 대상에 대한 시각 때문에 불행해진다."는 에픽테토스의 말로 잘 표현된다. 다시 말해서 일어난 일은 바꿀 수 없지만 그에 대한 생각, 그리고 감정은 바꿀 수 있다.

약 2,000년 후인 1962년에 합리적 정서행동치료의 창시자이자 아론 벡Aaron Beck과 함께 현대적 인지행동치료 분야의 개척자로 평가받는 앨버트 엘리스Albert Ellis가 사람은 어떤 대상이나 사건이 아니라 '외부의 대상 및 사건에 대한 인식이나 태도 혹은 내면화된 문장'에 영향을 받는다는 취지의 글을 썼다. (여기서 '내면화된 문장'은 에밀 쿠에가 말한 무의식적 자기암시, 즉 좋은 못으로 몰아내야 하는 나쁜 못과 같은 것이다. 실제로 앨버트 엘리스도 쿠에의 책을 읽었다.)[31] 엘리스는 "이 원칙은 원래 스토아 철학자들이 발견하고 언급한 것"이라고 인정했다. 아론 벡도 다음과 같이 자신이 추구하는 요법의 역사적 기원을 분명하게 밝혔다. "인지요법의 철학적 기원은 스토아 철학자들로 거슬러 올라간다. 생각을 바꾸면 강렬한 감정도 통제할 수 있다."

현대에 인지행동치료가 인기를 끈 데 따른 가장 놀라운 효과는 고대 스토아주의 자체의 부활일지도 모른다. 현재 엑서터 대학은 해마다 런던에서 '스토아 주간' 행사를 연다. 일주일 동안 진행되는 이 행사에는 전 세계 수천 명의 사람들이 모여서 대담과 워크숍을 통해 스토아 철학을 읽고, 수련법을 연습하며, 설문에 참여한다. 생물학자이자 철학자, 신스토아주의자인 마시모 피글리우치Massimo Pigliucci는 2014년에 "일주일에 걸친 수련 후 참석자들의 긍정적 감정이 9퍼센트 늘어났고, 부정적 감정이 11퍼센트 줄었으며, 삶에 대한 만족도가 14퍼센트 높아졌다."고 밝혔다. (꾸준히 수련하는 사람들에 대한 장기적인 조사 결과도 초기 결과를 확증했다.)[32]

원래 수립된 스토아주의는 인지행동치료와 같은 종류가 아니었다.

일반적인 원칙과 몇 가지 구체적인 기법은 흡사했지만 스토아주의
는 (일부 심리치료사는 수용해야 한다고 생각하지만) 현대 요법에 수용되지 않
은 몇 가지 명상법뿐만 아니라 논리적, 형이상학적 체계까지 포괄한
다. 심리치료사이자 《인지행동치료의 철학The Philosophy of Cognitive-
Behavioural Therapy》을 쓴 도널드 로버트슨Donald Robertson은 스토아주
의 서적들이 "대부분 현대 인지행동치료와 부합하는 여러 구체적인 심
리적 기법 내지 수련법을 포함하고 있으며, 여전히 유효한데도 일부는
잊히거나 간과되고 있다."고 썼다.[33] 가령 그는 죽음에 대한 체계적 명
상법 혹은 (그리스어로) '멜레테 타나투Melete thanatou'라는 명상법을 잃
어버렸다고 안타까워했다.[34] 실제로 현대에 이뤄진 일부 연구 결과에
따르면 "죽음에 대한 인식은 신체건강을 개선하고, 성장 중심의 목표를
우선시하고, 긍정적인 기준과 신념에 따라 살고, 보완적인 관계를 구축
하고, 평화롭고 자애로운 공동체를 개발하고, 개방적이고 성장을 중시
하는 행동을 촉진할 수 있다."[35] 로버트슨이 직접 되살린 또 다른 기법
은 "아주 높은 곳에서 세상을 보듯" 폭넓은 관점에서 사태를 조망하여
사소한 걱정을 떨쳐내는 것이다.[36]

마르쿠스 아우렐리우스가 보여준 뛰어난 사례처럼 매일 아침 다음
과 같이 생각하는 것도 유용하다. "오늘도 고마움을 모르고, 폭력적이
고, 기만적이고, 질투심 많고, 몰인정한 사람들을 만날 것이다. …그들
중 누구도 나를 잘못된 일로 끌어들이지 못하므로 내게 해를 입히지 못
할 것이다. 또한 나는 가족에게 화를 내지 않을 것이다. 우리는 서로 협
력하기 위해 이 세상에 나왔기 때문이다." 또 계속해서 넓어지는 소중
한 존재들의 원 안에 자신이 있다고 상상하는 '히에로클레스Hierocles의

원'이라는 명상법을 시도해볼 수 있다. 이 원은 가족 및 친구로부터 시작하여 이웃, 같은 도시 주민, 동포, 전 인류, 나아가 자연계 전체로 넓어진다.

아마도 가장 어려운 수련은 당신에게 생길 수 있는 나쁜 일들을 생각한 후 담담하게 받아들이려고 노력하는 '프레메디타티오 말로룸Premeditatio malorum'일 것이다. 가령 심각한 부상이나 감정적 좌절을 겪는 상황을 상상하고 '덜 선호하는 무심dispreferred indifferent'으로 대하는 것이다. 즉, 그런 상황이 생기지 않는 편이 더 좋지만 생긴다 해도 도덕적 가치관이나 도덕성을 저해하지 않는다는 의미에서 '무심'하게 대한다는 뜻이다. 피글리우치는 이 수련이 "인지행동치료에서 특정한 대상이나 사건에 대한 두려움을 완화하기 위해 활용하는 요법과 아주 흡사하다."고 지적한다.

끝으로 세네카Seneca처럼 저녁에 다음과 같은 엄격한 질문들을 자신에게 던질 수 있다. "오늘 어떤 나쁜 버릇을 고쳤는가?" "어떤 잘못에 맞섰는가?" "어떤 면에서 더 나아졌는가?"

보다시피 스토아주의는 단순한 인내가 아니며, 안락하지도 않다. (실제로 니체는 스토아주의를 '자기 폭압self-tyranny'이라 불렀다.)[37] 그러나 비행기와 휴대폰이 존재하는 지금도 스토아주의를 2,500년 전만큼이나 일상생활의 문제에 적용할 수 있다. 스토아 학파의 모든 신조를 받아들일 필요는 없다. 가령 그들은 창조적 영성의 발현인 로고스Logos라는 원칙이 우주를 관장한다고 믿었다. 나중에 소개하겠지만 일부 현대 물리학자들은 이런 개념을 마다하지 않지만 말이다. 그러나 스토아 학파는 전체적으로 진보적인 편이었다. 그들은 노예들에게 연민을 가져야 한다고 주장했고(자유를 주어야 한다고 주장하지는 않았지만), 놀라울 만큼 범세계주의를 추구했다. 에픽테토스는 모두가 두 세계의 시민이라고 말했다. 즉, 인접한 정치 공동체에 해당하는 '작은 도시'의 시민일 뿐만 아니라 전체 우주에 해당하는 '거대한 도시'의 시민이기도 하다는 것이었다.[38]

스토아 철학은 이성의 거대한 동력원이다. 그래서 거대한 구도 안에서 우리가 처한 자리에 대해 다른 시각, 말 그대로 하늘에서 바라보는 시각을 취하도록 권유하며, 인지가 감정을 통제할 수 있고 생각의 힘이 자신을 개선할 수 있다는 사실을 상기시킨다.

환경과 기술은 변한다. 그러나 2,000년이라는 시간은 진화의 관점으로 보면 눈 깜짝할 사이에 불과해서 인간의 정신은 크게 변하지 않았다. 그래서 '포켓스토익PocketStoic'이라는 스마트폰 앱처럼 고대의 전통을 현대인에게 맞도록 되살릴 수 있다. 혹은 불교나 도교의 명상법에서 취한 접근법으로, 심한 압박을 받는 현대의 직장에서 생산성과 행복도를 높이는 수단으로 인기를 얻은 '마음 챙김'처럼 고대의 전통을 화려하게 재포장할 수도 있다. 과거의 요법이 현대에도 여전히 유효하다는 사실에서 알 수 있듯이 오래된 아이디어는 전쟁과 의학 같은 다른 분야에서도 보기보다 유효하다. 말을 타고 달리는 특공대와 소년의 귀에서 피를 빼는 거머리 그리고 수천 년 전에 개발된 강력한 자기계발 기법의 현대적 재발견은 모두 현대에는 완전히 새로운 생각이 필요하다는 가정에 맞선다.

빠진 조각

어떻게 오래된 아이디어는 새로운 조각의 발견을 통해 다시 유효해지는가.

———

"연구에서 실로 가치 있는 성과를 이루기 위해서는 동료들의 의견을 거슬러야 한다."

– 프레드 호일Fred Hoyle[1]

———

테슬라 모터스가 전기차를 되살릴 수 있었던 한 가지 이유는 배터리 기술이 진전되었기 때문이다. 초기 전기차는 운행거리가 짧아 그보다 훨씬 뛰어난 자율성을 지닌 휘발유차와 비교할 때 매력이 뒤떨어졌다. 그러나 21세기가 되면서 리튬 이온 기술 덕분에 배터리가 100년 전보다 상상할 수 없을 만큼 발전했다. 테슬라의 초기 시제품은 실제로 평범한 휴대폰 배터리를 수백 개씩 연결하여 사용했다. 이후 테슬라는 이 아이디어를 다듬어서 한 번 충전으로 수백 킬로미터를 주행할 수 있는 자체 배터리 팩을 만들었다. 그 결과 전기차의 고질적인 문제점인 '주행거리

불안'이 사라졌다.

현대의 배터리 기술은 전기차를 다시 실용적으로 만드는 데 필요한 빠진 조각이었다. 새롭게 타당성을 얻기 위해서 개선이 필요한 다른 아이디어들의 경우에도 이와 비슷한 역학이 작용한다. 현대 과학과 체스 경기 등에서 한때는 인기가 없었고 조롱받던 아이디어가 새로운 퍼즐 조각 혹은 숨겨진 원리의 발견으로 이론의 첨단이 될 수 있다.

되살려낸 베를린 장벽

런던의 어둡고 쌀쌀한 오후, 밋밋한 외관의 올림피아 컨퍼런스 센터에서 10명의 세계 정상급 두뇌들이 일주일 동안 진행되는 런던 체스 클래식 대회의 우승자 자리를 놓고 겨루고 있다. 입장권을 검사하는 여성은 낮은 목소리로 "그랜드마스터들은 저쪽 강당에서 둬요."라고 알려준다. 옆에 있는 홀에서는 모두에게 개방되는 더 큰 대회가 열리고 있다. 내가 코트를 확인하고 있을 때 뒤에서 어떤 남자가 말하는 소리가 들린다. "존, 어제 저녁에 얘기한 대로 둘 거야?" 그러자 그의 친구인 미국인은 "아마 그럴 것 같아. 경기 얘기를 해도 되는지 모르겠네."라고 말했다. 그 말에 첫 번째 남자는 웃으며 이렇게 대꾸했다. "그래서 몰래 말하고 있잖아."

해설실에서는 해설위원들이 체스 기사들로부터 멀리 떨어진 곳에서 그랜드마스터 대국에 대해 이야기하고 있다. 뻣뻣한 바이런식 머리에 멋스럽게 차려입은 영국인 대니얼 킹Daniel King과 냉소적인 동안童顔의 독일인 얀 구스타프손Jan Gustafsson은 하얀 탁자 뒤에 앉아서 다섯 대국의 초반 진행을 보며 가능한 전개 과정을 예측하고 의견을 제시한다. (그랜드마스터인 그들은 가끔 최정상급 '슈퍼 그랜드마스터'들의 수준 높은 대국을 따라잡지 못할 때가 있다고 고백하기는 했지만 해설할 자격이 충분하다.) 두 개의 대형 전광판이 체스판과 기사들을 보여주는 가운데 해설 내용이 전 세계에 생중계되고 있다. 다른 두 명의 해설진과 짝을 이룬 킹과 구스타프손은 앞으로 7시간 후가 될 수도 있는 종국 때까지 해설을 맡는다.

강당 안의 분위기는 치열한 두뇌 싸움으로 후끈하다. 기사들은 무대 위에 놓인 5개의 탁자를 사이에 두고 서로 마주 앉아 있고, 대국 내용은 뒤에 있는 대형 전광판에 비춰진다. 음울한 표정의 러시아 기사인 알렉산드르 그리스추크Alexander Grischuk는 전 세계 챔피언인 비시 아난드Vishy Anand와 대국하는 도중에 자리를 떠나 다른 판을 지켜보고 있다. 까다로운 상황에 직면한 미국 챔피언, 히카루 나카무라Hikaru Nakamura는 두 손으로 머리를 감싸 쥐고 발목을 꼰 채 체스판 위로 몸을 숙이고 있다. 그의 상대인 산뜻한 차림의 아르메니아인인 레본 아로니안Levon Aronian은 경기장을 느릿느릿 걸어 다니며 다른 판들을 살핀다. 노르웨이의 신동이자 현 세계 챔피언인 망누스 칼센Magnus Carlsen도 아로니안의 빈 자리 뒤에 서서 판을 살핀다. 그는 잠시 생각하다가 혼자 미소를 짓더니 자리를 떠난다.

다시 해설실로 돌아와, 킹과 구스타프손은 새로운 내용이 없을 때면 성격과 심리에 대한 이야기를 나눈다. 어떤 기사가 다른 기사의 스타일을 '음산하다'고 말한 것은 무슨 뜻일까? 이 다른 기사는 막 단백질 바를 먹었기 때문에 이른 무승부를 제안할 가능성이 낮다. 그러나 체스를 잘 모르는 사람들에게 정말로 헛갈리는 것은 '베를린'에 대한 관계자들의 농담이다. 며칠 전에 한 익살꾼이 이 대회를 '베를린 체스 클래식'이라 불렀다. 해설자들은 오늘 한 번의 베를린밖에 없었다며 좋아한다. 구스타프손은 무미건조한 말투로 "맞아요, 기사들이 휴식일에 회의를 해서 베를린은 더 이상 하지 않기로 결정했어요."라고 말한다. 그러나 이는 낙관적인 전망으로 드러난다. 나중에 더 많은 베를린들이 나오기 때문이다. 그렇다면 왜 런던에 있는 체스 관련 인사들이 이토록 베를린을 싫어할까?

정상급 체스 대국에서 성공하려면 두 가지 성과가 필요하다. 우선 대국에서 상대와 마주앉아 더 멀리 수를 내다보고 앞지를 수 있어야 한다. 이는 실전이다. 그만큼 중요한 것이 이른바 준비다. 준비는 오프닝opening 전략을 사전에 연구하는 것이다. 모두 알다시피 체스에서는 백이 첫 수를 둔다. 그러면 흑은 백의 수에 따라 두 번째 수로 둘 수 있는 여러 타당한 대안을 갖는다. 뒤이어 백도 흑의 수에 따라 세 번째 수로 둘 수 있는 많은 대안을 갖는다. 이런 식으로 초반 대국이 이어진다. 초반 몇 수의 조합은 퀸스 갬빗Queen's Gambit이나 시실리언Sicilian 같은 이름으로 불린다. 각 수에는 많은 변형이 존재한다. 10여 수만 진행되어도 체스 규칙에 따라 갖출 수 있는 수백만 개의 진형, 이른바 적합한 진형이 나온다. 특정 진형이 좋은지, 특정 진형에서 계속 두고 싶은지, 어떤 변형이 상대를 유리하게 만들지 않고 계속 두기에 좋은지에 대한 누적된 지식은 이론으로 불린다. 이론은 엄청나게 중요하다.

어떤 사람들은 현대의 프로 체스가 암기력에 의해 좌우된다고 불평한다. 이는 사실이 아니다. 물론 상대가 아주 복잡한 이론을 따지다가 길을 잃는 바람에 현장에서 고민하지 않고 미리 '준비'한 20여 수로 이길 수도 있다. 그러나 다른 한편으로 체스는 머리가 어지러울 정도로 복잡하고 가능성이 넘친다. 그래서 수백만 회의 대국에 대한 데이터베이스를 토대로 구축한 현대 체스 이론을 동원한다고 해도 초반 10수 안에 지금까지 한 번도 나오지 않았지만 타당한 수를 얼마든지 둘 수 있다. 이 경우 실전에서는 고투가 시작된다.

그래서 체스는 두 가지 전투를 수반한다. 그중에서 실전 전투가 여전히 핵심이다. 그러나 철저한 준비를 통한 사전 전투로 중요한 우위를 차지할 수도 있다. 다수의 상대와 대국하여 점수를 쌓아나가는 토너먼트 대회와 달리 두 기사가 여러 판을 두는 대전제 대회에서는 더욱 그렇다. 대전제는 정면 대결 방식으로 같은 상대와 맞서서 준비된 수를 활용할 기회를 제공한다. 세계 챔피언 대회는 이런 식으로 진행된다. 2000년에 런던에서 열린 세계 챔피언 대회는 15년 후에 해설자들이 베를린에 대한 농담을 하는 이유를 말해준다.

이 대회의 결승전은 체스의 황제로 세계를 주름잡고 있던 스승과 과거 그의 제자이자 세컨드가 벌인 결투였다. 스승은 러시아의 천재, 게리 카스파로프Garry Kasparov였다. 요즘 그는 주로 러시아 정치에 대한 친민주주의, 반푸틴 논평가로 언론에 모습을 보이지만 2000년에는 세계 최고의 체스 기사이자 역대 최고 중 한 명으로 인정받았다. 당시 37세였던 그는 가차 없는 공격으로 모든 도전자를 물리치며 15년 동안 세계 챔피언 자리를 지켰다. 그는 매치 플레이에서 무적이었다. 25세의 러시아인 도전자 블라디미르 크람니크Vladimir Kramnik는 그를 이길 방법을 찾아야 했다. 조각가와 음악교사 부모 밑에 자란 크람니크는 다른 재능 있는 아이들과 함께 카스파로프 밑에서 수학했으며, 1995년에는 카스파로프가 챔피언 자리를 지켜낸 방어전에 세컨드로 참여했다. 그랬던 두 사람이 이제 16번에 걸친 대전을 통해 200만 달러가 걸린 세계 챔피언 자리를 두고 다투게 되었다. 때는 10월, 장소는 런던이었다. 이미 공산주의가 무너진 지 11년이나 지난 후였지만 이 경기는 '베를린 장벽 대전'으로 불렸다.

크람니크가 이길 것이라고 본 사람은 거의 없었다. 그러나 크람니크는 2년 전에 다른 사람이 열세를 극복한 이야기에 고무되어 있었다. 그는 아이스하키에서 얻은 교훈을 활용할 참이었다. 일본에서 열린 1998년 동계 올림픽 아이스하키 부문의 강력한 우승후보는 미국, 캐나다, 스웨덴이었다. 체코를 우승후보로 지목한 사람은 단 한 명도 없었다. 공격수 한 명은 뛰어났지만 골키퍼인 도미니크 하셰크Dominik Hašek를 제외한 다른 선수들은 세계 정상급이 아니었다. 이처럼 골키퍼가 최고의 선수일 때는 어떤 전략을 짜야 할까? 바로 잔뜩 웅크려서 수비에 집중하고 상대팀이 실컷 공격하게 놔두다가 반격을 통해 점수를 내는 것이다. 체코는 이런 전략으로 8강전에서 미국을 4대 1로 물리쳤다. 혼이 난 미국 팀 감독 론 윌슨Ron Wilson은 "아이스하키에서는 한 명이 큰 차이를 만드는 경우가 있습니다. 뛰어난 골키퍼가 상대팀을 쓰러트릴 수도 있어요."라고 말했다.[2] 캐나다를 상대로 추가 시간까지 1대 1로 비긴 4강전에서도 같은 일이 반복되었다. 도미니크 하셰크는 페널티샷 대결에서 캐나다 선수들이 쏜 5번의 샷을 모두 막아냈다. 체코의 팬들은 "하셰크를 대통령으로"라고 적힌 현수막을 높이 들었다.[3] 러시아와 맞붙어서 가장 강한 인상을 남긴 결승전도 마찬가지였다. 러시아의 공격수인 파벨 부레Pavel Bure는 4강전에서 혼자 5골을 넣으며 핀란드를 무너트렸지만, 도미니크 하셰크는 결승전에서 그의 샷을 모두 막아냈다. 결과는 체코의 1대 0 승이었다. 도미니크 하셰크는 경기의 지배자였다. 누구도 그를 넘어서지 못했다.

젊은 도전자인 크람니크는 어떻게 하면 체스에서 그와 같이 할 수 있을지 고민했다. 무시무시한 공격이 특기인 기사와 맞서려면 난공불락의 방어가 필요했다. 말하자면 체스계의 도미니크 하셰크가 되어야 했다. 이는 크람니크가 대전을 준비하는 과정에서 얻은 (여러 아이디어 중) 가장 결정적인 아이디어였다. 그는 흑말을 가지고 카스파로프의 공격력을 막아낼 수비법을 찾았다. 그래서 팀의 도움을 받아 오래되고 비교적 덜 알려진 루이 로페즈Ruy Lopez(혹은 스패니시Spanish) 오프닝(포석)의 하위 변형을 다시 살폈다. 이 전략을 쓰면 흑을 쥔 기사는 초반에 퀸을 교환하도록 유도하여 백의 복잡한 전면 공격을 피하고 일찌감치 끝내기 단계로 넘어갈 수 있었다. 그러나 많은 사람들은 끝내기 단계에서 흑이 불리해져 겨우 무승부를 만들거나 질 수밖에 없다고 오랫동안 생각했다. 이런 이유로 루이 로페즈 오프닝은 수십 년 동안 정상급 대국에서 쓰이지 않았다. 더 이상 진화할 여지가 없는 막다른 골목으로 여겨졌기 때문이다. 그러나 크람니크의 생각은 달랐다.

크람니크는 루이 로페즈 오프닝을 통해 백의 대규모 공격을 피할 수 있다는 사실을 알았다. 반면에 카스파로프가 그의 계획을 간파하고 나름의 대처법을 준비할 가능성은 낮았다. 결국 후반에 약간 불리하더라도 실전에서 벌어지는 지략 대결로 승부가 판가름 날 것이었다. 크람니크는 나중에 이렇게 말했다. "백이 끝내기 단계에서 유리할 수 있다는 사실을 받아들였습니다. 그러나 그의 전설적인 오프닝을 통해서가 아니라 실전을 통해 이겨야 했어요. 그 점이 중요했습니다."[4] (나중에 카스파로프가 대전을 준비할 때 "크람니크가 체스판에 말을 별로 남기지 않고 온건한 진형으로" 대국을 유도할지 모른다는 세컨드, 유리 도호얀Yury Dokhoian의 경고를 무시했다는 사실이 밝혀졌다.)[5] 가장 중요한 점은 이 특정한 루이 로페즈 오프닝의 변형이 거의 소멸 상태로 너무나 오랫동안 쓰이지 않았기 때문에 둘 수 있는 수들에 대한 분석이 해묵었으며, 현대의 지식으로 개선할 수 있다는 것이었다. 그래서 크람니크는 팀과 함께 이 오래된 체계에 접목할 수 있는 새로운 수와 아이디어를 준비했다. 그리고 첫 경기에서 준비한 수들을 둘 수 있었다. 뜻밖의 수에 놀라서 당황한 카스파로프는 결국 무승부에 동의했다. 이 오프닝의 이름이 무엇일까? 바로 베를린 디펜스Berlin Defence였다. 1840년에 베를린에서 열린 토너먼트에서 처음 쓰였기 때문에 나온 이름이었다. 그러나 이 대국 후에는 난공불락의 '베를린 장벽Berlin Wall'이라는 이름으로 다시 유명세를 타게 되었다.

공교롭게도 세계 챔피언과 도전자는 대국 중에 먹을 음식에 대해서도 다른 접근법을 취했다. 카스파로프의 팀은 생수와 초콜릿을 준비했다. 반면 크람니크는 나중에 대회 관계자 중 한 명이 말한 대로 "트레이너가 과학적으로 고른 엄청나게 다양한 음료와 간식"을 곁에 두었다.[6] 또한 그는 수영, 기구 운동, 배구 등 집중적인 체력 훈련까지 받았다. (크람니크는 덕분에 "경기 중에 체력을 유지하는 데 큰 도움이 되었다."고 말했다.) 그러나 실로 결정적인 차이를 만든 것은 베를린 오프닝이었다. 경기가 진행될수록 카스파로프는 계속 베를린 장벽에 몸을 던졌다. 그래도 장벽은 무너지지 않았다. 크람니크는 흑으로 한 판도 지지 않았으며, 백을 쥐고 멋진 대국을 펼쳐서 갈수록 사기를 잃어가는 상대를 두 번이나 이겼다. 그렇게 해서 새로운 체스 세계 챔피언이 탄생했다.

크람니크의 비밀무기는 오랫동안 폐기되어 있었지만 다시 평가하고 새롭게 수정한 오래된 아이디어였다. 크람니크는 나중에 이렇게 설명했다. "카스파로프가 베를린으로 가까이 다가올 수는 있지만 무너트릴 수는 없는 요새를 만들었습니다. 다른 기사들은 그를 멀리 떨어트리려고 애썼습니다. 그러나 저는 가까이 오도록 허용하는 대신 선을 그었습니다. …어떤 사람은 베를린을 알리가 조지 포먼을 상대할 때 쓴 '로프 기대기' 전법에 비유했습니다. 아주 좋은 비유라고 생각합니다. 저는 베를린을 통해 그가 가까이 오되 너무 가까이 오지 않도록 막았으며, 어디에 선을 그어야 할지 알았습니다. 그는 베를린 장벽을 무너트릴 수 있다는 자신감을 완전히 잃어버린 듯한 모습이었습니다. 그는 여전히 그만이 할 수 있는 방식으로 싸웠지만 그의 눈빛에서 한 판도 이기지 못할 것이라는 체념을 읽을 수 있었습니다. …그래서 심리적으로 무너진 것 같습니다."

크람니크가 재고하기 전까지 베를린은 수십 년 동안 거의 사용되지 않았다. 그러나 크람니크가 쓴 이후로는 엄청나게 유행했다. 훨씬 나중에 카스파로프도 크람니크가 만든 개선된 변형을 '천재적인 발명'으로 인정하면서 이렇게 말했다. "베를린 때문에 2000년에 크람니크에게 세계 챔피언 자리를 내주었다고 해도 과언이 아니다."[7] 그로부터 15년 후 열린 런던 체스 클래식에서 세계 정상급 기사들은 여전히 베를린을 썼다. 그리고 지금은 어떤 것은 대단히 단단하고, 또 어떤 것은 훨씬 날카로우면서 균형이 덜 잡힌 나무의 가지들처럼 현대적인 여러 하위 변형으로 갈라졌다. 체스에서 변형 오프닝의 인기는 부침을 겪는다. 그러나 베를린의 경우 단순한 유행의 문제가 아니었다. 정상급 기사들은 체스 이론의 첨단이 무엇인지에 대한 합의를 도출한다. 특정한 전법의 가능성에 매료된 그들은 서로 경쟁하는 일종의 연구집단이 되어 흑과 백이 거칠 수 있는 온갖 종류의 수들을 탐구한다.

새롭게 인기를 얻는 오프닝은 언제나 크람니크처럼 오래되고 방치된 아이디어를 재고한 결과였다. 크람니크 같은 기사들은 이론적으로 나쁘다고 평가받는 진형을 살핀다. 또한 새로운 수와 아이디어를 접목하여 이론을 개선한다. 체스에서 혁신은 과거로의 회귀와 불가분의 관계에 있다. 교재에 있는 잊힌 수순은 새로운 시각으로 조명되고, 10번째 수 혹은 16번째 수에 대한 '참신한' 접근법으로 되살아난다. 그랜드마스터는 중요한 대국에서 새로운 수를 두어 승리를 거둔다. 그러면 모두가 진실을 알기 위해 달려든다. (이런 연구를 하는 현대의 그랜드마스터들은 고성능 컴퓨터에서 돌아가는 체스 소프트웨어를 활용한다. 그러나 컴퓨터의 의견을 신뢰할 때와 무시할 때를 잘 아는 것이 중요하다.) 베를린이 많이 쓰인 2015년 런던 체스 클래식이 진행되는 동안 영국의 그랜드마스터인 존 스필먼John Speelman은 한 경기에서 흑으로 둘 수 있는 수들을 제안한 다음 이렇게 말했다. "사실 저는 베를린을 잘 모릅니다. 도대체 아는 사람이 어디 있습니까?" 그의 말에 청중들은 웃음을 터트렸다. 이때 얀 구스타프손은 인상을 쓰며 "누구도 모르죠. 하지만 백으로 두는 사람도 마찬가지예요."라고 대꾸했다.

그래서 그들은 알 수 있을 때까지 계속 둔다.

새로운 계획은 폐기된 체스 오프닝을 놀라운 파괴력을 지닌 첨단 무기로 바꿀 수 있다. 앞서 살핀 대로 기마대의 돌격은 21세기에도 여전히 유효한 군사 전술이다. 대포와 레이저 유도 폭탄으로 지원할 수만 있다면 말이다. 생체에서 이뤄지는 분자의 활동 속에 깊이 감춰진 빠진 조각을 뒤늦게 발견한 일은 1세기 동안 조롱당한 과학적 아이디어를 되살리는 핵심이기도 했다.

다윈보다 50년 더 앞선 진화론

어느 서늘한 봄날 오후, 국립자연사박물관이 자리 잡은 파리 식물원의 후문으로 들어서면 동상으로 영원히 남게 된 18세기와 19세기의 프랑스 과학자들을 만날 수 있다. 먼저 비누의 초기 형태를 발명한 화학자, 미셸 외젠 슈브뢰이Michel Eugène Chevreul의 동상이 보인다. 그는 마치 "반드시 저기에 차를 대세요."라고 말하는 듯 현재 주차장이 있는 곳을 향해 친절한 몸짓을 하고 있다. 굽어진 길을 돌면 동물학자인 베르나르댕 드 생피에르Bernardin de Saint-Pierre가 푸른 공터에서 로댕식 사색에 잠겨 있다. 대진화관 앞에는 백과사전파 박물학자인 뷔퐁 백작Comte du Buffon이 007 영화에 나오는 악당처럼 희미한 미소를 지으며 비둘기를 만지고 있다. 그렇게 계속 정원을 돌아다니다 보면 마침내 정문을 내려다보는 주인공을 만날 수 있다. 그는 바로 좌대 위에서 사색에 잠긴 얼굴로 먼 곳을 응시하는 식물학자이자 동물학자인 장 바티스트 라마르크Jean-Baptiste Lamarck다.

동상 앞에는 불어로 "진화론의 창시자"라고 적혀 있다. 찰스 다윈이 그런 칭호를 들을 자격이 있는 사람이라고 생각하는 방문자들에게는 혼란스러운 내용이다. 그러나 뒤로 돌아가면 더욱 구슬픈 기념물이 있다. 이 청동 부조는 한 젊은 여성이 의자에 주저앉은 슬픈 표정의 늙은 라마르크에게 손을 뻗어서 위로하는 장면을 보여준다. 이 여성은 "후세 사람들은 아버지를 존경할 거예요. 후세 사람들이 아버지의 한을 풀어 줄 거예요."라며 그를 달랜다. 그런데 계몽시대의 위대한 과학자가 무슨 연유로 한을 풀어야 했을까?

1744년에 태어난 라마르크는 군 복무를 마친 후 파리에서 은행원 생활을 하며 아마추어 식물학자가 되었다. 그는 1778년에 프랑스의 식물군을 다룬 책을 펴낸 덕분에 자연사박물관의 보조 식물학자로 임명되었다. 프랑스 혁명이 일어난 후 그는 ('왕실 정원'을 뜻하는) 자르댕 뒤 루아 Jardin du Roi의 이름을 바꾸자는 정치적이고도 약삭빠른 아이디어를 냈다. 그에 따라 '식물원Jardin du Plantes'이라는 이름이 만들어졌다. 보조 식물학자 라마르크는 전혀 모르는 분야인 곤충 및 벌레의 자연사를 가르치는 교수로 승진되었다. 덕분에 깊이 생각할 시간이 생겼다. '생물학'이라는 용어를 만든 사람도 바로 그였다. 또한 일관성을 갖춘 진화론을 가장 먼저 제시한 사람도 그였다.[8]

라마르크는 아메바와 개를 비교하면 확인할 수 있듯이 생명체는 갈수록 복잡한 방식으로 자신을 조직하는 경향이 있으며, 종은 특정한 환경에 점차 적응하면서 적절한 형질을 얻거나 버린다고 말했다. (가령 북극곰은 북극 환경에서 몸을 감추기 위해 흰 털을 갖게 되었다.) 이런 생각은 당대에 상당한 논쟁을 불러일으켰으며 대개 배척당했다. 생명체의 변화를 단지 순전히 물질주의적 관점에서 다룬 최초의 이론으로, 신이 존재할 (혹은 적어도 필요할) 여지를 없애버렸기 때문만은 아니었다. 가령 라마르크의 주장은 저명한 고대유물학자인 조르주 퀴비에Georges Cuvier를 분개하게 만들었다. 그는 날개가 달린 화석을 최초로 고대의 비행 도마뱀으로 파악하고 '익룡'이라는 이름을 붙였으며, 오래전에 (성서에 나오는 대홍수와 비슷한) 대재난이 발생하여 수많은 동물들이 죽었을 것이라고 추측했다. (퀴비에의 추측은 200년 후에 소행성이 공룡을 멸종시켰다는 사실이 확인되면서 맞는 것으로 드러났다.) 그는 동물이 스스로 몸을 변형시킬 수 있다는 라마르크의 주장을 가차 없이 조롱했으며, 종을 고정된 존재로 보는 통념을 강력하게 변호했다.[9]

진화론을 담은 라마르크의 책은 전혀 성공하지 못했고, 라마르크는 퀴비에나 다른 학자들만큼 학계의 인정을 받지 못했다. 결국 그는 시력을 잃은 채 1829년에 파리에서 사망했다. 당시 가족들은 너무나 가난한 나머지 그가 갖고 있던 책들을 팔았고, 종종 관청에서 시체를 파내어 지하 공동묘지로 옮겨버리던 석회 갱에 관도 없이 그를 묻었다. 그로부터 30년 후, 찰스 다윈은 《종의 기원》에서 자연선택이라는 핵심 기제를 제공하여 라마르크의 이론을 완성했다. 결국 다윈의 이름에 가려지기는 했지만 딸의 말처럼 후세 사람들은 라마르크의 한을 풀어주었다.

그러나 라마르크의 명성은 여전히 확고하지 않았으며, 오히려 다시 수십 년 동안 어두운 심연으로 떨어졌다. 20세기 내내 그의 이름은 일종의 불길한 웃음거리이자 오해뿐만 아니라 조롱에 시달린 생물학 이론을 대표하는 놀림거리였다. 유전 정보를 토대로 삼는 생물학에서 '라마르크설'은 사방에서 어불성설로 폄하되었다. 그렇다면 그의 진화론에서 어떤 점이 그토록 불합리했을까?

기린은 어떻게 긴 목을 갖게 되었을까? 아이들이나 가질 법한 이 단순한 의문이 라마르크를 놀라운 생각으로 이끌었다. 그의 이론과 관련하여 일반적으로 알려진 내용은 다음과 같다. 라마르크는 기린도 오랜 옛날에는 목이 짧았을 것이라고 생각했다. 그들은 낮은 가지에 달린 나뭇잎을 맛있게 먹었다. 그러나 그 나뭇잎들을 모두 먹어치운 후에는 닿지 않는 높이에 있는 나뭇잎들을 바라보기만 할 수밖에 없었다. 기린들은 목이 조금만 더 길기를 바랐다. 바람은 열망으로 바뀌었다. 그래서 조금만 더 올라가면 닿을 수 있는 나뭇잎들을 향해 가능한 한 길게 목을 늘였다. 이런 행동을 오랫동안 반복한 결과 실제로 목이 조금씩 길어졌다. 그리고 새끼도 조금 더 길어진 목을 물려받았다. 이렇게 오랜 세월에 걸쳐 숱한 세대를 거치면서 기린은 실제로 아주 긴 목을 갖게 되었다.

이는 기린이 긴 목을 가진 이유에 대한 기발한 설명이지만 안타깝게도 틀렸다. 이 사실은 일찍이 1865년에 아우구스티누스회 수도사인 그레고어 멘델Gregor Mendel이 혁신적인 논문을 브륀자연사학회Brünn Natural History Society에 발표했을 때 밝혀질 수도 있었다. 멘델은 콩의 교잡육종 실험을 통해 일종의 '보이지 않는 요소'가 수학적으로 예측 가능한 방식으로 꽃의 색깔, 줄기의 높이, 씨의 형태 같은 가시적 형질을 결정한다는 사실을 증명했다. 또한 그는 특정한 형질에 대해 '열성'과

'우성'이라는 용어를 만들었으며, 그가 지적한 비가시적 요소는 1909년에 덴마크 식물학자인 빌헬름 요한센Wilhelm Johannsen에 의해 '유전자Genes'로 불리게 되었다. (그리스어로 '제노스Genos'는 '탄생'을 뜻한다.) 그러나 브륀자연사학회에서 내는 논문집은 일반인들의 필수 구독 목록에 포함되지 않았던 것으로 보인다. 그래서 멘델의 논문은 34년 동안 알려지지 않은 상태로 남아 있었다. 다윈도 그 논문을 읽은 적이 없었다. 물리학자인 에르빈 슈뢰딩거Erwin Schrödinger가 1944년에 말한 대로 "누구도 멘델의 취미에 딱히 관심이 없었던 것으로 보이며, 누구도 그의 발견이 20세기에 완전히 새로운 과학 분야를 가리키는 북극성, 우리 시대에 가장 흥미로운 과학 분야가 될 줄 전혀 몰랐다."[10] 멘델의 연구 결과는 (그리고 그의 선구적인 논문은) 20세기 초에 다른 연구자들에게 독자적으로 재발견되었다.[11] 곧 생물학자들은 진화가 라마르크의 생각대로 이뤄지지 않는다는 결론을 내렸다. 멘델의 연구는 유전자가 형질을 좌우하며, 유전자는 태어날 때 고정된다는 사실을 보여주었다. 즉, 동물이 살아 있는 동안 하는 어떤 일도 자손에게 전달되는 유전자에 영향을 미칠 수 없었다. 단지 타고난 DNA를 물려줄 뿐이었다.

일반적으로 받아들여진 이야기는 다음과 같다. 유전자 코드에서 임의로 일어나는 변이 때문에 일부 기린들은 다른 기린보다 긴 목을 갖는다. 이 기린들은, 변이의 혜택을 입지 못하고 더 많은 먹이에 닿지 못해서 번식하기 전에 굶어죽거나 아프고 영양실조에 걸린 새끼를 낳을 가능성이 높은 기린들보다 더 많은 새끼를 낳는다. 이처럼 긴 우연과 죽음의 가혹한 주기가 계속 반복되면서 진화가 이뤄진다. 유전자는 운명이다. 동물이 살아 있는 동안 하는 일이 자손에게 남기는 유산을 바꿀 수 있다는 라마르크의 이론(획득 형질의 유전)은 이제 유전자라는 유전의 진정한 기제를 모르는 사람이 저지른 엄청난 오류로 치부된다.

그러나 찰스 다윈도 획득 형질의 유전이 가능하다고 추정했으며, 일부 사람들은 유전학이 중대한 학문이 되었어도 라마르크의 이론에 유효한 내용이 있을 것이라고 생각했다. 가령 지그문트 프로이트는 라마르크의 이론을 일관되게 옹호했다. 그는 19세기 후반에 진화론에서 라마르크의 추정이 최고조에 이르렀을 때 생물학을 공부했다. 그러다가 새로운 유전학이 등장했고, 라마르크설은 거의 폐기되었다. 프로이트는 1939년에 마지막으로 펴낸 논문인 〈모세와 일신교Moses and Monotheism〉에서도 "현재 생물학계는 획득 형질이 후세로 전이된다는 학설을 거부하고 있다."고 지적했다. 그는 거기에 동의할 수 없었다. 그래서 "겸허히 말하건대 이런 풍토에도 불구하고 나는 이 요소를 고려치 않고 생물학적 발생 과정을 그릴 수 없다."라고 밝혔다.[12]

1920년대에 라마르크설은 이미 주류 생물학계에서 이단으로 취급되었다. 게다가 스탈린이 친애한 농학자, 트로핌 리셴코Trofim Lysenko의 유사과학과 엮이면서 사정은 더욱 나빠졌다. 리셴코는 사상적 측면에서 멘델의 유전학을 진지하게 거부했다. (현대 생물학자인 존 메이너드 스미스John Maynard Smith가 설명한 대로 "유전자는 발생에 영향을 미치지만 그 자체는 영향을 받지 않는다."는 주장은 "변증법적이지 않기" 때문에 마르크스주의의 관점에서는 못마땅했다.)[13] 리셴코는 유전자도, 자연선택도 존재하지 않으며, 획득 형질은 쉽게 유전된다고 결론 내렸다. 또한 호밀은 밀에 이어 보리로 바뀔 수 있으며, 잡초도 맛있는 식용 작물로 진화할 것이라고 주장했다. 이후 수십 년에 걸쳐 대숙청이 진행되는 동안 3,000명이 넘는 소련 생물학자들이 투옥, 파면, 처형당했다. 그동안 리센코가 추진한 '위대한 농업 혁명'은 더 적은 소출로 이어졌다. 그래서 20세기의 남은 기간 동안 라마르크설은 틀렸을 뿐만 아니라 위험한 것으로 인식되기에 이르렀다. 스탈린의 정책과 더불어 수백만 명을 굶어죽게 만든 신조였기 때문이다. 파리에 있는 동상의 뒷면에 새겨진 부조에서 눈이 먼 채 의자에 주저앉은 라마르크는 딸의 말이 결국 틀리지 않았는지 의아하게 여겼을 것이다.

시간이 흘러 2003년에 이자벨 망수이Isabelle Mansuy라는 젊은 프랑스 과학자가 나타났다. 취리히 대학의 뇌연구소에서 일하는 그녀는 생쥐의 경계성 성격장애를 설명하는 모형을 구축하기 위해 심하게 가학적으로 보이는 일련의 실험을 실행했다. 가령 어린 새끼를 둔 암쥐들을 예측할 수 없는 간격으로 차가운 물에 던져 넣거나(생쥐는 물을 싫어한다.), 오랫동안 새끼들과 떼어놓거나, 높은 곳에 거꾸로 매달아놓았다. 만성적인 스트레스를 가하여 심한 우울증을 유도하기 위해서였다. (물에 빠트렸을 때 빠져나오려 하지 않는 것처럼 치명적인 행동을 하거나, 설탕물보다 맹물을 선호하는 것처럼 쾌감을 느끼는 능력을 상실했을 때 우울한 상태로 판단할 수 있다.)[14] 그러자 스트레스에 시달린 어미를 둔 새끼들도 성장하는 과정에서 어미와 마찬가지로 우울한 모습을 보였다. 여기까지는 쉽게 이해할 수 있다. 어두운 유년기는 생쥐에게도 사람에게도 유익하지 않다. 그러나 우울한 새끼 숫쥐가 (여전히 우울한 상태로) 자라서 행복한 집단의 암쥐와 교배했을 때 뜻밖의 일이 일어났다. 그 새끼는 우울한 아빠쥐와 전혀 접촉하지 않았는데도 태어날 때부터 우울했다.

잠깐. 이런 일은 일어날 수 없다. 어른 숫쥐의 우울증은 새끼 시절에 겪은 경험에서 기인한 획득 형질이다. 그런데 그 새끼가 우울증을 갖고 태어났다면 획득 형질이 유전되었다는 뜻이다. 이는 이단으로 취급되는 라마르크설에 해당한다.

그러나 실제로 그런 일이 일어났다. 생쥐는 후성적後成的 수단을 통해 부모로부터 스트레스를 물려받았다. (그리스어로 '유전자 주위'를 뜻하는) 후성유전학은 환경적 자극에 따라 동물의 몸에서 이뤄지는 화학적 반응이 DNA에 있는 유전자를 활성화하거나 비활성화하는 양상을 연구한다. 망수이와 다른 연구자들은 만성적인 스트레스가 메틸화 과정을 통해 뇌에서 특정 유전자 표현형을 비활성화하여 장기적인 우울증을 초래한다는 사실을 발견했다. 이런 상태는 생쥐의 경우 (그리고 아마도 인간의 경우도) 생식 세포(정자와 난자)를 통해 불운한 자손에게 전달된다. 그렇다면 라마르크가 주장한 내용이 실제로 가능하다는 말이 된다.

이자벨 망수이는 나중에 (다른 곳에서 나온 비슷한 결과들로 뒷받침된) 실험을 진행하는 동안 관습을 거스를 때 오는 일종의 흥분을 느끼며 라마르크의 논문들을 읽었다고 밝혔다. 그녀는 "그 오래된 논문들을 읽을 때 든 생각은 그가 옳았다는 것이었습니다."라고 말했다.[15]

결국 라마르크의 이론은 근본적으로 틀리지 않았다. 하지만 획득 형질의 유전은 정확히 어떤 과정으로 이뤄질까? 아무도 몰랐다. 그러다가 유전학이 등장했고, 이제 유전 과정은 확실하게 파악되었다. 그때까지도 라마르크설의 요소는 유전학에 전혀 포함할 수 없는 것처럼 보였다. 그러나 아직 발견해야 할 요소가 더 남아 있었다. 바로 후성유전학 이론이었다. 후성유전학은 유전학을 보완하는 빠진 조각이었다.

어느 날 오후, 나는 뒤에서 지저귀는 새소리를 배경으로 취리히의 아파트에 있는 망수이 교수와 스카이프로 대화를 나눈다. 그녀는 자신이 처음에 생각했던 것보다 라마르크가 더 옳았다고 설명한다. 사실 라마르크는 기린의 목이 의식적인 노력 덕분에 길어진 것이라고 말한 적이 없었다. 이는 부실한 번역 때문에 생긴 오해였다. 망수이 교수는 이렇게 말한다. "원본을 다시 읽어보니 기린이 '원한다'거나 '바란다'는 말은 없었어요. 단지 어떤 일이 있었다는 거죠. 그게 바로 외부 환경에 대한 적응이었어요. 목을 늘이려는 기린의 '의식적 욕망'에 대해 큰 오해가 있었어요. 라마르크가 하려던 말은 긴 목이 단지 환경에 대한 습관화의 결과라는 겁니다."

"그렇다면 나중에 다윈이 제시한 자연선택론과 흡사한 것 같은데요."

"맞아요. 바로 그래요!"

망수이 교수는 이렇게 말을 잇는다. "저는 현재 다른 많은 사람들처럼 라마르크가 다윈보다 거의 50년 일찍, 훨씬 진전된 이론을 수립했다고 생각합니다. 어쩌면 불운했던 것일지도 몰라요." 그녀는 서글픈 웃음을 지으며 "가끔 '그저 신라마르크설이나 내세워서 괴상하고 아둔한 프랑스 사람의 생각을 되살리는 일만 한다.'는 말을 들으면 약간 모욕당하는 기분이 들어요. 논문을 제대로 읽어보면 그의 생각은 대단히 혁명적이고 용감한 것이었어요."라고 말한다.

망수이 교수가 현재 연구하고 있는 신경후성유전학을 통해서도 혁명적인 일이 이뤄질지 모른다. (그녀는 밝은 표정으로 "연구실에서 하는 실험은 요리와 같아요. 그래서 창의적인 동시에 정확해야 하죠."라고 말한다.) 생쥐에게 일어난 일이 사람에게도 일어난다면 의학과 윤리 측면에서 우리의 생각에 엄청난 영향을 미치기 때문이다.

하지만 사람에게서 스트레스와 우울증이 유전될 수 있다는 사실을 어떻게 확인할 수 있을까? 당연히 새끼 쥐에게 한 실험을 아기에게 할 수는 없다. 그래서 과학자들이 말하는 '자연 실험'에 의존해야 한다. 자연 실험은 우연과 환경에 따라 생긴 상황을 비교 대상으로 삼는 것이다. 불행하게도 전쟁을 겪었거나, 폭력적인 부모를 두었거나, 학대를 당해서 어린 시절에 외상성 스트레스에 노출된 사람들이 있다. 망수이의 연구팀은 정신적 외상에 시달리는 군인들과 르완다 대학살에서 살아남은 사람들을 돕는 의사들과 협력하고 있다. 연구자들은 대상자의 피와 침 그리고 종종 정액을 확보하여 분석한다. 망수이는 아직 이르기는 하지만 "생쥐에게서 관찰한 내용을 인간에게서도 관찰할 수 있을 것이라는 커다란 희망을 품고 있다."고 말한다. 그녀의 말에 따르면 "연구팀은 순전히 인간과 관련된 자료를 토대로 생쥐 모형을 개발하는 일부터 시작했다." 그래서 "대상자가 어린 시절에 겪은 외상성 스트레스와 가장 밀접한 패러다임을 만들었다." 즉, 연구팀은 "거의 15년 전에 출발했던 곳으로 돌아가고 있는 셈"이다.

스트레스가 유전된다면 다른 사람에게 하는 못된 짓은 생각하는 것보다 더욱 나쁘지 않을까? 망수이는 "당연하다."고 대답한다. 이 역학은 해로운 행동의 파장을 배가하기 때문이다. 즉, 다른 사람에게 스트레스를 주면 그 아이들에게도 해를 입힐 수 있다. 한 후성유전학 연구에 따르면 홀로코스트 생존자들의 후손은 정신적 외상을 갖지 않은 가정의 후손과 다른 스트레스 호르몬 속성을 지녀서 불안장애에 시달릴 가능성이 높다. 또한 2015년에 유대계 가정을 대상으로 조사한 결과 홀로코스트 생존자와 그 자녀들은 모두 스트레스와 관련된 특정 유전자를 가리키는 후성적 지표를 가진 것으로 드러났다. 이 연구를 이끈 레이철 예후다Rachel Yehuda에 따르면 "이 연구는 여성이 임신 전에 받은 스트레스로 인해 본인과 자녀에게 모두 후성적 변화가 일어날 수 있다는 사실을 최초로 증명"했다.[16]

그러나 인류는 유사 이래 온갖 정신적 외상에 노출되었다. 그렇다면 왜 우리 모두가 항상 우울하지 않은 것일까? 사실 알고 보면 아직 희망은 있다. 망수이는 후성적 변화를 되돌릴 수 있다고 말한다. 어린 시절에 정신적 외상을 겪었더라도 애정이 넘치는 가정이나 다른 긍정적인 환경에서 살면 분자가 정한 운명을 떨쳐낼 수 있다. 망수이의 연구팀은 이 가설을 검증하기 위해 정신적 외상을 겪은 숫쥐를 장난감, 운동용 바퀴, 친구들이 있는 '풍부한 환경', 말하자면 생쥐용 호화 호텔에 넣었다. 그 결과 효과가 있었다. 망수이가 밝힌 바에 따르면 환경 풍부화 이후 증상이 호전되는 것을 확인할 수 있었다. "정신적 외상을 겪은 아빠 쥐를 두었고, 우울증과 반사회적 성향을 보였던 숫쥐들도 환경 풍부화 이후에는 나쁜 표현형 혹은 개별적 형질(이 경우에는 우울증)을 자손에게 물려주지 않았다." 나쁜 표현형이 원죄라면 일종의 속죄가 이뤄진 것이다. 따라서 희망을 품을 만한 생리적 토대가 있을지도 모른다.

공학 분야에서 나온 개념인 '블랙박스'는 작동원리가 모호한 장치를 가리킨다. 무엇이 들어가고 나오는지 볼 수 있지만 내부의 체계는 관찰할 수 없다. 어떤 특정한 생각들도 블랙박스가 될 수 있다. 획득 형질이 유전된다는 라마르크의 생각은 블랙박스였다. 그는 후성유전학을 몰랐기에 인과관계를 설명할 수 없었다. 유전자가 발견된 후에는 라마르크설을 설명할 길이 없다는 사실이 라마르크설을 완전히 배척할 만한 충분한 이유로 보였다. 실제로 독일의 생물학자인 아우구스트 바이스만August Weismann은 1904년에 발표한 주요 논문인 〈진화론The Evolution Theory〉에서 특정한 획득 형질이 유전되었다는 사실을 증명할 수 없을 뿐만 아니라 유전을 가능케 하는 '가설적 과정'에 대한 '분명한 구상'도 없기 때문에 해당 가설을 배척하는 것이 정당하다고 밝혔다.[17] 정작 라마르크의 생각을 뒷받침하는 정확한 원리를 파악하는 데 200년이 걸렸다. 이제는 정신적 외상이 후성유전체에 각인된다고 볼 수 있는 가능성이 높아진 듯하다. 그러나 정확히 어떤 과정을 거쳐 각인되는 것일까? 망수이는 그 과정이 "우리가 아직 모르는 또 다른 원리"를 따르며, 추가로 연구할 초점이라고 말한다. 결국 우리는 수세기 만에 마침내 라마르크의 블랙박스를 열었고, 그 안에 있는 또 다른 블랙박스를 찾아냈다.

나는 나중에 신경후성유전학 분야의 연구를 토대로 개발한 신약이 스트레스 및 우울증과 관련된 화학적 경로를 바로잡을 수 있을지 묻는다. 망수이는 놀라운 대답을 한다. 그녀는 "그 일은 이미 심리치료로 하고 있잖아요? 우리는 몰라요! 이 문제에 대한 장기적인 대규모 연구가 진행된 적이 없어요. 하지만 저는 심리치료가 후성유전체를 바꿀 수 있다고 생각해요."라고 말한다.

실제로 현재의 심리치료(여기서는 인지행동치료를 비롯한 모든 대화요법을 가리킴)는 정신적 고통을 치유하는 데 쓸 수 있는 가장 정확한 도구일지도 모른다. 망수이는 이렇게 말한다. "뇌에 생긴 문제를 바로잡는 것이 아니라 보완하는 대안적 경로를 활성화하는 방식으로 작용하는 약물들이 현재 많이 나와 있어요. 저는 심리치료가 근본적인 문제를 고칠 가능성이 높다고 생각해요. 우울증에 걸렸을 때 통제하는 법, 그러니까 더 통제를 잘하도록 긍정적으로 생각하는 법을 익히면 문제를 유발하는 정확한 부위와 과정을 겨냥하게 되거든요. 저는 심리치료를 통해 더 높은 구체성을 달성할 수 있다고 생각해요." ("오직 치료 기법만이 순수하게 심리를 다룬다. 이론은 결코 신경증의 유기적 토대를 가리키는 일을 빠트리지 않는다."라고 한 프로이트는 아마 이 말에 동의할 것이다.)[18] 망수이는 명상도 후성유전체를 조절하는 방법이 될 수 있다고 생각한다. 그녀는 "같은 맥락이에요. 잠재적 문제를 고치기 위해 뇌를 활용할 수 있다는 것이죠."라고 말한다. 망수이의 신경후성유전학 연구가 결국 표적화된 새로운 화학적 치료법으로 가는 길을 보여줄 수도 있지만 같은 목적지로 가는 다른 경로들도 있다. 고대 스토아 학파가 제시한 치료적 철학이라는 위대한 전통은 그 자체로 훗날 후성유전학이 들여다봐야 할 블랙박스일지도 모른다.

지금도 후성유전학은, 유전자가 태어날 때 정해지는 생리적 운명이라는 오랜 관념을 고수하는 유명 과학자들의 반발에 부딪히고 있다. 망수이는 1990년대와 2000년대에 인간 유전체 프로젝트를 둘러싼 호들갑에 대해 "당시 사람들은 유전체를 이해하면 모든 것을 이해할 수 있다고 말했어요."라고 회고한다. 그러나 그 결과는 상당히 실망스러웠다. 망수이의 지적에 따르면 "가령 정신의학 분야는 전장유전체연관분석연구GWAS로 우울증, 조현병, 반사회적 행동, 자살 경향 같은 질병을 고치는 데 거의 진전을 이루지 못했다. 특정한 유전자와 질병 사이의 연관성을 찾아내기 위해 많은 노력과 자금이 투입되었지만 지금까지 진단과 치료에 도움이 될 만한 결실을 맺지 못했다."(다만 나중에 살펴보겠지만 과학 부문에서는 부정적인 결과도 중요할 수 있다. 적어도 이제 과학자들은 조현병이나 다른 많은 장애와 관련된 단일 유전자는 없다는 사실을 안다. 대신 연관된 많은 유전자 변이의 무리가 있다. 이는 알아두면 유용한 사실이다.)

태도가 바뀌는 데는 시간이 걸린다. 망수이에 따르면, 지금도 특히 미국에서 주요 유전학자들은 대다수 질환은 유전되며, 아직 찾지 못했더라도 조만간 연관된 유전자를 찾을 것이라고 말한다. 아마도 블랙박스를 계속 닫아두어야 명성을 지킬 수 있다면 재고라는 문제를 받아들이기가 어려울지도 모른다. 리처드 도킨스Richard Dawkins는 1982년에 이렇게 썼다. "전통적으로 라마르크에게 귀속되는 진화론으로 회귀해야 할 필요성이 입증되는 것만큼 나의 세계관을 뒤흔드는 일은 드물다."[19] 또한 그는 2014년에 트위터에 올린 글에서 소위 '후성적 유전'을 둘러싼 호들갑 때문에 힘들다고 토로했다. 그러나 후성유전학은 유전론의 경쟁자가 아니라 그 확장판이다. 동시에 대부분 블랙박스인 DNA 코드 자체에도 분명 발견해야 할 것들이 여전히 남아 있다. 우리는 가능한 한 많은 블랙박스를 계속 뒤져야 한다.

빠진 조각과 블랙박스

어떤 아이디어는 블랙박스의 원리가 충분히 이해된 후에도 한 번 이상 부활해야만 계속 살아남는다. 젊은 오스트리아 의사로서 1846년부터 비엔나 종합병원의 산부인과 부과장으로 일한 이그나즈 제멜바이스 Ignaz Semmelweis의 서글픈 사례를 보자.

이 병원에는 두 개의 산부인과가 있었는데 산모 사망률이 크게 달랐다. 첫 번째 산부인과에서는 약 10퍼센트의 산모가 산욕열로 사망했다. 이는 두 번째 산부인과보다 2.5배나 많은 수치였다. 실제로 출산을 하러 오는 산모들은 두 번째 산부인과로 배정해달라고 간청했다. 첫 번째 산부인과의 평판이 너무나 나빴기 때문이다. 일부 산모는 일부러 거리에서 출산을 하고 어쩔 수 없었던 것처럼 꾸밀 정도였다. 제멜바이스는 첫 번째 산부인과에서 그렇게 많은 산모들이 죽는 이유를 밝히기로 결심했다. 그는 생각할 수 있는 모든 측면에서 두 산부인과의 차이를 비교했다. 거기에는 설비, 가구, 환자 수, 온도, 심지어 의료 인력의 종교 활동까지 포함되었다. 그러나 어떤 요소도 유력한 요인으로 보이지 않았다.

제멜바이스의 친구인 다른 의사가 1847년에 죽기 전까지는 그랬다. 그는 부검을 하다가 학생의 실수로 메스에 베인 후 죽고 말았다. 이 불행한 의사를 부검한 결과 첫 번째 산부인과에서 죽은 산모들과 비슷한 병변이 발견되었다. 첫 번째 산부인과에서는 의대생들을 가르쳤지만 두 번째 산부인과에서는 조산사들만 가르쳤다. 제멜바이스는 이 사실을 발판으로 커다란 논리적 도약을 이뤘다. 의대생들은 아래층에서 시체를 해부한 다음 바로 첫 번째 산부인과로 와서 산모들을 치료했다. 그들이 손에 보이지 않는 '사체 입자'를 묻혀 와 산모들을 감염시키는 것이 분명했다. 제멜바이스는 즉시 의대생들에게 시체를 만진 다음에는 일반적인 비누와 물이 아니라 클로르석회 용제로 손을 씻도록 시켰다. 클로르석회는 강력한 세척력을 지닌 세제로 알려져 있었다. 제멜바이스는 클로르석회로 씻어내는 것이 죽은 조직에서 묻어나온 썩은 냄새를 지우는 데 가장 효과적이라는 사실을 알게 되었다. 그래서 악취와 함께 사체 입자도 제거할지 모른다고 생각했다. (요즘은 살균 효과를 지닌다고 말한다.) 그러자 첫 번째 산부인과의 산모 사망률이 90퍼센트나 감소했다. 심지어 몇 달 후에는 사망자가 한 명도 나오지 않았다.

제멜바이스는 이 사실을 가능한 한 널리 알리기 시작했다. 그 대가로 그는 무엇을 얻었을까? 적의와 조롱이었다. 유럽의 주요 산부인과 의사들은 그의 주장이 비과학적이고, 증거가 부족하며, 믿을 만한 이론으로 뒷받침되지 않았다고 지적했다. 누구도 손을 씻는 일이 감염을 막는 이유를 몰랐기에 사실이 아니라고 치부하기는 아주 쉬웠다. 게다가 제멜바이스의 아이디어는 의사들 자신이 (자기도 모르는 사이에) 환자를 죽이고 있음을 암시했다.

갈수록 좌절과 분노에 휩싸인 제멜바이스는 비판자들을 살인자라고 부르는 편지들을 썼다. 아내조차 그가 미쳐간다고 생각했다. 결국 그는 47세가 되던 1865년에 강제로 정신병원에 감금되었다. 그리고 경비들에게 맞아서 생긴 것으로 의심되는 상처가 감염되는 바람에 2주 후에 죽고 말았다. 라마르크처럼 제멜바이스도 죽고 나서 루이 파스퇴르 Louis Pasteur가 세균에 의해 질병이 생긴다는 이론을 발표했을 때에야 정당한 평가를 받았다. 제멜바이스는 기본적으로 처음부터 옳았다. 그가 말한 '사체 입자'는 해부학 수업에 사용되는 사체에서 번식한 박테리아였다.

놀랍게도 이 사실은 지난 10년 동안 되살아났다. 소아과 의사인 돈 버윅Don Berwick은 '증거 기반 의학'이라는 새로운 운동의 선구자로 보스턴에서 의료개선연구소를 공동으로 창립했다. 버윅은 미국의 응급치료실에서 해마다 수천 명의 환자들이 흉부에 카테터를 삽입한 후 감염으로 죽는다는 사실을 알게 되었다. 그리고 2004년에는 멸균 거즈로 환부를 닦는 것 같은 관행들과 더불어 체계적으로 자주 손을 씻어서 의료 인력의 위생을 개선하면 감염 위험을 90퍼센트나 줄일 수 있다는 잘 알려지지 않은 연구 결과를 접했다. 그는 이런 개선책을 즉시 실행하면 해마다 2만 5,000명의 생명을 구할 수 있다고 홍보하는 일에 나섰지만 저항과 반감에 부딪혔다. 새로운 규칙은 논리와 돈 문제 그리고 인간적 속성 때문에 하룻밤 사이가 아니라 느리게, 조금씩 수용되었다. 그러나 일단 수용되자 극적인 결과를 낳았다. 버윅이 제시한 개선책을 받아들인 병원들의 경우 18개월 만에 10만 명이 넘는 환자들을 죽음으로부터 구한 것으로 추정되었다.[20] 그러나 1840년대에 그랬듯이 2000년대에도 자신의 일하는 방식에 허점이 있다는 주장에 모욕감을 느끼고 거만한 사제처럼 구는 의사들이 너무 많았다.

손을 씻으라는 제멜바이스의 권고를 조롱한 산부인과 의사들은 그의 주장이 신뢰할 만한 이론으로 뒷받침되지 않았다고 지적했다. 그들의 지적은 옳았다. 실제로도 그랬다. 제멜바이스가 내세운 생각은 블랙박스였다. 누구도 박테리아가 질병을 옮긴다는 제대로 된 이론이 곧 등장할 참이라는 사실을 몰랐다. 알고 보면 블랙박스는 발견의 역사에서 아주 흔하다. 가령 (과거 중국의 말라리아 치료제처럼) 분자생물학이 효능의 원리를 설명하기 훨씬 전부터 잘 듣는 약으로 쓰이는 것들이 있었다. 또한 최초의 증기 엔진은 기계공과 발명가들이 투박하게 끼워 맞춘 것이었다. 작동 원리를 말해주는 철저한 과학적 설명이 나오려면 열역학 법칙들이 정립되기까지 1세기를 기다려야 했다. 그때까지는 증기 엔진도 블랙박스였다. 지금까지 살핀 내용으로 볼 때 어떻게 옳은지는 모르지만 어쨌든 옳은 오래된 생각들이 있다. 원리를 모른다고 해서 효력이 없는 것은 아니다. 오래되고 폐기된 생각이 결국 그 효력을 증명할 중요한 빠진 조각을 찾도록 영감을 줄 수도 있다. 라마르크의 논문에서 영감을 받은 이자벨 망수이가 실험에 나서서 그 타당성을 입증하고, 블라디미르 크람니크가 거의 잊힌 베를린 디펜스를 다시 살피고 개선하여 세계 최고의 체스 기사를 물리쳤듯이 말이다.

게임 체인저

혁신은 오래된 아이디어를 다른 맥락에서 되살릴 때,
오래된 말을 새로운 게임에서 활용할 때 이뤄진다.

—

"많은 아이디어는 처음 생겨난 머리에 머물 때보다 다른 머리로 옮겨질 때 더 잘 자란다."
– 올리버 웬들 홈스Oliver Wendell Holmes

—

혁신은 종종 오래된 기술을 다른 목적으로 활용할 때 이뤄진다. 현미경은 망원경의 기능을 뒤집은 결과물이다. 구텐베르크의 인쇄기는 포도 압착틀의 근본적인 원칙을 활용했다. 오래된 물건의 새로운 용도를 찾는 일은 제약산업에서 '재자리매김'으로 불리는 명시적인 혁신 전략이다. 이런 일은 종종 우연히 일어난다. 엄청난 인기를 끈 파란색 알약, 비아그라는 원래 협심증 치료제로 개발되었다. 남성 실험대상자들이 뜻밖의 부수적 효과를 알리면서 남은 약을 반납하지 않으려 했을 때 화이자 제약의 연구원인 크리스 웨이먼Chris Wayman은 그 약의 다른 용도를 연구하기 시작했다.[1] 큰 성공을 거둔 다른 약인 리탈린Ritalin도 ADHD 치료제로 유용하다는 사실이 발견되기 전에는 항우울제로 쓰였으며, 지금은 두뇌의 기능을 강화하고자 하는 학생과 일반인들 사이에서 '원래 용도를 벗어난' 목적으로 사용되는 경우가 늘고 있다.

당신의 아이디어를 개선하는 데 도움이 되는 기존 아이디어들이 있을지도 모른다. 헨리 포드는 시카고의 육류가공공장에서 도살한 소를 옮기는 방식을 보고 자동차 조립라인에 대한 아이디어를 얻었다. 또한 게임이 바뀌면 실패한 제품도 인기작이 될 수 있다. 가령 공예용 점토 플레이도Play-Doh는 원래 1933년에 벽지 청소 도구로 개발되었다. 그러나 20년 후에는 거의 쓸모없는 물건이 되었고 매출은 급감했다. 그때 발명가의 조카인 조 맥비커Joe McVicker는 유치원을 운영하는 형수 케이 주폴Kay Zufall로부터 아이들이 해당 제품을 잘 가지고 논다는 말을 들었다. 케이는 조에게 그 제품을 벽지 청소 도구가 아니라 장난감으로 홍보하라고 권하면서 '플레이도'라는 이름을 제안했다.[2] 4년 후 플레이도의 매출은 300만 달러에 이르렀다.

기존 제품을 다른 용도로 활용할 때 이처럼 인상적인 일이 일어날 수 있다. 아이디어의 경우도 마찬가지다. 새로운 맥락에 놓인 오래된 아이디어는 아주 강력한 힘을 발휘할 수 있다.

냉전의 한가운데에 선 손자병법

현존하는 가장 오래된 병법서인 《손자병법》은 대개 특정한 지형에서 자리를 잡는 방법에 대한 조언들로 가득하다. 가령 "언덕이나 제방에 이르면 경사면을 우측 후방에 두고 햇빛이 드는 쪽을 취하라."고 조언한다. 한편 '가파른 절벽'이나 '우거진 덤불'이 있는 지역은 무조건 피해야 한다.[3] 이런 내용은 대부분 현대의 전쟁에서는 그다지 의미가 없다. 말을 타고 전투에 임하는 특공대라고 해도 말이다. 그럼에도《손자병법》은 1950년대에 회전會戰(일정한 지역에 대규모 병력이 집결하여 벌이는 전투 - 옮긴이)에 대한 조언이 필요 없는 사람들 사이에서 새롭게 뜨거운 관심을 받았다.

그 이유는 이 책이 숨겨진 전술을 통해 이기는 것이 최고의 기술이라는 메시지를 담고 있기 때문이다.《손자병법》에 따르면 "모든 전투에 응하여 이기는 것은 상책이 아니다. 싸우지 않고 적을 물리치는 것이 상책이다."[4] 그래서《손자병법》은 수천 년에 걸쳐 군 지휘관들뿐만 아니라 다른 모든 사람들에게 새롭게 읽혔다. 전술에 대한 대다수 조언은 시대에 따라 대체되었으나《손자병법》은 계속 힘을 발휘한다.

손자孫子는 기원전 544년에 태어나 양쯔 강 상류에 있던 중국의 고대 국가인 오나라의 합려왕을 모시는 장수가 되었다. 그는 다른 왕국의 군대를 상대로 여러 번 유명한 승리를 거뒀으며, 성공적인 전술들을 집약하여 비종교서 중에서 역사상 가장 영향력 있는 저서 중 한 권을 남겼다. 17세기부터 19세기까지 거의 모든 군사이론서들도 '병법The Art of War'으로 불렸다. (아마도 마키아벨리가 1519년에 쓴 같은 제목의 책이《손자병법》의 영어 제목에 영향을 미쳤기 때문일 것이다.)[5] 그러나 손자가 미친 진정한 영향은 전쟁 분야를 뛰어넘는다. 그의 책은 야전 사령관의 조언을 모아놓은 것이지만, 이는 전략에 대한 포괄적인 조언으로써 오래도록 살아남아 후세에 거의 모든 분야에 응용되었다.

《손자병법》은 특히 1980년대에 서구에서 눈에 띄게 부활했다. 그 이유 중 한 가지는 당시 정치가 개인의 책략을 칭송하고 권장했기 때문일 것이다. 영화 〈월스트리트〉에서 고든 게코Gordon Gekko는 자랑스레 손자를 언급하며 "《손자병법》을 읽어. 모든 전투는 싸우기도 전에 승패가 결정 나지."라고 말한다. 훨씬 나중에는 드라마 〈소프라노스〉에서 토니 소프라노의 심리치료사인 멜피 박사가 《손자병법》을 읽으라고 냉소적으로 권한다. 그 다음 상담에서 토니는 흥분한 목소리로 이렇게 말한다. "그러니까, 중국의 한 장수가 2,400년 전에 이 책을 썼는데 그 내용이 지금도 대부분 통한다는 거요!"[6] 은행가와 마피아뿐만 아니라 그 사이에 있는 경영이론가와 사업가, 그리고 스포츠 팀 감독들도 모두 열광적으로 손자의 가르침을 따르는 제자였다.

한편 세계적인 패권 다툼이 벌어지는 은밀한 세계에서 《손자병법》은 기본적으로 첩보 활동의 지침서로 여겨졌다. 손자는 이렇게 썼다. "적을 알고 나를 알면 100번을 싸워도 위태롭지 않고, 나를 알지만 적을 모르면 이기는 만큼 지게 되며, 나도 모르고 적도 모르면 모든 전투에서 위태롭게 된다."[7] 다시 말해서 모든 전쟁은 정보전이다. 이 교훈은 20세기 중반에 소련의 정보기관들이 가장 극적으로 재발견하게 된다.

1957년에 소련 수뇌부는 '전략적 허위정보'를 이용한 대규모 공세에 나서기로 결정했다.[8] 일상용어로 '허위정보Disinformation'는 대개 정부가 자국민을 상대로 퍼트리는 공식적인 선전을 가리키지만 첩보전에서는 다른 뜻으로 쓰인다. 허위정보는 적이 사실로 받아들이기를 바라면서 제공하는 잘못된 정보다. (이 용어는 제1차 세계대전 때 독일 최고 사령부에서 만들었다.) 허위정보를 퍼트릴 때는 적이 감시하고 있는 공식 발표나 다른 통신수단 혹은 '거울의 방'에 가까운 수단을 활용한다. 가령 손자는 다음과 같이 적의 첩보원을 회유하도록 권한다. "우리를 염탐하러 온 적의 첩자는 색출하여 뇌물로 유혹하고, 유인하고, 편하게 지내도록 만들어야 한다. 그러면 이중 첩자가 되어 우리를 위해 일하게 된다."[9] 이렇게 회유한 적의 첩자는 되돌려 보내서 내부 첩자나 이중 첩자로 활용할 수 있다. 은어로는 소련의 비밀요원이었던 MI6의 킴 필비Kim Philby나 CIA의 올드리치 에임스Aldrich Ames 같은 '두더지'를 만드는 것이다.

소련은 1950년대에 미국에게 자국이 실제보다 훨씬 약하며, 바르샤바 조약기구에 속한 전체 진영이 이견으로 분열되어 있다는 인식을 심어주고 싶어 했다. 그 목적은 나토에 속한 강대국들을 방심시키고, 유럽 전역에 걸쳐 공산주의 체제를 건설하려는 시도를 숨기는 것이었다. 그러기 위해서는 전략적 허위정보를 퍼트릴 잘 조율된 작전이 필요했다. 문제는 이 주제를 다루는 현대적 문헌이 포포프Popov라는 군사정보 장교가 쓴 비밀 지침서뿐이라는 것이었다. 그래서 중앙위원회는 추가 조사를 지시했다. 마침 마오쩌둥이 중국에서 오랜 투쟁을 벌일 때 참고한 《손자병법》이 공산당이 승리한 직후인 1950년에 러시아어로 번역되어 있었다. 1957년에는 동독의 권위자들을 위해 소련의 유명한 역사가인 이 에이 라진E. A. Razin의 머리말과 함께 독일어로도 번역되었다. 이후 《손자병법》은 동독 사관학교의 필수 교재가 되었다.[10]

이처럼 당시 소련과 중국 양쪽에서 고대의 장수가 남긴 책에 대한 관심이 갑작스레 높아졌다. 대규모 허위정보 작전은 분명 손자의 격언에 잘 들어맞았다. 그는 "약한 것처럼 꾸며서 적이 자만하게 만들라."고 조언했다.[11] 또한 "무질서의 장막 아래로 질서를 숨기는 것은 편성의 문제이며, 약함으로 강함을 가리는 것은 전술적 배치의 문제"라고 설명했다.[12] 소련은 고대의 전투에서 이기기 위해 손자가 조언한 내용을 세계적인 지정학에서 추구하려 했다.

이 내용은 1961년에 헬싱키에 있는 소련 대사관에서 일하다가 서구로 망명한 KGB 대령, 아나톨리 골리친Anatoliy Golitsyn이 밝힌 것이었다. 그러나 망명자는 적을 속이기 위해 쓸모없는 '기밀'을 주고 침투한 요원일 수도 있었다. 실제로 골리친도 그런 의심을 받았다. 그는 1960년 이후 소련과 중국이 갈라선 것은 두 나라의 굳건한 동맹 관계를 숨겨서 서구를 방심하게 만들려는 허위정보라고 말했다.[13] 그러나 이 주장 자체가 허위정보인 것은 아닐까? 골리친은 나중에 해럴드 윌슨Harold Wilson 영국 수상이 MI5 내부의 일파와 함께 KGB 정보원이라는 주장도 했다. (실제로는 KGB가 윌슨을 포섭하려는 계획을 세우고 올딩OLDING이라는 암호명까지 붙였지만 성공하지 못했다.)[14] 한편 골리친은 첩자인 킴 필비를 찾아내는 데 도움이 되는 정보도 제공했다. 이 사실은 KGB가 서구로 하여금 골리친을 믿게 만들기 위해 필비를 일부러 희생시킨 것이 아니라면 골리친의 진실성을 말해주는 것이었다. 그렇다면 골리친은 첩자일까, 아닐까?

또 다른 KGB 요원인 유리 노센코Yuri Nosenko의 주장에 따르면 골리친은 분명 첩자였다. 1964년에 스위스에서 미국으로 망명한 노센코는 골리친이 여전히 KGB를 위해 일하고 있으며, 중앙위원회가 원하는 대로 미국에 정보를 제공하고 있다고 주장했다. 또한 그는 리 하비 오즈월드Lee Harvey Oswald가 러시아에 머물 때 자신이 직접 심문했으며,

신뢰가 가지 않아서 포섭하지 않았다고 밝히기도 했다. 즉, 오즈월드는 소련 첩자가 아니라는 것이었다. 그러나 미국은 노센코의 말을 믿지 않았다. 노센코는 미국에서 환영은커녕 고문을 받았다. 정보를 제공한 대가로 CIA로부터 6만 달러를 받은 데 안심하던 그는 창문도 없는 작은 감방에 3년 반이나 갇혔다.[15]

이 조치는 CIA의 방첩 책임자인 제임스 지저스 앵글턴James Jesus Angleton의 명령에 따른 것이었다. 앵글턴은 킴 필비와 친분이 깊었다. 그는 가능한 한 다시 속지 않으려 했다. 게다가 이전에 망명한 골리친이 첩자가 아니라는 데 이미 명운을 건 상태였다. 골리친은 KGB가 나중에 가짜 망명자를 보내서 자신을 모함할 것이라고 항상 말했었다. 그래서 앵글턴은 새로 망명한 노센코가 허위정보를 퍼트리는 임무를 맡은 첩자라고 결론지었다. 미국의 정보요원들에게는 골리친의 이야기가 더 큰 만족감을 안겼다. 앵글턴의 CIA 동료인 피트 배글리Pete Bagley가 밝힌 대로 노센코의 말은 "골리친의 말보다 덜 불길했다." 이는 가능한 한 가장 불길한 해석을 찾도록 훈련받은 사람들에게는 실망스러운 일이었다. 배글리에게는 "골리친의 버전이 더 나았다."[16]

앵글턴은 은퇴한 지 오랜 시간이 지난 후 기자인 에드워드 엡스타인 Edward Epstein과 일련의 긴 인터뷰를 가졌다. 엡스타인은 핵무기가 상호확증파괴로 위협하는 상황에서 CIA와 KGB의 수십 년에 걸친 '보이지 않는 전쟁'이 실로 중요한 이유가 무엇인지 물었다. 앵글턴은 으쓱한 후《손자병법》을 읽어보라고 권했다. 엡스타인은 나중에 '적의 첩보기관에 접근하여 통제력을 얻는 일'은 손자가 말한 '신기神紀'에 해당한다고 설명했다. 중국의 현자와 현대의 정보기관에게 이 일은 "잘못된 정보를 교육받고 적지로 가서 일부러 잡히는 미끼용 첩자나 적의 정보기관에 침투한 내부 첩자 혹은 두더지가 긴밀하게 조율된 허위정보를 적지에 퍼트림으로써 가능해진다. 그 결과 적은 현실을 더욱 잘못 인식하게 되는 것"이었다.[17] 앵글턴은 KGB가 《손자병법》을 연구하고 이 전술을 익혔을 것이라고 확신했다.

앵글턴은 자연계의 기만술, 특히 난초의 기만술에 매료되었다. 어떤 난초는 꽃꿀과 비슷한 향기를 풍겨서 모기들을 유인한다. 다른 난초는 암파리와 비슷한 꽃모양으로 숫파리를 유인하여 꽃가루를 묻게 만든다.[18] 앵글턴은 모든 사건을 가능한 한 가장 수준 높은 기만의 일환으로 해석하려 들었다. 물론 이는 방첩 책임자로서 바람직한 자질이었다. 그래서 앵글턴은 동구권 국가들이 사상적 측면에서 단결되어 있지 않은 것처럼 꾸미고 있다는 골리친의 주장을 믿었다. 그는 엡스타인에게 "손자는 2,000년 전에 '무질서의 장막 뒤에 질서를 숨겨라.'라는 말로 이 전략을 그 누구보다 잘 설명했습니다."라고 말했다.[19]

그러나 정보계의 다른 사람들은 골리친을 그다지 신뢰하지 않았다. 실제로 에드거 후버Edgar Hoover가 골리친을 신뢰하는 앵글턴을 못마땅하게 여긴 나머지 FBI와 CIA 사이의 정보 공유가 거의 중단되었다. 결국 앵글턴은 자리에서 밀려나 좋아하는 난초를 키우며 소일했다.

그러면 미국에 정보를 제공했다가 오히려 감금된 유리 노센코는 어떻게 되었을까? 결국에는 그가 처음부터 진짜 전향자였다는 사실이 받아들여졌다. 가령 1964년에 그는 파리에 주둔하는 미군 부대의 하사관인 로버트 리 존슨Robert Lee Johnson이 첩자라고 알려주었고, 이 말은 사실로 밝혀졌다. 또한 그는 모스크바 미 대사관이 도청되고 있다는 사실도 알려주었다.[20] 오즈월드에 대한 그의 말도 나중에 믿을 만한 사실로 받아들여졌다. 덕분에 그는 새로운 이름으로 미국 남부에 있는 밝혀지지 않은 곳에서 살게 되었으며, CIA 자문으로 일했다. 2008년 7월에는 CIA 사람들이 의전용 깃발과 마이클 헤이든Michael Hayden 국장의 감사장을 들고 그를 방문했다. 그는 그 다음 달에 사망했다.[21]

노센코는 진짜 전향자였고, 아나톨리 골리친이 허위정보를 퍼트리기 위한 첩자라고 주장했다. 그렇다면 골리친은 진짜 전향자였을까, 아닐까? 1991년에 바실리 미트로힌Vasili Mitrokhin이 서방으로 가져온 KGB 문서에는 망명 후 두 사람의 출세 제일주의를 폄하하는 공식 '피해 보고서'가 포함되어 있었다. 또한 KGB는 두 사람을 캐나다에서 암살하려고 시도하기도 했다.[22] 그렇다면 두 사람은 모두 진짜 망명자인데도 서로를 깊이 의심했던 것인지도 모른다. 물론 골리친이 첩자였다면 KGB는 두더지에게 정보가 새지 않도록 고위 간부들 외에는 내부에서도 그 사실을 비밀에 붙였을 수도 있다. 설령 KGB가 나중에 그를 암살하는 데 성공했더라도 미국 측에 그가 틀림없는 진짜 망명자라는 사실을 증명할 수 있었다. 어쨌든 이는 정보 세계에서는 흔한 거울방식 추정에 불과하다. 최종 진실이 무엇이든 수천 년 후에 CIA와 KGB에게 기만전을 수행하는 방법을 전수한 셈인 손자도 분명 고개를 절레절레 흔들었을 것이다.

물론 손자는 20세기에 나올 은닉형 마이크와 마이크로필름 카메라, 고도기술을 활용한 암살 기법을 몰랐다. 그러나 칼과 창으로 싸우는 고대의 격렬한 전쟁에서 첩자를 활용한 손자의 전략은 20세기의 냉전을 둘러싼 세계적인 미디어 및 지정학 환경이라는 맥락에서도 여전히 유효했다. 한편 때로 오래된 아이디어는 원래 고안한 것과 다른 맥락에서 부활하기도 한다. 현대의 경영학 교수가 영감을 얻기 위해 현대식 과학적 방법론을 창안한 과거의 사람들을 돌아본 이유가 거기에 있다.

베이컨과 비즈니스

이곳은 유리로 전면을 덮은 런던 중심부의 한 건물이다. 우리는 부드러운 카펫이 깔린 기업의 세미나실에 있다. 정장을 입은 임원들이 케임브리지 대학 저지 경영대학원의 로고가 찍힌 볼펜으로 필기를 하고 있다. 이곳에서 400년 된 철학을 들을 것이라고 예상한 이는 아무도 없었다. 그러나 바로 그 일이 일어나고 있다. 강단에 선 교수는 21세기의 기업인들이 직면하는 예측하기 힘든 문제들에 대응하기 위해서는 17세기 과학자인 프랜시스 베이컨Francis Bacon의 접근법을 적용하는 것이 최선일지도 모른다고 말한다.

큰 키에 금발 턱수염을 기르고 어두운 남색 정장을 입은 요켄 룬드Jochen Runde 교수는 여러 사업 부문에서 발생하는 다채로운 불확실한 상황의 사례들을 소개하고, 올바른 의사결정을 방해하는 인지적 편향에 대해 설명한다. 우리는 쉽게 떠오르는 사건들이 실제보다 더 흔히 일어난다고 생각하는 경향이 있다. 이러한 편향을 '가용성 추단법'이라고 부른다. 가령 근래에 끔찍한 테러가 발생했다면 사람들은 차를 몰고 출근하는 길에 교통사고를 당할 가능성보다 테러로 위험에 빠질 가능성이 더 크다고 과대평가한다. 또한 이미 갖고 있는 생각을 뒷받침하는 증거만 인지하는 경향도 있다. 이는 '확증 편향'이다. 가령 친구가 언제 전화할지 감이 온다고 생각하는 사람은 그 감이 맞은 경우만 기억하고 틀린 경우는 잊어버린다. 그러면 확증 편향에 따라 잘못된 믿음이 더욱 강화된다. 이런 편향은 틀린 생각을 강화할 뿐만 아니라 결정을 내리는 방식에도 영향을 미친다.

그렇다면 어떻게 해야 적절한 생각으로 미래를 계획할 수 있을까? 룬드가 확인한 바에 따르면 경영대학원에서는 확률을 따지라고 말한다. 그러나 그러기 위해서는 일어날 수 있는 모든 경우를 예측하고 각각의 경우에 확률을 부여하여 전체가 1이 되도록 만들어야 한다. 현실적으로 일어날 수 있는 모든 경우를 떠올릴 수 있는 사람은 없다. 항상 생각나지 않는 경우가 있기 마련이다. 혹은 룬드가 전 미 국방장관인 도널드 럼스펠드에게서 빌린 표현인 "모르는 무지unknown unknowns"가 발생하기 마련이다. 럼스펠드는 완벽하게 타당한데도 헛소리로 조롱당한 한 연설에서 이렇게 말했다. "우리가 알고 있음을 아는 일이 있고, 알고 있음을 모르는 일이 있습니다. 마찬가지로 우리가 모르고 있음을 아는 일도 있습니다. 그러나 모르는 무지도 있습니다. 우리가 모르고 있음을 모르는 일들 말입니다." 이 말은 정치, 사업, 삶에도 모두 적용된다.

어떤 일을 가능성을 기준으로 생각하는 것은 충분히 좋지만 모르는 무지로 인해 간과하는 경우가 생길 수밖에 없다. 모든 일을 알 수는 없다는 사실을 인정할 때 다음과 같은 핵심적인 질문이 제기된다. '어떻게 아는 일과 모르는 일을 합리적으로 추정한 다음 행동에 나설 것인가?' 자신이 무엇을 아는지 모르는 채 행동에 나서기 쉬운 만큼이나 행동은 하지 않고 앉은 자리에서 일어날 수 있는 경우만을 따지는 일에 골몰하기도 쉽다. 그래도 우리는 모든 경우를 파악하고 싶어 한다. 룬드는 다음과 같은 질문을 제기한다. '어떻게 하면 모르는 무지로 인해 뒤집힐 가능성이 가장 적은 실행 계획을 세울 수 있을까?'

미래에 일어날 일을 예측하려는 혹은 적어도 대비하려는 시도는 귀납법의 문제에 속한다. 연역법은 (셜록 홈스처럼) 기존의 사실을 토대로 논리적인 추론을 하는 것인 반면, 귀납법은 현재 가진 지식을 토대로 미래를 추정하는 것이다. 이는 1620년에 프랜시스 베이컨이 다음과 같은 글을 썼을 때 이미 오래된 문제로 알려져 있었다.

> 지금까지 활용해온 것과 다른 형식의 귀납법을 고안해야 한다. 이 귀납법은 (소위) 제1원리뿐만 아니라 그보다는 덜 자명한 이치, 그리고 그 사이에 있는 것까지 모든 것을 증명하고 발견하는 데 활용되어야 한다. 단순한 열거를 통해 진행하는 귀납법은 유치하다. 그 결론은 불안정하고, 상충하는 경우와 마주칠 위험에 노출되며, 현재 주어진 너무 적은 사실만을 토대로 결정된다. 과학과 인문학의 발견과 증명에 쓰일 귀납법은 적절한 배제와 제외를 통해 본질을 분석해야 하며, 충분한 부정을 거친 후 긍정적인 경우에 대한 결론을 내려야 한다.[23]

이 내용은 긍정적 진리를 주장하기 전에 ("적절한 배제와 제외를 통해") 가설의 오류를 찾아내려는 첫 번째 시도라는 점에서 일찍이 현대식 과학적 방법론을 제시한 것으로 흔히 받아들여진다. 또한 룬드가 말하는 "경영 의사결정을 위한 베이컨식 접근법"의 기본 원칙이기도 하다.

이 베이컨식 접근법은 너무나 단순하며, 엉뚱한 상상력을 가진 사람에게는 대단히 재미있기도 하다. 베이컨식 접근법에 따라, 우선 계획을 실행했을 때 나올 수 있는 결과에 대한 세 가지 시나리오를 그린다. 그 다음 '선호도 척도'에 따라 각 시나리오의 등급을 매긴다. 선호도 척도 는 가장 오른쪽에 최선의 결과, 가장 왼쪽에 최악의 결과가 놓이는 직선으로 이뤄진다. 가령 유기농 스무디 사업을 위해 새 공장을 세우려 한다면 최선의 결과는 생산량이 늘어나고, 매장에서 고객의 눈에 더 띄어서 매출이 증가하는 것이다. 그보다 덜 좋은 결과는 생산량은 늘어나지만 수요가 바로 늘어나지 않는 것이다. 최악의 결과는 공장에 문제가 생겨서 원인을 파악할 때까지 손실을 감수하는 것이다.

룬드의 설명에 따르면 대다수 사람들이 이 과정에서 알게 되는 사실은 처음 생각하는 세 가지 결과가 모두 좋은 방향으로 쏠린다는 것이다. (원래 계획은 낙관적으로 세우기 마련이므로 이는 자연스러운 일이다.) 따라서 척도의 왼쪽 끝에 놓을 수 있는 실로 파국적인 새로운 시나리오를 생각해야 한다. 생산라인 문제로 식중독 사태가 터진 데다가 공장이 방화로 불타는 상황은 어떨까?

즐겁지 않은가? 그러나 핵심적인 단계는 지금부터다. 이제 이 상상할 수 있는 가장 끔찍한 시나리오가 실제로 일어날 수 있다는 증거를 열심히 찾아야 한다. (가령 공장에 불을 지를 정도로 회사를 싫어하는 사람이 있는지 살피고, 소셜 미디어를 뒤져서 스무디 반대파들이 단 악플이 있는지 확인할 수 있다.) 룬드의 설명에 따르면 이 경우 이전에는 전혀 레이더에 포착되지 않았던 확실한 정보들을 찾게 된다. 다시 말해서 모르는 무지가 발견되는 것이다. 물론 처음에는 낙관적인 시나리오를 꿈꾸기 마련이지만 일단 검증에 나서면 의사결정에 참고할 수 있는 새로운 사실들이 등장한다. 그러나 그 사실들이 아주 나쁘고(스무디 반대운동을 벌이는 수많은 사람들이 있다.), 대단히 부정적인 시나리오가 기점이 된다고 해도 낙담할 필요는 없다. 룬드는 "그렇다면 대단히 긍정적인 사실들을 보라."고 말한다. 가설을 적극적으로 검증함으로써 새로운 사실들을 더 많이 찾을 수 있다. (어쩌면 수많은 사람들이 슈퍼마켓에서 당신의 스무디 제품을 요청하고 있을지도 모른다.)

미래를 생각하는 일은 불분명한 추측처럼 보일 수 있지만 이 방법은 상당히 냉정하다. 이것은 유리구슬 같은 것을 신뢰하는 일이 아니다. 룬드는 "예측을 하는 것이 아니라 가능성의 영역을 생각하는 것"이라고 말한다. 이 간단한 방법으로 모르는 무지를 알아낼 수 있다. 룬드의 말에 따르면 "반테러 활동에서도 이런 방법론을 활용한다." 그러나 아직 사업이나 일상생활에서는 활용되지 않고 있다.

미지로 향하는 탐사선

요켄 룬드는 몇 달 후 피시 앤 칩스가 담긴 큰 접시를 앞에 두고 웃으며 "베이컨이 제시한 수단은 상당히 오래된 아이디어입니다. 하지만 그 수단을 활용하는 방법은 상당히 새로운 것입니다."라고 말한다. 우리는 케임브리지셔에 있는 펍에서 그와 공저자인 앨버토 페두지Alberto Feduzi가 르네상스 시대 철학자의 아이디어를 현대 비즈니스에 맞게 재설정한 과정에 대한 대화를 나누고 있다. 물론 베이컨은 완전히 잊힌 적이 없다. 그러나 룬드와 페두지는 그의 아이디어를 다른 목적으로 활용했다. 마치 식기세척기로 요리를 하듯이 말이다. 사실 식기세척기로 요리를 한다는 말은 나도 들어본 적이 없었다.

룬드는 원래 재목적화에 관심이 많았다. 가령 턴테이블이 그 자체로 긁히는 소리를 내는 악기로 쓰일 것이라고 예측한 사람이 없었다는 사실을 주제로 논문을 쓰기도 했다. (이는 문화적인 '모르는 무지'에 해당한다.) 그런데 이번에는 식기세척기로 요리를 한다고? 룬드는 "저온 요리에 아주 좋습니다. 주기와 온도를 조절할 수 있고 환경에도 도움이 되거든요."라고 말한다. (인터넷으로 검색하면 와인에 졸인 새우나 딸기 계피 콩포트 같은 맛있는 음식을 만드는 식기세척기 조리법이 나온다.) 그는 재목적화의 다른 예로 한 텔레비전 프로듀서가 말해준, 게임 방송에서 닭 머리에 카메라를 다는 멋진 아이디어를 제시했다. 닭들은 항상 머리를 안정되게 유지하기 때문에 일종의 스테디캠 효과를 얻을 수 있다.

재목적화된 베이컨의 철학은 대단히 실용적인 것으로 드러났다. 룬드는 이렇게 말한다. "흥미로운 점은 저의 연구가 대단히 이론적이라는 것입니다. 저는 경영대학원에서 일하는 것이 여러 학문 분야가 관련되어 있다는 점에서 매우 기쁘고 행복합니다. 하지만 지금까지 한 번도 제가 어떤 점에서 기업인들과 관계된 일을 하게 되리라고 상상해본 적이 없습니다."

한물간 농담에 따르면 재목적화된 베이컨식 접근법은 현실적으로는 좋지만 이론적으로는 절대 통하지 않는 아이디어인 셈이다. 그러나 어떤 이론이 대단히 실용적이라면 어떨까? 룬드는 "그런 내용을 기업인들에게 말했을 때 아주 긍정적인 반응이 나와서 상당히 놀랐습니다."라고 말한다. 그는 임원들을 가르칠 때 실제로 해당 과정을 따라해보도록 요구한다. "새로운 아이디어를 떠올리고, 그 계획을 실행했을 때 일어날 수 있는 치명적인 결과들을 생각해보라고 합니다. 물론 핵심은 그게 아니죠. 핵심은 일어날지도 모르는 그 이상한 일에 대한 조사를 하는 겁니다. 이 대목에서 학습이 시작됩니다. 이런 가설은 미지의 우주로 향하는 탐사선과 같아요." 탐사선은 아무것도 찾지 못하고 폐기될지도 모른다. 룬드의 말에 따르면 "그래도 그 과정에서 배운 사실들이 처음에 세운 계획을 수정할 수밖에 없게 만든다."

우리는 종종 상상력이 집중적인 노력이 아니라 마술 같은 신비한 방식으로 발휘된다고 생각한다. 그러나 체계적으로 가설을 세우고 검증에 나서는 이 신베이컨식 방법론은 애초에 가설이라는 탐사선을 만들기 위해 엄격한 방식으로 상상력을 발휘하도록 만든다.

룬드가 베이컨의 방법론에 새롭게 적용한 핵심적인 변화는 인간적인 결함을 고려하는 것이다. 그의 설명에 따르면 베이컨이 제안한 귀납법에서는 "대안들을 반검증한다." 즉, 하나가 남을 때까지 다른 가설들을 배제해나간다. 그러나 룬드가 수정한 방법은 "대안들을 검증한다." 그는 "이 부분에서 우리가 변화시키고 방향을 바꾸었습니다."라고 말한다. 즉, 아이디어를 떠올리지 않고 오류를 밝히려 애쓰는 것이 아니라, 아이디어를 떠올리고 발생 가능성을 최대한 밝히려 애쓰는 것이다.

이렇게 방향을 바꾼 이유는 대안적 가설이 지닌 오류를 입증하는 것이 확증 편향 때문에 너무 쉬울 수 있기 때문이다. (식중독 사고에 이어 공장이 불타는) 위험한 시나리오를 생각하면 "믿을 만한 안전 절차가 있기 때문에 그런 일은 일어나지 않아."라고 반응하기 마련이다. 사업적 맥락에서 가상의 참사가 일어나지 않을 이유를 찾으라고 직원들에게 요구하는 것은 비생산적일 수 있다. 그저 안일한 추측으로 시나리오를 떠올리면 믿지 않기가 쉽다. 그러나 정말로 믿으려고 노력하면 모른다는 사실조차 몰랐던 일을 발견할 수도 있다. 룬드는 이렇게 말한다. "당신이 사장이라면 직원들은 그저 '검토해보니 그런 일은 일어나지 않을 것 같습니다.'라고 말할 것입니다. 그보다 생산적인 답변을 들으려면 직원들에게 '그 대안들을 믿어야 할 이유를 제시하면 보상을 주겠다.'고 말하는 편이 훨씬 낫습니다. 그러면 그들은 정보를 자세히 살펴 진짜 괜찮은 일을 해낼 것입니다."

다시 정리해보자. 프랜시스 베이컨은 과학적 문제를 해결하기 위한 접근법을 만들었다. 반면 요켄 룬드식 방법론의 핵심은 문제를 해결하는 것이 아니라 (미래에 어떤 일이 일어날지 알 수 없기에) 문제를 더 잘 파악하기 위해 (모르는 무지를 발견하는 것을 비롯하여) 모든 각도에서 살필 수 있는 방법을 찾는 것이다. 이는 귀납법을 재고한 결과로 경영에서 의사결정을 할 때 활용할 수 있다. 최악의 사태가 일어날 가능성을 믿게 만드는 직원에게 보상을 주는 것이 그런 예다. 적절한 보상은 비즈니스와 관련하여 파국적인 상황들을 상상하게 만드는 힘을 지닌다.

1626년 4월, 런던 북쪽에 있는 하이게이트에는 눈이 높이 쌓였다. 반세기 전에 나온 존 오브리John Aubrey의 《짧은 전기들Brief Lives》에 기록된 바에 따르면, 프랜시스 베이컨은 왕실 의사와 함께 마차를 타고 가다가 불현듯 어떤 생각을 떠올렸다. 얼음으로 고기를 보존하면 좋을지 모른다는 생각이었다. ("그는 고기를 소금 속에 재우듯 눈 속에 묻으면 오래 보관할 수 있을 것이라고 생각했다.")[24] 베이컨은 실제로 가능한지 당장 알아보고 싶었다. 그래서 마차를 세우고 어느 집에 들어가 닭을 한 마리 잡아달라고 요청한 다음 죽은 닭을 가지고 밖으로 나가 몸통에 눈을 채웠다. 안타깝게도 그는 그 과정에서 심한 추위에 노출되는 바람에 며칠 후 폐렴으로 죽고 말았다. 불쌍한 베이컨. 그는 그렇게 죽을 줄 몰랐을 것이다.

어쨌든 문제의 닭은 성공적으로 보존되었다. 베이컨이 냉동식품을 발명한 것이다. 그러나 당시에는 누구도 냉동식품에 관심이 없었다. 결국 베이컨이 거둔 성과는 더 이상 진전되지 않았다. 그러다가 현대 냉동식품의 개척자인 클래런스 버즈아이Clarence Birdseye가 20세기 초에, 아마도 베이컨의 실험보다 앞섰을 오랜 관행을 목격한 후 그 아이디어를 재발견했다. 버즈아이는 1912년부터 1915년까지 캐나다 래브라도의 동토 지역에서 곤충학자 겸 덫 사냥꾼으로 생활했다.[25] 그는 이누이트족이 생선을 밖에 걸어서 순식간에 얼리는 모습을 봤다. 그렇게 얼린 생선은 몇 달 동안 두고 먹을 수 있었다. 이후 고향으로 돌아온 버즈아이는 기계식 냉동법을 실험했다. 그는 두어 번의 시행착오를 거친 끝에 아주 빠르게 음식을 얼릴 수 있는 냉동고를 개발하여 1924년에 제너럴 시푸즈 코퍼레이션General Seafoods Corporation을 설립했다. 이 회사는 나중에 버즈 아이 프로즌 푸드 컴퍼니Birds Eye Frozen Food Company가 되었다. 이후 일어난 일은 익히 알려진 바다.

버즈아이는 자신이 이룬 성과에 대해 겸손한 태도를 보였다. 그는 "급속 냉동법은 제가 발견한 것이 아닙니다. 에스키모들은 수세기 동안 급속 냉동법을 활용했고, 유럽의 과학자들도 저와 같은 실험을 했습니다."라고 밝혔다.[26] 이렇게 프랜시스 베이컨이 마지막으로 떠올린 명민한 아이디어는 400년 후에 빛을 보게 되었다.

마약의 효용

어떻게 죽어가는 사람을 편안하게 해줄 수 있을까? LSD(강력한 환각제 - 옮긴이)를 투여하면 된다. 이는 경박한 생각이 아니다. 2014년 3월에 스위스의 정신과 의사인 피터 개서Peter Gasser는 불치병에 걸린 12명의 환자에게 대화 요법과 더불어 LSD를 활용한 실험을 하고 그 결과를 발표했다. 40여 년 만에 LSD를 통제된 방식으로 실험한 최초의 사례였다. 그 결과 LSD 투여가 도움이 된 것으로 드러났다. 개서가 밝힌 바에 따르면, 세심한 감독하에 LSD를 투여받은 환자는 한 번도 드러내지 않던 감정을 털어놓았고, 더 나은 기분을 느꼈다. ("불안이 잦아들었고, 그 상태가 유지되었다.")[27] 오스트리아의 사회복지사로 퇴행성 척추 질환에 걸린 피터라는 환자는 이렇게 자신의 경험을 설명했다. "한동안 소위 신비 체험이 지속되었어요. 무엇보다 오랫동안 잊고 있던 모든 기억들로 인한 스트레스가 말끔히 사라졌어요." 피터가 그 기억들을 다른 사람에게 털어놓은 것은 그때가 처음이었다. 그는 실험이 끝난 후 이렇게 심경을 밝혔다. "감정이 더 풍부해진 것 같아요. 그렇다고 항상 쾌활한 것은 아니지만 더 생생한 감정을 느끼는 것은 좋다고 생각해요. 그저 살아 있기만 한 것보다 그편이 더 나아요." 사실 죽어가는 사람을 환각성 약물로 편안하게 만든다는 것은 오래된 아이디어다. 그러나 반세기에 걸친 금지법 때문에 모든 연구가 동결되었다. 지금까지는.

영국의 소설가로 《인식의 문The Doors of Perception》이라는 소설을 쓴 올더스 헉슬리Aldous Huxley는 일찍이 LSD 요법을 옹호했다. 그는 1958년에 LSD와 메스칼린을 소개해준 의사인 험프리 오즈먼드

Humphrey Osmond에게 쓴 편지에서 "죽음을 철저히 생리적인 과정이 아니라 영적인 과정으로 만들기 위해 불치병 환자에게 LSD를 투여하는" 실험을 제안했다. 그는 최후의 의식儀式은 "최대한 의식意識을 갖고 접해야 한다."고 생각했다.[28] 그리고 그 생각을 실행에 옮겼다. 그는 5년 후 로스앤젤레스에서 임종을 앞두었을 때 아내에게 LSD를 달라고 부탁했다. 그녀는 부탁을 들어주었고, 남편의 숨이 끊어질 때까지 자리를 지키며 몇 시간 동안 대화를 나눴다. 그리고 며칠 후 헉슬리의 형에게 보낸 인상적인 편지에서 "너무나 평온하고 아름다운 죽음"이었다고 말했다. 남편에 대한 애정이 담긴 이 편지는 다음과 같은 질문으로 끝났다. "그가 택한 죽음의 방식이 우리에게만 안도와 위로를 주어야 할까요, 아니면 다른 사람들에게도 혜택을 주어야 할까요? 어떻게 생각하세요?"[29]

1950년대와 1960년대의 대중문화에는 환각을 매혹적으로 여기는 인간적이고 낙관적인 이러한 견해가 일반적으로 퍼져 있었다. 그 매혹이 지닌 어두운 면의 대표적인 사례는 CIA가 추진한 악명 높은 엠케이―울트라MK-ULTRA 프로그램이었다. 1985년에 나온 대법원 판결문에 따르면 이 프로그램은 "소련과 중국이 세뇌와 심문 기법에서 이룬 진전에 맞서기 위한 것"으로 "비밀 작전에서 인간의 행동을 제어하기 위해 쓸 수 있는 화학물질이나 생물성 물질 혹은 방사성 물질을 연구하고 개발"했다. 다시 말해서 사람을 대상으로 LSD를 투여하는 것을 비롯한 불법 실험을 자행한 것이다.[30]

1960년대 말에 LSD와 다른 환각제가 미국과 영국에서 불법화되면서 관련된 임상실험이 적어도 합법적으로는 사실상 불가능해졌다. 여러 정신약리학자들은 이 조치로 정신질환 치료를 위한 연구가 수십 년 동안 정체되었다고 밝혔다. 그로부터 반세기가 지난 후에야 LSD 그리고 사일로사이빈(마법 버섯의 유효성분) 같은 다른 환각물질에 대한 과학적 연구가 다시 시작되었다.

그 이유가 무엇일까? 우선 세계보건기구에 따르면, 현재 전 세계적으로 우울증은 각종 장애를 초래하는 주된 요인이 되었다. 또한 지금까지 제약 산업이 제공한 것보다 나은 약물이 필요했다. 신경정신약리학자인 로빈 카하트 해리스Robin Carhart-Harris가 저술가인 에드 커밍Ed Cumming에게 말한 대로 "문제의 규모를 감안할 때 사일로사이빈과 다른 환각제가 큰 도움이 될 가능성이 크다."[31] 이런 금지 약물들이 우울증만 치료할 수 있는 것은 아니다. 가령 불안장애와 니코틴 및 알코올 의존증에도 도움이 될 수 있을 것으로 보인다. 2012년에 발표된 흥미로운 메타 분석 결과에 따르면 "다양한 알코올 중독 치료 프로그램에서 LSD를 1회 처방한 결과 알코올 남용이 줄어들었다."[32] 담배를 너무 좋아하는 사람들에게도 비슷한 방법이 효과를 낼 수 있다. 가령 "사일로사이빈은 현재 활용되는 금연 치료 모델과 관련하여 효과를 발휘할 가능성이 있다."[33] 심지어 미국에서 진행된 조사 결과를 보면, 일반적으로 기분을 전환하기 위해 환각제를 사용하는 경우에도 심리적 스트레스가 줄고 자살 위험이 낮아지는 것으로 드러났다.[34] 이런 연구 결과들이 계속 쌓이고 있다. 아직 결정적인 연구 결과는 나오지 않았지만 그 의미는 모두 같은 방향을 가리키고 있다. 많은 의사와 연구자들은 잠재적 혜택을 감안하여 이런 약물들을 합법화할 것을 강력히 요구하고 있다.

그렇다면 왜 환각제가 치료 효과를 지니는 것일까? 거기에는 스토아 학파부터 인지행동치료까지 이어지는 심리학 분야의 전통적인 교훈과 부합하는 흥미로운 가설이 있다. 환각제를 투여한 환자의 뇌 영상을 연구한 결과 주목할 만한 구체적인 현상이 드러났다. 바로 정신적 문제에 대한 오랜 비유에 잠재된 생체 전기적 측면의 실상이었다.

우리는 종종 우울하거나 중독된 사람들이 특정한 경로, 반복할수록 강화되는 심리적 '틀'을 따르는 생각을 한다고 말한다. 그렇다면 어떻게 해야 이 틀에서 벗어날 수 있을까? 앞서 살핀 대로 심리학 분야의 전통은 반복적으로 드는 나쁜 생각을 인지하고, 자동적인 사고의 패턴을 단절하도록 권한다. 환각제는 뇌에서 뉴런이 활성화되는 패턴의 전반적인 구성을 단절시킨다. (이를 '광대역 피질 비동기화'라 부른다.)[35] 언뜻 무섭게 들리지만 어떤 사람들에게는 필요한 일이다. 뉴런이 활성화되는 고정된 패턴을 '틀'로 본다면 해당 패턴을 단절시키는 일은 평탄화 내지 재설정에 도움이 된다. 카하트 해리스는 "환각제를 투여했을 때 확인할 수 있는 현상은 구성의 와해, 피질에서 일어나는 급격한 변화다. 환각제는 일종의 폭풍을 초래하지만 병을 치료하는 맥락에서 이는 시스템을 재부팅하는 유용한 폭풍이 될 수 있다."라고 설명한다.[36]

영화 〈뻐꾸기 둥지 위로 날아간 새〉에서 잭 니콜슨이 당했으며, 오랫동안 야만적인 의료행위로 치부된 전기경련요법, 혹은 충격요법도 비슷한 효과를 낼지 모른다. 전기경련요법은 전압을 낮추기는 했지만 심각한 우울증을 치료하는 대안으로 실제로 사라진 적이 없으며, 마취제와 근육완화제를 쓰는 방법도 도입되었다. 전기경련요법을 현대적으로 재발명한 미국의 정신과 의사인 세라 홀링스워스 리샌비Sarah Hollingsworth Lisanby는 직접적인 전기 충격이 아니라 자기적 자극을 가

한다. 이는 '자기발작요법'이라는 그다지 매력적이지 않은 이름으로 불린다.[37] 그래도 이 요법은 과거에 남용되기는 했지만 구식 전기경련요법이 효과를 지녔던 것과 마찬가지로 심한 우울증을 앓는 사람들에게 도움이 되는 듯하다. (리샌비는 "우울증은 사람을 죽이지만 전기경련요법은 생명을 구한다."고 주장한다.) 그 이유는 전기경련요법이 환각제와 비슷한 효과를 내서 오작동을 일으키는 뇌의 망을 '재부팅'하기 때문이다. 요즘은 뇌를 설명할 때 컴퓨터와 관련된 비유를 즐겨 쓰며, 종종 개념적으로 신중하지 못한 경우가 많다. 그러나 이는 적어도 좋은 비유로 보인다. 뇌는 전기적인 망이다. 그래서 환각제 혹은 자기를 통한 자극은 전 세계의 기술지원센터가 가장 먼저 하는 조언처럼 전원을 껐다가 다시 켬으로써 원하는 변화를 이룰 수 있게 해준다.

치료용 환각제 연구의 부활은 '환각제 르네상스'로 불린다. 그러나 LSD는 우울증을 완화하기 위해 발명되지 않았다. 의식 교란 약물이 정신적 문제를 가진 사람들의 뇌에서 변화를 일으킨다는 사실은 이제 분명해 보인다. 그러나 LSD를 발견한 스위스 화학자인 알베르트 호프만 Albert Hofmann은 원래 완전히 다른 목적을 추구했다. 그는 호흡과 순환을 촉진하는 약물을 찾다가 1938년에 우연히 LSD를 발견했지만 원래 목적에 그다지 효과가 없었기에 그냥 묻어두었다. 그러다가 5년 후에야 다시 살펴보기로 결정했고 그 과정에서 실수로 일부를 섭취하고 말았다. 그랬더니 기분이 너무 좋아져서 일부러 다시 섭취했다. 그렇게 환각의 시대가 시작되었다.

호프만은 현대의 많은 정신과 연구자들이 추정하는 대로 LSD를 '영혼을 위한 약'으로 여겼다. 그러나 그 잠재력은 자극제라는 원래의 맥락에서 벗어나 기분 전환을 위한 도취, 그리고 치료라는 다른 목적으로 사용했을 때 비로소 발견되었다. 손자의 고전적인 논문인 《손자병법》도 대개 여러 지역에서 벌어지는 회전會戰의 세부적인 내용을 다루고 있지만, 은행가, 조직폭력배, 첩보원을 위한 고전적인 자기계발서라는 다른 용도로 거듭 활용되었다. 또한 프랜시스 베이컨의 귀납법은 기업인들이 두려움을 갖지 않도록 최악의 상황을 미리 파악하는 다른 용도로 활용되었다. 이처럼 거의 소멸 상태이거나 무의미하게 보이는 아이디어라도 완전히 새로운 게임에 투입하면 다시 한 번 살아날 수 있다.

아직도 멀었나요?

오래된 아이디어는 태도를 바꿔야만 비로소 타당하게 여겨질 수 있다.

—

"새로운 과학적 진리는 반대자들을 설득하여 사실을 인지하도록 만드는 것이 아니라, 그들이
결국 죽고 그것에 익숙한 새로운 세대가 성장함으로써 승리한다."
– 막스 플랑크Max Planck

어떤 아이디어는 그저 시대를 앞선다. 그래서 처음 제기되었을 때 기존
의 문화적, 사회적, 경제적 질서가 이를 수용하지 못한다. 새로운 아이
디어가 당대의 중요한 이해관계에 강력하게 도전하거나, 아직 필요해
보이지 않거나, 너무나 놀라운 개념적 변화를 나타내기 때문이다. 이는
정치학과 윤리학에서 흔한 일이다. 민주주의는 의회의 일상이 되기 전
에는 혁명적인 사회적 동요였으며, 노예제를 폐지하기까지 오랜 세월
이 걸렸다. 그러나 과학, 기술, 식사 습관에서도 마찬가지로 새로운 아

이디어에 반대하는 완고한 저항이 있을 수 있다. 어떤 아이디어는 특정한 문화적 맥락에서 수용하기에 너무 급진적이거나, 위협적이거나, 기이할 수 있다. 혹은 부적절한 사람에게서 나올 수도 있다. 창안자는 당대에 그런 편견에 맞서서 진전을 이룰 수도 있고, 수백 년 혹은 수천 년 후에야 정당한 평가를 받을 수도 있다. 그러나 너무 오랜 기다림은 실망스러울 뿐만 아니라 위험할 수도 있다.

전 자 담 배 의 귀 환

인삼을 재료로 건강 제품을 개발하는 연구소에서 일하던 중국의 약사인 한리韓力는 하루에 담배를 세 갑씩 피웠다. 그러던 와중에 그와 마찬가지로 골초였던 그의 아버지가 폐암으로 사망했다. 아버지의 죽음을 계기로 한리는 2000년대 초에 금연에 성공했다. 그 무렵 그는 이런 생각을 하기 시작했다. '니코틴이 주는 쾌감과 충분히 증명된 인지적 혜택을 더 안전하게 즐길 수 있는 방법이 있지 않을까?'

한리는 담배를 재고했다. 타르와 독성 발암물질 없이, 연기를 흡입하는 데 따른 만족감과 니코틴의 효력을 제공할 방법이 없을까? 그런 방법이 있다면 껌이나 패치보다 일반 담배를 훨씬 잘 대체할 수 있었다.

한리는 나이트클럽에서 '드라이 아이스'를 만드는 데 사용되며 대다수 국가에서 식품첨가제로 허가된 프로필렌 글리콜과 액상 니코틴을 섞은 용제를 리튬 배터리를 이용한 가열 장치로 순식간에 기화시키는 아이디어를 떠올렸다. 그에 따라 생기는 '연기'는 기본적으로 니코틴을 포함한 수증기였다. 그렇게 해서 전자담배가 만들어졌다. 전자담배에는 타르도, 발암물질도, 간접흡연에 따른 위험도 없었다. 때는 2003년이었다.[1] 한리가 특허를 낸 전자담배는 중국을 시작으로 서구에서도 점차 인기를 끌었다.

그러나 2014년 무렵 거센 역풍이 불었다. EU는 전자담배에 엄격한 규제와 세금을 강제하는 방안을 고려했고, 미국에서도 공공장소에서 전자담배가 점차 금지되었다. 가령 로스앤젤레스와 뉴욕 시에서는 공공 주차장뿐만 아니라 술집에서도 전자담배를 피울 수 없었다. 팬들이 만든 용어인 '베이핑'은 흡연과 같은 대우를 받았다. 관계 당국은 베이핑이 흡연으로 가는 '관문' 역할을 할지 모른다고 우려했다. 그러나 연구 결과에 따르면 사실은 그 반대였다. 흡연자들은 담배를 끊으려고 전자담배를 활용했다. 2015년에 영국의 연구단체인 퍼블릭 헬스 잉글랜드Public Health England는 "지금까지 할 수 있는 최선의 추정"에 따르면 베이핑이 흡연보다 95퍼센트나 덜 해롭다고 밝혔다.[2]

일부 공공보건 전문가들은 놀라운 말로 공식적인 반베이핑 정책을 비판했다. 영국에서는 데이비드 너트David Nutt 교수가 전자담배로 바꾸는 흡연자들이 늘수록 폐암 사망자가 크게 줄어들 것이라고 말했다. 그것은 전자담배가 항생제 이후 공공보건 분야에서 이뤄진 '가장 중대한 진전'일 수 있다는 의미였다.[3] 베이핑이 더 일찍 인기를 끌었다면 얼마나 많은 생명을 구할 수 있었을지 상상해보라. 실제로 그럴 수도 있었다. 전자담배에 대한 기본적인 아이디어는 한리의 발명보다 훨씬 앞서 나왔기 때문이다. 실제로 이 아이디어는 반세기 전에 나왔다.

1965년에 미국인 허버트 길버트Herbert A. Gilbert가 현대의 전자담배와 놀라울 정도로 흡사한 디자인에 대한 특허를 냈다. 그는 2013년에 한 인터뷰에서 이렇게 말했다. "제가 내린 결론에 따르면, 문제는 잎과 나무를 태우면 설령 뒷마당에서 태운다고 해도 누구도 폐로 들이마시고 싶지 않은 결과물이 나온다는 겁니다. …저는 담배와 종이를 태우는 방식을 가열을 통해 증기 형태로 맛을 내도록 대체할 논리적인 방법을 찾아야 했습니다."[4] '무연, 무연초 담배'에 대한 그의 특허는 다음과 같이 건강상의 혜택을 강조한다. "담배를 피우고 싶지만 의사로부터 피우지 말라는 조언을 들은 사람들은 이 발명품을 통해 해를 입지 않고 흡연이 주는 만족감을 즐길 수 있다." 또한 "약간의 멘톨이 가미된 물부터 인공적으로 스카치 위스키의 맛을 내는 용액까지" 다양한 내용물을 쓸 수 있으며, "다른 많은 용액과 맛을 활용할 수 있다."며 요즘 나오는 전자주스까지 예견했다.[5]

그러나 길버트의 발명품은 생산화 단계에 이르지 못했다. 그의 말에 따르면 "화학회사, 제약회사, 담배회사에 보여줬지만 자기들 시장만 지키려 할 뿐"이었다. 결국 가는 곳마다 아무 소득 없이 물러나야 했다. 거대 담배회사들이 '안전한 담배'에 대한 아이디어를 억눌렀다는 오랜 괴담이 어느 정도 진실인 듯하다. 길버트는 "시기가 대단히 중요합니다. 저는 시대를 앞섰고, 거대 담배회사들이 한창 강력한 광고 공세를 퍼붓던 때였어요."라고 말한다.

이처럼 태도가 바뀌어야만 성공적으로 부상할 수 있는 아이디어들은 사회적, 문화적 힘의 억압을 받는다. 1960년까지도 미국의 의사들 중 3분의 1만이 흡연이 암을 유발한다고 믿었다.[6] 또한 1964년에 연방의 무감이 흡연과 암의 연관성을 밝히는 보고서를 발표했으나 해당 사실이 대중의 인식에 자리 잡는 데까지는 시간이 걸렸다. 이 역사적인 순간에는 더 안전한 대안을 만들어야 한다는 시급한 필요성이 없었다. 하지만 21세기에는 흡연이 건강에 미치는 위험이 확실하게 드러났고, 담배회사들은 역사적인 집단소송에 직면했으며, 전 세계적으로 실내 흡연이 금지되었다. 그래서 전자담배를 재발명하기에 더없는 적기였다. 마침내 제때가 온 것이다.

어떤 아이디어를 사장시키는 것은 관련 업계의 기득권만이 아니다. 역대 최고의 아이디어 중 하나는 역대 최고의 철학자 중 한 명으로부터 원칙적인 측면에서 비난당했다. 이 아이디어는 2,500년 후에야 비로소 정당한 평가를 받았다.

2,000년 전의 원자 가설

어떤 물질을 계속 반으로 자르면 어떻게 될까? 가령 빵조각을 계속 반으로 자를 수 있다. 부스러기만 남아도 더 정교한 칼로 반 토막을 낼 수 있다. 그러다가 어느 시점이 되면 부스러기가 너무 작아서 더 이상 자를 수 없게 된다. 하지만 전능한 시력과 무한하게 얇은 칼날을 가진다면 어떨까? 끝없이 계속 자를 수 있을까?

아테네의 사상가인 데모크리토스Democritus는 인간의 어리석음을 조롱하는 태도 때문에 '비웃는 철학자'로 알려져 있다. 또한 그는 당대 최고의 박식한 사람으로서 이집트, 바빌로니아, 페르시아를 여행하면서 다양한 문물을 익혔다. 그는 모험을 마친 후에도 가끔 묘지를 방문

할 때 외에는 정원의 작은 오두막에 틀어박혀 고독한 수학에 매진했다.[7] 알렉산드리아에는 물리학, 의학, 식물학, 음악이론, 회화 등 모든 분야를 망라하는 그의 논문이 60권 넘게 있었지만 지금은 거의 아무것도 남아 있지 않다. (아마도 데모크리토스가 너무 쾌락이 강하여 정신을 압도한다는 이유로 섹스를 탐탁지 않게 여겼다는 점이 탁월한 지적 생산성을 발휘하는 데 도움을 주었을 것이다.)[8]

현재 우리가 아는 사실은 데모크리토스가 추론의 힘만으로 어떤 물질을 영원히 자를 수 있다는 생각이 불합리하다는 결론을 내렸다는 것이다. 데모크리토스는 결국 근본적으로 나눌 수 없는 대상에 직면할 것이라고 생각했다. 둘로 나눌 수 없는 대상 말이다. 그는 이 대상을 '쪼갤 수 없는 것' 혹은 그리스어로 '아토모스a-tomos'라 불렀다. 바로 '원자atom'였다.

데모크리토스는 우리가 보는 모든 대상이 원자로 구성되어 있다고 생각했다. 그러나 그가 그린 근원적인 현실에는 다른 요소가 필요했다. 우리를 둘러싼 대상들이 변하기 때문이었다. 빵에는 곰팡이가 피고, 물웅덩이는 마른다. 데모크리토스는 원자가 추가되거나 감소되기 때문에 이런 변화가 생긴다고 생각했다. 가령 하인이 빵으로 만든 간식을 들고 방으로 들어온다고 가정하자. 이때 빵이 탁자에 놓이기도 전에 냄새를 맡을 수 있다. 이는 빵을 구성하는 일부 원자가 먼저 도달했음을 뜻한다. 따라서 세상은 근원적으로 원자로만 가득할 수 없다. 원자로만 가득하면 원자가 움직이거나 서로 자리를 바꿀 수 없기 때문이다. 원자가 이동하려면 빈 공간도 있어야 한다. 데모크리토스는 이 빈 공간을 공허void라 불렀다. 그는 "존재하는 모든 것은 원자와 공허로 구성된다. 다른 모든 것은 그저 추측일 뿐"이라고 썼다.

또한 데모크리토스는 원자의 상호작용이 살아 있는 유기체, 심지어 인간의 정신이 움직이는 원리를 근본적으로 설명한다고 생각했다. 이는 위험할 정도로 급진적인 생각이었다. 그래도 그는 주장을 굽히지 않았다. 그가 보기에 어떤 대상이 '뜨겁거나 차갑다', '달거나 쓰다' 혹은 어떤 색깔을 지닌다는 말은 '관습'에 불과했다. 실제로는 모든 것이 공허 속에서 충돌하는 원자의 작용이었다. 이런 구도에는 신의 개입이나 의도를 위한 자리가 없었다. 영혼을 위한 자리도 없었다. 나중에 양자물리학자인 닐스 보어Niels Bohr가 지적한 대로 데모크리토스의 생각은 동시대 사람들에게 "망상의 속성을 지닌 극도로 물질주의적인 발상"이었을 것이다.[9] 그가 살았던 시대의 문화는 이런 생각을 받아들일 준비가 되어 있지 않았다.

데모크리토스와 동료 원자론자들(최초는 그의 스승인 레우키포스Leucippus일지도 모른다. 누가 어떤 아이디어를 제시했는지 정확하게 알기는 어렵다.)이 제기한 가설은 2,000년 동안 서구 문명에 가장 큰 영향을 미친 고대 철학자 아리스토텔레스에게 폄하당했다. 그는 세상의 신성한 동질성을 저해하기 때문에 원자론은 어불성설이라고 주장했다. 그의 주장에 따르면 무엇보다 원소는 작은 입자들이 거칠게 모인 물질이 아니라 매끈하게 이어진 물질이어야 했다. 게다가 원자론은 자연의 목적이라는 (나중에 다시 살펴볼) 아이디어를 위한 여지를 남겨두지 않았다. 요컨대 원자론은 받아들일 수 없을 만큼 정리가 안 되고 가까이 하기 어려운 것이었다. 플라톤도 데모크리토스의 책을 모두 불태우고 싶어 했지만 너무 넓게 퍼져 있어서 그럴 수 없었다고 전해진다. 대신 그는 어떤 글에서도 데모크리토스를 언급하지 않는 선에서 만족했다. 이처럼 원자론은 배척당했고, 물리학은 정체되었다.

그로부터 오랜 세월이 지난 후 버트런드 러셀Bertrand Russell은 철학이 데모크리토스 이후 쇠락했으며, 르네상스 때까지 회복되지 않았다고 평가했다. (스티븐 그린블랫Stephen Greenblatt은 《1417년, 근대의 탄생》에서 데모크리토스보다 400년 후에 활동한 원자론자인 루크레티우스Lucretius의 철학 시, 《사물의 본성에 관하여》를 르네상스 초기에 재발견한 것이 중요한 요소였다고 주장했다.) 또한 20세기 물리학자인 리처드 파인만Richard Feynman은 종말 이후에 생길 미래 문명에 전하고 싶은 단 한 줄의 과학적 지식을 골라야 한다면 원자 가설을 고르겠다고 말했다. 그로부터 너무나 많은 것들이 기인하기 때문이었다.

결국 데모크리토스가 옳았다. 적어도 현재 통용되는 최고의 이론에 따르면 실제로 쪼갤 수 없는 궁극적인 입자가 있다. 다만 여기서 말하는 '원자'가 아니라 쿼크와 렙톤이라는 더 작은 입자다. 이는 단지 역사적 우연일 뿐이다. 원자를 발견한 19세기 초의 화학자들, 그중에서도 영국인인 존 돌턴John Dalton은 물질의 근원적인 구성요소를 발견했다고 생각하고 데모크리토스를 기려서 원자라는 이름을 붙였다. (토머스 쿤Thomas Kuhn은 냉소적으로 "말할 필요도 없이 돌턴이 내린 결론은 처음 발표되었을 때 사방에서 공격당했다."라고 썼다.)[10] 데모크리토스는 그토록 오래전에 어떤 일을 한 것일까? 그는 아주 열심히 문제를 고민한 끝에 정답에 도달했다. 이는 나중에 다시 살필 탁상 공상 혹은 합리주의의 최고 사례라 볼 수 있다.

그러나 다른 사람들은 파인만이나 러셀만큼 데모크리토스가 추론을 통해 이룬 업적에 감탄하지 않는다. 가령 노벨 물리학상 수상자인 스티븐 와인버그Steven Weinberg는 《세상을 설명하는 과학》에서 다소 못마땅한 어조로 "고대 혹은 고전 그리스 시대의 과학이 지닌 현대적 측면을 과장하지 말아야 한다."고 밝혔다. 특히 그는 데모크리토스를 다음과 같이 비판했다. "지금까지 남은 그의 저서 어디에서도 물질이 실로 원자로 구성되어 있음을 증명하려는 노력을 찾을 수 없다. 오늘날 우리는 제시한 이론을 활용하여 관찰을 통해 검증할 수 있는 비교적 정확한 결론을 이끌어냄으로써 자연계에 대한 추측을 검증한다. 그러나 고대 그리스 철학자들과 여러 후계자들 사이에서는 이런 일이 일어나지 않았다. 거기에는 단순한 이유가 있다. 한 번도 그렇게 하는 것을 본 적이 없기 때문이다."[11]

과학사에는 현재의 기준으로 과거를 재단하는 오류를 말하는 '현재주의'라는 죄악이 있다. (과거 세대가 우리처럼 훌륭한 수준에 오르기 위해 내내 고생했다고 가정하는 '휘그 사관'이 이런 측면을 지닌다.) 스티븐 와인버그는 데모크리토스가 실험을 하지 않았다고 비판하면서 책 전반에 걸쳐서 고의로 현재주의의 오류를 저지르고 있다. 그러나 반대로 현재주의 일체를 거부하면 불공정하게 매도당한 사상가들을 제대로 평가할 수 없다. 현재의 기준을 적용해야만 데모크리토스가 결국 옳았다는 사실을 알 수 있다. 와인버그가 지적한 대로 그는 과학적 실험이 일반적으로 이뤄지는 문화에서 성장하지 않았다. 그의 이론을 검증할 수 있는 정교한 과학 기구도 없었다. 그렇다고 해도 그는 옳았다. 그러나 그가 속한 문화는 두 가지 측면에서 그의 아이디어를 받아들일 준비가 되어 있지 않았다. 첫째, 큰 영향력을 지닌 사상가들이 세계가 원자와 공허로만 되어 있다는 극히 간결한 시각으로 흔들릴 영혼과 자연의 목적 같은 원칙들을 고수했다. 둘째, 당대의 문화는 진실을 증명할 물리적 토대를 갖추고 있지 않았다.

원자는 놀라울 만큼 근래까지 일반적으로 받아들여지지 않았다. 19세기 말과 20세기 초의 일부 저명한 과학자들까지 그 존재를 인정하려 하지 않았다. 그들에게는 그럴 만한 이유가 있었다. 누구도 원자를 본 적이 없었기 때문이다. 닐스 보어는 1954년에 원자에 대한 아이디어가 "거의 우리 시대까지, 그 자체가 수없는 원자로 구성된 우리의 감각기관과 도구의 조잡함 때문에 관측을 통해 직접 확증할 수 없다는 점에서 근본적으로 가설에 불과하다는 평가를 받았다."라고 썼다.[12]

1905년에 아인슈타인이 액체 속에서 입자가 움직이는 현상을 분자와 충돌한 결과로 설명한 브라운 운동에 관한 논문을 발표한 후에야 논쟁이 잦아들기 시작했다. 이 설명은 물질을 구성요소로 분리되지 않는 자연스러운 연속체로 보는 반원자론자들의 인식을 부수는 것처럼 보였다. 그럼에도 일부 저명한 과학자들은 고집을 꺾지 않았다. 그들은 엄격한 경험론자들로서 감각으로 확증할 수 없는 현상의 존재를 인정하지 않으려 했다. 액체가 뜨겁다는 사실은 받아들일 수 있었다. 그러나 열이 액체 속에서 돌아다니는 비가시적 원자의 효과라는 가설은 검증되지 않은 주장에 불과했다.

그의 이름에서 음속의 명칭을 딴 뛰어난 물리학자 에른스트 마흐Ernst Mach는 원자 이론이 유용할지는 몰라도 직접 관측할 수 없는 대상의 실재성을 믿어서는 안 된다고 주장했다. 그에게 원자는 '지적 책략' 혹은 단순한 아이디어에 불과했다. 그러나 1908년에는 다른 반대론자가 두 손을 들었다. 화학자인 빌헬름 오스트발트Wilhelm Ostwald는 아인슈타인의 해석을 뒷받침하는 추가 실험을 한 후 다음과 같이 데모크리토스가 쭉 옳았다고 선언했다. "이제 원자 가설이 수백 년 혹은 수천 년 동안 헛되이 찾았던 물질의 분절적 혹은 입자적 속성을 밝히는 실험적 증거를 갖게 되었다고 확신한다."[13]

그러나 마흐와 오스트발트에게 원자를 의심할 만한 철학적 이유가 있었다는 사실을 강조할 필요가 있다. 과학사가인 필립 볼Philip Ball은 "마흐와 오스트발트가 이 문제에 있어서 현학적으로 굴었다고 지적하고 싶을 수도 있다. 그러나 그들은 단지 초자연적 시각에 대해 의구심을 표현했을 뿐이라는 편이 더 적절하다."라고 말했다.[14] 직접 지각할 수 없는 '초자연적' 원인을 타당한 설명으로 받아들여야 하는지 여부를 둘러싼 논쟁의 역사는 오래되었다. 뉴턴을 비판한 많은 사람들은 나름의 타당성을 토대로 중력을 먼 거리에 걸쳐 즉시 작용하는 힘으로 상정하는 것이 비과학적이라고 지적했다. 그들이 보기에 뉴턴은 과학자들이 몰아내려 애쓴 '초자연적 힘'이라는 장르를 되살리려 하고 있었다.[15] 20세기가 되어서야 과학자들은 보이지 않을 정도로 작은 입자를 실재하는 존재로 폭넓게 받아들였다. 이는 그 자체로 오랜 문화적 변천의 결과였다. 그 후에야 데모크리토스는 마침내 정당한 평가를 받을 수 있었다.

왜 곤충을 먹지 않나요

학창 시절에 한 친구에게 중고서점에서 구한 오래된 소책자의 사본을 받은 적이 있었다. 거기에는 《왜 곤충을 먹지 않나요?Why Not Eat Insects?》라는 제목이 적혀 있었다. 참으로 인상적인 제목이었다. 이 화통하고 확신에 찬 빅토리아 시대의 질문은 뻔한 대꾸를 부르는 듯했다. '왜 먹어야 하는데?' 지금도 특히 혐오스러웠던 조리법이 생각난다. 그요리의 솔직한 이름은 '나방을 올린 토스트'였다. 그러나 곤충을 먹어야한다고 조바심을 낸 이 소책자의 저자는 시대를 훨씬 앞선 사람이었다. 멕시코의 거리 음식을 제공하는 영국의 한 체인 레스토랑은 요즘 귀뚜라미 요리를 일주일에 수천 접시씩 팔고 있다.[16] 그럽 키친Grub Kitchen이라는 곤충 요리 전문점도 있다. 또한 2014년에 유엔은 세상을 구하기위한 방법으로 곤충 섭취와 관련된 세계적인 컨퍼런스를 주최했다. 그렇다면 곤충을 먹는다는 아이디어도 마침내 제때를 만난 것일까?

1885년에 《왜 곤충을 먹지 않나요?》를 펴낸 사람은 빅터 홀트Victor M. Holt였다. 그는 동시대 사람들에게 곤충을 먹는 일의 미덕을 알리려했던 낙천적인 영국인이었다. 가령 서문에서 "곤충은 수없이 많다. 내가 고른 곤충은 모두 풀을 먹고, 깨끗하고, 맛있고, 몸에 좋고, 사람보다더 음식을 가린다. 그들은 절대 체면을 버리고 우리를 먹지 않을 것이다. 그러나 곤충이 얼마나 좋은지 알게 되면 우리는 언젠가 기꺼이 그들을 요리하고 먹을 것이다."라고 밝혔다. 현재 일부 사람들은 그의 말대로 하기 시작했다.

물론 비유럽권 사람들은 오랫동안 곤충을 먹었다. 지금도 전 세계에 걸쳐 20억 명이 곤충을 먹는 것으로 추정된다. 유럽에서 곤충식이 인기를 끌지 못한 이유는 기후가 온화해서 주위에 쉽게 잡을 수 있는 곤충이 적고, 목축이 성공하면서 곤충이 대안 식량으로 필요 없게 되었기 때문이다. 그러나 다른 곳에서 곤충은 여전히 전통적인 별미다. 일본에는 꿀벌 애벌레(하치노코) 통조림과 메뚜기(이나고) 튀김이 있다. 또한 곤충을 술안주로 먹는 곳들도 있다. 말라위에서는 고추와 라임으로 맛을 낸 흰개미를 맥주 안주로 먹는다. 사업가인 샤미 라디아Shami Radia는 여기서 아이디어를 얻어 레스토랑에 식용 곤충을 제공하는 런던 소재 기업인 그럽Grub을 창립했다.[17]

빅터 홀트는 19세기 일반 영국인의 태도를 물씬 풍기는 어조로 다음과 같이 세계적인 사례를 소개한다. "우리는 야만국들에서 나온 수많은 약물과 향신료 그리고 양념을 쓴다. 그렇다면 왜 한 걸음 더 나아가지 않는가?" 그는 동시대 사람들이 결국은 합당한 시각을 가질 것이라고 믿었다. 그래서 "나는 바다 민달팽이 혹은 해삼이 중국에서 인기를 얻는 만큼 민달팽이도 영국에서 인기를 얻고, 메뚜기가 중동이나 남아프리카에서 향유되듯이 영국 농민들도 버터에 튀긴 메뚜기를 향유할 날이 올 것이라고 생각한다."라고 썼다.

그렇다면 도대체 왜 그래야 할까? 홀트는 독자들이 식습관을 바꿔야 할 몇 가지 이유를 제시한다. 첫째 그는 "몸에 좋은 음식을 간과해서는 안 된다."고 현자처럼 조언한다. 영양이 풍부한 음식을 왜 외면하는가? 두 번째 이유는 첫 번째 이유보다 설득력이 조금 떨어질지도 모른다. 그는 "노동자들이 매일 빵, 라드, 베이컨 혹은 베이컨 없이 빵과 라드 아니면 라드나 베이컨 없이 빵만 먹다가 튀긴 왕풍뎅이 내지 메뚜기를 먹으면 얼마나 즐거운 변화겠는가."라고 웅변한다. 물론 변화이기는 하지만 노동자들이 그 변화를 딱히 즐겁게 받아들일 것 같지는 않다. 홀트는 먹기 위해 곤충을 잡기 시작하면 작물을 먹는 곤충의 수가 줄어들 것이라고 말했다. 또한 단순한 편견의 문제도 있었다. 생굴을 탐하는 미식가들이 왜 삶은 애벌레는 기피하는가? 홀트는 이렇게 썼다. "오랫동안 우리를 사로잡았던 어리석은 편견에서 벗어나려면 강한 의지가 필요할지도 모른다. 그러나 끝없이 밀려오는 지식의 물결 앞에서 자연 발생과 흑기러기(흑기러기가 유목流木에서 생겨났다는 중세 전설이 있음 - 옮긴이)에 대한 낡은 이론을 버렸듯이 이런 편견을 버리지 못한다면 당대의 선진 국가라는 것이 무슨 소용인가?"

　오랜 시간이 걸리기는 했지만 현대 서구에서 이 편견은 마침내 심각한 압박을 받고 있다. 그럽 키친은 홍보물에서 모험심 강한 식도락가들에게 "곤충을 먹는 흥미로운 새로운 관습"을 소개하겠다고 약속한다. 물론 이 관행은 사실 아주 오래된 것이다. 모세도 일부 곤충을 먹는 것을 허용했다. 세례 요한은 사막에서 메뚜기와 꿀을 먹고 살았다고 전해진다. 로마인들은 통통하게 살찌운 유충을 마음껏 먹었다. 그러나 곤충식을 지지하는 현대인들은 홀트와 다른 점을 강조한다. 그들은 '단백질 문제'를 거론한다. 앞으로 세계 인구가 수십억이나 더 늘어날 텐데 어떻게 모두에게 충분한 단백질을 공급할 것인가? 나중에 살펴보겠지만, 늘어나는 인구를 먹여 살리는 문제에 대한 걱정은 아주 오래전부터 존재했다. 다만 현대의 곤충식 지지자들은 대단히 현대적인 용어인 환경적 '지속가능성'과 '식량 안보'를 들어 이 문제에 접근한다.

　2014년 5월에 덴마크의 바헤닝언 대학Wageningen University과 유엔

식량농업기구 주최로 식용 곤충에 대한 세계 최초의 글로벌 컨퍼런스가 열렸다. 그 컨퍼런스의 명칭은 '세계를 먹여 살리는 곤충들'이었다. 주최측은 "세계 인구가 갈수록 늘어남에 따라 증가하게 될 동물성 단백질 수요에 대해 곤충이 지속가능한 해결책을 제공한다."는 기본 원칙을 밝혔다.[18]

소를 비롯한 가축은 식물성 물질을 사람이 섭취할 단백질로 바꾸는 데 대단히 비효율적이다. 엄청나게 많은 물과 땅이 필요하기 때문이다. 곤충은 가축보다 훨씬 적은 양만으로도 충분하다. 게다가 작은 몸집에 많은 영양분을 담고 있는 '슈퍼푸드'이기도 하다. 또한 여전히 많은 사람들이 꺼리기는 하지만 곤충을 사육하려는 시도가 이뤄지면서 지금은 '소형 가축'으로 불리기도 한다.[19] 소형 가축이라고 하면 분재처럼 작은 소나 돼지를 생각하기 쉽지만 실은 여섯 개의 다리와 촉수를 갖고 있다. 어떤 경우에는 곤충이 마치 동물이 아닌 것처럼 '수확'한다는 표현도 쓴다. 영리하게 이름을 바꾸는 것도 도움이 된다. 왁스웜waxworm(나방 유충)을 식용으로 판매하는 사람들은 '웜worm'이라는 꺼림칙한 이름 대신 '허니 벅honey bug' 내지 '허니콤 캐터필러honeycomb caterpillar'라는 이름을 쓴다. 한 곤충학자는 곤충을 '육지 새우'로 불러야 한다고 생각한다.[20]

그러나 굳이 곤충을 먹지 않아도 되는 운 좋은 사람들이 품은 혐오를 극복하려면 지속가능성과 식량 안보 같은 말로도 충분치 않다. 어휘를 은근하게 바꾸거나 팝업 레스토랑 내지 일부 컨퍼런스 참가자들이 제안한 대로 슈퍼마켓에 곤충 식품 매대를 설치하는 것 같은 더욱 직접적인 홍보를 비롯한 대대적인 노력이 필요하다.[21] 곤충식 애호가들은 그리

오래되지 않은 과거에 영국과 미국에서는 생선을 날로 먹는 것을 이상하게 여겼지만 지금은 스시가 큰 인기를 끌고 있다는 점을 지적한다. 그들은 곤충에 대해서도 같은 일이 일어날 수 있다고 말한다. 계속 새로운 음식을 찾는 '식도락가'들에게 적절하게 홍보하기만 한다면 말이다.

요리사인 레네 레제피René Redzepi가 만든 전설적인 북유럽 식품연구소Nordic Food Lap가 유엔 컨퍼런스에서 곤충으로 만든 간식을 제공했다. 연구원들은 나방 무스, 귀뚜라미 국물, 구운 메뚜기 같은 요리를 개발했다. 그러나 이 북유럽의 식도락 모험가들도 자연주의적 오류를 저지른다. 그들은 식용 개미들이 지닌 다른 맛들을 설명할 때 침팬지가 흰개미를 먹는다는 사실을 들면서 "이런 곤충을 먹는 것은 진화적 유산의 일부"라고 썼다.[22] (그렇게 말할 수도 있다. 나무에 매달리는 것이나 십자말풀이를 못하는 것도 마찬가지다.) 다른 사람들은 실체를 숨겨서라도 비위가 약한 서구인들에게 곤충을 먹이려 들었다. 가령 미국 기업인 식스 푸즈Six Foods는 귀뚜라미로 만들었다는 사실을 제외하면 감자칩과 약간 닮은 '처프스Chirps'를 판매한다. 식스 푸즈의 로라 다사로Laura D'Asaro는 사실 모든 것을 분명하고 공정하게 드러내고 싶어 한다. 그녀는 사람들이 패스트푸드 식당에 가서 '곤충' 버거를 주문하는 날을 고대한다.[23]

어떤 사람들은 곤충을 먹는 것이 도덕적 의무라고 주장하기도 한다. 곤충학자로서 유엔 컨퍼런스에서 연설한 어디나 와이Adena Why는 기자에게 "도덕적으로, 특히 미국인으로서 우리는 지금처럼 많은 자원을 소비하지 말아야 할 책임이 있으며, 곤충을 먹는 것이 그 방법이라면 더 빨리 먹을수록 좋습니다."라고 말했다.[24]

곤충을 먹는 것에 대한 사람들의 혐오감 반응은 진정한 장벽으로 보인다. 현재 곤충을 먹지 않는 세계 인구의 3분의 2는 이번에는 일종의 중도를 걸을지도 모른다. 전문가들이 동의한다면 적어도 육류업계에서 곤충을 사료로 활용하는 것, 그러니까 소형 가축을 대형 가축에게 먹이는 것이 타당할 수 있다. 식량농업기구가 지적한 바에 따르면 닭들은 원래 벌레와 유충을 먹는다. 또한 곤충의 외골격에는 가축의 면역계를 강화하는 키틴이라는 물질이 있다. 그래서 가축에게 곤충을 먹이면 항생제를 덜 사용하여 내성 문제를 해결하는 데 도움이 된다.[25] 이는 '지속 가능성'의 좋은 사례에 해당한다.

한편 더 많은 사람들이 곤충을 먹어야 한다는 그 요구는 실질적인 성과 없이 계속 반복될 수도 있다. 그렇다고 해도 곤충식에 대한 논의는 오래된 아이디어가 시간의 경과와 그에 따른 사회적 태도의 변화를 통해 더 타당해지는 양상을 보여준다. 빅터 홀트가 1885년에 《왜 곤충을 먹지 않나요?》를 펴낸 일은 결코 사회적으로 받아들여지지 않을 흥미로운 기행으로 여겨졌다. 19세기 말의 영국에서는 누구도 곤충을 먹어야 한다고 생각지 않았다. 그러나 2014년에 열린 '세계를 먹여 살리는 곤충들' 컨퍼런스에 참석한 연설자들은 곤충식이 미래의 인구를 먹여 살리는 유일하게 타당한 방법일지도 모른다고 분명하게 밝혔다. 이런 현대적 고민 때문에 유엔은 글로벌 컨퍼런스를 열어서 많은 사람들에게 더는 특이한 이국적 풍습이 아닌 시급한 도덕적 책무가 된 아이디어에 대해 논의했다.

해군 장성이 낳은 아이폰

엘라나Elana는 우즈베키스탄에서 태어나 십대 시절에 런던으로 이주한 인터랙티브 디자이너로서 현재 쇼어디치에 있는 세련된 미디어 대행사에서 일한다. 그녀는 어느 여름날 저녁, 나와 술을 마시는 자리에서 러시아어나 프랑스어 혹은 중국어로 프로그래밍을 할 수 있는 부가 프로젝트를 두어 명의 친구들과 함께 진행하고 있다고 말한다. 현재 대부분의 프로그래밍 언어는 영어를 기반으로 삼는다('if', 'then' 같은 명령어 등). 엘라나는 "왜 꼭 영어여야만 하죠?"라고 묻는다.

엘라나가 영어를 싫어해서 그런 것은 아니다. 다만 프로그래머들이 컴퓨터와 대화할 때 모국어를 쓸 수 있으면 좋겠다고 생각할 뿐이다.

나는 "그거 좋은 아이디어네요."라고 말한다.

알고 보니 그것은 오래된 아이디어이기도 했다.

오늘날 우리는 태블릿, 휴대폰, 노트북의 직관적인 사용성을 칭송한다. 컴퓨터는 모든 사람이 쓸 수 있도록 설계된다. 그러나 반세기 전만 해도 첨단 기술업계는 끔찍하게 복잡한 방식을 지키고 싶어 했으며, 컴퓨터 활용법을 민주화하는 데 저항했다. 반항적인 선구자이자 전설적인 인물인 그레이스 호퍼Grace Hopper가 아니었다면 지금의 아이폰도, 소셜 미디어도 없을지 모른다.

하버드 컴퓨터 연구소에는 제2차 세계대전 동안 탄도학 문제를 푸는 데 사용된 초기 컴퓨터들이 있었다. 이 기계들을 프로그래밍하려면 말 그대로 수백 개의 케이블을 꽂고 뽑아야 했다. 그레이스 호퍼는 이 연구소에 배치된 젊은 해군 중위였다. 그녀가 소속된 집단에는 곧 유명해질 수학자인 존 폰 노이만John von Neumann도 있었다. 두 사람은 함께 컴퓨터를 활용하기 위한 기본적인 원칙들을 정립했다. (일부 역사가는 당시 호퍼가 낸 아이디어에 대한 공을 노이만이 가로챘다고 주장하기도 한다.)

호퍼가 거대한 아이디어를 떠올린 것은 전쟁이 끝난 후였다. 당시 컴퓨터는 B0 61 E3 79 같은 식으로 일반인이 보기에는 아무 의미가 없지만 수많은 플러그를 쓰는 방식보다 진일보한 16진수 기계어로 프로그래밍되었다. 호퍼는 프로그래밍을 더 쉽게 만들고 싶었다. 그녀는 '사용자가 순전한 기계어보다 기억하기 쉬운 지시어를 입력할 수 있다면 어떨까? 그리고 이 지시어를 컴퓨터가 이해하는 언어로 번역하는 지루한 과정을 프로그램이 자동으로 처리해준다면 어떨까?'라고 생각했다. 이는 일종의 자동 프로그래밍이었다. 그러면 프로그래머들은 기계어를 작성하기 위해 수백 시간 동안 지루한 산술적 조작을 할 필요 없이 더욱 고차원적이고 창의적인 시각으로 프로그램의 용도를 바라보는 데 집중할 수 있었다.

그레이스 호퍼는 단지 꿈만 꾸지 않았다. 그녀는 꿈을 이뤄냈다. 1951년에 그녀는 사람에게 좀더 익숙한 새로운 지시어를 기계어로 자동으로 바꿔주는 프로그램인 '컴파일러'를 최초로 개발했다. 컴파일러를 통한 프로그래밍은 훨씬 효율적인 방식이었다. 한 실험에서는 과거 방식으로 간단한 기하학 방정식을 푸는 프로그램을 짜는 데 3명이 14시간 넘게 매달려야 했다. 그중 꼬박 8시간은 지침서를 토대로 프로그램을 기계가 읽을 수 있는 지시어로 부지런히 번역하는 데 소요되었다. 반면 컴파일러로 같은 작업을 할 경우 한 사람이 한 시간 안에 끝낼 수 있었다.

그래서 프로그래밍계는 눈부신 혁신을 이룬 호퍼를 엎드려 찬양했을까? 아니다. 실은 그 반대였다. 제너럴 일렉트릭의 컴퓨터 사업부 수장인 허브 그로시Herb Grosch는 앞장서서 강경하게 반대의 목소리를 높였다. 반대파의 주장에 따르면 프로그래밍은 일부라도 컴퓨터에게 맡기기에는 너무나 섬세하고 창의적인 작업이었다. 호퍼가 보기에 그들은 일반인과 신비한 컴퓨터 사이의 중재자라는 위상을 열심히 지키려 드는 '대사제'와 같아서 컴파일러를 위협으로 받아들일 수밖에 없었다. 한편 호퍼가 다니던 직장인 에커트 모클리 컴퓨터 코퍼레이션Eckert-Mauchly Computer Corporation의 고위 경영진에게 컴파일러의 장점을 설득하는 일은 더욱 어려웠다. 호퍼는 당시 일을 이렇게 회고했다. "모두가 컴퓨터는 산술만 할 수 있다고 생각했어요. 컴퓨터가 프로그램을 작성할 수는 없었죠. 실제로 컴퓨터는 프로그램을 작성하는 것이 아니라 조합할 뿐이라고 아무리 설명해도 이해하지 못했어요."[26]

호퍼는 다음 직장인 레밍턴 랜드Remington Rand에서 설득에 성공하여 자동 프로그래밍을 연구하는 새로운 부서를 이끌게 되었다. 그러나 당시 몇 안 되는 우군 중 하나였던 (이제는 전설적인) 프로그래머 존 배커스John Backus가 회고한 바에 따르면, 1950년대 중반까지도 "효율적인 코드를 작성하는 데 필요한 신비한 창의성을 기계적인 절차를 통해 발휘할 수 있다는 말은 멍청하고 오만한 망상에 불과하다."는 것이 일반적인 인식이었다.[27]

호퍼가 프로그래머들을 설득하려는 노력을 포기하기로 결심하면서 비로소 상황이 반전되기 시작했다. 그녀는 대신 잠재적 사용자인 기업인들을 상대로 더 빠르고, 효율적이며, 쓰기 쉬운 제품을 만들어주겠다고 홍보했다. 그녀가 초기에 개발한 컴파일러 중 하나는 '비즈니스 언어 버전 0'로 불렸다. 프로그래밍이 회사원도 이해할 수 있을 만큼 간단하고 투명할 수 있다는 그녀의 아이디어를 반영한 이름이었다. 호퍼는 컴퓨터를 활용하는 일을 민주화하고 싶었고, 자연 언어와 비슷한 프로그래밍 방언을 지지했다. 오늘날 주류 프로그래밍 언어에 'if'와 'stop' 같은 일반적인 영어 단어가 포함된 이유가 여기에 있다. 호퍼의 전략은 성공했다. 50년대 말에 군과 기업에서 사용하는 급여 및 재고 관리 프로그램이 그녀가 개발한 언어인 플로우-매틱FLOW-MATIC으로 제작되었다. 골수 프로그래머들은 이 시스템이 너무 이해하기 쉽다며 여전히 조롱했다.

대다수 프로그래머는 그 필요성을 인식하기에는 이 혁신과 너무 가까운 곳에 있었다. 기존 작업 방식에 너무 깊이 매몰된 나머지 일반적으로 컴퓨터의 활용 범위와 용도를 넓힌다는 아이디어가 지닌 미덕을 알지 못했던 것이다. 또한 그들은 기성 절차에 너무 집착했다. 반면 호퍼는 다른 사람들이 거의 보지 못한 결과에 대한 이상을 갖고 있었다. 호퍼와 소수의 우군들이 10년 동안 끈질기게 버텨준 덕분에 오늘날 인터넷 포럼의 프로그래머들이 파이선Python을 정말 좋은 프로그래밍 언어라고 생각하는 순진한 사람들을 호되게 질책할 수 있는 것이다. 호퍼는 프로그래밍 언어라는 아이디어 자체를 발명했다. 그녀가 이 혁신을 통해 힘들게 컴퓨터에 대한 접근성을 높인 덕분에 수학을 모르는 사람도 그래픽 사용자 인터페이스 같은 아이디어를 활용할 수 있게 되었다. 호퍼가 아니었다면 아이폰도 없었다. 해군은 나중에 호퍼가 이룬 탁월한 업적을 기리기 위해 그녀를 해군 소장으로 진급시켰다. 비록 그 이름이 널리 알려지지는 않았지만 호퍼는 우리를 둘러싼 세상을 구축하는 데 도움을 준 결정적인 기술을 고안했다.

어떤 중대한 아이디어가 마침내 성공하더라도 그와 함께 제시된 다른 좋은 아이디어들은 영원히 묻히기도 한다. 호퍼가 당시 제시한 다른 혁신은 성공하지 못했기에 지금 더욱 특별해 보인다.

호퍼는 프로그래밍을 생각하던 초기에 컴파일러를 작성하는 사람은 사실상 언어학자이기도 하다는 사실을 깨달았다. 그녀는 어떤 방식이든 유용하고 유연하기만 하다면 새로운 프로그래밍 언어의 구조와 문법을 자유롭게 선택할 수 있었다. 어차피 컴파일러가 그 언어를 컴퓨터의 두뇌로 입력되는 신비한 숫자들로 번역해주기 때문이었다. 애초에 어떤 언어를 토대로 삼는지는 중요치 않았다. 그렇다면 여러 가지 대안을 제공하지 못할 이유가 없었다.

그래서 호퍼는 경영진에게 시연할 목적으로 원할 경우 영어뿐만 아니라 프랑스어 내지 독일어로도 프로그래밍을 할 수 있는 컴파일러를 만들었다. 이 세 가지 언어라면 무엇이든 같은 기계어로 번역되었다. 가령 'IF GREATER GO TO OPERATION 1(값이 더 크면 연산 1로 갈 것)'이라는 명령은 'SI PLUS GRAND ALLEZ À OPÉRATION 1'이나 'WENN GRÖSSER GEHEN ZU BEDIENUNG 1'과 같았다. 그러나 경영진은 크게 놀라는 반응을 보였다. 그들이 보기에 "미국에서 만들어지는 컴퓨터를 프랑스어나 독일어로 프로그래밍할 수 없는 것"은 너무나 당연한 일이었다.[28] 결국 호퍼는 앞으로는 영어로만 입력할 수 있는 프로그램을 만들겠다고 약속할 수밖에 없었다.

그렇게 해서 사해동포주의에 입각한 컴퓨터 활용이라는 작은 꿈은 죽었다. 반세기 후에 이스트 런던에서 겨우 되살아난 이 꿈은 제때를 만난 또 다른 아이디어인지도 모른다.

그레이스 호퍼는 언제나 관습을 존중하지 않는 인상적인 태도를 보였다. 그녀는 1960년대 말에 해군 프로그래밍 언어 개발단의 단장이 되어 국방부에서 근무하게 되었다. 첫날 출근해보니 새 부서에 가구가 전혀 놓이지 않은 상태였다. 그녀는 밤에 동료들과 함께 필요한 가구들을 다른 부서로부터 '해방'시켰다. 그리고 항의가 들어오자 웃는 얼굴로 책상과 의자가 고정되어 있지 않았다고 대꾸했다.

호퍼는 사무실에 해적 깃발과 거꾸로 돌아가는 이상한 시계를 두었다. 이 시계는 읽는 법만 알면 충분히 쓸 만했다. 그러나 보통의 시계는 그렇게 돌아가지 않았다. 그런데 그녀는 왜 그렇게 이상한 시계를 사무실에 둔 걸까? 인간은 변화를 꺼린다는 사실과 맞서기 위해서였다. 호퍼는 "사람들은 '원래 이렇게 해왔어.'라는 말을 많이 하죠. 저는 거기에 맞서려 해요."라고 말했다.[29] 그리고 그 말대로 실천했다.

호퍼의 다중언어 컴파일러는 소위 파워업power-up 아이디어다. 비디오 게임에서 파워업은 당신의 캐릭터가 새로운 무기나 늘어난 체력 혹은 더 강력하게 뛰어오르는 것처럼 추가적인 능력을 얻는 것을 뜻한다. 일부 아이디어도 이와 같다. 다양한 언어로 프로그래밍을 할 수 있게 되면 영어를 모국어로 쓰지 않는 사람에게 도움이 된다. 마찬가지로 파국적인 결과가 나올 거라는 증거를 찾는 요켄 룬드의 방법론도 기업인들에게 도움을 준다.

물론 한 집단에게 힘을 부여하면 다른 집단이 힘을 잃게 될 수 있다.

그래서 파워업 아이디어는 종종 저항에 직면한다. 호퍼가 최초의 컴파일러를 선보였을 때 초기 프로그래밍의 '대사제들'은 걸림돌이 되었다. 이 컴파일러는 영어만 쓸 수 있다고 해도 컴퓨터 활용을 민주화하는 강화 기능을 했다. 일반인도 영어로 프로그래밍을 할 수 있다면 기계어에 통달한 프로그래머는 당연히 위기감을 느낄 수밖에 없다. 그래서 컴파일러가 통용되지 않는 것이 프로그래머들에게는 이득이었다.

때로는 그냥 그 사람이 싫은 경우도 있다. 호퍼의 명민한 혁신에 대한 초기의 저항은 그녀가 여성이라는 사실 때문에 더욱 거세졌다. 호퍼는 1960년에 컴퓨터 산업에서 활동하는 몇 명의 다른 여성 선구자들과 함께 코볼COBOL(범용 비즈니스 중심 언어)이라는 프로그래밍 언어를 개발하는 작업에 참여했다. 한 기술사가의 기록에 따르면 이 최신 언어에 의구심을 품은 많은 사람들은 "여성이 주도하는 체계 없는 절차에 따른 결과물은 성공하기는커녕 살아남지도 못할 것"이리고 주장했다.[30] 그리나 이런 부정적인 예언에도 불구하고 코볼은 2000년에 전 세계에 존재한 3,000억 줄의 코드 중에서 약 2,400억 줄에 해당하는 비중을 차지한 것으로 추정되었다.

1971년에 나온 주요 편람인 제럴드 와인버그Gerald M. Weinberg의 《컴퓨터 프로그래밍의 심리학The Psychology of Computer Programming》을 보면 다음과 같이 업계의 성차별을 비판하는 대목이 나온다. "많은 프로젝트에서 여성은 관리자 내지 중간 관리자 직위에서 배제된다. 물론 남성 경영자들은 온갖 핑계로 이런 정책을 옹호하지만 거기에는 숱한 편견이 수반된다." 뒤이어 그는 "여성에 대한 편견은 프로그래밍 계통에 너무나 흔해서 특별한 관심이 요구된다. 프로그래머와 관리자가 부족한 문제를 해결하는 가장 좋은 방법은 여성을 진정으로 동등하게 대우하는 것이다. 실제로 여성은 동등하기 때문이다."라고 결론짓는다.[31] 얼마나 용감한 발언인가! 아마 그레이스 호퍼는 1969년에 데이터 처리 관리자 협회로부터 '올해의 인물' 상을 받았을 때 재미있다고 여겼을 것이다.[32]

결국에는 호퍼가 이겼다. 그러나 그녀의 파워업 아이디어는 처음에는 받아들여지지 않았다. 그 부분적인 이유는 기존 구도를 위협했을 뿐만 아니라 여성에게서 나온 것이었기 때문이다. (여성이 짠 코드는 남성이 짠 코드보다 인정받을 가능성이 높지만, 여성이 짰다는 사실을 모를 경우에만 그렇다는 2016년의 한 연구 결과에서 확인할 수 있듯이 지금도 컴퓨터 산업에는 성차별이 강력하게 작용하고 있다.)[33] 호퍼의 시대 이전에는 여성에게 참정권을 부여하는 것도 일종의 파워업이었으며, 여성 참정권 운동가들은 엄청난 저항에 부딪혔다. 단지 힘없는 사람이 제시했다는 이유로 거부된 힘 있는 아이디어들은 얼마나 많을까?

초기 컴퓨터 산업의 성차별과 파벌주의가 바뀌기까지는 오랜 시간이 걸렸다. 호퍼와 다른 선구자들의 아이디어가 더 빨리 받아들여졌다면 지금 우리는 훨씬 더 많은 진전을 이뤘을 것이다. 다른 분야에서는 사회가 새로운 아이디어를 받아들이지 못해서 발생하는 지체가 생명을 위협하기도 한다. 전자담배가 발명된 후에도 결국 재발견되기 전까지 수십 년 동안 많은 사람들이 걸리지 않을 수 있었던 암으로 죽었다. 그러나 새로운 버전의 전자담배는 공공보건에 혁신을 일으킬지도 모른다. 마찬가지로 원자론을 오랫동안 배격한 것은 생명을 구하는 기술의 개발을 지연시켰을 수도 있다. 그러나 적어도 이제 우리는 분자약리학과 다른 분야에서 그 혜택을 누리고 있다. 그리고 곤충식 지지자들에 따르면 식용 곤충을 받아들이는 일은 미래의 대규모 기아 사태를 방지하는 것이다. 문화적 태도는 안타까울 정도로 느리게 변한다. 그러나 그 변화가 일어날 때 재고는 생명을 구할 수도 있다.

Re:think
Re:think
Re:think
Re:think

반명제

ANTITHESIS

▼
▲

"혁신은 무조건 독창적이고, 유례가 없으며
과거로부터 급격한 단절을 이뤄야 한다는 생각이 지배적이다.
그렇게 생각하는 사람들은
발견이 실은 재발견인 경우가 얼마나 많은지 잊고 있다."

태양(들) 아래 새로운 것

모든 아이디어가 이전에 존재했던 것은 아니다.
그러나 대개 외견상 완전히 새롭게 보이는 아이디어도
일반적으로 평가받는 것보다 더 많은 과거의 요소를 포함하고 있다.

—

"전에 있던 것도 다시 있게 될 것이며, 이미 한 일도 다시 하게 될 것이니,
태양 아래 새로운 것은 없도다."

- 전도서

—

앞서 살폈듯이 혁신은 종종 오래된 아이디어의 재발견과 개선으로 촉
진된다. 그러나 태양 아래 새로운 것은 없다는 결론은 틀릴 수 있다. 실
제로 이런 결론은 생각의 역사에 대한 생각의 역사를 엄청나게 거슬러
올라간다. 모든 새로운 아이디어가 실상 오래된 것이라는 생각은 16세
기와 17세기의 과학혁명 이전에 지식사를 바라보던 지배적인 관점이
었다. 제프리 초서Geoffrey Chaucer는 1380년에 발표한 《새들의 의회
Parliament of Folws》에서 새 옥수수가 오래된 경작지에서 자라듯 인간

이 익히는 '이 모든 새로운 과학'은 오래된 책에서 나온다고 말했다.[1] 일반적으로 고대인들은 알아야 할 모든 것을 이미 알고 있었으나 그 지혜 중 일부는 오랜 세월이 흐르는 동안 잊었다고 여겼다. 따라서 모든 발견은 사실 재발견이었다. 역사적으로 유례가 없는 완전히 새로운 것은 고안될 수 없었다. 이런 생각조차 고대의 문헌에 기록되어 있어서 그 사실을 확증했다. 몽테뉴Montaigne는 1580년에 "아리스토텔레스는 모든 인간의 견해가 과거에 존재했으며, 앞으로 수많은 다른 시대에도 그럴 것이라고 말한다. 플라톤은 과거의 생각들이 재생될 것이며, 3만 6,000년 후에도 되살아날 것이라고 말한다."라고 썼다.[2]

이제는 약간 추를 되돌릴 때

그러나 때로 태양 아래 실로 새로운 것이 나온다. 기계식 시계, 나침반, 망원경이 아예 존재하지 않았던 시대가 있었다. 라마르크의 생각을 다시 타당하게 만드는 후성유전학은 우리 시대의 새로운 학문이다. 모든 것이 고전시대에 이미 알려져 있었다는 생각은 수리천문학이 발전하고 새로운 과학적 도구들이 발명된 16세기 후반부터 점점 옹호할 수 없게 되었다. 과학사가인 데이비드 우턴David Wootton은 당시를, 아리스토텔레스의 생각이 모두 옳다고 오랫동안 믿어온 철학자들에 맞서서 수학자들이 반란을 일으킨 시대라고 평가했다.[3] 알고 보니 아리스토텔레스가 항상 옳았던 것은 아니었다. 그렇다고 해도 (고전시대와 성서시대를 비롯한) 고대의 권위에 매료된 분위기가 사라지기까지는 오랜 시간이 걸렸다. 이 점은 놀랍도록 새로운 이론을 제시한 사람들에게도 해당되었다.

뉴턴도 고대의 권위가 지닌 흡인력으로부터 자유롭지 못했다. 그는 잘 알려진 편지에서 "내가 더 멀리 볼 수 있었던 것은 거인의 어깨 위에서 있기 때문"이라고 썼다. (이 표현의 기원은 12세기의 프랑스 철학자로서 동시대 사람들을 조각상처럼 우뚝 선 고대인들의 어깨에 올라탄 보잘것없는 난쟁이로 묘사한 사르트르 학파의 베르나르Bernard에게로 거슬러 올라간다.) 그러나 우턴이 설득력 있게 주장한 대로 뉴턴의 말은 '부적절한 겸손'을 드러낸 것에 불과했다.[4] 그의 중력 이론은 유례가 없어서 이전에 제기된 생각의 한 가지 버전이 아니라 완전히 새로운 것이었으며, 충격에 빠진 동시대 사람들도 그렇게 받아들였다.

그런데도 뉴턴은 획기적인 저서인 《자연철학의 수학적 원리Philoso-phiæ Naturalis Principia Mathematica》를 펴낸 후에도 자신의 생각이 정말 새로운 것인지 의심했다. 그는 분명 위대한 그리스 철학자들도 중력을 이해했을 것이라고 믿었다. 우리는 그가 그렇게 생각한 이유를 짐작할 수밖에 없지만, 아마도 진실한 겸손(그렇지 않으면 자신을 위대한 철학자들보다 높은 수준으로 끌어올리게 되므로)과 자기중심적인 자기 확인(오직 뉴턴 자신만 깨닫기는 했으나 고대인들도 이미 가진 생각이므로 분명 맞을 것이다.)이 역설적으로 혼합된 것일지도 모른다. 그는 또한 독실한 신념에 따라, 신이 과거의 창조물인 우주의 원리에 대한 완벽한 진리를 현시했으나 잊었고, 고대의 위대한 현인들이 그 일부를 되살려 이해했으리라 믿었다. 뉴턴의 조수인 파티오 드 뒬리어Fatio de Duillier는 1691년에 천문학자인 크리스티안 하위헌스Christian Huygens에게 뉴턴의 생각을 설명하는 편지를 썼다. 거기에 따르면 뉴턴은 피타고라스와 플라톤 그리고 다른 고대 철학자들도 역제곱법칙, 즉 중력을 토대로 '세계의 진정한 체계'를 이해했으나 능숙한 사람만 알도록 난해한 말들로 표현하여 그 지식을 '신비' 속에 숨겼다고 믿었다.[5]

하위헌스는 정중하게 그 의견에 동의하지 않는다는 답장을 보냈다. 그는 고대인들이 (적어도 일부는) 지구가 태양 주위를 돈다는 사실은 알고 있었지만, 이제는 알려진 행성들의 타원 궤도를 설명할 수학을 몰랐다는 점을 지적했다. 그래도 뉴턴은 생각을 바꾸지 않았다. 그는 1690년 대에 《자연철학의 수학적 원리》 2판에 부치는 방대한 주석(현재 '고전 방주classical scholia'로 불림)을 작성하여 자신의 획기적인 아이디어가 확고한 고대의 토대 위에 서 있음을 증명했다. 물론 고대 철학의 흐름 속에는 명민한 연역적 발견을 이뤄낸 순간들이 있었다. 뉴턴이 주석에서 언급한 원자론자들의 원자와 공허에 대한 이론이 그런 예였다. 그러나 피타고라스가 떨리는 현악기의 배음에서 역제곱법칙을 발견했으며, 이 법칙을 천체의 운동에도 적용할 수 있다는 사실을 몰래 알고 있었다는 고전 방주에 쓰인 뉴턴의 주장이 현대 학자들에게는 훨씬 의심스러워 보였다. 가까운 친구들은 뉴턴의 이런 신비로운 역사적 모험을 두고 장단을 맞춰주었지만 예정되어 있던 새 판본은 결국 나오지 못했다.

뉴턴은 모든 혁신적인 사상가들과 마찬가지로 그때까지 인류가 쌓은 지식과 기술을 출발점으로 삼았기에 아이디어를 떠올릴 수 있었다. 가령 그가 추가로 발전시키기 전에 이미 존재했던 수학적인 방편들, 유리 프리즘의 유용성 등이 그런 토대였다. 그런 의미에서 역사로부터 벗어난 사상가는 없으며, 모두가 거인의 어깨 위에 서 있다. 그럼에도 중력 이론은 실로 새로웠다. 우턴이 지적한 대로 뉴턴은 중력 이론을 수립하기 이전에는 고대 철학에서 단서를 찾지 않았다. 그 후에 재구성하려고 했을 뿐이다.[6] 어쩌면 그가 발견한 내용이 우주적 차원에서 너무나 장엄했기에 이미 알려져 있었다는 생각으로 의미를 축소해야 했을지도 모른다.

그러나 뉴턴 이후로 과학적 발견과 기술적 혁신에 대한 거창한 이야기들이 성공을 거두면서 지금처럼 새로움과 단절을 지나치게 강조하는 문화가 형성되었다. 혁신은 무조건 독창적이고, 유례가 없으며, 과거로부터 급격한 단절을 이뤄야 한다는 생각이 지배적이다. 그렇게 생각하는 사람들은 발견이 실은 재발견인 경우가 얼마나 많은지 잊고 있다. 그렇다고 해서 역사와 견해가 무한한 주기를 이룬다는 생각을 따르고, 고대 철학자들을 전적으로 경배하는 가운데 모든 것은 이미 존재했다는 근대 이전의 분위기로 돌아가야 한다는 말은 아니다. 다만 이제는 추를 약간 되돌릴 때가 되었다.

환영할 수만은 없는 재고

나는 유연한 전극을 활용하여 뇌파를 읽고 그 데이터를 스마트폰으로 전송하는 고무 머리띠를 착용한 채 거실 소파에 앉아 있다. 몇 년 전만 해도 망상처럼 보였을 유례없는 광경이다. 그러나 미래에서 온 듯한 이 장치는 블루투스보다 훨씬 오래된 일련의 아이디어들을 구현한다.

이 머리띠는 '뮤즈Muse'로 불리는 소비자용 뇌파계腦波計로, 애플 스타일의 고급스러운 포장에 담겨서 솔깃한 홍보를 통해 판매된다. 홍보

문구에 따르면 뮤즈는 정신을 안정시키는 방법을 알려줌으로써 "머리로 더 많은 일을 하도록" 도와준다. 상자에는 "정신이 안정되면 집중력과 인지력이 강화되고, 더 원대한 목표를 추구하는 아이디어가 샘솟습니다."라고 적혀 있다. 그렇다면 마다할 이유가 없다. 그래서 나는 뮤즈를 이마 중앙에 맞춰서 귀걸이 부분을 양쪽 귀에 건다. 이어폰에서는 파도가 해안에 부드럽게 부딪히는 가운데 가끔 바람이 세게 부는 소리가 들린다. 이제 숨을 쉬는 횟수를 세면서 호흡에 집중해야 한다. 만약 딴생각을 하면 뮤즈가 뇌파의 변화를 감지하여 바람소리를 키운다. 그리고 "집중력을 잃으면 뮤즈가 감지해냅니다."라며 은근히 위협하는 여성의 목소리가 들린다. 그러면 나는 다시 호흡에 '집중'하여 바람소리가 잦아들도록 만들어야 한다.

아직은 뮤즈의 효과를 검증하는 연구 결과가 나오지 않았다. 어쨌든 내 휴대폰에 나온 수치에 따르면 무엇에 대한 것이든 나의 기록은 '나아지고' 있다. 며칠 사용한 결과 3분에 걸쳐 진행하는 훈련에서 60퍼센트의 시간 동안 '차분한 상태'를 유지했고, '활발한 상태'로 보낸 시간은 11퍼센트에 불과했다. (나머지는 '중립적인 상태'다.) 뮤즈 제조사도 이 사실을 알 것이다. 뮤즈 앱이 고객의 데이터를 서버로 보내기 때문이다. 그들이 이 데이터로 어떤 NSA(미국 국가안보국)식 분석을 하는지는 알 길이 없다. 사용자에게 밝힌 것보다 더 많은 정보를 확보하는 일도 어렵지 않을 듯하다. 어쩌면 투자가들은 대단히 차분하고, 순응적이며, 귀가 얇은 뮤즈의 잠재적 사용자 집단을 흐뭇하게 바라볼지도 모른다.

그러나 심리 상태를 조작하는 뮤즈의 접근법을 뒷받침하는 가정에는 문제가 있다. 필요에 따라 정신을 안정시킬 수 있다는 점은 유용하지만 뮤즈가 활용하는 부정적 피드백(바람소리)은 특정한 상태를 추구하지 않는 명상의 전통에 많이 어긋난다. 더욱 중요한 사실은 시체처럼 차분해지는 상태의 '집중'은 우리에게 필요한 집중이 아니다. 뮤즈를 머리에 쓰고 복잡한 주제를 고심하면 폭풍우 소리로 벌을 받는다. 사실 이런 두뇌 활동이 아이디어를 진전시키는데도, 뮤즈는 단순하기 짝이 없는 주제에 멍하니 집중하는 것을 완벽한 상태로 간주한다. 언제나 차분한 심리 상태를 추구하는 것은 지적 은둔자를 만든다. 이런 상태는 생각의 반대다.

뮤즈는 놀랍도록 새로운 기술이지만 전적으로 환영할 수 없는, 오랜 심리학적 전통의 귀환에 토대를 둔 현대적 장치에 속한다.

1925년에 발명가인 휴고 건스백Hugo Gernsback은 직접 발행하는 잡지인 〈과학과 발명Science and Invention〉에서 '아이솔레이터Isolator'라는 발명품을 소개했다. 이 발명품은 잠수용 헬멧과 비슷한 금속 안면 헬멧으로, 고무호스로 산소탱크에 연결되었다. 아이솔레이터는 잡념을 떨치고 정신을 집중할 수 있도록 돕기 위해 고안되었다.

건스백은 전화기나 초인종이 '시도 때도 없이 울려서 생각의 흐름을 끊는 것'이 현대 생활의 문제점이라고 지적했다. 그러나 아이솔레이터를 쓰면 이런 소리를 차단할 수 있었다. 또한 작은 눈구멍만 뚫려 있어서 눈앞에 있는 것만 볼 수 있었다. 건스백은 자랑하듯 아이솔레이터를 쓰고 책상에 앉아 있는 자신의 모습을 잡지에 실었다. 그 모습은 마치 드라마 〈닥터 후〉에 등장하는 사이버맨처럼 보였다. 해당 사진에는 "아이솔레이터를 쓰고 서재에서 일하는 저자의 모습으로 외부 소음이 제

거되기 때문에 쉽게 집중할 수 있다."라는 설명이 적혀 있었다.[7]

딴짓을 하지 못하도록 인터넷을 차단하는 프로그램이나 구식 도스 화면처럼 검은 배경에 녹색 글자만 보이는 워드 프로그램을 비롯하여 뇌파를 측정하는 뮤즈 머리띠 같은 현대적인 도구들은 기술의 도움을 받아서라도 차분한 정신 상태를 얻으려고 하는 오랜 욕구를 반영하는 최신 버전에 불과하다. 그러나 스스로 마음을 안정시키지 못해서 도구에 의존해야 한다면 오히려 중요한 것을 잃게 되지 않을까?

뮤즈에 더하여 뇌뿐만 아니라 몸 전체를 최적의 상태로 만들기 위해 활용하는 다양한 앱들은 오랫동안 폐기되어 있던 심리학 분야의 몇몇 가정으로 되돌아간다. 이 가정은 처음에 다음과 같은 추론에 따라 동기를 얻었다. 누구도 뇌가 작동하는 원리를 알 수 없다. 따라서 그것을 그냥 블랙박스로 간주하고 대신 입력과 출력에만 집중하자. 입력은 우리가 보고 듣는 것이고, 출력은 말을 비롯한 육체적 행동이다. 그렇게 해서 20세기 중반에 인간도 실험용 쥐처럼 기계적으로 조건화할 수 있는 동물로 보는 '행동주의' 학파가 생겼다.

극단적인 행동주의는 내면의 정신이 쓸모없다고 가정하는 데 그치지 않고 아예 정신의 존재 자체를 부정했다. 그러나 행동주의는 결국 심리학에서 '인지 혁명'으로 알려진 것으로 대체되었다. 인지행동치료 같은 수단은 행동주의를 한낱 가설로 치부하는 생각과 신념 같은 개인의 인식에 초점을 맞추었고, 임상에서 증명 가능한 성공을 거뒀다. 결국 정신은 중요했다.

그러나 행동주의의 오랜 가정들이 슬금슬금 되돌아오고 있다. 2014년 말에 소개된 애플 워치를 보자. 애플 워치는 심박계와 몇 계단을 올랐는지 계산하는 측정기, 그리고 운동과 생산성에 도움을 주는 일련의 앱을 갖추고 있다. 핏비트Fitbit 같은 다른 웨어러블 기기와 그와 관련된 소프트웨어는 현대 산업의 일부다. 그것들은 우리의 생리적 상태를 지속적으로 미세하게 측정하고, 며칠 내지 몇 주에 걸쳐 뛰는 시간을 개선하거나 안정 시 심박수를 낮추면 긍정적 피드백으로 우리에게 보상한다. 물론 몸매를 가꾸고 건강을 추구하는 것이 잘못된 일은 아니다. 하지만 스스로 만들어내는 데이터 흐름에 골몰하는 것을 어떻게 보아야 할까?

행동주의 과학의 전형적인 이미지는 주요 이론가인 비 에프 스키너B. F. Skinner의 이름을 딴 '스키너 상자'다. (정식 명칭은 '조작적 조건화 상자'다.) 스키너 상자는 여러 형식을 지니지만 고전적인 사례는 바닥에 전류가 흐르고 두 개의 레버가 달린 상자다. 이 상자 속의 실험용 쥐는 불빛이 켜지면 정확한 레버를 눌러야 한다. 그래야 음식이 나온다. 반면 잘못된 레버를 누르면 바닥에 전류가 흘러서 고통을 겪는다. 실험 결과 실험용 쥐는 곧 항상 정확한 레버를 누르는 법을 배운다. 그런데 이때 갑자기 두 레버의 기능을 바꾸면 쥐는 혼란에 빠져서 소심하고 우울하게 변한다.

스키너 상자는 쥐뿐만 아니라 새와 영장류를 대상으로 한 실험에서도 성공적으로 활용되었다. 그렇다면 우리가 기기와 앱을 통해 기술적으로 개선된 자기계발에 자발적으로 임하는 것은 결국 어떻게 보아야할까? 성과를 확인하고 격려를 받기 위해 화면을 조작하거나, 클릭을 유도하는 말을 충실히 따르거나, 어제보다 못한 결과에 얼굴을 찌푸리는 일은 자신을 조작적 조건화를 통해 개선해야 할 대상으로 보는 것이다.[8] 즉, 스스로 거대한 스키너 상자로 들어가는 것과 같다.

이처럼 행복의 책임을 가차 없이 개인에게 지우는 방식에 저항해야 하는 정치적, 사회적 이유가 있다. 그리고 그러한 경우 새로운 아이디어가 논란이 많은 오래된 아이디어를 새롭게 포장한 것에 불과하다는 사실을 지적하는 일은 중요하다. 그래야 행동주의를 지지하는 사람들에게 현대적 기기로 인간을 조작할 수 있는 측면에 대해 분명하게 변호하라고 요구할 수 있기 때문이다. 뮤즈 뇌파 감지 머리띠는 대단히 새로운 형식을 지닌 기술적으로 개선된 자기 통제 수단이다. 그러나 현대사회가 우리에게 조작적 조건화를 가하고, 불안과 불만을 해소하여 더욱 생산적인 시민 및 소비자가 되도록 유도하는 최신 수단에 불과하기도 하다. 결국은 기술의 도움을 받는 행동주의가 좋은 것이라고 결론지을 수도 있다. 그러나 어떤 문제로 논쟁을 벌이고 있는지는 알아야 한다. 그리고 공개적인 재고가 이뤄져야 한다.

핵무기와 게임이론

앞서 살폈듯이 미국이 이라크와 아프가니스탄에서 겪은 일, 즉 오랫동안 게릴라전을 생각한 적이 없어서 전문가들이 급히 오랜 반군 대응 지침서를 참고해야 했던 일은, 새로운 환경에서는 과거의 규칙이 적용되지 않는다는 가정이 전쟁 시 매우 위험할 수 있음을 보여준다. 뮤즈 머리띠와 다른 웨어러블 기기는 새로운 것이지만 심리학의 오래된 주장을 암묵적으로 되살린 것이기도 하다. 전쟁에서 이용하는 유례없는 신기술도 여전히 과거로부터 이어져온 연속적인 사고의 흐름 속에 놓여 있다. 비행기를 군사적으로 활용하는 방법에 대해 가장 큰 영향력을 발휘한 초기 아이디어는 단순히 해전을 참고한 것이었다. 그래서 해군이 선단船團을 동원하여 바다를 지배하려 들듯이 공군도 하늘을 지배하려 들었다.[9] 현대의 드론은 아무런 위험에 노출되지 않고 원격으로 암살을 할 수 있는 편리한 수단이라는 점에서 새롭긴 하지만, 하늘만 장악해서는 전쟁에서 이길 수 없다는 (혹은 강경한 리더가 생각을 바꾸도록 강요하지 못한다는) 오랜 사실을 바꾸지는 못했다. 이 사실은 군용 항공이 개발되던 초기에 확인되었으나 지금도 호전적인 리더들은 생각을 바꾸지 못하고 있다. 한편 제1차 세계대전 말 선견지명을 가졌던 사람들은 탱크가 미래전의 양상에 큰 변화를 일으킬 것으로 내다보았다.[10]

전쟁에 투입된 신기술이 이전의 생각을 완전히 쓸모없게 만든 사례는 단 하나뿐이다. 대단히 강력한 이 사례는 바로 원자탄이다. 미국의 군사사가이자 이론가인 버나드 브로디Bernard Brodie는 히로시마와 나가사키에 원자탄이 투하되었다는 소식을 들었을 때 아내에게 "지금까지 내가 쓴 모든 내용이 이제 쓸모없어졌어."라고 말했다.[11]

브로디는 일찌감치 전면적인 핵전쟁은 생각할 수 없다는 결론을 내리고 앞장서서 '억제' 전략을 지지했다. 바로 적이 절대 공격하지 못하도록 적을 섬멸할 수 있는 핵무기를 개발하자는 전략이었다. 그는 1946년에 펴낸 주요 저서인 《절대적 무기: 원자력과 세계 질서The Absolute Weapon: Atomic Power and World Order》에서 "지금까지 우리 군사 체제의 핵심 목표는 전쟁에서 이기는 것이었다. 그러나 지금부터는 전쟁을 피하는 것을 핵심 목표로 삼아야 한다. 다른 유용한 목표는 거의 있을 수 없다."라고 썼다.[12] 1950년대에 새로운 세대의 민간 전략가들은 랜드연구소와 정부기관에 모여서 핵전쟁의 가능성을 따지는 데 경제학과 게임이론을 적용했다.

게임이론은 협력과 갈등의 양상을 수학적으로 분석한 이론으로 앞서 언급했듯이 제2차 세계대전 때 그레이스 호퍼와 협력한 위대한 수학자 존 폰 노이만과 경제학자인 오스카어 모르겐슈테른Oskar Morgenstern이 함께 개발한 것이다. 폰 노이만은 아이젠하워 대통령에게 핵무기를 놓고 진행되는 미국과 소련의 대치는 어느 쪽이든 대규모 선제공격으로 상대를 섬멸하는 것이 유일한 합리적 선택이 되는 죄수의 딜레마 상황에 해당한다고 주장했다. 그래서 미국이 즉시 전면적인 핵공격에 나서야 한다고 조언했다.[13] 당시 폰 노이만의 영향력이 절대적이지 않았다는 것은 다행스러운 일이었다. 대신 위기가 이어지던 세기 중반에 '게임이론 분석을 통해 갈등과 협력의 양상에 대한 이해를 높인' 공로로 2005년에 노벨 경제학상을 받은 토머스 셸링Thomas Schelling을 비롯한 냉정한 사람들의 의견이 설득력을 발휘했다. 셸링은 실제로 핵탄두를 터트리지 않고도 핵무기를 활용하는 방법을 정립한 대표적인 이론가가 되었다.

셸링은 핵무기를 정치적 강제, 즉 적의 공격을 막는 억제, 그리고 긍정적으로는 적이 다른 일을 하게 만드는 강압의 수단으로 간주해야 한다고 주장했다. 그는 전면전이 발생하기 전까지 핵전쟁의 위기가 '심화'되는 과정을 자세히 개념적으로 분석하고, 이미 심화의 사다리를 몇 칸 올랐더라도 아마겟돈을 피할 수 있는 담력 센 정부 사이의 직간접적 의사소통 전략을 수립한 선구자였다. 이 모든 분석은 수많은 사람들에게는 다행스럽게도 한 번도 실행에 옮겨지지 않았다. 그러나 오히려 그 점이 실질적인 효과를 말해주었다. 셸링의 분석은 사다리를 올라가는 과정을 분석하고 적대국 사이의 긴장과 협상, 그리고 의사소통을 강조함으로써 군과 정부가 전통적인 교전에서 한 번의 대규모 핵전쟁으로 나아가는 생각을 섣불리 하지 않도록 만들었다.

가령 1961년에 베를린 위기가 발생했을 때, 소련은 동독 깊이 자리 잡은 성가신 서방 진영의 외곽 초소 같은 서독을 병합하겠다고 위협했다. 미국은 전통적인 수단으로는 서독을 지킬 수 없었다. 그래서 소련의 계획을 저지하기 위한 모든 계획이 핵전쟁으로 번질 위험이 있었다. 당시 케네디 대통령은 자문들이 전한 핵전략 관련 논문에 담긴 메시지에 강한 인상을 받았다. 셸링이 쓴 이 논문이 전하는 메시지는 "전술적 목표 파괴가 아니라 담력과 과시, 그리고 협상의 전쟁에 대비하는 계획을 세워야 한다."는 것이었다. 셸링은 워싱턴으로 가서 참가자들이 베를린 문제를 놓고 수차례에 걸친 협상을 반복하는 모의 연습을 진행했다. 이 연습으로 참가자들은 전쟁을 시작하기는 놀랄 만큼 어렵지만 일단 시작하면 오직 섬멸만이 효과적이라는 사실을 알게 되었다.[14] 실상은 담력전이 핵전쟁보다 나은 것으로 여겨졌다. 그래서 타협적인 결과가 평화를 지켜주었고, 소련은 베를린 장벽을 세웠다.

이처럼 수백만 명의 러시아인을 즉시 죽이라고 권고한 폰 노이만보다 핵전쟁을 아예 회피해야 한다고 권고한 셸링의 게임이론이 더 성공적으로 활용되었다. 아니면 다른 것도 참고했을까? 분명 셸링은 논문에서 게임이론을 언급했지만, 진정한 지혜는 다른 곳에 있다고 생각했다. 그는 나중에 가진 인터뷰에서 다음과 같이 핵시대의 전략을 생각할 때

품었던 진정 중요한 의문을 설명했다. "저의 관심사는 언제나 그럴듯한 위협을 제기하는 방법이었습니다. 그런 일을 가능케 하는 제도나 법적 채비가 무엇인지, 명성이나 정보원에 어떻게 의존하는지, 전 세계의 국가나 국민, 혹은 조직은 어떻게 협상에서 위협과 약속을 활용하는지 같은 문제들이죠."[15] 셸링은 자신의 연구에 가장 큰 영향을 끼친 아이디어는 영업론과 고대 그리스 역사를 분석하는 과정에서 나왔다고 밝혔다. 가령 그의 연구는 집이나 차의 가격을 정하는 협상 전략이나 "길을 양보하지 않는 차를 들이받거나, 임금을 조금이라도 올리지 않으면 파업을 벌이겠다고 위협하는 것" 같은 일반적인 상황에서 활용하는 억제 전략을 설명한다.[16] 한편 그는 그리스 장군인 크세노폰Xenophon의 전략에서 중요한 교훈을 얻었다. 크세노폰은 "원치 않는 상황에서 공격 위협을 받았을 때 지나갈 수 없는 협곡을 등지도록 병력을 배치했다."[17] 이처럼 물러설 수 없는 진형을 취하면 싸우겠다는 위협이 더욱 그럴듯하게 적에게 전달되었다. 셸링은 이 '선제 조치' 전략을 핵억제를 생각하는 리더들에게 권했다. 결국 과거를 재고한 사람이 현재를 보존하는 데 도움을 준 셈이다.

적어도 지금까지는 그랬다. MAD라는 적절한 축약어를 지닌 '상호확증파괴'의 가능성은 남은 냉전 기간 내내 미국과 소련이 핵공격에 나서지 않도록 저지했다. 합리적으로 계산하면 핵전쟁을 벌일 수 없다는 아이디어는 〈위험한 게임〉(1983)이라는 영화에서 생생하게 구현되었다. 이 영화에서 슈퍼컴퓨터는 세계적인 핵전쟁이 벌어지면 모두가 패배한다는 사실을 배운다. 그러나 이 합리적 계산이 바뀌면 어떻게 될까?

2016년 1월에 진도 5.1의 진동이 북한 풍계리에서 감지되었다. 북한 정부는 이전에 진행한 원자탄 실험에 이어 최초로 소형 수소탄 실험에 성공했다고 주장했다. 국영방송으로 김정은이 썼다는 다음과 같은 편지가 공개되었다. "력사적인 조선로동당 제7차 대회가 열리는 승리와 영광의 해, 2016년의 장엄한 서막을 첫 수소탄의 장쾌한 폭음으로 열어 제낌으로써 온 세계가 주체의 핵 강국, 사회주의 조선, 위대한 조선로 동당을 우러러보게 하라!"[18]

한국과 스웨덴 정부 관계자를 비롯하여 이 소식에 그다지 흥분하지 않은 사람들은 폭발 규모가 히로시마에 떨어진 핵폭탄이 지닌 파괴력의 절반에 못 미치는 6킬로톤에 불과하다는 점을 들어 북한의 주장을 회의적으로 바라보았다. 핵융합을 활용하여 열핵폭탄으로도 불리는 수소탄은 대개 수천 배 더 강한 파괴력을 지닌다. 그렇기는 해도 북한이 실험한 것은 일종의 핵무기였으며, 중간급 도시를 파괴하기에 충분했다. 가장 두드러진 점은 논평가들이 25년 동안 폐기되었던 국제적인 핵 대립과 관련된 용어를 다시 쓰기 시작했다는 것이다. 전 북한 주재 영국 대사인 존 에버라드John Everard는 평양 지하에는 정교한 터널망이 구축되어 있어서 북한 정권에게 '생존성'을 확보했다는 확신, 즉 핵 공격에서 살아남을 수 있다는 확신을 심어준다고 밝혔다.[19] 이 경우 억제 전략은 더 이상 통하지 않을지도 모른다.

한편 미국은 지하시설을 더 정교하게 파괴하기 위해 B61-12라는 새로운 핵폭탄을 개발했다. 이 핵폭탄은 최대 50킬로톤의 폭발력을 낸다. 그래서 지지론자들은 방사능 낙진과 '부수적 피해'를 줄일 수 있다는 점을 칭송했다. 그러나 군과 원자력 부문의 비판론자들은 이런 태도가 해당 핵폭탄을 실제로 쓰게 될 가능성을 높여서 전면적인 핵전쟁으로 가는 위기를 심화시킨다고 주장했다.[20] 지지론자인 제임스 카트라이트 James E. Cartwright 장군은 "핵무기 소형화는 현실적인 사용 가능성을 높인다."고 인정했다.[21] 냉전 기간 내내 소형 핵무기의 '전술적' 사용을 회피했던 이유가 바로 거기에 있다.[22] 어쩌면 핵전략에 대한 오래된 아이디어도 21세기에 재검토되고, 재학습되고, 갱신되어야 할지도 모른다.

또 다른 우주가 존재할 가능성

끈, 막, 블랙홀 같은 새롭고 이국적인 요소들을 만들어내는 지적 동력원인 물리학에서는 태양 아래 항상 새로운 것이 있는 듯하다. 특히 현대 우주학 분야는 엄청나게 기이한 생각들로 가득하다. 요즘 우주가 현재의 모습이 된 이유를 생각하는 일을 하는 많은 사람들은 단 하나의 우주로 제기된 문제들에 만족하지 않는다. 그들은 수많은 우주, 어쩌면 무한하게 많은 우주가 있다고 생각한다. 바로 다중우주론이다.

다중우주론은 기꺼이 전문가들에게 맡기고 싶은 공상 같은 기괴한 생각이다. 동시에 기이한 위로를 안기기도 한다. 2015년에 가수 제인 말리크가 원 디렉션 밴드를 떠났을 때 스티븐 호킹Stephen Hawking은 팬들에게 다음과 같이 조언했다. "상심한 소녀들에게 주는 저의 조언은 이론물리학에 관심을 가지라는 것입니다. 언젠가 다중우주가 사실로 확인될지도 모릅니다. …우리의 우주를 벗어난 어딘가에 또 다른 우주들이 있을지도 모릅니다. 그 우주에서는 제인이 여전히 원 디렉션에서 활동할 수도 있어요. 그리고 지금 질문을 한 소녀가 제인과 행복한 부부가 될 수도 있죠."[23] 다중우주가 존재할 가능성은 21세기 과학에서 제기되는 아이디어들이 지닌 머리를 아프게 만드는 특징을 단적으로 보여준다. 그러나 일부 사상가들은 수천 년 전에 비슷한 생각에 매달렸다. 다중우주론도 보기보다 오래된 것이다.

젊은 우주학자인 앤드루 폰천Andrew Pontzen은 유니버시티 칼리지 런던UCL의 앞뜰에서 나와 만나 만물의 기원에 대해 논의하기 위해 햇빛이 잘 드는 휴게실의 구석 탁자로 나를 안내한다. 구레나룻을 기르고 멋스러운 안경을 쓴 그는 과학 대중화에 나선 일부 주요 인사들보다 훨씬 호의적인 태도로 과거의 아이디어들을 대한다. 그는 한 라디오 프로그램에 출연하여 가벼운 말투로 어떤 의미에서 정상우주론(우주는 늘 같은 상태를 유지하며 변하지 않는다는 이론 - 옮긴이)이 되돌아왔다고 말했다. 잠깐, 정말로? 이제는 우주가 일정한 상태를 유지한다는 생각이 완전히 틀렸다는 사실을 모두가 알고 있지 않은가?

정상우주론은 20세기 중반에 영국의 위대한 천문학자인 프레드 호일 Fred Hoyle이 처음 제기했다. 그는 항성 내부에서 중원소들이 합성된다는 탁월한 발견을 해냈지만 알 수 없는 이유로 해당 공로에 주어진 노벨상을 받지 못했다. 그는 빅뱅을 믿지 않았다. 사실 조롱의 의미로 빅뱅이라는 이름을 붙인 사람이 바로 그였다. 당시 우주가 팽창하고 있다는 사실을 모두가 알았다. 그저 필름을 거꾸로 돌리면 우주가 팽창하는 것이 아니라 수축하고 있는 것처럼 보인다. 이 사실은 무엇을 의미할까? 많은 사람들은 그것이 아주 오래전에 우주가 극도로 작고 뜨거운 작은 점에서 시작되었음을 말해준다고 생각했다. 그 순간이 바로 빅뱅이었다. 호일은 이 아이디어를 "우주가 유한한 과거에 거대한 폭발로 시작되었다는 가정"이라 불렀다. 이 이론은 원래 가톨릭 사제인 조르주 르메트르Georges Lemaître가 제시한 것이었다.[24] 호일은 그 말을 믿을 수 없었고, 다른 많은 사람들도 마찬가지였다. 사실 빅뱅 이론에 대한 초기 저항은 대부분 과학의 옷을 두른 종교적 생각이라는 의심에서 기인했다. (교황인 피우스 12세는 이 아이디어를 반기며 "무에서 빛과 복사輻射의 바다가 터져 나오고 화학 원소의 입자들이 갈라져 수백만 개의 은하를 형성할 때 물질과 더불어 태고의 빛"이 있었다는 증거라고 선언했다.)[25]

반면 호일과 지지자들은 '정상定常 상태' 이론을 선호했다. 거기에 따르면 우주가 팽창하는 것은 맞지만 새로운 물질이 계속 생성되어 간극을 메운다. 폰천은 "그래서 두 은하가 멀어지지만 그동안 또 다른 은하가 남겨진 간극에서 생겨나며, 우주의 전반적인 모습은 시대가 바뀌어도 달라지지 않는다."고 설명한다. 결국 우주는 언제나 안정되고 영원한 모습을 유지한다. 즉, 우주에 시초는 없었다.

이 아이디어를 죽인 것은 1960년대에 발견된 우주배경복사였다. 이는 우주공간에 퍼져 있어서 빅뱅의 희미한 후광 내지 메아리로 해석되는 약한 잡음 전파다. (옛날 아날로그 텔레비전의 채널을 돌리다 보면 화면에 보이는 노이즈가 실은 우주배경복사, 다시 말해 빅뱅에서 기인한 것이다.) 대다수 과학자들은 이 강력한 발견을 토대로 정상우주론을 버렸다. 그중 한 명인 헤르만 본디Hermann Bondi는 우주배경복사를 대단히 설득력 있는 빅뱅의 '화석'이라 불렀다.[26] 반면 호일은 동료들이 안타까워하거나 조롱하는 와중에도 2001년 죽을 때까지 정상우주론을 고수했다.

우주배경복사는 역대 가장 큰 증거다. (우주배경복사는 30만 년 후에 시작되기 때문에 빅뱅까지 거슬러 올라가도록 해주지는 못한다. 그래도 대다수 사람들은 우주배경복사를 빅뱅이 있었다는 대단히 설득력 있는 증거로 받아들인다.) 그러나 호일이 빅뱅 대신 제시한 것과 매우 흡사한 무엇, 뚜렷한 시작 없이 영원히 '정상 상태'로 존재하는 우주가 되돌아왔다. 흥미롭게도 두 아이디어는 공존할 수 있는 것으로 보인다. 같은 단일우주에서가 아니라면 적어도 같은 다중우주에서 말이다.

우주 밖에 무엇이 있을까

'우주'라는 단어는 '전체' 혹은 '존재하는 모든 것의 합'을 뜻하는 라틴어인 '우니베르숨Universum'에서 나왔다. 그러나 현대의 과학자들은 우리의 우주가 여러 우주 중 하나일 뿐 존재하는 모든 것의 합이 아닐지 모른다는 의심을 갈수록 굳혀가고 있다. 각각의 우주가 우리의 우주처럼 방대한 여러 우주들을 가지고 있다는 이 다중우주라는 아이디어는 색다른 현대적인 느낌을 풍긴다. (현대 우주학의 '팽창 다중우주' 모델은 1980년대가 되어서야 나왔다.)[27] 그러나 이 아이디어는 고대 그리스에서 자연 철학이 태동하던 시기에도 있었다.

'비웃는 철학자'인 데모크리토스는 빵과 원자 같은 작은 대상만 생각하지 않았다. 큰 대상도 생각했다. 그는 우주가 몇 개나 될까 궁금했다. 참으로 이상한 의문이었다. 우주는 하나로 충분치 않은가? 그러나 우주 밖에 무엇이 있을지 상상하면 개념적 문제가 생기기 시작한다. (우주 밖에 다른 것이 있다면 '우주'는 우주 더하기 그 빈 공간으로 정의해야 한다. 그러나 그 공간 밖에는 무엇이 있을까?) 우주 이전에 무엇이 있었을지 생각하면 문제는 더 복잡해진다. (또 다른 우주가 있었을까? 아니면 아무것도 없었을까? 그렇다면 우주는 어디서 왔을까?)

데모크리토스와 동료 원자론자들은 '우주 밖에 무엇이 있을까?'라는 첫 번째 문제를 고심했다. 그들은 무한한 우주를 질주하다가 서로 부딪혀서 파괴되기도 하는 복수의 우주, 혹은 코스모이kosmoi가 있을 것이라고 결론지었다. 정신이 나간 듯한 원자론자들의 이론에 거세게 반발한 것은 스토아 학파였다. 앞서 살폈듯이 평정심을 유지하는 방법에 대한 그들의 아이디어는 2,000년이 지나 현대 심리학에서 다시 등장했다. 그러나 스토아 학파도 '우주 이전에 무엇이 있었는가?'라는 두 번째 문제를 고심했다. 그들이 내린 결론은 우주가 생성되고 소멸하는 무한한 주기가 있다는 것이었다.

이처럼 흥미롭지만 확인할 수 없는 우주론은 그리스 철학에서도 주류가 될 수 없었다. 플라톤은 복수의 우주라는 개념을 싫어했다. 그는 완벽한 생명체의 이상적인 형태는 하나이므로 우주도 단일해야 한다고 주장했다. 그 이후 20세기가 한참 지난 후에도 대다수 사람들은 하나의 우주로 충분했다. 우주의 복수성이라는 개념은 무모하고 검증할 수 없는 것처럼 보였다. 근래까지는 말이다.

돌고 도는 우주론

빅뱅이론도 나름의 신비를 갖고 있어서 우주가 특정한 상태에서 시작된 이유를 설명하지 않는다. 또한 겉으로 보이는 현재 우주의 평탄성도 제대로 설명하지 못한다. 폰천은 "충분히 거대한 규모로 우주를 관찰하면 전반적으로 물질이 대단히 고르게 퍼져 있음을 알 수 있다."고 말한다. (전문적인 표현으로는 우주는 '균질적'이고, 평탄하게 퍼져나가며, 특정한 방향으로 쏠리지 않는 '등방성等方性'을 지닌다.) 이 평탄성을 설명하기 위해 다양한 아이디어들이 제시되었다. 그중 최고의 후보가 팽창론이다. 폰천에 따르면 "팽창론은 특별한 물리적 작용으로 우주가 초기에 아주 빠르게 불어났다는 이론"으로, 오늘날 관찰되는 균질성을 설명한다. 그는 비꼬는 말투로 팽창론이 "꾸며낸 것처럼 보인다."며 다음과 같이 덧붙인다. "팽창론은 연구실에서 검증할 수 있는 가설에 토대를 두지 않고 온갖 예측만 늘어놓을 뿐입니다. 그중 하나가 뒤이어 검증된 우주배경복사에서 볼 수 있는 정확한 패턴이죠."

여기까지는 좋다. 강력하고 특이한 팽창의 문제는 걷잡을 수 없는 경향이 강하다는 것이다. 폰천은 이렇게 말한다. "사람들은 팽창을 막기가 어렵다는 사실을 깨닫기 시작했습니다. 우주를 밀어내는 물질을 제거하고 우리가 아는 정상적인 입자와 물질로 바꾸는 일은 어려운 과정입니다. 그래서 사람들은 다양한 시나리오에 걸쳐서 팽창론이 옳다면 영구적으로 이뤄져야 한다는 사실을 깨달았습니다. 즉, 팽창이 끝없이 계속 이어져야 하며, 아주 운 좋은 영역에서만 멈춘다는 것이죠."

잠시 우리가 아주 운 좋은 영역에 살고 있음을 감사히 여기는 시간을 갖자. 우리가 직접 관찰할 수 있는 영역을 넘어선 나머지 창조의 영역은 계속 팽창하고 있다. 알고 보면 이 이론은 수학적으로 "호일의 정상우주론과 대단히 흡사하다. 단지 이제는 은하를 우주로 대체했을 뿐"이다. 호일이 영원한 우주가 계속 팽창하고 새로운 은하가 간극을 메운다고 생각했듯이, 새로운 이론은 영원한 다중우주가 계속 팽창하고 새로운 우주가 간극을 메운다고 생각한다.

그렇다면 재미있게도 재고 안에서 재고가 이뤄지는 사례가 생긴다. 빅뱅이론에 배치되는 호일의 정상우주론은 알고 보면 한때 조롱당하던 다중우주론을 설명하는 데 놀랍도록 효과적이다. 호일의 아이디어를 더 방대한 규모에 맞게 바꿀 필요가 있었을 뿐이다.

반 증 불 가 한 이 론

하지만 다중우주가 실제로 존재한다는 사실을 어떻게 알 수 있을까? 우리는 우리의 우주 안에 있는 것만 볼 수 있다. 그렇다면 모든 다중우주론은 검증할 수 없는 것, 혹은 과학철학의 전통에서 나온 말처럼 '반증이 불가능한unfalsifiable' 것으로 보인다. 반증성을 지지하는 사람들은 틀렸음을 밝히는 반증을 상상할 수 없다면 존중할 만한 이론이 아니라고 말한다.

반면 일부 과학자는 반증성을 신경 쓰지 않는다. 물리학자인 프랭크 윌첵Frank Wilczek은 귀엽게도 코미디언인 스티븐 콜베어Stephen Colbert가 만든 말인 '맹목적 진실truthiness'에서 영감을 얻어서 좋은 이론은 반증성 대신 '맹목적 진실성'을 지녀야 한다고 주장했다. 즉, 어떤 이론이 추가로 검증 가능한 실험과 아이디어를 제시한다면 틀렸더라도 유용하다는 것이다. 윌첵은 "맹목적 진실성을 지닌 이론은 오류를 저지를 수도 있다. 그러나 좋은 이론이라면 그 오류를 발판으로 삼을 수 있다."라

146

고 썼다.[28] 이런 의미에서 맹목적 진실성은 요켄 룬드가 베이컨식 과학적 방법론을 뒤집은 것과 같다. 즉, 가설이 틀렸음을 입증하기보다 맞다는 증거를 찾아야 하며, 설령 가설 자체는 부정확하더라도 그 과정에서 유용한 사실을 발견할 수도 있다.

저명한 우주학자인 숀 캐럴Sean Carroll은 이제 과학은 근본적 현실을 대단히 깊이 탐구할 수 있어서 모든 과학 이론은 경험적으로 검증할 수 있어야 한다는 전통적인 요건을 폐기하거나 약화시켜야 한다고 주장했다. 어차피 다중우주는 우리의 철학적 양심을 신경 쓰지 않는다. 우주가 원래 그렇다면 우리가 확실히 알게 되든 아니든 그런 것이다. 다시 말해서 과학을 진전시키는 방식에 대한 우리의 개념을 재고할 때가 되었다. 실험은 좋지만 때로 불가능할 수도 있다. 그렇다고 해서 과학이 아닌 것은 아니다.

이런 의견에 강력하게 반발하는 사람들도 있다. 2014년 말에 수학자인 조지 엘리스George Ellis와 물리학자인 조 실크Joe Silk는 〈네이처〉지에 실은 글에서 다중우주와 끈이론이라는 검증할 수 없는 주장을 비판하면서 "후기 경험주의 과학은 어불성설"이라고 지적했다. 그리고 "과학적 방법론이 위기에 처했다."고 경고했다.[29] 그에 따라 격렬한 논쟁이 벌어졌다.

앤드루 폰천은 "숀 캐럴의 말이 어느 정도는 맞아요. 우주가 그렇다면 그런 것이죠. 검증할 수 없다는 점은 정말 안타깝지만 그렇다고 틀렸다는 건 아니에요."라고 말한다. 그러나 다행히 이 대립에서 벗어나는 길이 있을지도 모른다. 폰천은 "제 생각에 더욱 흥분되는 사실은 검증할 수 있을지도 모른다는 겁니다. 다중우주에 속하는 여러 지점에서 우주들이 생겨난다면 때로 두 우주가 부딪힐 수도 있어요."라고 말한다. (원자론자들이 말한 충돌하는 코스모이를 떠올려보라.) 이런 일이 우리 우주의 수명 안에 일어난다면 우주배경복사 속에 희미한 패턴으로 단서가 되는 흔적, 즉 두 우주 거품의 거대한 충돌에 따른 '파문'이 남아야 한다.

이처럼 검증 가능성이 있다는 사실은 현대(그리고 고대)의 다중우주 개념을 철학 분야의 놀라운 연관 개념인 양상실재론modal realism과 구분한다. 1980년대에 영국 철학자인 데이비드 루이스David Lewis가 제시한 양상실재론은 우리가 상상할 수 있는 모든 세계(여기서 '세계'는 전체 우주, '할 수 있는'은 논리적 모순을 수반하지 않음을 뜻한다.)는 실제로 존재한다고 주장한다. 이 주장은 다음과 같이 놀랄 만큼 단순하게 제시된다. "세계가 존재할 수 있는 모든 방식은 어떤 세계가 존재하는 방식이다."[30]

다시 말해서 이 책이 고양이 그림으로 채워져 있다는 점만 제외하면 이 세계와 모든 것이 같은 세계가, 단지 가설이 아니라 이 세계처럼 실재한다는 것이다. 이런 주장이 진심인지 의심스러운 사람들은 그의 다른 말도 들어야 한다. 그는 다음과 같이 당나귀가 무한하게 많다고 주장했다. "우리의 세계를 공유하는 당나귀들 외에도 수많은 다른 세계에 퍼져 있는 수많은 다른 당나귀들이 있다."[31]

다른 사례들이 더 있지만 이 정도면 무슨 말을 하는지 알 수 있을 것이다. (다른 우주에서는 다른 사례들을 계속 들었을 것이다.) 무한하게 많은 세상이 있다. 그러나 두 세계가 충돌하는 모습은 결코 보지 못할 것이다. 루이스의 주장에 따르면 세계들은 철저히 고립되어 있기 때문이다. "다른 세계에 속한 대상들 사이에는 어떤 시공간적 관계도 없다. 한 세계에서 일어나는 일이 다른 세계에 영향을 미치지도 않는다."[32] 따라서 충돌하는 코스모이도, 단서가 될 우주배경복사의 파문도 없다. 다른 우주들은 원칙적으로 존재의 증거를 흘릴 수 없다. 그렇다면 그 존재를 믿어야 할 이유가 있을까? 루이스는 단지 해당 가설이 유용하기 때문에 믿을 가치가 있다고 주장한다. 그는 존재 가능한 세계에 대한 담론 덕분에 1970년대에 철학이 많이 진전되었다고 말한다. (가령 특정한 진리의 가능성 내지 필요성을 논하는 양상논리학의 분석을 진전시켰다.) 루이스는 "이 가설은 유용하며, 그것이 옳다고 생각할 수 있는 이유"라고 말한다.[33] 상당히 놀라운 말이다. 루이스는 유용성이 어떤 아이디어를 옳다고 생각할 충분한 이유가 아니라 그냥 '이유'라고 주장한다. 그러나 어떤 가설은 틀렸더라도 유용할 수 있다. 나중에 살피겠지만 아이디어의 유용성은 옳고 그름에 대한 판단을 넘어서는 좋은 이유가 될 수도 있다.

그동안 현대 우주학자들이 계속할 수 있는 일은 우리의 우주가 수많은 우주 가운데 하나인지 아닌지 파악하는 비교적 협소한 작업이다. 그리고 실제로 그들은 그 작업을 하고 있다. 폰천은 "우리는 이 우주들 중 두 개가 충돌할 가능성이 얼마나 되는지 계산하려 노력하고 있습니다. 그런 일이 아주 드문지 아니면 흔한지 전혀 모르거든요."라고 말한다.

정말 그렇다. 나도 모른다. 그러나 순전히 논리적 추정으로 시작된 다중우주가 이제는 엄격한 수학적 모형으로 정립되고 있다. 이는 거창한 오래된 아이디어의 고차원적인 재고다. 그리고 이야말로 다중우주의 수없는 태양 아래 실로 새로운 것이다. 고대인들은 오늘날의 수학을 활용할 수 없었다. 그래서 현대 우주학자들처럼 진전된 다중우주론을 세울 수 없었다. 그러나 원자론자들과 스토아 학파를 난처하게 만든 근본적인 의문, 즉 '우주 밖에는 무엇이 있는지' 그리고 '우주가 존재하기 전에는 무엇이 있었는지'에 대한 의문은 2,000년 후에도 동기를 부여하는 힘을 전혀 잃지 않았다.

다시 플라톤으로

합리주의는 데모크리토스가 원자의 필요성을 이해했듯이 순전히 사고만으로 현실의 근본적인 측면을 이해할 수 있다는 아주 오래된 사상이다. 그래서 대개 경험이나 실험에 의존하는 경험주의와 수사적 측면에서 배치된다. 모든 부문에서 증거와 빅 데이터를 토대로 삼는 오늘날에는 경험주의가 전부이고 합리주의는 지나간 시대의 미신처럼 보일 수도 있다. '경험적'이라는 말은 거의 믿을 만하다거나 옳다는 말과 동의어가 되었다. 반면 '탁상 공상'은 대개 그 자체만으로는 아무런 진전도 이루지 못한다는 경멸적 의미를 지닌다. 그러나 실은 진전을 이루는 경우가 아주 많다.

우선 순수한 사고의 정교화로 이뤄지는 수학은 현실과 대단히 신비로운 관계에 놓여 있다. 수학에서 소수素數의 분포나 페르마의 마지막 정리의 증명 같은 발견은 명백히 옳으며, 우리가 세상에서 접하는 모든 것과 무관한 듯 보인다. 기이한 점은 수학이 미래를 예측하기 위한 물리적 자연 '법칙'을 기록하는 언어이기도 해서 대부분의 과학과 공학에 토대를 제공한다는 것이다. (이 사실이 너무나 기이한 나머지 노벨 물리학상 수상자인 유진 위그너Eugene Wigner는 1960년에 〈자연과학에서 수학이 지니는 불합리한 유효성The Unreasonable Effectiveness of Mathematics in the Natural Sciences〉이라는 제목의 유명한 논문까지 발표했다.) 또한 프랭크 윌첵이 보여준 대로 수학적 미를 좋아하는 성향이 대단히 유용한 아이디어로 향하는 정확한 지침이 되는 경우도 놀라울 정도로 많았다. 숱한 이론들은 마침내 입증되기 오래전부터 수학적 대칭성(윌첵이 말하는 '미'의 구체적인 정의)을 선호하는 방향에 따라 수립되었다. 가령 제임스 클러크 맥스웰James Clerk Maxwell은 헤르츠가 전파를 생성하여 입증하기 전까지 누구도 예측하지 못한 '보이지 않는 새로운 색의 광선'을 예측했다. 또한 폴 디랙Paul Dirac은 반입자反粒子의 존재를 예측했다. 이밖에도 많은 사례들이 있다.[34] 역사 전반에 걸쳐 많은 과학자들에게 인간의 이성으로 우주의 원리를 이해할 수 있다는 사실은 참으로 놀라운 것이었다. 그래서 뉴턴을 비롯한 과학자들은 (소위 이신론理神論적 관점에서) 이성적인 설계자, 반드시 인간의 세상에 개입하는 신이 아니더라도 우리 같은 이성적 존재가 이해할 수 있도록 애초에 합리적 원칙에 따라 만물을 구성한 존재가 있다고 주장했다. 창조주라는 개념을 거부해도 이성의 힘으로 자연의 원리를 이해할 수 있다는 가정은 하나의 신조였다.

탁상 공상도 앤드루 폰천이 말한 대로 "꾸며낸 것"처럼 보이지만, 뒤이어 아주 정확한 예측으로 드러난 우주팽창론을 낳았다. 그리고 역사상 가장 화려한 성공을 거둔 탁상 공상은 아인슈타인이 수립한 상대성이론이었다. 폰천에 따르면 아인슈타인의 중력 공식은 대부분 순수한 사고에서 나왔다. 그는 "이 공식으로 수성(의 궤도)과 빛의 굴절, 그리고 이 모든 것들을 설명할 수 있다."고 말했다.

한편 볼 수는 없지만 중력 방정식이 성립되도록 만드는 색다른 유형의 물질인 암흑물질이라는 아이디어도 주어진 증거만으로는 풀 수 없는 문제를 고심하는 과정에서 나왔다. 폰천은 "은하계가 그렇게 움직이는 이유를 설명해야 했습니다. 그래서 타당성이 확인되면 이론가들이 넘겨받아서 '여기서 결부되고, 이렇게 생성되니까 다음에는 이런 일이 일어날 것'이라고 말하죠. 이처럼 새로운 예측이 제시된 후에는 다시 검증이 이뤄집니다."라고 설명한다. 이런 식으로 합리주의와 경험주의는 서로 적대적인 사상이라기보다 하나의 태그 팀으로 멋지게 일할 수 있다. 1,000년 전에 나온 탁상 공상(원자와 다중우주의 경우)은 오늘날 과학의 첨단에서 놀랍도록 유효성을 발휘한다. 신조에 토대를 둔 합리주의가 증거와 데이터에 세심한 주의를 기울이는 태도와 평화롭게 공존하는 것이다.

실험을 하는 데 필수적인 경우가 많은 폭넓은 수학적 모형화와 모의실험을 수반하는 현대의 컴퓨터 매개 과학이 여기에 해당된다. 가령 거대 분야로 성장 중인 생물수학은 모형을 활용하여 훨씬 세밀하게 세포의 행동을 구현한다. 또한 현대의 소립자 물리학에서는 이론과 실험을 구분하기가 어렵다. 물리학 분야의 실험은 지난 100년 동안 크게 변했다. 19세기 말의 과학자들은 실험실 탁자 위에 설치한 기구로 전자기파를 만들고, 금 박판에 감마선을 쏘고, 거대한 황동 망원경으로 빛을 측정하는 실험을 했다. 이제 소립자 물리학자들에게는 지하 27킬로미터에 걸쳐 설치한 원형의 초전도 자석인 유럽공동원자핵연구소CERN의 강입자 충돌기가 필요하다. 이 인상적인 시설에 있는 측정 도구는 수많은 이론을 동원해 설계한 극도로 복잡한 기구다. 이 기구가 측정한 내용은 작동 양상을 설명하는 컴퓨터 모형에 따라 해석된다. 뒤이어 아원자 입자가 행동하는 양상에 대한 모형과 컴퓨터로 생성한 방대한 데이터를 해석하는 방법에 대한 모형이 활용된다. 이 경우 과학적 '관찰'이라는 개념은 탁자 위에서 물리학 실험을 하던 시대보다 훨씬 복잡해진다. 여러 상호의존적인 모형 및 이론 사이의 상호작용을 토대로 삼기 때문이다. 그래서 과학철학자인 마거릿 모리슨Margaret Morrison은 "실험에서 이뤄지는 측정에 대한 생각을 재고해야 한다."고 주장한다.[35]

수학을 활용하여 모의실험에서 현실의 측면을 반영하는 모형을 수립하고, 그 결과를 활용하여 실험 내용을 파악한다면 빅 데이터와 순수한 추론은 유례없는 공생적 융합을 이루게 된다. 우리 시대에 실험과 이론 사이에 그어진 선은 재고를 통해 사라지고 있다. 다중우주가 첨단 우주론이자 고대의 논리적 필연이었듯이 강입자 충돌기는 현대의 산업적, 과학적 탐구를 위한 엄청난 도구이자 순수한 플라톤주의를 반영하는 기계다.

그렇다. 망원경, 컴퓨터, 온라인 데이트처럼 때로 태양 아래 새로운 것이 나온다. 그러나 완전히 새로워 보이는 이론과 기술에도 뜻밖의 조상이 있을지 모른다. 웨어러블 기기는 실리콘밸리에서 일으킨 혁신의 거대한 물결이지만 행동주의의 미심쩍은 가정을 은근히 되살리는 수단이기도 하다. 핵무기가 이전의 모든 군사이론을 하룻밤 사이에 쓸모없게 만든 것처럼 보이지만, 핵전략에 대한 새로운 사고를 뒷받침한 협상과 위협의 심리학은 그리스 장군인 크세노폰에게 친숙한 것이었다. 빅뱅의 여진, 즉 우주배경복사가 모든 곳에 퍼져 있다는 생각은 뉴턴의 중력 이론처럼 실로 새로웠다. 이전 세대는 그런 생각을 가진 적이 없었다. 그러나 일반적인 개요로 볼 때 이 아이디어의 여파는 고대 그리스 철학자들에게는 그다지 놀랍지 않았던 다중우주론으로 과학자들을 느리지만 확실하게 이끌었다. 이제는 과학 혁명 이전 사람들이 그랬듯이 모든 발견은 재발견이라고 주장하는 것이 더 이상 타당하지 않다. 그러나 빛나는 새로운 아이디어도 여전히 놀랍도록 깊고 오래된 뿌리를 가질 수 있다.

아직은 모르는 일

어떤 아이디어는 확증할 길이 없어도 계속 되돌아온다.

"나는 생각하고 느끼는 육신들을 본다. 육신들 말이다.
그러니까 내가 보지 않고, 느끼지 않고, 알지 않고,
알 수 없는 사람과 동물들이 육신 이외의 것이 된다. 그래서 나는 말한다.
물질도 생각하고 느낄 수 있다고. 물질은 생각하고 느낀다."

– 자코모 레오파르디Giacomo Leopardi

양말을 어떻게 정리하는가? 한 짝을 다른 짝에 말아 넣고 그냥 던져두는가? 아니면 각각 깔끔하게 접어서 세워두는가? 후자라면 일본에서 생겨나 빠르게 전 세계로 퍼지고 있는 곤마리 정리법을 따른 것일 수도 있다. 곤마리 정리법은 고안자이자 정리정돈 전문가인 곤도 마리에의 이름에서 나온 명칭이다. 정리정돈의 규칙을 담은 그녀의 책《인생이 빛나는 정리의 마법》은 전 세계적으로 300만 부가 판매되었다. 또한 그녀의 아이디어는 기네스 팰트로가 운영하는 라이프스타일 사이트인 '굽Goop'을 비롯한 여러 곳에서 인정을 받았다. 그러나 '기쁨의 불꽃'을 일으키는 것은 단지 양말을 접고 물건을 버리는 방식만이 아니다. 곤마리 정리법은 철학적 체계이기도 하다.

《인생이 빛나는 정리의 마법》을 읽어보면 베스트셀러가 된 이유를 알 수 있다. 이 책은 대단히 매력적이고, 재치 넘치고, 낙천적이다. 동시에 주위에 있는 물건들을 다른 방식으로 바라보도록 만들기도 한다. 가령 왜 양말을 뭉치지 말고 접어야 할까? 바로 양말을 위해서다. 곤도는 다음과 같이 명랑하게 설명한다. "서랍장에 든 양말과 팬티스타킹은 근본적으로 휴식 중이다. 그들은 종일 발과 신발 사이에 갇혀서 당신의 소중한 발을 보호하기 위해 압력과 마찰을 견디며 힘든 일을 한다. 서랍장에서 보내는 시간이 그들에게는 유일하게 쉴 수 있는 기회다. 그들을 뒤집거나, 뭉치거나, 묶으면 항상 긴장 상태에 있게 되어 천과 고무 밴드가 늘어난다. 그리고 서랍장을 여닫을 때마다 굴러다니다가 서로 부딪힌다."[1] 반면 올바른 방식으로 수납하면 양말과 팬티스타킹이 "훨씬 행복해지고 안도의 한숨을 내쉰다."[2]

마치 양말과 팬티스타킹이 감정을 가진 것처럼 말하지 않는가? 바로 그것이 요점이다. 곤도는 올바른 방식으로 양말을 접으며 말까지 걸라고 권한다. 그녀는 "옷을 접을 때 우리의 몸을 보호해줘서 고맙다는 마음으로 정성을 기울여야 한다."고 설명한다.[3] 올바른 방식으로 접으면 "갑작스러운 깨달음 '그래, 이렇게 접히고 싶었던 거구나!'라는 당신의 마음과 옷이 통하는 듯한 특별한 순간이 온다."[4] 곤도는 옷을 버릴 때도 올바른 대화를 나눠야 한다고 말한다. 슬퍼하거나 죄책감을 느껴서는 안 된다. 대신 버려질 옷에게 "널 샀을 때 기쁨을 줘서 고마워."라거나 "나한테 어울리지 않는 게 무엇인지 가르쳐줘서 고마워."라고 크게 말해야 한다.[5] 그러면 한결 가벼운 마음으로 옷을 떠나보낼 수 있다.

집을 정리할 때도 같은 원칙이 적용된다. 가령 책들은 일단 바닥에 모은 다음 옮겨야 한다. 이는 단지 당신만이 아니라 책들을 위한 일이기도 하다. 곤도는 "어떤 사람을 깨울 때 부드럽게 몸을 흔들듯이 우리의 물건을 옮기고, 신선한 공기에 노출시켜서 '정신이 들도록' 깨워야 한다."고 설명한다.[6] 물론 물건에 정말로 '정신'이 있는 것은 아니다. 어쩌면 있을 수도 있을까?

곤도 마리에는 이런 순간들을 통해서 사물에 정신이나 영혼이 깃들어 있다고 믿는 일본의 애니미즘 전통을 유쾌하게 일깨운다. 애니미즘은 시대에 뒤떨어진 미신처럼 들리지만 전 세계에 걸쳐 수많은 사고 체계에서 거듭 되살아났다. 그리고 아주 비슷한 아이디어가 1,000년의 망각 후에 서구 철학에서 바로 지금 되돌아오고 있다.

무덤에서 춤을 춰요, 베토벤

오래된 아이디어를 되살리는 것은 문학과 미술에서 아주 흔한 전략이다. 이고리 스트라빈스키Igor Stravinsky는 일부 동시대 작곡가들이 무조無調의 세계로 나아갈 때 과거에서 영감을 얻어서 신고전주의 작풍을 개발했다. 조너선 프랜즌Jonathan Franzen도 초기 작품의 포스트모더니즘 기조를 버리고 인간과 관계를 다루는 장대한 디킨스식 소설로 선회했다. 덕분에 《인생 수정》과 《자유》 같은 작품으로 대중적인 호평을 받았다. 그렇다고 해서 지금은 이런 방식으로만 소설을 쓸 수 있다는 데 모두가 동의했다는 말은 아니다. 벤 마커스Ben Marcus 같은 다른 소설가들은 계속 실험정신을 발휘하여 그의 작품을 좋아하는 독자들에게 기쁨을 안긴다.

물론 디킨스식 작풍에 속하는 프랜즌의 새로운 소설들이 19세기 런던을 배경으로 삼는 것도 아니다. 그 소설들은 21세기 미국인의 삶을 다룬다. 진지한 예술가는 결코 과거의 방식을 그대로 따를 수 없다. 20세기 초의 모더니즘 시인들은 윌리엄 엠프슨William Empson의 인상적인 6행시와 19행시처럼 거의 잊힌 과거의 시 형태를 되살렸지만, 르네상스 시대의 낭만적 연애 감정을 표현하지는 않았다. 또한 현대의 작곡가들이 베토벤의 작풍으로 교향곡을 쓴다면 단순한 모방이라는 지적을 피할 수 없을 것이다. 예술가는 과거의 유산을 빌리더라도 뭔가 새로운 것으로 만들어야 한다. 이때 그들은 아무것도 증명하지 않는다. 누구도 동의할 필요가 없다.

일반적으로 예술적 기풍은 변덕스러운 유행과 개별 예술가의 기질에 따라 주기적으로 오고 간다. 모두가 언제나 전통을 재고하지만 누구도 이기지 않는다. 예술에서 아이디어는 결코 논파되거나 입증되지 않는다. 오직 뛰어난 솜씨가 전부다. 그래서 예술에서 아이디어는 이 책이 과학, 전쟁, 기술 분야에서 탐구하고 있는 재발견 및 재고와 같은 역학을 드러내지 않는다.

언뜻 철학 분야도 비슷해 보인다. 철학사에 걸쳐 논증과 사상은 되풀이되지만 모두가 어떤 입장에 확고하게 설득당하는 경우는 거의 없다.

언제나 경쟁 학파들이 있고, 그림이나 건축처럼 유행이 있다. 그러나 중요한 차이점도 있다. 철학자들은 세상의 실재에 대한 주장을 편다. 그래서 우리가 다중우주에 살고 있는지 아닌지 확인하기 어렵거나 확인이 불가능하듯이 그 주장이 옳은지 확인하기 어렵거나 확인이 불가능하다. 그럼에도 철학적 아이디어는 세상이 끝나는 순간에도 어떤 의미에서 실재에 답해야 한다.

이 장에서 우리가 살필 아이디어들은 세상의 실재에 대한 주장들이다. 그러나 이 주장들은 비행기와 스마트폰을 낳은 물리학 이론들처럼 설득력 있게 뒷받침되지 않는다. 아이디어는 궁극적인 진실성 여부가 여전히 확정되지 않은 상태에서도 다시 돌아와 상당한 동력을 얻을 수 있다. 지지자들에게는 수세기 동안 무시되었던 아이디어가 갑자기 다시 타당성 내지 필요성을 얻게 되는 충분한 이유가 있다. 설령 가능성이 낮아 보인다고 해도 불가능한 것은 아니다. 또한 상식에 어긋난다고 해도 상식을 뒤흔드는 것이 재고의 한 가지 역할이다. 그래서 나는 어느 날 아침 고마운 마음으로 양말을 접어 정리한 다음 이런 아이디어들을 지지하는 대표적인 사람을 만나러 나간다.

범심론의 부활

철학자인 게일런 스트로슨Galen Strawson은 약간 센 풍성한 금발 아래로 미소를 지으며 런던 북부에 있는 환한 원룸 아파트의 문을 연다. 피아노, 책들이 흩어져 있는 소파, 애플 노트북, 클래식 기타 뒤로는 벽을 가득 채운 거대한 책장이 있다. 스트로슨은 "역시대순으로 정리되어 있어요. 데카르트의 책들이 바로 집을 수 없는 위치에 있는 걸 참을 수 없거든요. 그래서 비트겐슈타인의 책들이 대신 저기 높은 곳에 있어요."라고 설명한다.

스트로슨은 자신도 어떻게 작동하는지 모르는 듯 보이는 불가사의한 강철 기계로 바삐 커피를 끓인다. (갑자기 "어, 이거 망가진 거 아니에요?"라며 놀라더니 "미안합니다. 제가 고전 철학자처럼 굴고 있네요."라고 웃으며 말한다.) 우리는 그가 근래에 발표한 논문을 두고 〈타임스 리터러리 서플리먼트 Times Literary Supplement〉의 독자 편지란에서 벌어진 논쟁에 대해 유쾌한 잡담을 나눈다. 잠시 후 자리에 앉은 그는 매우 특이한 오래된 이론을 받아들이도록 하기 위한 추론을 제시한다.

"놀랍다! 만물이 지성을 지녔다!"

수학자이자 철학자인 피타고라스는 2,500년 전에 이렇게 감탄했다고 한다. 만물이 지성을 지녔다고? 정말? 당신만이 아니라 이 커피 머그도, 저 바위도, 바다도? 곤도 마리에의 양말도?

그렇다. 그것이 피타고라스가 한 말의 뜻이다. 이는 상당한 세월이 흐른 후에 '범심론汎心論'으로 알려지게 되는 시각이다. (범심론이라는 단어는 1879년부터 영국에서 사용되었으며, '모든 곳에 마음이 있다.'는 그리스어에서 나왔지만 그러한 생각은 훨씬 오래전부터 존재했다.) 이 시각에 따르면 모든 물질, 모든 물리적 대상은 근원적 속성을 지닌다.

물리적 대상에 대해 많은 것을 안다고 생각하는 우리의 관점에서 보면 이상하게 들리는 말이다. 바로 그런 생각 때문에 지난 몇 세기 동안 '심신心身 문제'가 존재했다. 어떻게 지금 이 책을 읽는 의식적 체험이 뇌에 있는 아둔한 물질들의 전기화학적인 상호작용으로 이뤄질까? 어떻게 원자에서 직접적 체험으로 나아갈까?

신경과학 분야의 대중적인 설명에 따른 추측과 달리 그 답은 누구도 모른다는 것이다. 스트로슨은 이렇게 말한다. 뇌에서 이뤄지는 "놀라운 전기화학적 작용에 따라 복잡한 방식으로 물질을 조합하더라도 여전히 그 과정을 설명하려면 엄청난 간극을 뛰어넘어야 합니다. 왜 특정한 구도로 배치된 이 작은 물질들은 특정한 방식으로 돌아다닐까요? 왜 빛이 밝혀질까요? 왜 이전에는 없었던 의식의 빛이 밝혀질까요?"

스트로슨에게 그 답은 이전에 의식의 빛이 있었다는 것이다. 즉, 체험은 이미 모든 물질의 근원적인 측면으로 깊이 내재되어 있다. 이런 설명은 심신 문제를 해결한다기보다 해체한다. 범심론을 받아들이면 심신 문제는 존재하지 않는다.

이 놀라운 논지를 받아들이는 것이 까다로운 문제를 없애는 대가로는 너무 크다고 생각할 수도 있다. 실제로 철학사 대부분에 걸쳐 이런 생각이 주류를 이뤘다. 지난 2,000년 동안 범심론은 대개 단순한 속임수 내지 패배주의로 간주되었다. 오랫동안 범심론자들이 있기는 했지만 그들의 시각은 항상 사상계의 주류로부터 배척당했다. 실은 처음 나올 때부터 조롱당했다. 원자론자인 루크레티우스Lucretius는 아래와 같이 범심론적 입장을 비꼬았다.

감각을 그 구성 원소에 귀속시키지 않고는 각 생명체가 감각을 체험하는 능력을 설명할 수 없다면 인류를 구성하는 특별한 원자에 대해서는 어떻게 말할까? 분명 그들은 웃음을 참지 못해 몸을 떨고 이슬 같은 눈물을 흘릴 것이다. 또한 분명 그들은 화합물의 구조에 대해 긴 토론을 나누고 심지어 자신을 구성하는 원자의 속성까지 탐구할 것이다.[7]

앞으로 살펴겠지만 이는 똑똑한 현대의 범심론자들이 가진 생각과 다르다. 그래도 전반적인 어조를 드러낸다. 범심론은 불과 수십 년 전에 스트로슨과 소수의 다른 철학자들이 다시 진지하게 받아들이기 전까지 기껏해야 평판이 나빴고, 일반적으로는 웃기거나 유치한 생각으로 취급받았다.

"인류 역사상 가장 멍청한 시각"

요즘 심신 문제에 대해 인기를 끄는 기이한 대답은 마음이 존재하지 않는다는 것이다. 때로 '소거론자eliminativist'로 불리는 이 마음 부정론자들을 길게 다루지는 않을 것이다. 대니얼 데닛Daniel Dennett 같은 사람들은 그들의 일 외의 측면에서 합당한 칭송을 받기는 했지만 말이다. 그들이 마음을 부정하는 방식은 우리가 의식적 체험을 한다고 생각하는 것이 단지 뇌가 만든 '환상'에 불과하다고 말하는 것이다.

그러나 이 주장은 기초적인 논리로 간단하게 무너진다. 환상의 체험은 그 자체로 체험일 수밖에 없다. 의식이 없으면 아무것도 체험하지 못한다. 거기에는 환상도 포함된다. 그래서 체험 부정론자들이 받아들인 대로 우리가 의식적 체험을 하는 것처럼 보인다는 그 사실 자체가 실제로 의식적 체험을 하고 있음을 보증한다. 그것이 '보인다는 것'의 실체다. 스트로슨은 "체험하는 것처럼 보이는 현상, 우리가 환상이라고 가정하는 현상은 실제로 체험이 없으면 존재할 수 없다."고 말한다.[8] 즉, 어떤 것이라도 알 수 있다면 의식이 있음을 알 수 있다고 말할 수 있다. (이것이 데카르트가 말한 "나는 생각한다. 고로 존재한다."의 출발점이다. 그러나 데카르트는 범심론자가 아니었다. 그는 마음이 여타 물질과 다른 대상이며, 뇌에 있는 솔방울샘을 통해 몸과 교류한다고 주장했다. 이처럼 근본적으로 다른 두 가지 사상을 내세운다는 점에서 그는 '이원론자'였다.)

그래서 우리는 우리에게 의식이 있고, 의식은 환상이 아님을 안다. 의식이 환상이라면 체험을 할 수 없기 때문이다. 그렇다고 해도 어떤 사람들은 마음의 존재를 계속 부정한다. 스트로슨은 "75억 명의 사람들은 의식의 존재를 믿습니다. 그리고 200~300명의 철학자들은 믿지 않습니다."라고 말한다. 그는 한 글에서 마음의 존재를 부정하는 것을 "인류 역사상 가장 멍청한 시각"이라고 짓궂게 놀렸다.[9]

무엇이 사상가들을 이토록 말도 안 되는 시각으로 이끄는 것일까? 우리 시대의 대다수 사람들은 ('유물론'으로도 알려진) '물질주의'를 신봉하고 싶어 한다. 거기에 따르면 원칙적으로 모든 것은 물질이 움직이는 양상을 설명하는 물리 이론을 통해 근본적으로 설명할 수 있다. (지금 올바른 물리 이론을 완벽하게 알아야 할 필요는 없다. 단지 중력과 양자 물리처럼 관측할 수 있는 모든 현상을 통합할 미래의 이상적인 이론을 상상하기만 하면 된다.) 물질주의는 물리적이지 않은 다른 대상, 영혼의 먼지는 없다고 말한다. 물질과 마음이라는 두 가지 실체가 있다는 데카르트식 이원론은 받아들일 수 없다. 그러나 앞서 말했듯이 우리는 뇌에 있는 물질이 어떻게 마음을 일으키는지 모른다. 그래서 그저 마음은 환상이라고 말하는 편이 쉬울지도 모른다. 오직 아둔한 원자만 있을 뿐이다.

그러나 이것이 유일한 대안은 아니다. 스트로슨은 일련의 '선택 지점'을 통해 주장을 제시한다. 첫째, 대다수 사람들은 물질주의자가 되고 싶어 한다. 그러나 그들은 의식이 실재한다는 사실도 받아들이고 싶어 한다. 지금까지 이 두 가지 선택을 했다면 스트로슨과 함께 어떤 '경로'에 서 있는 셈이다. 그는 "그려봅시다!"라고 말한다. 그리고 A4 용지를 커피 테이블 위에 놓고 가능성의 가지들을 그린다. 그는 "우리는 물질주의자가 되고 싶어 합니다. 그러나 의식이 실재한다는 사실도 받아들이고 싶어 합니다. 물론 이 두 가지 입장에서 이미 '의식은 전적으로 물리적'이라는 입장이 나옵니다. 이 지점에서 창발emergence, 급격한 창발의 문제에 직면합니다."라고 말한다.

현재 과학 부문에서 유행 중인 창발은 유용한 개념이기도 하다. 물은 액체라는 사실을 보자. 개별 물 분자는 액체가 아니다. 그러나 물 분자를 많이 모으면 갑자기 액체인 물이 된다. 액체성이 더 큰 규모에서 떠오른 것이다. 그러나 한 대상에서 다른 대상이 떠오른다는 주장은 면밀하게 검토되어야 한다. 물이 지닌 창발적 액체성은 우리가 개별 물 분자, 그리고 그 상호작용에 대해 이미 아는 내용들로 설명할 수 있다. 액체성을 주입하는 마술적인 요소는 따로 필요 없다. 그러나 개별 뉴런의 작용에서 직접적인 체험이 떠오른다는 주장에는 빠진 요소가 있는 것처럼 보인다. 우리는 어떻게 그런 일이 일어나는지 설명할 수 없다. 그래서 스트로슨은 이런 창발을 급격한 창발이라 부른다. 그의 표현에 따르면 급격한 창발은 "괴기스럽다."

급격한 창발은 블랙박스에 해당하는 아이디어다. 이 블랙박스에는 현재 우리가 모르는 역학이 작용하고 있을지도 모른다. 이 역학은 대단히 특수한 것, 실로 유례없는 것이어야 한다. 이전에 접한 적이 없는 역학 덕분에 순수한 물리적 사건들이 지금 우리가 겪는 정신적 체험을 창출할 수 있다. 누구도 이 역학이 어떤 양상일지 원칙적인 차원에서도 그럴듯한 아이디어를 떠올린 적이 없다.

스트로슨은 여기서 "추가적인 주장은 나올 수 없습니다."라고 인정한다. 마음이 뉴런에서 급격하게 떠오른다면 그런 것이다. "급격한 창발을 부정하기 위해 더 이상 주장할 말이 없습니다. 결국 선택의 문제죠." 당신은 우리에게 의식이 있음을 알기에 그 양상을 모른다고 해도 급격한 창발이 분명히 일어난다고 말할 수 있다. 그러나 급격한 창발이 너무 괴기스럽다고 느낀다면 여전히 스트로슨과 함께 어떤 경로에서 있는 것이다. 이제 그는 다음과 같이 좋은 질문을 던진다. "왜 물질의 비체험성을 굳게 믿나요?" 그러니까 왜 물리적 대상에는 의식이 없다고 믿는가? 스트로슨은 유쾌한 얼굴로 말을 이어간다. "제가 즐겨 하는 질문은 '그렇다는 증거가 어디 있나요?'입니다. 그 답은 '아무 증거도 없어요! 앞으로도 영원히!'라는 거죠."

우리는 충분히 알지 못한다

스트로슨은 의식이 물질의 근본적인 속성이 아니라고 믿을 만한 증거는 없다고 주장한다. 왜 그렇게 가정해야 할까? 이는 우리가 가진 상식에서 검증되지 않은 부분으로, 너무나 오랫동안 굳어져서 그렇게 가정한다는 사실조차 거의 인지하지 못한다. 물질에 의식이 없다는 생각은 현대 과학이 태동하던 16세기와 17세기에 등장한 물질에 대한 새로운 '미립자' 이론의 유물이다. 당시 사람들은 물질이 궁극적으로 당구공처럼 서로 부딪히는 아주 작은 입자(미립자)로 구성되어 있다고 여겼다. 인간은 비물질적 영혼을 지녔지만 나머지 현실 세계는 거대한 시계 장치와 같았다.

그러나 이 물질관은 이제 한물간 지 오래다. 우리는 파동 입자 이중성, 양자 터널, 진공 에너지처럼 어려운 개념들을 토대로 엄청난 예측력을 지닌 이론들을 가지고 있다. 스트로슨은 이 모든 이론들에 대해 "물질은 궁극적으로 비체험적이라고 말할 때 단지 육감, 그것도 나쁜 육감 외에 다른 근거가 있나요?"라고 묻는다.

스트로슨은 20세기 초에 활동한 천체물리학자인 아서 에딩턴Arthur Eddington 경이 1928년에 쓴 다음과 같은 구절을 즐겨 인용한다. "과학은 원자에 내재된 속성에 대해 별로 할 말이 없다."[10] 에딩턴의 지적에 따르면 과학은 물질의 구성요소들이 어떻게 상호작용을 하는지 보여주는 믿을 만한 수학적 모형을 제공하지만, 그 "속성은 확증되지 않았고, 확증할 수 없는 문제"로 남겨둔다. 또한 언어학 이론과 정치적 저술로 더 유명한 놈 촘스키Noam Chomsky도 "심신 문제는 확고한 몸의 개념을 가질 때에만 타당하게 제기될 수 있다. 몸에 대한 확고하고 고정된 개념이 없으면 어떤 현상들이 그 영역에 속하는지 따질 수 없다."라고 지적한다.[11] 다시 말해서 우리는 마음이 전적으로 다른 것이라고 확실하게 말할 수 있을 만큼 우리의 몸을 구성하는 물질들을 충분히 알지 못한다.

현대 물리학은 '몸' 혹은 물질의 확고한 개념을 정하기는커녕 그 자체를 해체하는 일에 나선 듯하다. 그래서 물질은 파동이자, 입자이자, 끈의 진동이자, 시공간에 생긴 주름이자, 에너지와 상호교환이 가능하다. 기본적으로 철학자들이 말하는 물질의 '존재론(물질은 진정 무엇인가.)'은 여전히 개념적 미개척지다. 스트로슨의 말에 따르면 모든 것은 궁극적으로 "희미한 전하電荷의 패턴"으로 구성된다. 그는 의식도 이 희미한 패턴의 일부가 아니라고 가정할 이유가 없다고 주장한다. 육감과 편견혹은 부실한 상식을 제외한다면 말이다.

스트로슨은 "이런 식으로 경로가 나옵니다. 아주 간단해요. 체스의외통수와 같죠. 의식의 실재성을 받아들이고, 물질주의자도 되고 싶다면 '급격한 창발'과 '의식적 체험의 근원성' 사이에서 선택을 해야 합니다. 간단한 문제입니다."라고 결론짓는다.

스트로슨이 그린 경로를 따라 의식적 체험은 근원적이라는 결론에도달했다면 축하드린다. 이제 당신도 범심론자가 되었다.

장발인 사람들의 관점

범심론은 근래까지 취급받았던 것보다 훨씬 더 존중할 만하다. 과거 젊은 철학자들은 학계에서 인정받으려면 범심론을 건드리지 말라는 말을 들었다. 그러나 범심론을 주제로 하는 새로운 논문들이 옥스퍼드 대학 출판부에서 출간될 예정이다. 스트로슨은 여전히 범심론을 '헛소리'로 여기는 사람들이 많다고 인정한다. 그는 미소를 지으며 "저는 머리를 기르면 안 될 것 같아요. 범심론은 장발을 한 사람들이나 가질 법한 관점이 거든요. 그래서 아예 처음부터 무시하는 경향이 있어요."라고 말한다.

사실 범심론은 철학 밖에서도 돌아오고 있다. 유럽의 권위자인 브뤼노 라투르Bruno Latour는 인류학과 유관 학문에서 나온 범심론적 조류를 이루는 사람 중 하나다. '객체 지향 존재론Object Oriented Ontology'은 레고 블록 같은 대상이 되는 양상을 이론화하는 작업을 하며, '숲은 무엇을 원할까?' 같은 의문을 터무니없다고 여기지 않는다. 인류학자이자 《부채: 그 첫 5,000년》을 쓴 데이비드 그레이버David Graeber도 '놀이 원칙'이 전자電子의 운동을 좌우할지 모른다고 주장하면서 범심론적 입장을 지지했다.[12] 또한 당연히 양말의 감정을 고려하도록 권하는 곤도 마리에의 신물활론적 정리정돈법이 있다. 이처럼 우리는 범심론이 부활하는 시대에 살고 있다. 그래서 모두가 근원적인 대상에 다시 정신을 불어넣으려 애쓰고 있다.

범심론은 원자, 돌, 탁자가 꿈을 꾸고 생각도 한다고 믿는 히피적인 시각이 아니다. 인간의 뇌보다 덜 복잡한 대상의 경우 의식적 체험의 기미는 매우 희미할 수 있다. (어차피 우리는 돌이나 양말에게 무슨 생각을 하는지 물을 수 없다.) 그러나 이 아이디어는 은밀하게 우리의 세계관을 바꿀수 있다. 무엇보다 범심론은 우리가 마음을 가진 다른 존재로부터 결코 벗어날 수 없음을 뜻한다. 스트로슨은 "제 친구는 수많은 마음들에 둘러싸이고 싶지 않다고 말해요."라며 웃는다. 다시 말해서 그 친구는 범심론이 맞기를 바라지 않는다. 캐나다인인 그는 스트로슨에게 이렇게 말했다. "북부의 황야로 가서 혼자 있는 시간을 갖고 싶어. 그런 시간에 주위에서 잡담이 들리는 건 싫어."

마음의 블랙박스

물론 범심론은 여전히 높은 장벽에 직면해 있다. 반대론자들이 제기하는 가장 근본적인 문제는 '통합 문제'다. 우리의 뇌를 구성하는 모든 입자가 작은 원형적 마음을 갖고 있다면 어떻게 그 총체인 뇌가 풍부하고, 복잡하고, 통일되고, '거대한' 마음을 지니는가? 왜 뇌는 전적으로 아둔한 입자들의 느슨한 연합체로 남아 있지 않은가? 우리는 경험을 통해 여러 번의 작은 고통들이 더해져 하나의 큰 고통이 되지 않는다는 사실을 안다. 고통은 작게, 개별적으로 남는다. 따라서 작고 얇은 수많은 의식들도 더해져 하나의 풍부하고 복잡한 의식이 되지 않는 것이 분명하다. 체험은 합해지지 않는다. 이것이 통합 문제다.

심리학자인 윌리엄 제임스는 19세기 말에 쓴 글에서 범심론이 "지성인들에게 거의 저항할 수 없을 만큼 매력적"이지만 통합 문제 때문에 진지한 사상으로 발전할 수 없다고 썼다. 그래도 포기할 수 없었던 그는 20년 후에 범심론은 반드시 옳아야 하므로 통합도 어떤 방식으로든 가능해야 한다고 판단했다.[13]

한편 스트로슨은 더욱 극단적인 아이디어를 들어 통합 문제를 부정한다. 우리는 세상에 수많은 개별적 대상, 아주 작은 당구공 같은 수많은 아원자 입자들이 있다고 상상한다. 스트로슨은 이 시각을 '소체론 smallism'이라 부른다. 하지만 소체론이 옳지 않다면 어떨까? 아주 작은 것들이 수없이 많지 않다면 어떨까? 현대 물리학은 사실 전자를 작은 당구공이 아니라 장場의 여기勵起(외부 자극으로 들뜬 상태 - 옮긴이)로 본다. 장은 공간에 퍼진 유체로서 수학적으로 말해서 아마도 경험과 같은 방식으로 더해질 수 있다. 소체론을 거부한 역사적 선례들이 있다. 17세기 네덜란드의 렌즈 연마사이자 철학자로서 범심론자이기도 했던 바뤼흐 스피노자Baruch Spinoza는 전체 우주가 하나의 본질로 구성되며, 이는 신이나 자연과 같다고 생각했다. 그래서 그에게는 심신 문제가 성립되지 않았다. 우리가 정신적, 물리적 실재라고 부르는 것은 인간이 지각할 수 있는 이 본질의 두 가지 측면에 불과하기 때문이다. 또한 우리에게 다르게 보이는 수많은 것들도 단지 무한하게 많은 속성을 지닌 이 우주적 본질의 다른 양상에 불과하다.[14] 따라서 소체론은 착각이다. (스피노자의 시각에 따르면 마음도 수많은 별개의 존재가 아니라 우리 모두가 공유하는 신의 마음, 단 하나뿐이다. 베단타 철학과 불교 철학에서도 같은 사상을 발견할 수 있다. 또한 20세기 물리학자인 에르빈 슈뢰딩거Erwin Schrödinger도 이 사상을 지지했다.)[15]

따라서 현대 범심론자들의 입장은 다음과 같다. 소체론이 옳다면 '통합'이 가능해야 한다. 당신과 내가 의식적 체험을 하면서 여기 존재하기 때문이다. 반면 소체론이 옳지 않다면 역시 우리가 의식적 체험을 하면서 여기 존재하도록 해주는 일종의 장의 융합이 이뤄지는 것이다. 스트로슨은 "인상파 같은 관점이지만 이보다 많이 나아간 관점은 없을 겁니다."라고 말한다.

스트로슨은 이 말이 장발 철학자나 가질 법한 추상적 관점처럼 들리지 않도록 실제로 뇌를 살피는 일을 하는 사람들 중에도 우군이 있다는 사실을 지적한다. 신경외과 의사이자 《참 괜찮은 죽음》의 저자인 헨리 마시Henry Marsh는 스트로슨에게 자신도 범심론자일지 모른다고 털어놓았다. 현대 신경과학은 현대 물리학처럼 범심론을 차단하지 않으며, 그 어느 때보다 더 신빙성 있게 만든다.

하지만 얼마나 신빙성 있게 만들까? 범심론을 내세우는 스트로슨의 주장은 다른 가능한 시각들을 배제하는 방식으로 설득력을 발휘한다. 그러나 범심론을 뒷받침하는 실증적 증거가 나올 수 있을까?

스트로슨은 "어떤 양상일지 모르겠어요."라며 잠시 생각하다가 불쑥 이렇게 말한다. "첫 번째 요점은 정식으로 말해서 당신은 다른 마음의 문제를 제기하지만 저는 당신이 마음을 가졌는지조차 모른다는 겁니다!"

맞는 말이다. 나는 영리하게 만들어진 의식 없는 로봇일 수도 있다. 스트로슨은 나의 의식적 체험에 접근할 수 없다. 다만 행동을 관찰하여 내가 마음을 가졌다고 추정할 뿐이다. 그래서 맞은편에 앉아 자신의 말에 적절한 문장으로 대응하는 내가 정말 마음을 가졌는지 확신할 수 없다면, 실제로 그렇다고 해도 전자電子가 마음을 가졌다는 증거를 얼마나 설득력 있게 제시할 수 있겠는가?

그러나 범심론을 실증적으로 뒷받침할 수 있는 다른 가능성이 있다. 스트로슨은 "급격한 창발이 이뤄질 수 없다는 사실을 증명하면 된다고 생각합니다. 엄격하게 따지면 적어도 일부 입자는 이미 체험을 수반한다고 말할 수 있는 지점까지밖에 가지 못하지만 말이죠. 정식으로 끝까지 가지는 못해요."라고 말한다.

그러나 일부 기본입자가 체험을 수반한다면 왜 다른 기본입자는 그렇지 않은지 설명해야 한다. 그렇지 않은가?

스트로슨은 "맞아요. 그래서 제가 말하는 대체성fungibility이라는 개념과 만나게 됩니다."라고 말한다. 어떤 유형이 대체성을 지니면 모든 개별적 대상이 같은 효력을 지닌다. 돈이 전형적인 사례다. 음료수를 사는 데 특정한 10파운드 지폐가 필요한 것은 아니다. 10파운드 지폐면 어느 것이든 쓸 수 있다. 어쩌면 물질 자체도 대체성을 지닐지 모른다. 스트로슨은 "우리가 아는 한 물질의 모든 형태는 다른 형태로 전환될 수 있습니다. 그렇다면 어떤 물질에서도 뇌를 만들 수 있어요."라고 말한다. (원칙적으로는 전자를 비롯한 모든 구성 입자를 재배열하여 피아노에서 뇌를 만들 수 있다.) 이 경우 어떤 입자도 체험을 수반하지 않거나 모든 입자가 체험을 수반하는 것처럼 보인다. 그리고 모든 입자가 체험을 수반한다면 바로 범심론에 해당한다.

스트로슨은 그림을 다 그린 후 "이 결론은 자격을 얻었습니다. 이론적으로 가장 그럴듯한 입장이니까요."라고 말한다.

그러니까 가장 덜 황당한 입장이라는 말?

그는 "맞아요. 이 입장에 이르지 못하도록 막는 것은 깊고 깊은 편견, 단지 육감뿐입니다."라고 말한다.

이를테면 범심론은 마지막까지 살아남은 이론, 우리가 멍청하거나 괴기스러운 생각에 매달리지 않도록 해주는 유일한 이론인 것일까?

스트로슨은 "바로 그렇습니다."라고 말한다.

가장 덜 틀린 것처럼 보이는 대안을 받아들이는 것은 충분히 존중할 만한 방법이다. 셜록 홈스도 "불가능한 경우를 모두 제거했다면 아무리 가능성이 낮아 보이더라도 남은 경우가 진실"이라고 말했다. 그러나 또 다른 저명한 현대 철학자에게 맹렬한 공격을 퍼부은 비판론자들은 이런 관점을 취하지 않았다.

상식을 거스르는 생각

2012년에 세계적으로 유명한 철학자가 과학사의 쓰레기통에 오랫동안 버려져 있던 아이디어를 되살리기로 결심했다. 범심론과 달리 이 아이디어는 500년 동안 전혀 옹호하는 사람이 없었다. 닭을 얼리는 실험을 했던 프랜시스 베이컨은 거의 400년 전에 "신에게 바쳐진 처녀처럼 아무 결실도 맺지 못한다."고 이 아이디어를 비판했다. 이후로 이 아이디어는 반이성적 헛소리, 인기 없는 공상가와 종교적인 선동가들이 기대는 최후의 수단으로 여겨졌다.

그러다가 2012년에 현대 철학자인 토머스 네이글Thomas Nagel이 《마음과 우주Mind and Cosmos》를 펴내 이 아이디어를 진지하게 받아들여야 한다고 주장했다. 생물학자와 철학자들은 분노했고, 줄지어 비난을 가했다. 그의 생각이 "시대에 뒤떨어졌다."고 지적하는 사람도 있었고, "이런 책이 나왔다는 사실이 안타깝다."고 쓴 사람도 있었다.[16] 스티븐 핑커Steven Pinker는 트위터에 올린 글에서 "한때 훌륭했던 사상가의 조잡한 추론"이라고 비웃었다. 《마음과 우주》는 "2012년에 가장 멸시당한 과학서"였다.[17] 그렇다면 왜 모두가 화를 냈을까? 바로 목적론이라는 금지된 개념을 감히 진지하게 받아들였기 때문이다.

고대 과학(혹은 과거의 명칭인 자연 철학)에서 목적론은 사물, 특히 생명체가 타고난 목적 혹은 '텔로스telos'를 추구한다고 주장했다. 이 아이디어는 플라톤에게서 처음 나왔다. 그리고 아리스토텔레스가 자연계를 대상으로 발전시켰다. 그는 가령 도토리가 싹을 틔워서 묘목으로 자라나는 이유는 거대한 떡갈나무가 되는 것이 목적이기 때문이라고 주장했다. (오늘날 우리는 도토리의 DNA가 떡갈나무를 만드는 데 필요한 모든 지시사항을 내포하고 있으며, 유전자에 최종적인 나무의 '그림'은 각인되어 있지 않다고 말한다.) 때로 목적론은 유기체가 아니라면 창조주의 마음에 이런 목적을 추구하는 의도가 있다고 암시하는 것처럼 보인다. 또한 텔로스 혹은 목적인目的因(사물의 궁극적 목적 - 옮긴이)이 시간을 거슬러 올라가 앞선 사건에 영향을 미치는 역인과관계도 암시한다. 우리가 보기에 미래의 떡갈나무는 아직 존재하지 않기에 도토리가 생장하는 이유가 될 수 없다. 또한 지금의 떡갈나무는 이전에 일어난 일을 초래할 수 없다. 이런 이유로 목적론은 근대 실험 과학이 태동하면서 정식으로 부인되었다.

이후 목적론에 반하여 앞으로만 나아가는 '기계적 인과관계'를 고수한 과학적 사고가 탁월한 성공을 거두면서 목적론을 비난한 베이컨의 입장을 뒷받침하는 것처럼 보였다. 그러나 목적론은 일각에서는 특히 생명에 대한 묘사와 관련하여 살아 있는 문제로 계속 표면 아래서 부글거렸다. 칸트는 생명체를 관찰해보면 목적론적 측면에서, 즉 눈의 목적은 볼 수 있게 만드는 것이라고 생각할 수밖에 없으며, 이런 사고는 과학적 유용성으로 정당화된다고 썼다. 다만 그는 그렇다고 해도 옳은지 아닌지 알 길이 없으므로 궁극적으로는 목적론적 설명을 허용할 수 없다고 결론지었다. 또한 엥겔스는 다윈이 1859년에 《종의 기원》을 발표했을 때 목적론의 관에 마지막 못을 박았다고 칭송했다. 한편 진화론을 지지하며 다윈을 추종하던 미국의 식물학자인 아사 그레이Asa Gray는 《종의 기원》을 생명체의 발달에 대한 목적론적 시각을 확증하는 것으로 읽을 수도 있다고 말했다. 다윈 자신은 이런 입장을 (대부분) 거부했다.

그러나 생명체가 목적을 지닌다는 생각은 그냥 사라지지 않았으며,

생물학을 넘어 다른 분야에서 더욱 진전되었다. 노버트 위너Norbert Wiener는 1948년에 발표한 고전적 논문인 〈사이버네틱스: 동물과 기계의 제어와 커뮤니케이션Cybernetics: Or Control and Communication in the Animal and the Machine〉에서 인공 시스템이 피드백(출력이 다음 입력의 일부가 되는 것)을 포함하도록 만들어지면 새로운 종류의 '목적론적 기계', 즉 유기체처럼 목적을 지닌 기계가 된다고 주장했다. 이후 철학자인 앨래스데어 매킨타이어Alasdair MacIntyre는 1981년에 펴낸《덕의 상실》에서 도덕 철학은 인간에게 근본적인 '참된 목적', 인간으로서 잘 살아가는 올바른 길이 있다는 아리스토텔레스의 목적론을 폐기했기 때문에 길을 잃었다고 주장했다. 그는 "윤리의 핵심은 인간이 현재의 상태에서 참된 목적으로 나아가도록 만드는 것"이라고 썼다.[18] 그의 주장에 따르면 참된 목적을 믿지 않으면 모든 노력은 합리적 토대를 잃는다.

토머스 네이글은 "자연에 대한 물질주의적, 신다윈주의적 견해가 거의 확실히 틀릴 수밖에 없는 이유"라는 부제가 붙은《마음과 우주》에서 심신 문제는 흔히 받아들여지는 것보다 진화학에 더 심각한 영향을 미친다는 확신을 토대로 목적론이라는 개념을 되살린다. 그는 우리처럼 의식을 가진 존재가 등장하는 것은 우주가 깨어나는 것으로 볼 수 있다고 말한다. 그러나 그가 보기에 생명이 어떤 방식인지는 모르나 처음에 '죽은 물질'에서 튀어나오면서 시작되었을 가능성은 낮다. 또한 일부 생명체가 의식을 발달시켰을 가능성은 더 낮으며, 한 생명체만 이성이라는 '초월적' 힘을 획득했을 가능성은 극도로 낮다.[19] 그는 이런 일들을 설명하려면 단지 물리 법칙이나 자연선택 같은 '기계론적' 수단을 넘어서는 것이 필요하다고 주장한다. 즉, 물리 이론만이 아니라 '정신물리

이론'이 필요하다.[20] 어쩌면 목적론도 필요할지 모른다.

이는 과감한 주장이다. 그러나 비과학적인 주장은 아니다. 비판론자들을 화나게 만든 것은 진화생물학을 의심하는 네이글의 태도였다. 그는 "우리가 아는 생명이 자연선택이라는 역학과 결합된 일련의 물리적 사고事故의 결과라는 말은 언뜻 보기에 타당성이 매우 부족하다."고 지적한다. 그래서 대처할 수 없는 '가능성의 문제'가 존재한다. 그는 현재의 정설은 "상식을 거스른다."고 주장한다.[21]

그러나 상식을 거스르는 것은 언제나 과학의 책무이자 영광이었다. 관측을 통해 탄탄하게 뒷받침된 이론이 상식과 충돌한다면 후자를 수정하는 편이 낫다. 가령 이제 우리는 단단해 보이는 물체가 대개 빈 공간, 즉 전하의 희미한 패턴으로 이뤄진 원자로 구성되며, 지구가 태양 주위를 돈다는 사실을 받아들인다. 네이글은 우주에서 의식이 등장할 가능성은 아주 낮다고 생각한다. 그러나 가능성이 낮다고 해서 불가능한 것은 아니다. 사실 과거에 일어난 일에 대해 가능성이 낮다고 말하는 것은 이상하다. 이미 일어났기 때문이다. 따라서 이제 그 일이 일어났을 가능성은 100퍼센트다. 세상은 그렇게 돌아간다.

이런 반박도 목적론을 완전히 배척하지는 못한다. 네이글을 비판하는 사람들이 거의 인정하지 않는 사실은 목적론적 담론이 지금까지 대중 과학서뿐만 아니라 전문 과학서에서도 활발하게 다뤄진다는 것이다. 목적론적 비유라는 거대한 지층은 현대 생물학뿐만 아니라 화학과 물리학에서도 목적인의 그림을 암시한다. '심장은 혈액을 순환시키기 위한 장기'처럼 생리적 기능을 일반적으로 묘사하는 말은 목적론에 대한 진정한 믿음을 시사하지 않는 것으로 오랫동안 받아들여졌다. 그러나 우리는 아원자 입자가 취해야 할 '올바른' 경로를 '선택한다'거나, 분자들이 특정한 에너지 상태에 이르기 위해 스스로 재배열한다거나, 유기체의 형질이 새로운 일을 '할 수 있도록' 진화한다는 말도 자주 듣는다. 우리는 모든 곳에서 자연계의 작용에 목적을 부여한다.

이 시점에서 이를 악물며 모든 목적론적 담론을 그대로 받아들이고 범심론을 수용할 수도 있다. 그러나 네이글은 범심론이 지닌 매력을 인정하면서도(그는 1979년에 현대 심리학에서 해당 주제를 다룬 최초로 인정할 만한 논문을 펴냈다.) 다른 다리를 선택한다. 그는 목적론이 의식의 출현에 유리한 방향으로 주사위를 놓는 법칙 같은 우주의 경향으로 작용한다고 말한다. 이 생각에 따르면 "일들은 특정한 결과로 이어지는 경로에 있기 때문에 일어난다." 자연법칙은 "경이를 향해 기울어져" 있을지도 모른다.[22] 그렇다면 경이로운 대상인 의식이 등장한 것도 놀랄 일이 아니다. 우리는 그 목적, 목표 혹은 텔로스가 의식의 생성인 우주에서 살고 있기 때문이다.

먼 과거에 대한 다른 근본적인 질문들에도 목적론적 법칙을 적용할 수 있을지 모른다. 실제로 요즘 우주학 분야에서는 일부 학자들이 '미세 조정' 수수께끼, 즉 어떻게 우주는 생명체가 존재할 수 있도록 아주 미세한 수준까지 딱 맞게 자연법칙을 조정하였는가에 대한 대답으로 목적론적 원칙들을 진지하게 제시하고 있다. 물리학자인 폴 데이비스Paul Davies는 2007년에 펴낸 《골디락스 수수께끼The Goldilocks Enigma》에서 목적론적 '생명 원칙'을 지지했다. 한편 철학자인 존 호손John Hawthorne과 대니얼 놀런Daniel Nolan은 원칙적으로 우주가 애초에 존재하는 이유 혹은 "무가 아니라 어떤 존재가 생긴 이유"가 무엇인가 하는 질문, 철학적, 과학적 성향에 따라 무의미하거나 심히 신비롭거나 터무니없는 질문에까지 목적론적 법칙이 대답할 수 있음을 보여준다.[23]

　근본적인 목적론이 토머스 네이글 같은 명민한 현대적 사상가를 통해 그럴 듯하게 되살아난 이유는 비과학적 가설이 아니기 때문이다. 다만 우리는 이 가설을 검증할 방법이나 목적론적 법칙들의 내용을 잘 모른다. 네이글 자신도 목적론적 법칙들을 자세히 설명하는 일은 미래의 창의적인 과학자들에게 맡겨둔다. 그렇다면 목적론은 당분간 또 다른 블랙박스로 남을 것이다.

세 기 를 　건 너 뛴 　유 대 감

다른 분야보다 철학에서 과거의 사상들이 더 자주 되살아나는 것처럼 보인다. 아마도 그 이유는 특정한 철학적 문제를 이해하는 데 일정한 진전이 이뤄지기는 하지만, 어떤 입장을 모두가 진리로 받아들이게 만드는 결정적인 논증은 거의 나오지 않기 때문일 것이다. (반면, 수학은 결정적인 논증 내지 증명을 통해 진전한다. 가령 유클리드 기하학은 지금도 평면에 적용되며, 다른 한편으로 행성들이 완벽한 원을 그리며 돈다는 생각은 완전히 배제되었다.) 많은 철학자들은 자신이 독창적으로 떠올린 줄 알았던 생각들을 다른 사람이 오래된 과거에 이미 예측했었다는 사실을 알게 되었다고 말한다. 어떤 사람들은 이 사실을 못마땅하게 여기지만 게일런 스트로슨은 한 논문에 담은 멋진 구절에서 상반되는 감정을 털어놓았다.

1980년대 말에 '심신 문제'를 처음 강의한 이래, 우연히 독서를 통해 내가 떠올린 거의 모든 가치 있는 생각들을 지난 세기의 위대한 철학자들이 유사한 방식으로 이미 했었다는 사실을 조금씩 알게 되었다. (분명 더 공부하면 '거의'라는 표현도 없게 될 것이다.) 세기를 사이에 두고 같은 생각을 한 사람이 있다는 사실을 발견하는 일은 매우 감동적이다. 나는 그 철학자들을 마음껏 인용하며, 그들이 나와 같은 생각을 했었다는 사실을 강력한 배경으로 삼는다. 철학에서 거의 모든 가치 있는 생각들은 이전에 존재했다. 이는 절대 우울한 사실이 아니다. …어떤 생각을 떠올리고 나중에 이미 다른 사람이 했던 생각이라는 사실을 알게 되는 일로 구성되는 지엽적 독창성은 철학에서 극히 흔하며, 철학적 이해에서 반드시 필요하다.[24]

내가 이 구절을 언급하자 스트로슨은 "맞아요. 정말 그래요."라고 말한다. 그는 다음과 같이 전반적인 입장을 밝힌다. "인간에게 보편적인 특정한 요소들이 있다는 점을 밝히고 싶습니다. 단지 동시대에 다른 문화들뿐만 아니라 시간까지 초월하는 요소, 계속 찾아오는 문제 말이죠. 이 문제는 철학에 국한되는 것도 아닙니다. 아리스토파네스Aristophanes의 글을 읽으면 정말로 웃겨요. 감동적이면서 저를 웃게 만들죠."

어떤 철학적 사상이 이전에 존재했다는 사실을 밝히는 일은 일종의 경기가 될 수 있다. 스트로슨은 "옥스퍼드에 다닐 때 프레디 에이어Freddy Ayer가 이끄는 토론 모임에 오랫동안 참여한 적이 있었어요. 그때 선배들이 맡는 역할이 주로 '새로운 요소가 들어가긴 했는데 전에 들어본 적이 있어.'라고 말하는 것이라는 사실을 곧 알게 되었죠. 저도 그런 경험을 했어요. 하지만 설령 전에 제기된 생각이라도 새롭고 흥미롭다는 느낌을 받는 것은 중요해요."라고 말한다.

그리고 전에 제기된 생각이라면 결국 중요한 내용이 담겨 있는 것은 아닐까?

"정말 그래요! 어떤 주장이라면 당연히 그렇고, 단지 문제가 있다는 생각이 이전에 제기된 경우도 많아요. 여기 인용할 다른 말이 있네요." 그는 맥북 에어를 뚫어지게 바라보며 말한다. "오늘 인용을 엄청나게 많이 하네요. 이건 제가 아주 좋아하는 말이에요."

그가 인용하는 것은 "진리에게는 역설적이라고 비난받거나 사소하다고 폄하당하는 긴 기간 동안 승리를 위한 잠깐의 축하만 허용된다."라는 쇼펜하우어의 말이다.[25]

스트로슨은 "우리는 진실을 밝혔다가 다시 잃어버립니다. 슬픈 일이죠."라고 말한다.

그렇다면 진실을 다시 찾을 수도 있다는 뜻이다. 이 사실은 과거에 처음으로 진실을 알아낸 우군을 발견하고, '세기를 건너뛴 유대감에 감동받는' 일에 전율할 더 많은 이유를 제공한다. 알고 보면 재고는 아주 감정적인 작업이다.

아 이 디 어 가 다 시 살 아 나 는 이 유

아이디어가 다시 살아나는 이유는 그것이 사실임을 이제 모두가 알기 때문만은 아니다. 목적론은 자연법칙을 설명할 수도 있고, 아닐 수도 있다. 그러나 네이글의 주장에 따르면 적어도 현재 제시되는 자연법칙에 대한 설명에서 빠진 요소를 제공한다. 그가 보기에 목적론은 의식이 생겨난 이유에 대한 설명의 간극을 메우는 데 일정한 역할을 한다. 또한 우주학자에게는 존재의 방대한 가능성과 우리가 이 특정한 우주에만 존재하는 사실 사이에 존재하는 설명의 간극을 메우는 데 도움을 준다. 한편 스트로슨은 오래된 다른 이론이 심신 문제를 간단히 해체하며, 최선의 현대 과학이 수세기 전보다 이 이론을 더 매력적으로 보이게 만드는 양상을 확인했다.

두 사상가는 자신이 무슨 일을 하는지 안다. 그들은 오래된 아이디어를 오늘날의 이해 수준으로 다시 조명할 때 어떻게 빛나는지 신중하게 살핀다. 또한 현대적인 세계관의 간극을 메우기 위해 오래된 아이디어를 재고한다. 그리고 그 과정에서 재고의 힘을 활용하여 상식에 도전하고, 그저 아닌 것처럼 느껴지는 육감에 의문을 제기하도록 부추긴다. 그들이 제시한 해결책은 가능성이 낮아 보이지만 다른 대안들은 더 낮을 수도 있다.

결코 확실하게 답할 수 없는 문제에 이토록 많은 기운을 쏟는 일은 실용적인 생각을 가진 사람들에게 지성을 아쉽게 낭비하는 것으로 비칠 수 있다. 이런 문제 제기에 대해 내가 좋아하는 실용적인 변론으로 대응한 사람이 있다. 바로 19세기에 인구 증가에 대한 시각을 제시했다가 악명을 얻은 토머스 맬서스Thomas Malthus다. (이 내용은 나중에 더 다룰 것이다.) 그는 "살아 있는 동안 이런 주제들에 대해 완전히 만족할 수 있는 답을 얻지 못할 수도 있지만, 그렇다고 해서 이 사실이 연구를 포기할 이유는 절대 될 수 없다. 인간의 호기심을 자극하는 흥미로운 주제를 둘러싼 어둠은 어쩌면 지적 활동과 노력을 끝없이 부추기기 위한 것인지도 모른다."라고 썼다. 또한 '지고의 존재'가 반박할 수 없고 전적으로 신뢰할 수 있는 방식으로 '자연 및 정신의 구조 그리고 우주의 전반적인 계획과 구도에 대한' 설명을 갑작스레 제공하는 상황을 상상해보라고 말했다. 그는 이런 계시가 주어지면 인간에게는 지적 영역에서 추구할 문제가 아무것도 남지 않으며, "모든 지적 노력은 기뢰에 닿은 듯 파괴되고 미덕의 존재는 거의 사라질 것"이라고 주장했다.[26]

결국 우리는 어둠에 매혹되어 계속 생각하게 되는 것이다.

진본성authenticity과 의미를 향한 현대 서구의 쉼 없는 탐색에서 이런 아이디어들이 지금 되살아나는 이유를 설명할 요소를 찾을 수 있을까? 다른 문화 영역에서 새로운 것들은 갈수록 오래된 옷을 입는다. 청바지는 구멍이 뚫린 채로 나오고, 전자기타는 일부러 오래되고 '낡은' 모습으로 만들며, 마법 숭배 같은 오랜 종교가 현대적으로 재건되기도 한다.[27] 어쩌면 범심론과 목적론 같은 사상이 되살아나는 것은 늑대와 다른 대형 동물을 시골에 다시 들여서 과거의 생태계를 복원하려는 '재야생화'나, 〈쥐라기 공원〉 같은 이야기의 경고에도 불구하고 보존된 DNA를 통해 맘모스 등을 복제하여 '탈멸종'을 꿈꾸는 일부 환경론자들의 욕망에 대비되는 지적 욕망인지도 모른다. 결국 우리는 불만족스러운 대안들로부터 벗어나고 싶을 때 역사에서 그 답을 구하는 것일까? 아마도 이런 철학적 재고는 일종의 신고전주의에 해당할 것이다.

동시에 혼란스러울 만큼 비물질적인 물질의 속성 같은 최신 발견이 재고에 필요한 동기를 부여하기도 한다. 새로운 아이디어는 이런 식으로 오랜 직관을 이전보다 더욱 매력적으로 만들 수 있다. 전기차나 프로그래밍 언어처럼 범심론과 목적론의 정당성이 확고하게 입증된 것은 아니지만, 그렇다고 해서 범신론과 목적론이 무의미한 형이상학적 추론에 불과한 것도 아니다. 결국 세상에 존재하는 대상들은 어느 하나의 경우에는 해당해야 한다. 이런 아이디어들은 역사에 걸쳐 계속 되살아나서 다른 식으로는 해결되지 않는 현실의 가려운 곳을 긁어준다. 또한 우리가 가진 이해의 한계를 계속 건드리고 정의하도록 돕는다. 그동안 당신은 양말을 정리하는 법부터 바꿀 수 있다.

좀비들이 공격할 때

때로 아이디어는 분명 죽은 상태여야 할 때 되살아난다.

"5,000만 명이 한다고 해도, 멍청한 말은 여전히 멍청하다."
– 서머싯 몸Somerset Maugham

지금까지 명민하게 갱신 내지 재목적화되거나 현대에 들어 새로운 설득력을 얻은 듯한 여러 아이디어들의 부활을 살폈다. 반면 과거의 어떤 아이디어들은 완전히 틀린 것이어서 결코 되살아나지 않아야 마땅하다. 그런데도 되살아난다. 이는 웃기는 일이지만 동시에 문제이기도 하다.

2016년 1월에 래퍼 바비 레이B.o.B는 트위터에 지구가 실은 평평하다는 과학적 사실을 팬들에게 가르치는 글을 올렸다. 그 내용은 "많은 사람들이 '평평한 지구'라는 말을 싫어하지만 모든 증거를 보고도 그 사실을 모를 수는 없다. … 제발 성숙해지길."이었다. 나중에 천체물리학자인 닐 더그래스 타이슨Neil deGrasse Tyson은 이 논의에 참여하여 비구형론non-globism에 대한 레이의 엉뚱한 증거들을 친절하게 바로잡은 후 다음과 같은 냉소적 칭찬을 덧붙였다. "당신이 5세기나 뒤떨어진 생각을 한다고 해서 당신의 음악을 좋아할 수 없는 것은 아니죠."

사실은 5세기보다 훨씬 더 뒤떨어진 생각이다. 우리가 종종 듣는 말과 달리 사람들은 콜럼버스가 미주 대륙으로 항해하기 전에도 지구가 평평하다고 생각지 않았다. 지구가 둥글다는 것은 모든 식자들에게 이미 명백한 사실이었다. (정확하게 구형이라고 생각한 것은 아니다. 15세기에는 육지와 바다가 두 개의 구체로 된 불거진 복합체를 형성한다고 생각했다.)[1] 마젤란이 1519년에서 1522년까지 세계를 횡단했지만 사람들은 이미 오랫동안 지구의 기본적인 형태에 대한 확신을 갖고 있었다. 또한 고대 그리스에서 철학자인 피타고라스와 파르메니데스Parmenides는 이미 지구가 구형이라는 사실을 알았다. 플라톤은 지구가 천계의 중심에 있는 둥근 땅 덩어리라고 말했다. 아리스토텔레스는 이집트와 사이프러스에서는 더 북쪽 위도에 있는 지역에서 볼 수 없는 별들을 볼 수 있으며, 지구가 월식 때 달에 둥근 그림자를 드리운다는 사실을 지적했다. 그래서 완전무결한 논리에 따라 지구가 둥글다는 결론을 내렸다. 이후 지구가 평평하다고 생각한 사람들은 성경적 문자주의를 고수하는 기독교 신학자들뿐이었으며, 이 조류마저 8세기에 소멸되었다. 그때부터 지구가 평평하다는 시각은 웃음거리에 불과했다.

최근에 인터넷에서 지구평면설이 언뜻 진지하게 다시 제기되기 전까지는 말이다. 한 명의 래퍼만 그러는 것이 아니다. 전직 프로게이머이자 소프트웨어 컨설턴트인 마크 사전트Mark Sargent라는 미국인이 유튜브에 올린 "지구가 평평하다는 단서들"이라는 영상은 수백만 회의 조회수를 기록했다. (그의 웹사이트는 "여러분은 거대한 폐쇄 시스템 안에서 살고 있습니다."라고 경고한다.)[2] 지구평면론을 주장하는 또 다른 유명인으로는 전 나사 미술가이자 코미디언인 매스 보일런Math Boylan이 있다. 또한 '플랫 어스 소사이어티Flat Earth Society'도 왕성하게 활동하고 있으며, 이 단체의 웹사이트는 성황을 이룬다.

이는 대단히 특이한 일이다. 우리 모두가 지구는 평평하지 않다는 사실을 알며, 지구평면론자들은 뻔한 헛소리를 믿는 사람들이라고 생각하기 때문이다. 2015년 12월에 물리학자이자 저술가인 브라이언 콕스Brian Cox는 이런 글을 트위터에 올렸다. "올해 내가 발견한 가장 놀라운 일은 지금도 지구가 평평하다고 믿는 사람들이 실제로 있다는 것이다. 정말 황당하다!" 그렇다면 대체 지구가 평평하다고 믿는 까닭은 무엇일까?

좀비 아이디어의 부활

지금까지 살핀 것처럼 오래된 아이디어를 유익하게 재고하는 일이 지닌 어두운 면은 일부 아이디어는 되살리지 말고 그냥 묻어두는 편이 낫다는 것이다. 어떤 경우에는 비틀거리는 시체가 되살아난다. 바로 좀비 아이디어다. 이런 아이디어는 죽이려 해도 죽지 않는다. 지금부터 몇 가지 사례를 살펴보겠지만 그것들은 아이디어 시장이 돌아가는 양상에 대한 우리의 일반적인 가정을 뒤흔든다.

'아이디어 시장'이란 무엇일까? 이 표현은 원래 발언의 자유를 보호하기 위한 수단으로 사용되었다. 상인과 소비자가 시장에서 물건을 자유롭게 사고팔듯이 발언의 자유는 사람들이 자유롭게 아이디어를 교환하고, 검증하며, 어느 것이 정상에 오르는지 확인할 수 있도록 해준다. 여기까지는 좋다. 그러나 그것이 전부가 아니다. 아이디어 시장이라는 현대적 개념은 정상에 오른 아이디어가 최고라고 가정하고 아이디어 사이의 충돌은 시장 경쟁을 통해 모두에게 혜택을 주는 방식으로 해소될 것으로 본다. 그렇다면 좋은 제품이 성공하고 나쁜 제품이 실패하듯, 아이디어 시장에서는 진리가 이기고 오류와 기만은 사라질 것이다.

아이디어 사이에 벌어지는 경쟁이 이해를 진전시키는 데 필요하다는 말은 분명 일정 부분 진실이다. 그러나 시장이라는 경제적 비유는 이런 경쟁이 실제로 반직관적 방식으로 진행된다는 중요한 사실을 가리며, 놀라울 만큼 흔한 실패 사례들을 설명하지 못한다. 최고의 아이디어가 항상 성공할 것이라는 생각은 규제되지 않은 금융시장이 언제나 최고의 경제적 성과를 낸다는 생각과 같다. 이런 생각들은 시장이 그냥 돌아가도록 놔두면 (언젠가는) 진리 혹은 완벽한 경제적 효율성이 저절로 나온다고 가정한다. 따라서 아직 나오지 않았다고 해서 언제인지 알 수 없는 미래에도 나오지 않을 것이라는 의미는 아니라고 주장한다. IMF 수장인 크리스틴 라가르드Christine Lagarde는 다보스 연설에서 "시장은 결국 문제를 바로잡습니다."라는 간결한 말로 이 표준적인 생각을 표현했다.[3] 어쩌면 그럴지도 모른다. 그러나 그 사이에 아주 나쁜 일들이 일어날 수 있다. 좀비 아이디어의 부활이 그중 하나다.

좀비는 기술제품 시장 같은 물리적 시장에는 나타나지 않는다. 이제는 누구도 베타맥스 영상 녹화기를 사지 않는다. 해당 기술이 다른 기술로 대체되었고, 다시 살아날 가능성이 없기 때문이다. (타자기나 피아노 같은 다른 오래된 물건들이 여전히 쓰이는 이유는 선호하는 사람들의 기준에서 볼 때는 다른 것으로 대체되지 않았기 때문이다.) 마찬가지로 지구평면론 같은 좀비들은 잘 돌아가는 아이디어 시장에 나타나지 말아야 한다. 그런데도 버젓이 살아서 돌아다닌다. 어떻게 된 일일까?

경제학이 한 가지 단서를 제공한다. 알고 보면 경제적 아이디어의 시장 자체가 좀비들로 가득하다. 호주의 경제학자인 존 퀴긴John Quiggin은 금융위기가 닥친 후《경제학의 5가지 유령들》이라는 계몽적인 책을 통해 오류가 확인되어 명백히 죽었는데도 불구하고 여전히 돌아다니는 경제이론들을 제시했다. (가장 강경한 입장에 따르면) "금융시장은 경제적 자산의 가치를 말해주는 최고의 지침이므로 투자 및 생산과 관련된 결정을 위한 최고의 지침이기도 하다."는 악명 높은 '효율적 시장 가설'이 한 예다.[4] 퀴긴은 이 말이 "맞을 수 없다."고 주장한다. 지난 15년 동안 "세계 금융시장이 17세기에 네덜란드에서 튤립 투기 광풍이 불던 때와 같은 광증과 거품, 그리고 폭락에 노출되었기 때문"이다.[5] 그가 보기에 효율적 시장 가설은 2007년과 2008년에 걸쳐 발생한 세계적인 금융위기로 부인되었을 뿐만 아니라 애초에 그 원인을 제공하기도 했다. "효율적 시장 가설이 국제적 자본 이동을 통제하는 수단을 제거하는 금융 규제 완화와 금융 부문의 대규모 팽창을 정당화하고 요구했기 때문이다. 이런 전개는 결국 세계적인 금융위기를 초래했다."[6]

좀비 아이디어들은 어떻게 이토록 끈질긴 것일까? 한 가지 답은 영향력 있는 집단에게 혜택을 주면 좀비로 살아남을 가능성이 높다는 것이다. 효율적 시장 가설은 규제받지 않고 자유롭게 거래를 하고 싶었던 금융인들에게 금전적 혜택을 주었다. 국영 산업을 민영화하는 일도 마찬가지다. 민영화는 시민들에게 도움이 되는 경우가 드물지만 직접 관여하는 사람들에게는 언제나 노다지다. 퀴긴은 부자들을 더 잘살게 만들면 모두에게 도움이 된다는 '낙수 효과'도 마찬가지라고 주장한다. 그는 냉소적인 말투로 "선동가들에게 보상을 줄 수 있는 사람들이 특히 매력적으로 보는 아이디어는 단지 오류의 증거만으로 죽지 않는다."고 지적한다.[7]

그러나 일반적인 좀비의 신진대사와 생식 활동은 아직 거의 알려져 있지 않다. 다른 좀비 아이디어는 기득권자들의 지위를 직접적으로 강화하지는 않는다. 그래서 끈질긴 생명력을 발휘할 다른 이유를 찾아야 한다. 좀비가 되는 또 다른 방법은 (흥미로운 아이디어가 반복적으로 제기되는) 눈덩이 효과와 (누구도 출처를 확인하지 않는) 게으름을 혼합하는 것이다.

사람의 혀는 부위별로 다른 맛을 감지한다는 말을 들어본 적이 있을 것이다. 가령 단맛은 끝에서, 짠맛과 신맛은 양옆에서, 쓴맛은 뒤에서 느낀다고 한다. 의학 교재뿐만 아니라 요리책에서 이 사실을 보여주는 과학적인 '혀 지도'를 본 적이 있을지도 모른다. 이는 누구도 의문을 제기하지 않는 흥미롭고 약간 놀라운 과학적 지식이다. 그리고 헛소리이기도 하다.

저명한 생물학 교수인 스튜어트 파이어스타인Stuart Firestein은 1901년에 독일에서 나온 생리학 교재를 오역하는 바람에 혀 지도 속설이 생겼다고 설명한다. 혀의 각 부위는 그 정도가 '아주 약간' 다를 뿐 네 가지 기본적인 맛을 모두 감지한다. 이런 원저자의 생각이 번역 과정에서 '심하게 과장'되었다. 그래서 "속설에 불과한 혀 지도는 실험이 아니라 반복적으로 제기되면서 사실로 굳어졌으며 지금까지 1세기 넘게 유지되었다."[8]

술을 같이 마시려고 만난 친구가 좀비로 변한 것을 보면 놀라게 되듯이, 폭넓게 수용된 지식이 정상적인 옷을 입고 사람을 물지 않으며 오랜 세월 동안 모두를 속인 은밀한 좀비였다는 사실을 알면 놀랄 수밖에 없다. 파이어스타인은 "성공적으로 받아들여진 사실일수록 더 문제가 될 수 있다. 너무나 성공적으로 받아들여지면 수정을 허용하지 않는 경향을 지닌다."고 경고한다.[9] 따라서 모든 사실에 의문을 제기해야 한다. 이 사례처럼 어떤 아이디어가 단순한 반복만으로 시장에서 권위를 얻을 수 있다면 실험이 사실상 해로울 수도 있다.

효율적 시장 가설이나 혀 지도보다 더 끔찍한 좀비들도 있다. 세상은 도덕적 좀비들로 가득하다. 한때는 생각조차 할 수 없었던 이 아이디어들은 돌아오지 말아야 하는데도 돌아온다. 고문이라는 관행을 보자. 기술사가인 데이비드 에저턴David Edgerton은 "1940년에 발간된 《고문의 역사A History of Torture》를 보면 20세기 부분에는 별다른 내용이 나오지 않으며 새로운 고문은 거의 없다. 물론 나치는 고문에 연루되었지만 대개 과거의 일로 치부된다. 그러나 제2차 세계대전이 끝난 후에는 고문이 사라지기는커녕 늘어나고 기술도 세련되어진다."[10] 2001년 이후에는 부시, 체니 정권이 '강화된 심문' 같은 온갖 미사여구를 붙여서 공개적으로 고문을 활용해야 한다는 주장을 폈다. 한때 야만적인 행동으로 비치던 고문이 다시 공개적으로 생각할 수 있는 문제로 변한 것이다. 반대편에서는 분명 그에 대한 직접적인 반작용으로 칼로 목을 잘라서 사람을 죽이는 관행이 '이슬람 국가'의 전투원들을 통해 되살아났다. 그들이 벌이는 홍보 활동은 숨 가쁜 언론의 보도와 '참수' 영상의 폭넓은 전파로 넉넉히 보상받았다.

한편 유럽에서는 신국수주의 운동이 부상하고 있다. 또한 세계화의 마법 덕분에 해적질과 노예 거래가 마땅히 사라져야 할 곳에서 활발하게 이뤄지면서 도덕적 문제를 일으키고 있다. 영국은 2015년에 3,600만 달러 이상의 매출을 올리는 대형 의류 기업들이 공급사슬에서 노예 노동이 이뤄지지 않았음을 보여주는 연례 보고서를 발간해야 한다고 발표했다.[11]

그러나 좀비 아이디어는 역설적으로 사회에 긍정적인 효과를 미칠 수도 있다. 그래서 무조건 억누르는 것이 답은 아니다. 해롭고 기만적인 아이디어도 인간적 탐구의 생태계에서 유익한 역할을 할 수 있기 때문이다. 에저턴은 심지어 "홀로코스트 부정론, 더욱 정확하게는 가스실 부정론도 SS(나치 친위대 - 옮긴이)가 어떻게 가스실을 만들고 활용했는지 놀랍도록 자세히 보여주는 조사로 이어져서 부정론자들의 근거를 더욱 약화시켰다."고 지적한다.[12] 제품 시장에서 사기와 불량품이 필요하다고 주장하는 사람은 없다. 그러나 아이디어 시장에서 좀비는 실제로 유용할 수도 있다. 혹은 적어도 우리의 기분을 좋게 만들어준다. 나는 역설적이게도 오늘날 지구평면론자들이 실제로 약간의 위안을 제공한다고 생각한다.

세 계 는 평 평 하 다

오늘날 한 래퍼와 유튜브 영상의 홍보를 통해 다시 활기를 띠는 지구평면론은 단지 과학 시대 이전의 무지를 재연한 것이 아니다. 그보다는 모든 음모론의 대표적인 사례에 가깝다. 그 요점은 지구가 둥글다고 주장하는 모든 사람은 우리를 속이고 무지 속에 가둬두려 한다는 것이다. 그런 의미에서 지구평면론은 오래된 아이디어의 대단히 현대적인 버전이라고 말할 수 있다.

지구평면론은 모든 음모론이 그렇듯 '공식적인' 이야기에 맞지 않는 것처럼 보이는 소수의 특이 현상을 통해 생겨났다. 가령 지구평면론자들은 상용 항공기들이 왜 남극 대륙 위로 날지 않는지 아냐고 묻는다. 지구가 정말로 둥글다면 남아프리카에서 뉴질랜드로 혹은 시드니에서 부에노스아이레스로 가는 최단 항로인데도 말이다. 그러나 지구는 둥글지 않다. 남극은 존재하지 않기 때문에 남극 대륙 위로 난다는 것은 말이 되지 않는다. 또한 강대국들이 맺은 남극 조약은 남극 대륙 위를 지나는 운항을 금지한다. 그곳에서 아주 이상한 일이 벌어지고 있기 때문이다. 이런 식으로 음모론의 설득이 시작된다. 사실 일부 상용 항로는 남극 대륙 위를 지난다. 또한 어떤 항공기도 남극 위를 지나지 않는 이유는 모든 탑승객을 위해 값비싼 생존 장비를 갖추도록 요구하는 항공 규정 때문이다. 당연히 여객기들은 해당 경로를 피할 수밖에 없다. 그리고 대부분의 남극 대륙은 규정에 따라 비상착륙을 할 수 있는 공항으로부터 떨어져 있어서 비행할 수 있는 범위 밖에 있다. (반면 비교적 문명사회로부터 멀리 떨어지지 않은 북극 위로 날아가는 장거리 노선은 많다.)[13]

이런 반론을 접한 지구평면론자들은 그렇다면 산이나 기구에서 찍은 사진에 지평선이 휘어지게 나오지 않는 이유가 무엇인지 따진다. 그리고 수평선이 직선이라는 것은 지구가 평평하기 때문이라고 주장한다. 이에 합리적인 사람들은 대개 수평선이 평평하게 보이는 이유는 지구가 둥글기는 하지만 실로 엄청나게 거대하기 때문이라고 대꾸한다. 그러나 사실 눈에 보이는 수평선도 아주 약간 휘어진다. 또한 국제우주정거장에서 찍은 사진을 보면 확연히 휘어진 지구의 모습이 나온다.

이 대목에서 음모론이 본격적으로 시작된다. 지구평면론자들이 보기에 국제우주정거장에서 찍은 모든 사진은 가짜다. 아폴로 탐사 때 우주공간에 떠 있는 지구의 모습을 찍은 유명한 사진도 마찬가지다. 달 착륙은 당연히 꾸며낸 것이다. 이는 다른 음모론을 통째로 삼키는 음모론이다. (케네디가 세계가 둥글지 않다는 사실을 밝히려 들다가 암살당했다고 주장하는 지구평면론자는 아직 찾지 못했지만, 설령 그런 사람이 나타나도 별로 놀랍지 않을 것이다.) 마크 사전트가 제시한 지구평면론의 '폐쇄된 세계' 버전에 따르면, 통과할 수 없는 딱딱한 돔이 평평한 지구를 감싸고 있기 때문에 우주여행은 가짜일 수밖에 없다. 또한 미국과 소련은 1950년대에 핵폭탄으로 이 돔을 파괴하려고 시도했고, 모든 핵폭발 실험의 진짜 목적은 거기에 있다.

지구평면론자들에 따르면 상업 비행은 꾸며진 것이 아니지만(어떻게 꾸미는 것이 가능할 수 있는지 모르겠다.) GPS 시스템을 은밀하게 조작하여 조종사들이 둥근 지구 위로 날고 있는 것처럼 착각하게 만든다고 주장한다. 이처럼 지구평면론을 계속 믿기 위해서는 전자기기뿐만 아니라 이미 확립된 수많은 과학적 사실을 불신해야 한다. 우선 천문학을 부정해야 한다. 그래서 일부 지구평면론자들은 달과 항성들이 홀로그램에 불과할 뿐 진짜가 아니라고 주장한다. (지구를 구형으로 만드는) 중력도 존재하지 않는다. (우리가 느끼는 중력은 지구 전체가 '위로' 가속하는 데 따른 것이다.) 일몰은 어떨까? 지구평면론에 따르면 태양은 원반을 비추는 거대한 조명이다. 일몰 때 해를 조금씩 가리는 것이 지구의 곡면이 아니라면 무엇일까? 지구평면론자들은 그 문제는 어려운 과학적 신비로 더 조사할 필요가 있다고 말한다.

여기서 작동하는 지적 역학은 부정과 불명료화다. 지구평면론자들은 우주에서 찍은 지구 사진을 가짜라고 쉽게 부정하고, 고대인들이 지구가 둥글다는 사실을 증명하기 위해 여러 장소에 막대기를 세워 드리워지는 그림자를 활용하던 기하학적이고 기초적인 증명도 받아들이기를 거부한다. 따라서 물리적, 심리적 일관성을 들어 문제를 제기하는 편이 더 나을 수 있다. 가령 지구가 평평하다면 왜 누구도 가장자리에서 떨어진 적이 없는가? 왜 가장자리에 있는 도시들이 알려지지 않았는가? 왜 바닷물은 가장자리에서 쏟아지지 않는가? 그러나 지구평면론자들은 이런 질문들에 대한 답도 마련해두고 있다. 앞서 언급한 남극 대륙을 기억하는가? 지구평면론에 따르면 남극은 대륙이 아니라 지구 둘레에 세워진 거대한 빙벽이다. 그래서 그 위로 날아갈 수가 없는 것이다. 이처럼 지구평면론에 일관성을 부여하려면 상당한 창의성이 필요하다. 일부 주창자들(혹은 팬들이 말하는 '연구자들')이 냉소적인 지적 유희로 지구평면론을 내세운다고 생각할 수도 있다. 그러나 관련 게시판을 보면 '지구원형론'이 음모론이라는 주장이 어딘가 편안하며, 세계가 돌아가는 양상에 대한 어두운 생각과 맞는다고 털어놓는 진짜 신봉자들도 많다. (마크 사전트처럼 지구평면론을 앞장서서 부르짖는 사람들이 진실을 우스꽝스럽게 만들려는 선동 요원이라고 믿는 이면의 메타음모론자들도 있다.) 지구평면론자라면 이 대목에서 다음과 같이 실로 명백한 질문을 제기할 것이다. 왜 음모론에 그토록 많은 노력과 비용을 들이는 것일까? 지구가 둥글다고 세상을 속여서 혜택을 얻는 사람들은 누구일까? 대체 그 의미는 무엇일까?

내가 보기에 이런 것들을 믿으려는 욕구는 인간이 지닌 능력에 대한 일종의 삐뚤어진 낙관론에서 기인한다. 물론 이는 인간의 본성을 어둡다고 여기는 시각이다. 그러나 비밀조직이 엄청나게 거대한 대상인 세상을 정말로 속일 수 있을 만큼 집요하고 강력하다는 생각은 경외심을 불러일으키기도 한다. 지구평면론자들이 가진 다른 분명한 동기는 미학적인 측면에서 나온다. 영화 〈A-특공대〉에 나오는 한니발처럼 그들은 그저 (꾸며낸) 계획이 맞아 들어가는 데 환희를 느낀다. 마크 사전트는 웹사이트에서 이렇게 고백한다. "나는 과거나 지금이나 음모론을 엄청나게 좋아한다. 이제는 사실상 조사할 새로운 황당한 주제가 다 떨어졌고, 이 주제를 다룰 때마다 부끄럽기도 하다. 그러나 이 주제는 매번 들여다볼 때마다 해결되지 않은 문제가 나오며, 거의 완벽한 전체 계획을 알고 나면 빠져들지 않을 수 없다." 즉, 지구평면론은 꽤 아름답다. 말도 안 되지만 그래도 아름답다. 사이언톨로지라는 훨씬 유해한 사례도 보여주듯이 공상과학소설을 진실로 받아들이는 일은 대단히 유혹적이다. 이야기는 언제나 현실보다 더 그럴듯하기 때문이다.

음 모 론 시 장

통념에 의문을 가지고 '혀 지도' 같은 것들이 속설일 가능성을 염두에 두는 것은 좋은 습관이다. 그러나 때로 유익한 회의적 태도가 편집증적 냉소로 변질되고, 거대한 음모론이 이상하게 위안을 주는 경우도 있다. 이때 세상은 갑자기 평평하게 보인다.

나사의 탐사선인 뉴허라이즌스호가 2015년 7월에 최초로 명왕성을 가까이에서 촬영한 사진들을 보냈을 때 '명왕성 진실론자들'은 해당 사진들이 가짜임을 증명하려고 시도했다. 그들이 '911 진실 운동'을 본따 자신을 '진실론자'라고 부른다는 사실은 흥미롭다. 실은 어떤 통념이 진실이 아니거나 가짜라고 주장하는 일을 하면서도 말이다. 그래서 어쩌면 그들을 조작론자라고 불러야 할지도 모른다.

911 조작론자들은 현대의 지구평면론자들과 더불어 사회학자들이 말하는 '정보의 폭포 현상informational cascades' 및 반향실 효과echo-chamber effect 때문에 잘못된 아이디어가 올바른 아이디어만큼 혹은 그보다 빠르게 퍼지는 아이디어 시장의 좋은 실패 사례다. (또 다른 이유는 잘 만들어진 이야기가 전하는 전율이다. 그래서 어떤 사람이 차가운 물이 담긴 욕조에서 깨어나 보니 신장이 제거되었다는 메모가 옆에 놓여 있었다는 식의 도시 전설들이 퍼진다. 그러나 우리가 아는 한 부도덕한 장기매매꾼들이 저지른 '신장 탈취'는 한 번도 일어난 적이 없다.)[14] 캐스 선스타인Cass Sunstein이 지적한 대로 "아이디어 시장은 종종 진실을 낳는 데 실패한다." 사회적 폭포 현상과 집단 양극화 현상으로 "모든 시장은 많은 사람들이 해롭고 파괴적인 오류를 받아들이도록 만들기" 때문이다.[15] 여기에 더해지는 요소는 정보화 시대에

매체가 발휘하는 안타까운 끈기다. 유튜브에 있는 911 음모론 영화인 〈루즈 체인지Loose Change〉는 모든 주장이 낱낱이 논파되었는데도 여전히 새로운 시청자들을 끌어모아서 강한 인상을 남긴다.

속설과 도시 전설이 그토록 오래 살아남는 한 가지 이유는 우리에게 단순한 설명을 좋아하고 믿는 경향이 있기 때문이다. 가령 앤드루 웨이크필드Andrew Wakefield가 퍼트린 "MMR 백신이 자폐증을 초래한다."는 주장은 대단히 두렵고 거의 이해되지 않은 증후군(자폐증)에 대해 확실한 공포의 원인(백신)을 제공한다. 이미 오래전에 웨이크필드의 주장에 아무런 근거가 없다는 사실이 드러났지만 지금도 특히 미국에서는 강력한 '백신 반대' 운동이 전개되고 있고 이는 공공보건에 심각한 위험을 초래한다. 그래서 엄청난 고통을 그 대가로 치르면서 잊어버린 예방접종의 혜택을 다시 배워야 할지도 모른다. 2015년 가을에 우크라이나의 보건 관료들은 소아마비가 대규모로 발병할지 모른다는 우려를 표했다. 국민들이 예방접종을 신뢰하지 않아서 예방접종률이 14퍼센트에 불과했기 때문이다.[16]

세상의 모든 악이 강력한 힘을 지닌 악당 때문이라는 황당한 음모론이 인기를 끄는 이유도 단순한 설명을 선호하는 태도로 설명할 수 있다. 어쩌면 비밀 조직이 실제로 세상을 움직이고 있을지도 모른다. 그렇다면 세상은 적어도 이상한 일관성을 지니게 된다. (포기할 줄 모르는 연구자들에 따르면 뮤직비디오에 나온 주술적 상징과 가사에 담긴 암시로 볼 때 제이지, 비욘세, 카니예 웨스트, 레이디 가가는 모두 사탄을 섬기는 일루미나티의 구성원이다.)[17] 혹은 19세기 말에 퍼지기 시작했으며 지금도 중동의 대다수 지역에서 좀비처럼 돌아다니는 가짜 〈시온 장로 의정서The Protocols of the

Elders of Zion〉와, 독일이 처한 모든 난관은 유대인의 책략 때문이라는 히틀러의 설명 같은 세계적인 반유대 음모론을 보라. 물론 이런 생각들은 무조건 틀렸다. 그러나 더 차원 높은 교훈은 그들이 너무 많이, 너무 쉽게 설명한다는 것이다.

그러나 우리 시대에 폭넓은 영향력을 발휘하는 또 다른 음모론은 아이디어의 세계가 실제로 시장처럼 돌아갈 때 어떤 해로운 일들이 생기는지 보여준다. 공교롭게도 여러 저명한 '기후 회의론자들'은 석유기업들로부터 몰래 자금을 지원받았다.[18] 화석연료를 태우는 일이 현재 진행되는 지구 온난화에 큰 영향을 미치는지 여부를 둘러싼 과학적 논쟁이 벌어지고 있다는(그런 논쟁은 없다.) 주장은 말 그대로 매매의 대상이 되어 엄청난 성공을 거두고 있다. 물론 이는 서구의 모든 민주주의가 기업의 로비와 정치자금에 사로잡힌 양상을 특히 극적으로 보여주는 사례일 뿐이다. 여기서 기업의 이익을 늘리는 아이디어에 대한 우호적인 시각은 다른 원자재처럼 구매된다.

아이디어 시장이 홍보되는 대로 돌아간다면 이런 부패가 없어야 할 뿐만 아니라 수백 년 혹은 수천 년 동안 시장으로부터 거부당한 아이디어가 마침내 인정받는 일도 대개 불가능할 것이다. 그러나 지금까지 살폈듯이 그런 일은 거듭 일어났다.

진실은 저 너머에

지구평면론의 귀환은 다소 우려스럽지만 인간의 지식이 갖는 깊고 실질적인 문제를 매우 선명하게 드러낸다. 결국 우리는 어떻게 지구가 정말로 둥글다는 사실을 아는 것일까? 근본적으로 우리는 신뢰를 바탕으로 그 사실을 받아들인다. (멀리 있는 배의 선체 부분이 지구의 곡면에 가려지고 돛대만 보이는 것처럼) 흔한 증거를 직접 접했을 수도 있지만 대개는 다른 사람의 설명을 수용한다. 마크 사전트는 이렇게 쓴다. "20세대 동안 사람들은 모든 교실에 지구의가 놓여 있었기 때문에 지구가 둥글다고 믿었다. 증거는 전혀 없었다." 사실 증거는 과거나 지금이나 충분하다. 그러나 우리가 그것을 직접 검증하지 않은 것이 사실이다. 전문가들은 모두 지구가 둥글다고 말한다. 우리는 계속 그들을 믿고 살아간다.

두 번째 사안은 우리가 보는 세상이 거대한 음모나 기만의 결과가 아니라는 사실을 확실히 알 수 없다는 것이다. 현대의 지구평면론은 철학과 신학 분야로부터 익히 들어온 더욱 포괄적인 음모론에 상당히 가깝다. 어쩌면 신이 불과 5분 전에 화석과 인간, 그리고 모든 (가짜) 기억을 포함한 우주 전체를 창조했을지도 모른다. 혹은 우리가 접하는 모든 감각적 인상은 우리를 속이려는 의도를 가진 사악하고 영리한 악마가 두 뇌로 집어넣는 것이거나(데카르트), 영악한 인공지능이 제어하는 가상현실 프로그램을 통해 두뇌로 입력되는 것일지도 모른다(《매트릭스》).

그렇다고 해도 다른 좀비들처럼 이 좀비도 불안하게 여길 필요가 없다. 가령 가스실 부정론이 반박을 위한 추가적인 조사를 불러왔듯이, 지구평면론도 수학, 과학, 그리고 일상적인 경험을 활용하여 세상이 실제로 둥글다는 사실을 설명하는 여러 유용한 인기 웹사이트들을 낳았다. 이는 대중을 교육하는 데 도움이 된다.

일부 사람들이 그랬듯이 음모론을 믿는 것이 충분히 멍청하다는 증거일 뿐이라고 속단해서는 안 된다. 분명 음모가 실제로 이뤄지기도 한다. 알카에다는 실제로 비행기를 세계무역센터에 충돌시키려는 음모를 꾸몄다. (모사드가 관여하여 세계무역센터를 '통제된 방식으로 파괴'했다는 대안적 음모론을 내세우는 911 조작론자들에게는 실례되는 말이기는 하지만 말이다.) 또한 에드워드 스노든Edward Snowden이 폭로한 대로 미국과 영국의 정보기관은 실제로 수백만 시민들의 통신 내용을 가로채려는 음모를 꾸몄다. 그리고 현재 우리가 아는 가장 흥미로운 공식 음모는 중국에서 이뤄졌을지도 모른다. 1960년대에 500년 된 천안문이 무너지고 있다는 사실이 드러나자 중국 정부는 조금씩 몰래 정확한 복제품으로 대체한다는 음모를 꾸몄다. 이 음모에 동원된 3,000명에 가까운 사람들은 오랫동안 비밀을 지켰다.[19] 음모가 이뤄지지 않는다는 생각은 일반인들에게는 유용한 안정제이자 권력자들에게는 유용한 방화벽이다.

실로 건강한 음모학적conspiriological 태도는 순수한 지적 탐구의 토대를 이룬다고 말할 수 있다. 물리학자인 프랭크 윌첵은 "어린 시절에 사물의 이면에 거대한 힘과 은밀한 의미가 숨어 있다는 생각을 즐겨 했다."고 밝혔다.[20] 또한 보이지 않는 힘(중력)이 우주에 흐른다는 뉴턴의 원대한 생각은 분명 이런 의미에서 우주적 음모론이었다. 실제로 많은 음모론은 좀비다. 그러나 음모를 중심에 둔 사고가 무조건 틀렸다고 보는 생각도 마찬가지다.

재연 혹은 소멸

과학적 아이디어를 다루는 희소한 시장에서는 사정이 나을 것이라고 생각할 수 있다. 여기서 명망 높은 학술지들은 엄격한 편집 기준과 동료평가를 통해 지식을 생산하는 복잡하면서도 원활한 제도를 운영한다. 그래서 좀비와 시장 실패를 예방할 수 있을 것처럼 보인다. 그러나 결론을 내리기는 아직 이르다. '혀 지도'를 생각해보라. 알고 보면 과학 아이디어 시장도 전혀 완벽하지 않다.

19세기 말에 심리학자인 헤르만 폰 헬름홀츠는 과학 아이디어 시장에서 심각한 실패를 발견했다. 그는 그 내용을 설명하면서 다음과 같이 아르헨티나의 이야기꾼인 호르헤 루이스 보르헤스Jorge Luis Borges와 맞먹는 아름다운 생각을 제시했다. "인쇄기의 '활자 상자'에는 이미 발견되었거나 앞으로 발견하게 될 세상의 모든 지혜가 담겨 있다. 단지 문자를 배열하는 방법만 알면 된다." 맞는 말이지만 동시에 아무 도움이 되지 않는 말이기도 하다. 문제는 보르헤스가 그린 '무한한 도서관'처럼 인쇄기의 활자 상자는 타당해 보이는 헛소리도 무한하게 담고 있다는 것이다. 헬름홀츠는 과학 문헌 자체도 마찬가지라고 한탄한다. "해마다 에테르, 원자 구조, 지각론을 다루는 수백 권의 책과 소논문을 통해 가능한 가설들이 지닌 가장 정제된 측면들이 모조리 검토되며, 그중에는 분명 정확한 이론의 여러 요소들이 있다. 그러나 그것들을 찾는 방법을 누가 알까?" 정말 누가 알까? 결국 헬름홀츠는 다음과 같이 악의적인 결론에 이른다. "검증되지 않고 확증되지 않은 가설들을 다루는 이 모든 문헌들은 과학을 진전시키는 일에 아무런 가치도 없다. 거기에 들어 있는 소수의 합당한 생각들은 나머지 쓰레기에 가려진다."[21]

이런 이유로 과학계는 '동료평가'라는 현대적인 제도를 도입했다. 학술지에 제출된 논문을 해당 분야의 전문가인 여러 익명의 '심사자들'에게 보내서 그대로, 혹은 수정 후에 게재할 가치가 있는지 검토하도록 하는 것이다. (영국에서는 왕립학회가 1832년부터 이런 제도를 운영했다.)[22] 과학과 인문 분야의 최고 학술지들에 논문을 싣기 위해 넘어야 하는 장벽은 적어도 이론적으로는 '미검증된' 가설이 발표되지 않도록 만든다. 우리 시대에 동료평가는 지적 진지성을 담보하는 철칙으로 폭넓게 받아들여진다.

그러나 정작 학계에서는 동료평가가 근본적으로 잘못되었다는 목소리가 갈수록 커지고 있다. 심지어 뛰어난 새로운 아이디어를 적극적으로 억압하고 온갖 나쁜 아이디어들을 그대로 통과시킨다는 지적까지 나오고 있다. 〈사이언티픽 아메리칸Scientific American〉은 2011년 "근래에 동료평가를 거친 과학 연구에서 긍정 오류와 과장된 결과가 급격하게 늘었다."고 밝혔다.[23] 해당 칼럼을 쓴 의학교수 존 이오아니디스John Ioannidis는 이전에 〈학술지에 발표된 대다수 연구 결과가 오류인 이유Why Most Published Research Findings Are False〉라는 유명한 논문을 펴냈다. 그의 지적에 따르면 이 문제는 대형 제약사들이 연구자금을 대기 때문에 이해충돌이 발생하는 의학 분야에서 특히 심각하지만 심리학 분야에서도 폭넓게 논의되고 있다.

폭넓은 인기를 얻은 '점화하기priming'라는 개념을 보자. 1996년에 '빙고', '플로리다', '흰머리', '주름살' 같은 단어들을 통해 노년을 생각하도록 '점화'된 실험대상자들은 그렇지 않은 실험대상자들보다 느리게 걸었다는 논문이 발표되었다. 이 놀라운 실험 결과는 점화 효과가 시험 성적, 낯선 사람을 정중하게 대하는 태도에도 영향을 미친다는 일련의 다른 실험 결과들로 이어졌다. 그러나 의구심을 가진 연구자들이 근래에 새롭게 실험을 해보니 초기에 이뤄진 많은 실험들과 같은 결과를 얻을 수 없었다. 그렇다고 해서 점화 효과가 오류임이 분명하게 증명된 것은 아니다. 그러나 동료평가를 거쳐 학술지에 실렸다고 해도 신뢰성을 절대적으로 보증하는 것은 아니라는 사실을 알 수 있다. 탄탄한 연구 결과라면 다른 시간과 장소에서도 재연할 수 있어야 한다. 그러나 일각의 주장에 따르면 심리학 분야는 현재 재연성과 관련하여 재난을 겪고 있다. 대니얼 카너먼Daniel Kahneman은 이런 상황을 두고 심리학 분야 전체에 '파국'이 다가오고 있다고 말했다.[24]

점화 효과는 미래의 좀비일까? 대다수 사람들은 모든 점화 효과를 반박할 수는 없다고 생각한다. 지금까지 점화 효과와 관련하여 너무나 다양한 연구가 진행되었기 때문이다. 더욱 흥미로운 문제(그리고 앞으로 연구해야 할 명백한 방향)는 과학자들이 말하는 '생태학적 타당도'를 확보하는 것이다. 즉, 인위적으로 단순하게 설정된 실험 조건에서 통제할 수 없는 현실로 얼마나 잘 전이되는지 파악해야 한다. 철학자인 개리 거팅 Garry Gutting은 이렇게 밝혔다. "점화 실험은 점화가 현실적인 상황에서 얼마나 중요한지 거의 말해주지 않는다. 실험대상자들이 주어지는 자극에만 노출되는 대단히 단순하고 통제된 실험 조건에서는 점화가 놀라운 효과를 발휘한다는 사실은 익히 알려져 있다. 그러나 온갖 자극들이 서로 충돌하는 통제되지 않은 환경인 현실에서 (돈, 많은 숫자, 추상적 질문을 생각하는) 점화 자극이 얼마나 중요한 의미를 지닐지 알기는 아주 어렵다."[25]

심리학 분야에서 벌어지는 이 모든 논쟁은 과학이 '자기 교정'을 통해 나아가야 할 방향을 그대로 보여준다. 그러나 아이디어 시장에서 발생하는 한 가지 문제는 놀랍고 흥미로운 실험 결과를 담은 논문이 의문이 제기되기 훨씬 이전에 전 세계의 언론을 통해 소개되고, 관련 대중서에서 결정적인 증거로 칭송된다는 것이다. 시기와 관계없이 어떤 연구가 믿을 만한지, 혹은 믿을 만하지 않은지 확실히 알기는 정말 어렵다. 가령 2012년에 생명공학기업인 암젠Amgen에 소속된 과학자들은 53건의 '획기적인' 암 연구 결과 중에서 6건만 재연할 수 있었다.[26] 한편 '리트랙션 위치Retraction Watch' 웹사이트는 2010년부터 오류나 (우려스러울 만큼 흔한) 연구자 내지 심사자의 기만을 이유로 철회된 수백 건의 과학 논문을 제시했다. 다시 말해서 19세기 말에 헤르만 폰 헬름홀츠를 화나게 만들었던 문제가 21세기에도 여전히 남아 있는 것이다.

우선 '여러 연구는 ~을 보여준다.'라는 흔한 구절을 가설의 잠정성을 반영하는 (그리고 과학자들이 실제로 사용하는 표현에 더 부합하는) 쪽으로 조금 수정하는 것이 타당해 보인다. 가령 '여러 연구는 ~을 시사한다.'라거나 '여러 연구는 ~을 가리킨다.' 정도로 한정하는 것이 좋을 듯하다. '보여준다.'는 수학 이외에 다른 분야에서 대단히 드물게 이뤄지는 증명을 강하게 시사한다. 연구에는 언제나 재고의 여지가 있다. 재고는 연구가 지닌 힘의 불가분한 요소다.

부정적이지만 유용한 결과

이 책을 쓰기 위한 자료 조사를 하면서 내가 대화를 나눈 거의 모든 학자들은 연구와 출간 사이의 접점에 심각한 결함이 있다고 말했다. 무엇보다 유인 관계가 완전히 잘못되었다. '출간하지 않으면 소멸되는' 문화는 질보다 양을 앞세우도록 부추긴다. 또 다른 부분적인 이유는 '출간 편향'에 따른 문제다. 출간 편향은 바라던 결과가 나온 연구만 출간하고 그렇지 않은 연구는 서랍 속에 묻는 익히 드러난 사실을 가리킨다.

출간 편향을 바로잡기 위해 많은 사람들이 제시한 개혁안은 실험으로 뒷받침되지 않은 가설, '부정적 결과'를 다룬 논문도 출간하도록 권장하는 것이다. 물론 그 결과는 그다지 흥미롭지 않아서 기사감이 되지 못한다. 사실 애초에 '부정적 결과'라고 불리는 것부터가 문제다. 존 이오아니디스는 "'부정적'이라는 수식은 부적절하다."고 지적한다.[27] 어떤 것이 사실이 아님을 알아내는 일도 사실인 줄 알았던 것이 실은 아니라는 긍정적인 발견으로 해석할 수 있다. 그러면 추가적인 탐구를 위한 장이 열린다. 그래서 개방형 학술지인 〈플로스PLoS〉는 '부정적' 논문의 목록을 계속 게재한다. 이 목록에는 점화 효과와 관련된 결과를 재연하지 못한 여러 실패 사례(혹은 점화 효과와 관련된 결과를 재연할 수 없다는 사실을 밝힌 성공 사례)뿐만 아니라 컴퓨터 게임이 이명 증상을 완화하지 않는다거나, "훈련받지 않은 침팬지는 새로운 행동을 모방하지 못한다."는 여러 유용한 연구 결과들이 오른다. 이는 모두 좋은 소식이다. 〈플로스〉는 "부정적이고, 가치 없으며, 비결정적인 결과를 싣는 일은 과학자들에게 균형 잡힌 정보를 제공하고, 과학자들이 비슷한 가설을 검증하느라 소중한 시간과 연구 자원을 낭비하지 않도록 중복 연구를 피하게 하는 데 중요하다."고 설명한다.

출간 편향 문제는 (임상 실험, 제약업계 실험, 학계 실험 등) 전체 실험 결과의 약 절반이 '부정적'이라는 이유로 출간되지 않는 의학 분야에서 특히 심하다. 의학자이자 저술가인 벤 골드에이커Ben Goldacre는 그 결과로 "편향된 절반의 논문밖에 볼 수 없다."고 지적한다. 이처럼 "절반의 증거가 감춰지면 의사와 환자들은 어떤 치료법이 최선인지 타당한 결정을 내릴 수 없다."[28] 그래서 골드에이커는 모든 임상 실험 결과를 '전체 방법론 및 요약본과 함께' 등록하도록 요구하는 '올트라이얼스 AllTrials'라는 단체를 만들었다. 이는 모든 사람들의 건강에 도움이 될 희소식이다.

생명이 걸려 있지 않은 다른 과학 분야에서는 '부정적 결과'를 출간하기가 어려울 수도 있다. 〈이코노미스트〉지가 제시한 한 가지 아이디어는 "학술지들이 '흥미롭지 않은' 연구에 지면을 할애하고, 지원 단체들도 거기에 필요한 지원금을 별도로 책정하는 것"이다.[29] 학술지의 일부 혹은 전부를 지루하고 전혀 놀랍지 않은 연구에 할애하자는 발상은 훌륭하다. 그러나 거기에 필요한 자금을 구하려면 운이 매우 좋아야 할 것이다.

반론이 유의미한 이유

희소식은 과학 아이디어 시장에 존재하는 일부 결함이 숨겨진 힘일 수 있다는 것이다. 일각에서 이미 이뤄진 합의로 편향된 동료평가가 수용된 의견에 도전하는 새로운 아이디어를 적극적으로 억누른다고 생각하는 것은 사실이다. 가령 〈네이처〉는 2004년에 탄소를 단일 원자 두께밖에 되지 않는 얇은 막에 배열한 '그래핀graphene'을 최초로 소개하는 논문을 단지 그렇게 하는 것이 '불가능하다'는 이유로 거부했다. 그러나 이 아이디어는 억누르기에는 너무나 인상적이었다. 그래서 해당 논문은 불과 6개월 뒤에 〈사이언스〉지에 게재되었다.[30] 대다수 사람들은 탄탄한 근거를 갖춘 결과는 체제 안으로 수용되기 마련이라고 생각한다. 또한 그 과정이 어려워야 하는 것도 맞다. 이 문제와 관련하여 나와 대화를 나눈 신경과학자, 폴 플레처Paul Fletcher는(나중에 다시 언급할 예정) 이렇게 지적한다. "과학은 어느 정도는 새로운 것에 맞서야 합니다. 그러니까 '아직은 못 믿겠다.'고 말해야 합니다. 그렇지 않으면 엄청나게 엉성해져서 사방으로 휘둘리게 되죠." 그래서 출간 체제가 지닌 마찰, 심지어 억센 저항은 이론적으로 대단히 탄탄한 결과만 통과되도록 보장한다. 과학 아이디어 시장이 더 유연하고 효율적이라면 추측에 불과한 헛소리들로 넘쳐날 것이다.

새로운 결과를 강압적으로 혹은 공격적으로 묵살하는 일은 지적 생태계에서 중요한 입지를 차지한다. 진화를 부정한 조르주 퀴비에나 원자를 부정한 에른스트 마흐처럼 나중에 정설이 된 아이디어에 저항하던 사람들을 비웃기는 쉽다. 그러나 그들은 그런 저항을 통해 새로운 아이디어가 더욱 설득력을 갖추도록 도왔을 뿐만 아니라 흠 잡을 데 없는 과학적 행동을 취했다. 토머스 쿤이 말한 대로 혁신적인 새로운 아이디어에 맞서는 "평생에 걸친 저항도 과학적 기준을 위반한 것이 아니라 과학적 연구 자체의 속성을 가리키는 것이다. 이런 저항의 토대는 오랜 패러다임이 결국 모든 문제를 해결할 것이며, 그 패러다임이 제공하는 상자에 자연을 밀어 넣을 수 있다는 믿음이다. 혁신의 시대에는 이런 믿음이 고집스럽고 완고하게 보일 수밖에 없으며, 때로는 실제로 그렇게 변한다. 그러나 그것이 전부는 아니어서 일반적인 혹은 수수께끼를 푸는 과학을 가능하게 만들기도 한다."[31]

다시 말해서 눈부신 아이디어가 새로 등장할 때마다 열렬히 수용했다면 과학은 세상을 탐구하는 탄탄한 수단이 되지 못했을 것이다. 과학은 근엄한 얼굴로 "어디 한번 보여봐."라고 말할 수밖에 없다. 뛰어난 아이디어는 필요한 저항에 숱하게 부딪힐 가능성이 높으며, 오랜 시간이 지나서야 추진력을 얻는다. 그리고 이와 다른 방식은 바람직하지 않다. 그런 의미에서 시장에는 마찰과 비효율성이 넘쳐야 마땅하다.

아이디어 시장의 변방에 서라

오마하의 현인으로 불리는 미국의 투자자, 워런 버핏은 엄청난 부호다. 개인적으로 나는 그가 회동을 싫어하는 점에 공감한다. 그와 만나려면 24시간 전에는 약속을 잡을 수 없다. 그래서 전날 전화를 걸어 시간이 되는지 확인해야 한다. 이런 방식이 그에게 별로 해가 되는 것 같지는 않다. 물론 그렇다고 해서 그것이 부자가 된 비법인 것도 아니다. 그렇다면 어떤 방식으로 부자가 되었을까? 그는 오래된 아이디어를 재고하고 거의 모두가 멍청하다고 생각할 때 실행에 나섰다.

버핏이 4세 때 콜럼비아 대학 경영학 교수인 벤저민 그레이엄Benjamin Graham과 데이비드 도드David Dodd는 《증권 분석》이라는 책을 펴냈다. 그들은 이 책에서 나중에 '가치투자'로 알려지는 원칙들을 설명했다. 간단히 말해서 가치투자는 내재 가치보다 낮은 가격에 주식을 매입하여 시장의 변동에 맞서서 '안전 차익'을 확보하고 장기간 보유하는 것이다. 비즈니스 분야의 주류 인사들은 누구도 이 이론에 관심을 기울이지 않았다.

워런 버핏은 나중에 그레이엄 밑에서 수학한 후 투자계에 뛰어들어서 1970년에 버크셔 해서웨이Berkshire Hathaway라는 회사의 운영권을 정식으로 획득했다. 그리고 소수의 다른 용기 있는 사람들과 함께 1990년대까지 주류 금융 이론가들로부터 웃음거리로 취급받던 가치투자라는 오랜 원칙을 엄격하게 따랐다. 그는 나중에 씁쓸한 어조로 "이 나라에서는 세상이 평평하다고 생각지 않으면 금융계에서 잘나갈 수 없어요."라고 말했다.[32]

가치투자는 대부분 버핏이 직접 성공사례를 보여줌으로써 결국 진지하게 받아들여졌다. 650억 달러의 재산을 모은 사람을 반박할 수는 없는 일이었다. 그러나 모두가 같은 이론에 따라 가치투자를 했다면 경쟁이 심해졌을 것이고, 버핏은 그토록 인상적인 수익을 거두지 못했을 것이다. 즉, 소수 의견을 유지했기 때문에 큰 차익을 남길 수 있었다. 버핏이 엄청난 성공을 거둔 데에는 거의 모든 사람들이 다른 이론을 따랐다는 점이 결정적으로 작용했다. 그는 아이디어 시장의 변방에서 활동했다.

여러 시장에서 증권이나 통화의 가치가 달라지는 것을 이용하여 이익을 거두는 방식을 차익거래라고 한다. 버핏은 증권의 시장가치에 대한 다른 의견들을 활용했을 뿐만 아니라 아이디어 시장에서도 차익거래를 통해 이득을 보았다. 초기에는 가치투자라는 아이디어를 받아들인 사람이 적었기 때문에 큰 이득을 거둘 수 있었다. 버핏의 전략은 저가에 거래되고 있었다. 그래서 그는 증권 시장뿐만 아니라 아이디어 시장에 맞서 돈을 걸었고, 큰 성공을 거뒀다.

버핏이 금융 부문에서 거둔 성공과 기이한 음모론이 지니는 끈기는 아이디어 시장이 효율적이라는 생각이 어떤 면에서는 부적절하다는 사실을 보여준다. 아이디어 시장에서는 평형상태가 존재하지 않고, 충돌과 실패가 잦으며, 곧 살펴보겠지만 때로 역기능을 초래하는 제품이 성공해야 한다. 또한 좀비들도 가득하다. 따라서 아이디어 시장이 우리를 위해 나쁜 아이디어를 걸러줄 것이라고 기대해서는 안 된다. 버핏이 투자이론과 관련하여 시장에 맞서 돈을 걸었듯이 아이디어 시장에 맞서는 것이 옳을 때도 많다. 그렇다면 여러 가지 이유로 최고의 아이디어는 항상 정상에 오른다는 자유교역 메타포를 재고하는 것이 중요하다. 바로 그런 생각이 강력한 기득권을 돕는 좀비에 해당한다.

한편 좀비는 대중 교육을 진전시키는 활기찬 반증에 동기를 부여할 때 유용성을 얻는다. 물론 사람들이 자꾸 과거를 돌아보고 그대로 묻어둬야 할 지구평면론 같은 낡은 이론을 되살리는 일이 아쉬울 수도 있다. 그러나 일부 음모는 실제이기도 하며, 과학은 언제나 눈에 보이는 세계의 이면에 숨겨진 힘을 드러내는 일을 한다. 좀비 아이디어가 부활하고, 유망한 새로운 아이디어를 끈질기게 거부하는 일은 모두 인간의 이해를 진전시키는 데 중요한 역할을 한다.

틀리는 법

그러나 틀린 아이디어가 되돌아오는 일은 아무 아이디어도 없는 것보다 낫다.
틀린 것은 우리가 모르는 것을 상기시켜준다는 점에서 유용할 수 있다.

―

"우리 모두는 당신의 이론이 허황하다는 데 동의했습니다.
우리를 분열시키는 문제는 바로잡아야 할 만큼
당신의 이론이 충분히 허황한지 여부입니다.
나의 생각은 충분히 허황하지 않다는 것입니다."
- 닐스 보어

―

1981년에 명민한 한 식물학자가 펴낸 책이 높은 평가를 받았다. 그런데 곧 〈네이처〉에 "태워야 할 책?"이라는 서평이 실렸다. 그때부터 저자는 과학계에서 '환영받지 못하는 사람persona non grata'이 되었다. 30년 후 그는 테드 토크의 부속 기획인 테드 엑스의 일환으로 런던의 화이트채플에서 자신의 저서에 대한 강연을 했다. 이번에는 거센 항의에 부딪힌 테드 측에서 비과학적이라는 이유로 그의 강연 영상을 웹사이트에서 내려버렸다. (나중에 비과학적이라는 평가는 철회되었다.) 왜 사람들은 그에게 자꾸 화를 내는 것일까?

루퍼트 셸드레이크Rupert Sheldrake는 직접 만나보면 열변을 토하는 논객과는 거리가 멀다. 실제로는 아주 정중하고 조용한 말투에, 파란색 점퍼와 코르덴 바지를 수수하게 차려입은 교수 같은 인상이다. 우리는 주방에서 그가 끓여준 차를 들고 대화를 나누기 위해 위층에 있는 서재로 간다. 1980년대의 첫 책이 인생과 경력을 바꿔놓은 이후 그는 알고 지내기에 다소 위험한 인물이 되었다. 그는 이제 어떤 연구기관에서도 일하지 않는다. 그는 눈빛을 반짝이며 "저는 재야의 과학자입니다."라고 말한다. 그의 생각은 금기로 치부된다. 그러나 무조건 어불성설로 배척하다가는 특출한 생각을 놓칠 수 있다.

더 나은 생각의 조건

과거의 좀비가 자꾸 되살아나면 짜증스럽다. 그러나 문제를 복잡하게 만드는 점은 틀린 아이디어에 또 다시 기회를 주어야 할 때가 많다는 것이다. 순전히 추측에 따라 틀린 방식으로 옳을 수 있지만, 그러면 다른 사람들에게 진지하게 받아들일 이유를 제시할 수 없다. 반대로 올바른 방식으로 틀릴 수도 있다. 어떤 틀린 생각들은 심지어 미래에 올바른 답을 찾을 수 있는 유일한 디딤돌로서 필요할 수도 있다.

그 이유는 우리가 너무나 인간적이기 때문이다. 정통 경제학은 소비자가 제품 시장에서 언제나 완벽하게 합리적인 결정을 내린다고 가정한다. 마찬가지로 우리는 아이디어 시장에서도 우리가 언제나 합리적이고 타당한 결정을 내린다는 믿음을 강요받는다. 그러나 이는 사실이 아니다. 우리는 아주 불합리한 이유로 옳을 수 있고, 아주 좋은 이유로 틀릴 수도 있다.

과거의 과학 혁명은 틀린 이론이 옳은 이론을 압박하여 옳은 이론의 수준을 높인 결과로 일어난 경우가 많다. 자극이 없으면 옳은 이론은 결코 완벽하게 다듬어지지 않는다. 이런 일은 이론 간의 경쟁이 효과를 발휘한 것으로 여겨진다. 가령 천문학에서 지구가 태양 주위를 돈다는 이론이 승리를 거둔 소위 '코페르니쿠스 혁명'도 흔히 이런 관점에서 제시된다.

놀랍게도 지동설에 반하는 천동설은 우리 시대에 좀비로 되살아났다. (2014년 봄에 실은 태양이 지구 주위를 돈다고 주장하는 웹 다큐멘터리 〈프린서플The Principle〉이 나왔다. 이 다큐멘터리에는 로런스 크라우스Lawrence Krauss와 미치오 카쿠Michio Kaku 같은 유명한 과학자들이 거기에 동의하는 내용의 인터뷰가 실렸다. 나중에 그들은 다큐멘터리의 성격을 잘못 전달받았으며, 내용도 "교묘하게 편집되었다."고 밝혔다.)[1] 그러나 천동설이 처음에 폐기된 경위는 일반적으로 알려진 내용보다 복잡하다. 일반적인 이야기는 1543년에 코페르니쿠스가 지동설을 선언하는 (그리스 철학자 아리스토텔레스가 2,000년 전에 이 명백한 사실을 이미 생각했으므로 엄밀하게는 재선언하는)《천구의 회전에 관하여De revolutionibus orbium coelestium》를 펴냈다는 것이다. 갈릴레오는 나중에 망원경으로 그 사실을 확인했다. 그에 따라 약간의 종교적 처벌이 가해졌음에도 사람들의 시야를 흐렸던 장막이 금세 사라졌다.

이 이야기의 문제점은 코페르니쿠스가 틀렸다는 것이다.

뛰어난 덴마크 천문학자인 튀코 브라헤Tycho Brahe는 코페르니쿠스의 책이 발간된 지 3년 후에 태어난 붉은 머리의 천재였다. 그는 19세 때 수학 문제를 둘러싼 논쟁 끝에 결투를 벌이다가 코가 잘려나갔다. 그래도 과학적 이견을 내세우는 데 거리낌이 없었던 그는 황동으로 만든 코를 달고 연구에 정진했다.[2]

1572년에 브라헤는 하늘에서 다른 별들보다 밝게 빛나는 새로운 별을 발견했다. 원래는 있을 수 없는 일이었다. 아리스토텔레스와 프톨레마이오스가 물려준 보편적 전통에 따르면, 달 너머에 있는 영역은 영원히 고정되어 변하지 말아야 했다. 그런데도 브라헤는 간단한 삼각법을 활용한 측정치를 통해 달 너머에 실제로 새로운 별이 나타났음을 증명할 수 있었다. 그는 이 별을 '신성nova'이라 불렀다. 이는 너무나 중요한 발견이어서 (브라헤의 양부가 익사 위기에서 구해준 적이 있는) 덴마크 국왕은 세계 최고의 관측소를 지을 수 있도록 그에게 섬과 수많은 황금을 하사했다. 브라헤는 새로운 기구를 만들어 바람에 흔들리지 않게 호 안에 설치했다.[3] 그리고 아내, 가끔 까다로운 천문학 문제를 논의하는 시늉을 하던 상대인 현자 레프Lep the Oracle라는 개와 함께 관측소에서 살며 하늘을 관찰했다.

브라헤가 발견한 것은 폭발하는 항성인 초신성이었다. (새로운 별이라는 그의 이론은 지금도 별의 이름에 남아 있다. 'nova'는 라틴어로 '새롭다'는 뜻이다.) 그러나 그는 당대의 다른 모든 사상가들처럼 지구가 태양 주위를 돈다는 코페르니쿠스의 이론을 받아들이지 않았다. 이유가 무엇일까? 당시에는 코페르니쿠스의 이론을 거부할 충분한 이유, 그것도 과학적 이유가 많았기 때문이다.[4]

1588년에 브라헤는 코페르니쿠스의 이론에 대응하기 위해 나름대로 창의적인 '지구태양중심설geoheliocentric'을 바탕으로 태양계의 모형을 제시했다. 거기에 따르면 다른 모든 행성은 (코페르니쿠스의 이론처럼) 태양 주위를 돌지만 태양과 기타 행성계 자체는 여전히 만물의 중심에 고요히 자리한 지구의 주위를 돌았다. 이 새로운 체계는 수학적으로 코페르니쿠스의 체계와 동일했다. 그래서 태양중심설은 예측력 측면에서 브라헤의 버전보다 나은 점이 없었다. 게다가 코페르니쿠스는 지구라는 거대한 땅덩어리가 움직인다는 말을 믿으라고 요구했다. 이는 코페르니쿠스 자신도 마땅히 설명할 수 없는 매우 반직관적인 생각이었다. (보이지 않는 힘이 얼마나 엄청나야 지구 전체를 움직일 수 있을까?)

브라헤는 신속하면서도 과학적 엄격성을 갖추고 다른 문제점들을 지적했다. 그중 한 가지는 코페르니쿠스의 체계가 시사하는 별들의 크기였다. 밤하늘에 뜬 별은 무한하게 작은 점이 아니라 나름의 넓이를 지닌다. 그 넓이를 측정하고, 코페르니쿠스가 말하는 대로 별들이 엄청나게 멀다는 사실을 받아들이면 기초적인 기하학만으로도 모든 별들이 엄청나게 커야 함을 알 수 있다. 심지어 태양보다 훨씬 멀고 커야 했다. 브라헤는 이처럼 거대한 별들이 존재하는 것은 불합리하다고 말했다. (이 문제는 현대의 광학적 지식으로 해결되었다. 망원경이나 맨눈으로 보이는 별의 넓이는 광파가 렌즈를 지나는 물리적 양상에 따른 환영이다.)

사실 이 논쟁은 일각에서 지동설이 주류로 자리 잡게 되는 계기로 제시되며, 1611년에 갈릴레오가 금성의 위상 변화를 관측한 이후로도 오래 지속되었다. (금성은 달처럼 '삭朔' 혹은 거의 보이지 않는 수준에서 점점 차오르다가 완전한 구형인 '망望'에 이른다. 이 현상에 대한 설득력 있는 추론은 금성이 태양 주위를 돌면서 지구 쪽으로 반사하는 빛의 양이 달라지기 때문이라는 것이다. 즉, 금성이 지구와 태양 사이에 있으면 보이지 않는 쪽에서 모든 햇빛을 받으므로 '삭' 혹은 어두운 상태가 되고, 태양의 반대편에 있으면 전면으로 햇빛을 받아 지구로 반사하므로 '망'이 된다.) 그러나 반세기 후 이탈리아 천문학자인 조반니 바티스타 리촐리Giovanni Battista Riccioli는 지구가 정말로 회전하면서 태양 주위를 돈다면 엄청나게 빠른 속도 때문에 지구 표면 근처에서 떨어지는 물체의 경로가 약간 휘어져야 하지만 그런 현상은 관찰되지 않는다는 점을 지적하고 나섰다. 그의 지적은 옳았다. 문제는 당시 관측기구가 수세기 후에 실제로 관측되고 확인될 '코리올리 효과'를 잡아낼 만큼 정밀하지 않았다는 것이다.

1세기 넘도록 이 문제를 비롯한 다른 문제들이 코페르니쿠스의 주장을 의심할 좋은 이유가 되었다. 게다가 이는 코페르니쿠스를 "지구가 아니라 태양을 그대로 멈추라."고 헛되이 명한 성서의 여호수아처럼 구는 '바보'라고 부르던 마르틴 루터Martin Luther가 제시한 이유와 달리 과학적이었다. 1674년 무렵 지동설은 천문학자들 사이에서 다수 견해가 되었다. 그러나 왕립 학회의 로버트 훅Robert Hooke은 여전히 누구도 지동설이 '튀코식' 체제보다 우월하다는 사실을 확실하게 증명하지 못했다는 사실을 지적했다. 실제로 일부 역사가에 따르면 튀코 브라헤의 모형은 오랫동안 "코페르니쿠스식 체제보다 가용 데이터에 더 잘 맞았다."[5]

게다가 또 다른 중요한 측면에서 보면 브라헤의 모형이 더 혁명적이었다. 코페르니쿠스식 체제는 고대인들이 제시한 '천구'라는 내재적 존재를 유지했다. 지동설을 제시한 코페르니쿠스의 책 제목도《천구의 회전에 관하여》였다. 코페르니쿠스에 따르면 각 행성(그리고 달)은 나름의 천구를 지니며, 가장 바깥쪽 천구에는 고정된 항성들이 있다. 천구는 보이지 않는 투명한 고체이며, 그 회전은 중심에서 움직이지 않는 태양의 둘레를 따라 행성의 궤도를 만든다. 한편 튀코 브라헤는 자신의 체제에 대한 계산을 하던 중 혜성이 '딱딱하고 뚫을 수 없는 물질'로 되어 있다는 천구를 지나가야 한다는 사실을 깨달았다.[6] 그렇다면 어떻게 해야 할까? 브라헤는 수학을 믿었기에 천구라는 개념을 버렸다. 그것은 진정한 혁명이었다.

브라헤는 행성들이 공간에 자유로이 떠 있다고 판단했다. 또한 수많은 태양들과 지구처럼 외계 생명체를 뒷받침하는 수많은 행성들이 있는 무한한 우주를 그렸다. 그는 (태양을 우주의 중심에 둔 코페르니쿠스와 달리) 우주에는 중심이 없으며 그 안에서 이뤄지는 모든 운동은 상대적이라고 말했다. 또한 최초로 태양계의 행성들이 오직 햇빛을 반사하기 때문에 빛난다고 주장했다. 그가 1588년에 지구태양중심설 체계를 발표한 일은 현재 여러 가지 이유로 현대 천문학의 진정한 태동으로 여겨진다.[7] 물론 핵심적인 사항에서는 코페르니쿠스가 옳았다. 그러나 오랫동안 비판론자들이 여러 측면에서 더 나은 과학적 연구를 했다.

결국에는 지동설이 수용되었다. 그러나 그 이유는 코페르니쿠스의 이론이 완벽해서가 아니라 단지 갈릴레오의 관측, 그리고 경쟁관계인 브라헤의 모형을 토대로 개선된 수학적 보완을 거치면서 지동설이 더 유용해졌기 때문이다. (이 점은 철학에서 제시된 '가능 세계possible worlds'라는 아이디어와 비슷하다.) 공교롭게도 코페르니쿠스의 이론이 받아들여지게 된 주요 이유는 점성가들의 예측을 더욱 정확하게 만든다는 것이었다.

이는 옳다는 사실을 말해주는 또 다른 틀린 이유였다.

코페르니쿠스의 이야기가 보여주듯이 새로운 아이디어에 대한 올바른 저항은 인간의 탐구활동이 지닌 더는 줄일 수 없는 사회적이고 협력적인 과정의 핵심 요소다. 토머스 쿤도 주요 저서인 《과학 혁명의 구조》에서 성가신 예외적인 것들과 상반되는 듯 보이는 증거로부터 완전히 자유로운 이론은 없다고 강조했다.[8] 그리고 틀린 것으로 드러난 사람들도 맞은 것으로 드러난 사람들만큼 중요할 수 있다.

원칙에 맞선 괴짜들

훨씬 나중에 코페르니쿠스의 이름은 '코페르니쿠스 원칙Copernican Principle'이라는 과학적 지침으로 차용되었다. 코페르니쿠스가 지구를 태양계의 중심으로부터 제거하여 원대한 차원에서 지구의 지위를 격하시켰듯이 코페르니쿠스 원칙은 우리가 태양계와 더불어 우주 전체에서 특별한 지위에 있지 않다고 말한다. 우리는 그저 특별하지 않은 은하계에 속한, 특별하지 않은 부분에서, 특별하지 않은 태양을 찾았을 뿐이다. 우리 주위에 있는 것은 완벽하게 평범한 우주의 일부다. 우리가 사는 자리에 특별할 것은 없다. 이는 좋은 작업가정(추가 연구를 위해 잠정적으로 받아들이는 가정 - 옮긴이)이다. 어느 날 그렇지 않다는 사실을 알게 되기 전까지는.

현대 과학은 많은 가정으로 뒷받침되지만 항상 의문의 여지를 열어둬야 한다. 가령 과학적 가정이 지니는 일시적 속성을 과감하게 인정하는 것이 20세기 초에 물리학 분야에서 이뤄진 혁명의 특징이었다. 이때 아원자 현상은 파동인 동시에 입자일 수 있다는 기이한 생각과, 현실은 절대적으로 결정되기보다 확률적이라는 포괄적인 개념이 나왔다. 아인슈타인은 후자에 반대하면서 양자역학을 개척한 닐스 보어에게 정말로 신이 주사위를 굴린다고 생각하는지 물은 것으로 유명하다. 보어가 나중에 회고한 바에 따르면 아인슈타인은 "자연에 대한 설명에 확고한 토대를 이루는 원칙이 없다는 점을 우려했다." 한편 보어 자신은 논리적 일관성 외에는 "어떤 익숙한 원칙도 신뢰할 수 없다."고 생각했다.[9]

오늘날 폭넓게 공유되는 또 다른 과학적 가정은 자연법칙이 다른 공간과 시간에 걸쳐서 같다는 것이다. 거기에 따르면 중력의 세기나 우라늄의 핵 붕괴율 같은 것들은 여기나 우주의 반대편에서나, 지금이나 수십억 년 전이나 같다. 이는 상식적인 가정처럼 들린다. 그러나 여기서 첫 번째 경종이 울려야 한다. 사실 그조차 가정에 불과하기 때문이다.

우선 일반적인 철학 용어로서 '자연법칙laws of nature'이 진정으로 무엇을 말하는지 분명하지 않다. 이 말은 선택에 따라 지키거나 어길 수 있는 규정을 가리키는 인간 사회의 법에서 빌려온 비유로서 아원자 입자와 다른 물질들이 법칙을 따를 수밖에 없는 우주에 적용되었다. 실로 이 법칙들은 어길 수 없다. 그러면 더 이상 법칙이 아니기 때문이다. 그러나 이 '법칙들'은 어디에 존재하는가? 어떤 플라톤적 세계에? 물질은 어떻게 이 법칙들을 따라야 한다는 사실을 알까? (이 지점에서는 정말 쉽게 목적론과 범심론을 되살릴 수 있다.)

'자연법칙'이라는 말은 17세기에 처음 나왔으며, 신이 현실에 부여한 법칙을 가리켰다. 가령 화학자(이자 연금술사인) 로버트 보일은 "신의 지혜는 피조물들을 자연의 확고한 법칙들 안에 둔다."라고 썼다.[10] 또한 뉴턴은 창조주가 태초에 운동법칙과 중력법칙을 적용했다고 믿었다.

현대에 들어서 종교적 요소가 배제된 자연법칙이라는 개념은 ('덜'이 아니라) 더 신비로워졌다. 우리는 자연법칙을 직접 지각할 수 없다. 대신 여러 현상에 존재하는 수학적 일관성을 관찰하고 그 패턴에 맞는 일반 적인 규칙을 추정한다. 다중우주에 속한 다른 우주에서는 법칙이 다를 수도 있다. (이는 우주학 분야에서 미세 조정 문제를 해결하기 위해 제시한 주장임을 상기하라.) 우주마다 자연법칙이 다르다면 같은 우주 안에서도 시간의 흐름에 따라 일종의 진화를 거치면서 달라질 수 있을지 누가 알겠는가?

이 가능성은 이전에 제기된 적이 있다. 1930년대에 노벨 물리학상 수상자인 폴 디랙이 먼저 제기했고, 1970년대에 역시 노벨 물리학상 수상자인 존 휠러John Wheeler가 다시 제기했다. 그리고 우리 시대에는 존 웨브John Webb의 연구를 통해 다시 부상하고 있다. 그는 우리가 관찰하는 자연법칙이 지구가 속한 우주에만 적용되는 '지엽적인 부칙'에 불과할 수 있으며, 우주의 수명에 걸쳐 '상수' 자체가 변했을지도 모른다고 주장했다.[11] 그러나 일반적인 논의에서 자연법칙이 변한다고 말했다가는 여전히 괴짜로 낙인찍히거나 더 나쁜 일을 당할 수 있다.

패러다임이라는 장벽

루퍼트 셸드레이크는 책 제목을 《과학의 망상The Science Delusion》으로 지으면 사람들이 화를 낼 것임을 미리 알았어야 했다. 심지어 그는 악명 높은 테드 엑스 강연의 제목도 똑같이 붙였다. 그러나《과학의 망상》은 리처드 도킨스의 반종교적 장광설인《만들어진 신The God Delusion》과 달리 반과학적 장광설은 아니다. (셸드레이크의 말에 따르면 영국 출판사에서 고집한 제목이라고 한다. 미국판 제목은《해방된 과학Science Set Free》이다.) 셸드레이크가 말하는 '과학의 망상'은 단지 과학이 이미 현실의 본질을 잘 이해하고 있다고 보는 잘못된 믿음이다. 그의 책과 강연은 상냥하게, 그리고 역사적 세부 내용을 곁들여서 우리 시대의 주도적인 과학적 가정 중 다수는 그저 가정일 뿐임을 알려준다. 그는 영구적인 자연법칙이 존재한다거나 물질은 의식이 없다는 명제는 작업가설로 수용되었지만, 신조로 굳어져서는 안 된다고 주장한다. (그는 게일런 스트로슨처럼 범심론 쪽으로 기울어져 있다.) 이런 명제는 재고가 필요할 수도 있다.

지금까지는 타당하다. 셸드레이크는 문제가 된 테드 엑스 행사의 주제가 바로 자신이 하는 일인 '기존 패러다임에 대한 도전'이었다는 사실을 언급한다. 그런데도 강연 영상을 내려달라고 요구한 사람들은 과학의 균질적인 진리 체계를 약화시키는 일이 비합리적 미신이 침투할 여지를 남기기 때문에 용인할 수 없다고 생각하는 듯하다. 명망 높은 진화생물학자로서 미국 학교들이 창조론을 보급하려고 한 정치적 의도에 맞서 뛰어난 활약을 펼친 제리 코인Jerry Coyne과 폴 마이어스Paul Z. Myers도 그 명단에 포함되었다. (아마도 이런 배경 때문에 그들이 특히 공격적으로 대응했을지도 모른다. 우리 시대의 저명한 과학적 무신론자들은 대부분 생물학자들이다. 물리학자나 우주학자들은 생물학자들만큼 공개적으로 종교를 공격하지 않는다.) 그러나 셸드레이크가 말한 내용은 그런 측면에서 세속주의자들에게 공격적이지 않다. 그는 "제가 제시하는 전체 이론이 진화론적 성격을 지닙니다. 저의 입장은 창조론과 전혀 관계가 없습니다."라고 말한다.

그러나 셸드레이크는 《과학의 망상》에서 과학이 가정에 의존하는 양상을 정중하게 지적하는 데서 그치지 않았다. 그는 역시 정중하게 나름의 '진화' 이론을 긍정적으로 시사했다. 이 이론은 자연법칙이 진화한다는 생각 외에 훨씬 많은 생각들을 포괄한다. 그중에서도 소위 '형태 공명morphic resonance'이라는 핵심 개념은 그를 오랫동안 곤란하게 만들었다. 사실 완전히 새로운 것도 아니었는데 말이다.

셸드레이크는 자연을 움직이는 것은 법칙이 아니라 기억을 통해 유지되는 습관이라고 주장한다. 이 생각은 그가 먼저 밝힌 대로 독창적인 것이 아니다. 그는 1973년에 케임브리지 대학에서 연구원으로 일할 때 처음 이 생각을 떠올렸다. 그럴 수 있었던 이유는 다른 사람들이 먼저 떠올렸기 때문이다. 그의 설명에 따르면 "묵살당하거나 완전히 거부된 아이디어들을 살핀 것이 부분적인 계기"였다. 지금까지 우리는 이런 작업이 과학부터 체스까지 여러 분야에서 성공할 수 있는 비결이 되는 양상을 살폈다. 그러나 이 경우는 사정이 더 복잡하다. 그래서 방향을 잘못 잡은 재고에 해당할 수도 있다. 셸드레이크의 경험이 확실하게 보여주는 한 가지 사실은 기성 체제가 오래된 아이디어를 되살리는 일을 용인하지 않을 때 인간적, 과학적 대가가 발생할 수 있다는 것이다.

그렇다면 셸드레이크는 무엇을 재고했을까? 그가 다시 살핀 것은 오늘날 생물학 분야의 도도새보다 더 확실하게 멸종된 역사적 개념인 '생기론vitalism'이다. 생기론에 따르면 생명체에는 특별한 요소가 있으며, 이 요소는 물질 사이에 일어나는 물리적 상호작용을 기준으로 완전히 설명할 수 없다. 현재 생기론은 역사적 미신의 전형으로 여겨진다. 그래서 금기시된다. 셸드레이크는 학생 시절에 본 생물학 교재의 첫머리에 나온 다음과 같은 내용을 기억한다. "과거에는 유기체에 특별한 '생기'가 존재한다고 생각했지만 이제 우리는 그것이 일반적인 물리적, 화학적 역학임을 안다." 그의 말에 따르면 생기론자는 '악당'이었다. 그래서 과학을 소재로 만든 무언극 무대에 생기론자가 등장한다면 녹색 조명이 켜지고 모두가 야유를 보냈을 것이다. 그러나 실제로 그들의 책을 읽은 사람은 아무도 없었다. 상사나 동료 혹은 친구들에게 생기론자들이 한 말을 어떻게 생각하는지 물으면 "그냥 쓸모없는 개념인 생기라는 게 있다고 생각하는 거지."라고 대답할 뿐이었다.

셸드레이크는 독자적인 연구를 통해 "기계론적 생리학이 막다른 골목을 향해 나아가고 있으며", 유전자는 본능과 생리적 형태의 유전을 설명하는 수단으로서 "끔찍하게 고평가되었다."는 결론을 내렸다. 요컨대 그는 다음과 같이 말한다. "생명을 분자와 분자 단위의 상호작용으로 환원하려는 시도는 통신용 비둘기나 이주移住, 혹은 의식, 그리고 원칙적으로는 제가 연구하는 형태의 발달 같은 것들을 이해하기에는 한참 부족해 보였습니다. 저는 식물의 형태발생을 연구하고 있었어요. '식물은 어떻게 생장하고, 동물의 배아는 어떻게 일정한 형태를 취하게 될까?' 같은 문제를 말이죠." 당시 이런 질문을 기계론적으로 설명하기에는 대단히 어려워 보였다. 그래서 그는 '생기론자들이 실제로 무슨 말을 했는지 들어볼 가치가 있을지도 모른다.'고 생각했다.

셸드레이크는 생기론을 연구할 때 특히 한스 드리슈Hans Driesch의 연구에 강한 흥미를 느꼈다. 셸드레이크는 "그는 대단히 명민한 배아학자로서 유전자나 분자를 예측되는 대로 아무리 분석해도 문제를 해결할 수 없다고 지적했다. 유기체를 설명하려면 목적 지향적인 하향식 절차가 필요하기 때문이다."라고 말했다. (유전론 같은 상향식 설명이 지니는 효력이 앞으로 오랫동안 지속될 것이라고 확신하는 대다수 현대 진화생물학자들은 이런 생각을 강하게 부정할 것이다.) 당시 드리슈는 일종의 아리스토텔레스식 목적론을 되살리려 했으나 무시당하는 것은 그때나 지금이나 마찬가지였다. 1920년대에 과학자들은 표현을 바꿔서 '형태형성장morphogenetic fields'이라는 개념을 제시했다. 형태형성장은 전자기장처럼 생물이든 무생물이든 거기에 속한 대상의 성장을 유도한다. 그에 따라 생기론 모형에서 '유기체론' 모형으로 가는 전환이 이뤄졌다. 유기체론 모형은 생물뿐만 아니라 모든 사물이 일종의 하향식 통제력을 통해 조직된다고 보았다. 셸드레이크는 이런 시각에 동의하여 유기체론을 추종하게 되었다. "대다수 사람들은 생기론이 너무 멀리 나갔다고 생각했지만" 그는 "충분히 멀리 나가지 않았다고 생각"했다.

셸드레이크가 1973년에 씨름한 문제는 '형태형성장이 존재한다면 어떻게 유전되는가?' 하는 것이었다. 그는 인간의 기억이 작동하는 양상에 대한 철학자 앙리 베르그송Henri Bergson의 특이한 생각을 따라 형태형성장이 "시간을 가로지르는 직접적 연계를 통해 말하자면 비물질적으로 유전된다."고 결론지었다. 이 절차는 '형태 공명'으로 불리게 되었다. 그는 처음에 형태 공명이 순전히 생물학적 원칙일 것이라 여겼다. 그러다가 한 친구가 그에게 '결정화crystallisation' 문제를 언급했다. 당시에는 화합물이 결정화될 때 정확하게 어떤 형태를 취할지 예측할 수 없었다. 이는 무엇보다 제약산업에서 중요한 문제였다. 셸드레이크는 아미노산 사슬이 최종적인 3차원 형태를 취하는 과정인 '단백질 접힘

protein-folding'도 비슷한 문제로 보았다. (가능한 조합의 수는 엄청나게 많다.)
셸드레이크가 제시한 '형태 공명' 개념에 따르면 결정과 단백질의 형성은 식물과 동물의 형성처럼 시간을 가로질러 연결되는 비물질적 '형태장'을 토대로 습관에 따라 좌우된다. 그는 이 이론이 생각했던 것보다 훨씬 급진적이며, 그 의미도 훨씬 폭넓다는 사실을 깨달았다.

당시 인도에 머물던 셸드레이크는 책을 쓰기로 마음먹었다. "지인들은 논쟁이 벌어질 것이라고 경고했다. 특히 케임브리지 대학의 친구들은 경력을 망칠 수 있으니 출판하지 말라고 말렸다. 그는 2과목 최고 득점자에 클레어 칼리지 연구원, 학장, 왕립 학회 연구원을 거쳤다. 또한 〈네이처〉와 다른 정상급 학술지에 계속 논문을 게재하고 있었다. 그래서 책을 내는 것은 큰 결정이었다. 그는 과학계가 얼마나 비관용적인지 깨달았다. 케임브리지 사람들은 적대적이지 않았으나 유망한 경력을 버리고 터무니없는 생각을 좇는 것은 정신 나간 짓이라고 여겼다."

셸드레이크에게는 확신이 필요했다. 그래서 4년 동안 숙고한 후 인도 출신 동료들과 형태 공명을 논의하다가 자연계의 기억이라는 개념이 힌두교와 불교에서는 주류라는 사실을 알게 되었다. "그렇다면 인류 중 상당수는 수천 년 혹은 수백 년 동안 같은 생각을 했다는 뜻이었다. 이 사실은 어떤 의미에서 그에게 확신을 주었다. 자신의 이론이 혼자만 가진 정신 나간 생각이 아니라는 확신이었다. 오랜 철학적 전통을 믿는 멀쩡한 사람들도 같은 생각을 했다."

결국 1981년에 셸드레이크의 책이 출판되었다. 제목은 《새로운 생명 과학A New Science of Life》이었다. 조금 오만한 느낌을 주는 제목이 아니었을까? 셸드레이크는 농담조로 "맞다."고 말한다. 사실 원래 제목은

'새로운 생명 과학을 향해Towards a New Science of Life'였다. 그러나 편집자인 앤서니 블론드Anthony Blond는 얌전하고 주저하는 듯한 어감을 지닌 '향해'를 빼고 싶어 했다. 셸드레이크는 "그러면 조금 과장된 느낌을 주는 것 같아요. 저는 새로운 생명 과학으로 향하는 이야기를 하는 거예요."라고 말했다. 그러자 블론드는 "날 믿게. 난 슈마허Schumacher의 《작은 것이 아름답다》을 펴낸 사람이야. 제목도 내가 붙였고, 그래서 책이 잘 팔린 거야. 원래 제목은 '소규모 경제 기획의 일부 측면Some Aspects of Small-Scale Economic Planning'이었어. 나는 출판업자야. 원래 하는 일이 이거야. 책이 팔리기를 원하나, 안 팔리기를 원하나?"라고 대꾸했다. 셸드레이크는 팔리기를 원한다고 말했고, 그렇게 해서 '새로운 생명 과학'이 제목으로 정해졌다.

책이 나온 지 3개월 후 〈네이처〉에 서평이 실렸다. 편집자인 존 매덕스John Maddox는 "이 화나는 글은 유사과학에 불과하며" 이미 "창조론자, 반환원론자, 신라마르크론자 같은 오합지졸들에게나 근거로 쓰일 운명이다. 이 책은 아주 오랜만에 나온 최고의 불태워야 할 책 후보지만" 책을 태우는 것은 좋지 않으므로 대신 "지적 일탈을 저지른 책들 사이에 고이 모셔두어야 한다."라고 썼다.[12] 결국 셸드레이크의 경력은 박살났다. 이후로 그는 어떤 연구기관에서도 일하지 못했다. 한편 존 매덕스는 1995년에 기사 작위를 받았다.

되살려낼 가치

과학적 정설은 단지 정설이라서 의심스러운 것만은 아니다. 기성 이론은 대개 맞다. 그래서 기성 이론인 것이다. 관습적 생각도 대개 맞다. 그래서 관습이 된 것이다. (뒤집을 작정이 아니면 누구도 '관습적'이라고 말하지 않는다.) 가령, 일반 상대성이론이 우주에서 가속하는 거대한 사물의 속성을 믿을 만하게 설명한다는 관습적 생각은 우리가 쓰는 휴대폰에 든 GPS를 활용하도록 해준다. 이 관습적 생각을 뒤집으려고 나섰지만 그만큼 예측력을 발휘하지 못하는 아이디어를 제시하는 사람은 마땅히 아마추어나 괴짜로 폄하된다. 형태 공명이 오늘날 폭넓게 거부되는 이유는 단지 제도권 과학자들이 방어적인 태도를 보일 뿐만 아니라 추가로 탐구할 만한 가치가 있다고 보는 사람이 거의 없기 때문일 수도 있다. 오래된 아이디어라고 해서 모두 되살릴 가치가 있는 것은 아니다.

셸드레이크는 형태 공명이 식물의 생장과 결정의 형성을 훌쩍 넘어서 훨씬 많은 것들을 설명할 수 있다고 말한다. 그는 20세기 전반부에 생쥐를 대상으로 실시한 학습 실험을 예로 들며, 한 도시에서 생쥐들이 미로를 빠져나가는 방법을 학습하면 전 세계에 있는 생쥐들이 공유된 기억을 통해 같은 미로를 빠져나가는 방법을 더 빨리 익힌다는 논쟁적인 주장을 폈다.[13] 실제로 지금까지 가장 성공한 그의 책은 '동물 텔레파시'를 다룬 것이다. 거기에 따르면 동물들은 형태장morphic field을 통해 텔레파시를 나눌 수 있다. 해당 저서인 《주인이 언제 집에 오는지 개들이 아는 까닭Dogs That Know When Their Owners Are Coming Home》은 미국에서만 50만 부나 팔렸다.

어떤 사람들은 그가 텔레파시에 관심을 가졌다는 사실만으로 그의 말을 진지하게 받아들이지 않는다. 그는 《새로운 생명 과학》을 펴낸 후 15년 동안 화학기업의 연구소에서 일하는 친구들에게 결정화 실험을 제안하고, 대학 생물학 연구소에서 일하는 친구들에게 초파리 실험을 제안하면서 형태 공명에 대한 '확고한' 실험 결과를 얻어내려 애썼다. (가령 형태 공명을 통해 예측할 수 있는 한 가지 사실은 화합물을 거듭 결정화하면 그 녹는점이 높아진다는 것이다.) 그러나 셸드레이크를 진지하게 대할 사람으로 취급하지 않는 기성 과학계의 태도 때문에 모든 노력은 수포로 돌아갔다. 결국 실험은 하나도 완료되지 못했다. 연구실을 구할 수 없는 상황에서는 저렴한 실험밖에 할 수 없었다. 가령 (형태장을 통해) 반려동물이 창문가에서 주인을 기다리거나, 사람들이 자신을 바라보는 타인의 시선을 감지하는 현상을 다루는 것이었다. 그래도 그의 입장에서는 "마침내 과학적인 일을 하게 된 시간들이었다. 나는 (거의 꿈꾸다시피) 실험을 설계했고, 실제로 진행까지 할 수 있었다." 학술지와 책에 실린 실험 결과는 논쟁을 불러일으켰다. 실험 설계나 데이터 해석이 잘못되었다고 주장하는 사람들도 있었다. 그러나 그의 실험이 과학적 탐구에 해당하지 않는다고 말하기는 어려웠다. 게다가 상당히 많은 사람들이 해당 주제에 관심을 갖고 있었다.

셸드레이크의 설명에 따르면 개를 키우는 사람들은 대개 자신이 언제 집에 오는지 개가 안다고 생각한다. 그는 "누가 나를 보는 것을 알아차린 경험이 있다고 대답한 사람은 90퍼센트가 넘었다. 전화 텔레파시, 그러니까 전화가 올 것 같은 예감을 경험한 사람도 80퍼센트 이상이었다. 이는 많은 사람들이 겪는 평범하고 일상적인 경험이다. 대다수 과학자들도 직접 이런 경험을 하는데도 제도권 과학계가 이 사실을 무시하는 것은 특이한 일이다."라고 말한다. 실제로 이런 경험은 대개 착각으로 치부된다. 그래서 확증 편향 같은 심리적 기벽이나 정식 연구에서 연구자들이 부지불식간에 대상자들에게 영향을 미치는 뜻밖의 효과로 이런 경험을 설명할 수 있다고 여긴다. 셸드레이크는 정말로 별것 없을 수도 있다고 생각한다. 그렇다면 왜 확인하지 않는 것일까?

물론 텔레파시가 가능하다면 최고의 블랙박스가 될 것이다. 그러나 이 사실만으로 텔레파시의 가능성을 배제할 수는 없다. 주류 심리학계는 대개 이런 '초자연 현상'에 회의적일 뿐만 아니라 진지하게 받아들이는 사람을 거세게 비판한다. 2011년에 코넬 대학의 명예 심리학 교수인 대럴 벰Daryl Bem은 유수 학술지에 예지와 관련하여 긍정적인 실험 결과를 설명하는 논문을 발표했다. 〈미래의 감지Feeling the Future〉라는 제목의 이 논문은 대상자의 현재 행동이 미래 사건의 영향을 받을 수 있음을 시사했다.[14] 가령 나중에 여러 번 반복하게 한 경우 사람들은 단어를 더 쉽게 기억했다. 다시 말해서 인과관계가 시간을 거슬러 작용한 것이다. 벰은 이런 효과는 작지만 중요하다고 주장했다. 사실이라면 대단히 놀랍고 흥미롭다고 생각할 수도 있다. 편집자인 심리학자 찰스 저드Charles Judd는 "결과를 이해할 수 있는 방법이 없지만" 편집 기준 및 과학적 기준을 충족했기 때문에 해당 논문을 받아들였다고 밝혔다. (그는 이 발언으로 블랙박스의 존재를 지지할 준비가 되었음을 스스로 드러냈다.)[15] 그러나 다른 과학자들은 줄지어 비난에 나섰다. 한 과학자는 그 실험이 "시간 낭비"라고 말했다.[16] 다른 과학자는 "순전히 정신 나간 짓으로 전체 학계의 수치"라고 말했다.[17] 실제로 한 설문 조사에 따르면 심리학자 중

약 3분의 1은 초자연 현상이 불가능하다고 생각한다. 그러니까 가능성이 낮은 정도가 아니라 불가능하다는 것이다. 나중에 뱀은 동료들과 함께 초자연 현상에 대한 90건의 연구 결과를 통계적으로 재분석하는 '메타 분석 논문'을 발표했다. 이 논문은 재차 긍정적인 결과가 나왔다고 주장했다.[18] 다른 학자들은 만약 그렇다면 학계 전반에 사용되는 통계적 분석법에 결함이 있는 것이라고 대꾸했다.[19] (어쩌면 그럴지도 모른다.) 뱀은 자신이 언제나 '독불장군'이기는 했지만 학계에 자리를 잡으려는 젊은 학자로서 이런 결과를 발표했다면 치명적인 영향을 받았을 것이라고 밝혔다. 다행히 이제는 높은 평가를 받던 학자 경력을 마치고 은퇴했기에 무사할 수 있었다. 그래도 동료들의 실망과 비난을 피할 수는 없었다. 다만 요점은 뱀이 옳든 그르든 모든 현상이 말 그대로 불가능하다는 주장은 비과학적으로 간주되어야 한다는 것이다.

셸드레이크는 대중과학 예산의 1퍼센트를 비전문가들이 제안하는 연구에 할애해야 한다고 겸손하게 주장한다. 이 연구는 대부분 동물과 관련될 것이다. 그는 이렇게 말한다. "영국의 경우 40퍼센트의 가정이 반려동물을 키웁니다. …개와 고양이, 그리고 말을 비롯한 가축들에 대한 관심이 엄청나죠. 고양이가 아주 먼 곳에서 집을 찾아온 이야기가 나올 때마다 신문들이 실어주는 이유가 거기에 있습니다. 신문들은 그런 이야기를 좋아하죠. 기자들도 마찬가지입니다. 동물들이 나오는 영상은 유튜브에서 항상 인기를 끕니다. 사람들은 동물에 정말 관심이 많아요. 그런데도 학계에서는 동물의 행동에 대한 연구가 전반적으로 아주 제한되어 있어요."

생각해보라. 어떻게 개나 고양이는 먼 곳에서 집을 찾아올 수 있을까? 사실 우리는 아직 그 이유를 모른다. 비합리적이더라도 미처 몰랐던 놀라운 사실을 드러낼 수 있는 주제까지 연구 범위를 조금 더 넓혀야 한다는 셸드레이크의 생각은, 존중받는 많은 사상가들도 공유하고 있다. 가령 기술사가인 데이비드 에저턴도 비슷한 맥락에서 국가들이 서로의 '혁신 정책'을 모방하지 말아야 한다고 주장했다. 이유가 무엇일까? "모든 국가, 지역, 기업이 필요하다고 합의한 연구는 근본적으로 혁신적일 수 없기 때문이다. 비슷한 결과물을 낳을 가능성이 높으므로 모든 국가가 같은 연구 정책을 추구하는 것은 좋지 않을 수도 있다."[20]

모두가 필요성을 인정한 연구는 근본적으로 혁신적인 연구가 아니다. 가령 영국의 생화학자인 피터 미첼Peter Mitchell은 1960년대에 이방인 취급을 받으며 콘월 주에 있는 개인 연구소에서 은밀한 실험을 했다. 셸드레이크의 표현에 따르면 당시 미첼은 "완전한 이단자"였다. 그러나 미첼은 유기체에 속한 미토콘드리아가 분자 차원에서 에너지를 전달하는 토대인 ATP를 형성하는 과정을 규명하는 혁신을 일으켰고, 그 공로로 1978년에 노벨 화학상을 받았다.

물론 나중에 인정받게 되는 독불장군이 있다고 해서 모든 독불장군이 옳은 것은 아니다. 가령 '틈새의 신God-of-the-gaps' 아이디어(현대 과학으로 설명할 수 없는 부분을 근거로 신의 존재를 증명하려는 생각 – 옮긴이)와 비슷하다는 이유를 들어 형태 공명을 의심할 수도 있다. 여기에 현재 우리가 제대로 알지 못하는 모든 것들이 있는 반면, 그 모두를 통합하고 설명하는 듯 보이는 포괄적 개념이 있다. 게다가 이 간극들 중 일부는 현대에 들어서 메워지거나 좁혀졌다. 셸드레이크의 설명에 따르면 과거에는 결정이 어떻게 형성되는지 전혀 예측하지 못했지만, 슈퍼컴퓨터에서 현대의 수학적 모형화 기법을 활용함으로써 단백질 접힘 문제와 마찬가지로 결정의 형성 과정에 진전이 이뤄졌다. '기계론적' 접근법은 아직 완전히 막다른 벽에 이르지 않았다.

한편 프랜시스 크릭Francis Crick과 제임스 왓슨James Watson이 DNA의 분자 구조를 처음 밝혀낸 지 겨우 반세기 만에 인간의 전체 유전체 지도를 작성한 일은 유전학을 크게 진전시킨 대단히 인상적 일이다. 어떤 의미에서는 20세기로 접어든 지 한참 후에도 생기론에 대한 믿음이 사라지지 않는 현실이 그들에게 부분적인 동기를 제공했다. 크릭은 생기론을 몰아내는 데 헌신하겠다고 선언하기도 했다.[21] 생물학이 유기체의 기능과 발달을 뒷받침하는 물리적, 화학적 절차를 점점 더 드러냄에 따라 생기론의 기반은 계속 무너졌다. 다른 한편 현재 후성유전학 분야에서 나오는 보고서들은 유전이라는 오래된 이야기를 복잡하게 만들고 있다. 셸드레이크는 지금까지 본능이 진화하려면 획득된 행동이 유전되어야 한다는 라마르크식 신념을 지켰다. 진화생물학자인 스티븐 제이 굴드Stephen Jay Gould는 권위적인 저서인 《개체발생과 계통발생 Ontogeny and Phylogeny》에서 19세기의 일반적인 라마르크식 시각을 설명한다. 거기에 따르면 "사람들은 너무나 강렬하게 학습되고 기억에 뚜렷하게 각인된 일들을 본능이 무의식적으로 회상함으로써, 생식 세포 자체가 그 영향을 받아 미래 세대에 그 형질을 전달한다고 믿는다."[22] 앞서 언급했듯이 이런 생각은 20세기 들어서 대부분의 기간 동안 금기시되었다. 그러나 2013년에 체리 냄새를 두려워하도록 조건화된 생쥐의 새끼도 태어날 때부터 본능적으로 체리 냄새를 두려워한다는 실험 결과가 발표되었다.[23] 그에 따라 라마르크와 셸드레이크가 득점하게 되었다.

더욱 놀라운 사실은 '형태형성장'이라는 개념도 1970년대에 셸드레이크를 괴롭혔던 유전학과 발달 사이의 간극을 메우기 위해 20세기 말에 등장한 진화발달생물학 분야로 은밀하게 돌아왔다는 것이다. 이 개념의 현대적 버전에 따르면 형태형성장은 특정한 배아 세포가 다리 혹은 팔로 발달할지 여부를 제어한다. 일부 생물학자들은 이 말이 목적론이라는 유령을 되살리는 것은 아니지만 세포의 부위가 "애초에 특정한 구조를 지니도록 되어 있다."는 뜻이라고 말한다.[24] 다른 생물학자들은 형태형성장을 특정한 물리적 구조 내지 절차, 즉 유전자와 단백질 사이에 이뤄지는 일련의 특정한 상호작용, 혹은 더욱 추상적으로는 화학적 신호의 공간적 분포와 동일시한다.[25] (거기에 따르면 이런 절차는 유기체의 발달을 이끄는 형태형성장의 '정보성 내용'을 부호화한다.) 또 다른 생물학자들은 이면에 놓인 유전자 및 세포 관련 역학이 다르더라도 형태형성장의 행동이 같을 수 있다고 말한다. 가령 생물학자인 엘런 라슨Ellen Larsen은 "형태형성장은 그 행동을 수행하는 특정한 분자 개체와 무관하게 창발적 속성을 지닌다."고 주장한다.[26]

기억하겠지만 창발적 속성은 대상의 구성요소가 지닌 속성을 넘어선다. 물 분자에서 나오는 액체성의 창발이나 두뇌 활동에서 기인하는 의식의 창발처럼 말이다. 이런 맥락에서 창발은 물리학과 화학이 지배하는 최소 단위의 역학에만 집중하는 '환원적' 설명과 상반된다. '시스템 생물학'이라는 현대적 분야도 환원주의와 상반되는 총체적 접근을 통해 역동적이고 복잡한 생체 시스템을 연구한다. 다만 진화발달생물학이나 시스템 생물학에서 말하는 창발은 셸드레이크의 형태장 같은 비물질적 대상을 상정하지 않는다. '정보'라는 개념이 해당 논의에 신플라톤주의적 요소를 은밀하게 들인다는 사실을 고려하지 않는다면 말이다. 그러나 생명체에 최고 단위에서 제대로 이해할 수 없는 요소가 존재한다는 생각은 사라지지 않았다. 생기론과 관련된 창발의 경우 전체는 부분이 갖지 않는 속성을 갖는다. 알고 보면 미세 단위에서도 많은 생리적 시스템은 '기계'처럼 작동하지 않는다. 즉, 기계적 인과관계가 아니라 통계적 혹은 확률적으로 작동한다.[27] 따라서 일부 생물학자들은 '창발'을 생기론이나 유기체론의 존중할 만한 현대적 버전으로 볼 수 있다고 주장한다.[28] 그렇다면 이 오래된 아이디어들도 결국은 죽지 않은 것인지도 모른다.

셸드레이크는 "형태 공명을 뒷받침하는 증거는 그렇게 강력하지 않다."고 기꺼이 인정한다. "관련 연구가 대단히 적었기 때문"이다. (그는 이런 이유로 '이론'이 아니라 '가설'이라는 겸손한 표현을 쓴다.) 비판론자들은 지금까지 그가 실험을 통해 얻은 데이터를 정확하게 분석했다는 데 강력하게 반발한다. 그러나 이 역시 과학적 의견 충돌이다. 그들은 그의 이론을 오류로 확정할 방법이 없다고 말한다. 그러나 (우주론에서 보았듯이) 이 사실은 더 이상 과학적 가설을 확실하게 무너트리는 근거로 폭넓게 받아들여지지 않는다. 진실일 가능성이 어느 정도라고 생각하든 셸드레이크의 이론은 적어도 검증할 수 있는 예측(한 번도 실시된 적 없는 결정 실험에 대한 예측)을 제시한다. 그는 이단자 혹은 그보다 심한 명칭으로 불렸다. 그러나 그가 틀렸다면, 과학자로서 올바른 방식으로 틀린 것이다.

탐구의 디딤돌

어떤 생각을 건드리지 말아야 할 대상으로 배척하고, 금기시되는 개념을 감히 입에 올린 사람들을 파문하는 것은 냉혹할 뿐만 아니라 지적 근시안을 드러내는 태도다. 역사는 가능성이 낮아 보이는 일들을 탐구하지 않으면 놀라운 진리를 놓치게 된다는 사실을 강력하게 시사한다. 지금까지 우리는 오랜 시간 죽어 있다가 되살아난 여러 아이디어들을 살폈다. 세상에는 알려지지 않은 것들이 많다. 게다가 나중에 틀렸다는 사실이 드러나더라도 아이디어를 배척하는 것은 어리석다. 틀린 아이디어도 중요할 수 있음을 과학의 역사가 말해주기 때문이다. 코페르니쿠스의 태양중심설은 천구 개념을 보존했다는 점에서 틀렸다. 거기에 맞선 튀코 브라헤의 이론은 그 점을 올바로 무너트렸다. 세상에 대한 우리의 이해를 진전시키려면 불편한 소행성에 불시착할 운명인 상상력의 탐사선 같은 과학 이론을 일시적으로 고수해야 할 필요가 있다. 때로는 나중에 맞추기 위해 먼저 틀려야 한다.

가령 '암흑 에너지'라는 개념은 현재 우주학 분야에서 인기를 끌고 있다. 그러나 아직 돈을 걸기에는 이르다. 우주학자인 앤드루 폰천은 "50년 전을 돌아보면 암흑 에너지에 대한 생각이 끔찍하게 순진했다고 볼 수 있다."고 말한다. 이는 놀라운 말이다. 암흑 에너지는 첨단 연구 주제일 뿐만 아니라 재고의 탁월한 사례이기도 하기 때문이다. 다만 이번에는 나중에 인정받는 사람이 전혀 명예 회복을 할 필요가 없다는 점이 다르다. 그의 이름은 바로 아인슈타인이다.

아인슈타인은 놀라운 사실들을 올바로 알아냈다. 그러나 한 가지 중요한 사실에서는 틀렸다. 그가 처음 수립한 일반 상대성이론에서는 진공 공간의 에너지 밀도를 가리키는 '우주상수'가 공식에 포함되었다. 그러나 그는 나중에 실수를 했다고 여기며 방정식들을 일일이 살펴서 우주상수의 값을 0으로 설정하지 않은 것을 후회했다. (아인슈타인이 이를 "일생일대의 실수"라고 말했다는 이야기가 종종 나오지만 기껏해야 간접적인 증거밖에 없다.)[29]

그러다가 우주상수가 맹렬한 기세로 되살아나는 일이 생겼다. 문제는 관찰 결과 우주가 팽창하는 속도가 빨라지고 있다는 것이었다. 그래서 중력에 맞서서 모든 것을 부풀리는 일종의 척력이 작용하고 있는 것으로 보였다. 과학자들은 이제 그 힘을 암흑 에너지라 부른다. 암흑 에너지는 우주상수를 방대한 규모로 설정한 아인슈타인의 초기 설명을 입증한다. (관련 수치들이 거의 정확하게 일치한다.)

그러나 우주상수가 아인슈타인이 죽은 후에 인정받았다고 해서 이제 우리가 모든 사정을 완벽하게 아는 것은 아니다. 결국 암흑 에너지는 아직 누구도 그 실체를 모르기 때문에 암흑 에너지로 불린다. 지금까지 직접 측정된 적도 없다. 또한 지난 수십 년 동안 수많은 논문의 토대가 되었지만 완전히 틀린 것으로 드러날 수도 있다. 어쩌면 그런 에너지가 아예 없을지도 모른다.

폰천은 이렇게 말한다. "우리는 아주 구체적인 방식으로 이 문제를 생각하는 경향이 있습니다. 그래서 '암흑 에너지'라는 이름을 붙이고 아주 소수의 가능한 패턴에 해당하는 암흑 에너지를 설명하는 수학적 모형을 만듭니다. 하지만 실제 양상을 우리가 아직 그려내지 못했을 가능성도 많아요. 가령 우주의 팽창 속도가 빨라지는 이유는 우주에 암흑 에너지라는 요소를 추가로 넣어서 밝혀지는 것이 아니라 우리가 아직 모르지만 중력이 엄청나게 거대한 규모에서 작용하는 방식 때문일 수도 있어요."

폰천은 이렇게 말을 잇는다. "현재로서는 암흑 에너지를 아인슈타인의 우주상수와 전혀 구분할 수 없어요. 그래서 우리가 이해하는 대로 우주상수가 0이 아닐 수도 있지만 '왜 10^{-12} 처럼 아주 작은 수치일까?'라는 의문을 제기하는 사람도 있어요. 보통은 1 아니면 0이라고 생각하죠. 그런 수치는 0에 너무나 가까워서 그다지 타당하지 않게 보여요. 제 생각에는 그래서 사람들이 단지 수치가 아닌 더 깊은 설명을 구하는 것 같아요. 하지만 그 설명이 최종적으로 어떤 형태일지 누가 알까요?"

폰천은 이렇게 결론짓는다. "많은 사람들은 우리가 암흑 에너지를 생각하는 방식이 다소 제한적일 수 있음을 알아요. 그러나 다른 한편으로는 달리 방법이 없지 않을까요? 그것이 우리가 탐구할 수 있는 최선이라면 그렇게 해야죠."

과학이 틀린 것으로 드러날 문제에 이끌리는 일은 옳을 수도 있다. 그것이 우리를 위로 이끌 유일한 디딤돌, 유일하게 살필 수 있는 문제라면 말이다. 일부 대중과학사는 플로지스톤(과거에 연소되는 물질에서 배출된다고 생각한 가연성 원소의 이름)이나 발광성 에테르(우주 공간을 채우는 광파의 매질)처럼 오류로 드러난 오래된 아이디어를 조롱하는 경향이 있다. 그러나 지금 우리가 있는 수준까지 오르려면 먼저 에테르를 믿어야 했다. 폰천은 "에테르라는 개념은 더 높이 오르는 데 필요한 디딤돌이었어요. 그래서 에테르를 전제한 예측은 틀렸다는 사실을 증명한 마이컬슨 몰리의 실험 같은 주요 실험에 동기를 부여했죠."라고 설명한다. 19

세기 말에 물리학자인 앨버트 마이컬슨Albert Michelson과 에드워드 몰리Edward Morley는 지구가 태양 주위를 돌기 때문에 에테르와 지구의 상대적인 움직임을 확인할 수 있다고 추론했다. 그래서 1887년에 다양한 방향에서 빛의 속도를 측정하는 명민하고도 민감한 실험을 실시했다. 에테르가 같은 방향으로 움직이는 경우 빛이 더 빨리 나아가야 했다. 그러나 그런 차이는 나오지 않았다. 이는 당시로서는 놀라운 결과였으며, 수십 년 후 아인슈타인의 특수 상대성이론으로 직접 이어졌다.

폰천은 "그래서 에테르는 올바른 아이디어를 얻기 위해 잘못된 아이디어가 필요한 전형적인 예입니다. 오류를 가혹하게 비판하기 쉽지만 그래서는 안 될지도 모릅니다."라고 말한다. 물리학자인 프랭크 윌첵이 지적한 대로 유용성에 대한 데이비드 루이스의 주장과 비슷한 맥락에서 과학사를 보면 추가 연구나 재고를 촉진하는 아이디이어의 '비옥도'가 진리성보다 중요한 경우가 많다.[30]

과학 그리고 인간의 전반적인 노력에는 올바른 영웅만큼 잘못된 영웅이 필요하다. 후자가 전자를 고무하고 자극할 뿐만 아니라, 완전히 틀리거나 옳은 탐구자는 거의 없기 때문이다. 튀코 브라헤는 (무엇이 무엇을 도는지 밝히는) 핵심적인 부분에서는 틀렸지만 천구를 폐기한 부분에서는 옳았다. 또한 뉴턴은 엄청나게 많은 부분에서 옳았지만 여전히 조금씩 틀렸다. (GPS가 제대로 작동하려면 뉴턴의 운동법칙을 대체한 아인슈타인의 상대성이론이 필요하다.) 더욱 경각심을 일깨우는 사실은 장기적으로 보면 우리가 모든 문제에 대해 틀릴 수도 있다는 것이다.

다시 틀리다

1875년에 막스 플랑크는 교사로부터 "이미 거의 모든 사실이 발견되어서 남은 일이라고는 소수의 중요치 않은 구멍을 메우는 것뿐"이니 물리학과에 가지 말라는 말을 들었다.[31] 그러나 플랑크는 이 조언을 무시했고, 1900년에 복사 현상을 다룬 논문을 발표하여 양자물리학 혁명을 일으켰다. 결국 그 교사가 틀렸던 것이다. 지금 그와 같은 사람은 누구일까?

철학계에는 '비관적 메타 귀납pessimistic meta-induction'이라는 강력하고, 심지어 두려운 아이디어, 실은 아이디어에 대한 아이디어인 메타 아이디어가 있다. 귀납은 이미 생긴 일을 토대로 일어날 일을 추론하는 것이다. 태양은 아침이 되면 언제나 떠올랐다. 따라서 내일도 떠오를 것이다. 메타 귀납은 이런 추론이 미래에 어떻게 이뤄질지 추론하는 것이다. 태양이 내일도 떠오를 것이라고 항상 확신해야 할까?

과학의 경우에는 상황이 좋아 보이지 않는다. 인류사에 걸쳐 모든 주요 과학 이론은 틀렸기 때문이다. 과학이라는 이야기는 4체액의 불균형으로 병이 생긴다거나, 태양이 지구를 돈다는 오랜 이론들이 뒤집힌 사례들로 가득하다. 막스 플랑크에게 조언한 교사는 25년 후에 플랑크가 물리학 혁명을 일으킬 충격적인 아이디어, 에너지가 더는 줄일 수 없는 단위 혹은 양자로 표현된다는 아이디어를 제시할 줄 몰랐다. 그렇다면 우리는 무슨 근거로 현재 따르는 이론이 맞다고 생각하는 것일까? 우리가 인류사에서 처음으로 과학 이론이 결코 더 나은 이론으로 대체되어 폐기되지 않는 시대에 살고 있다면 실로 엄청난 우연일 것이다. 이런 일은 지금까지 한 번도 없었다. 그런데 왜 지금 그래야 할까? 그래서 비관적 메타 귀납이 이뤄진다. 우리가 미래를 추론하는 능력의 미래에 대한 추론은 비관적이어야 한다. 우리는 기본적으로 항상 틀릴 것이며, 지금도 틀리고 있다.

당연히 이는 아주 오래된 시각이다. 몽테뉴는 "새로운 신조가 제시 될 때마다 불신하고, 과거에 상반되는 신조가 유행했다는 사실을 돌아 볼 충분한 이유가 있다. 과거의 신조는 근래의 신조에게 밀려났지만 언 젠가 미래의 신조가 근래의 신조를 밀어낼 수도 있다."라고 지적했다.[32] 이런 생각은 두 가지 측면을 지닌다. 즉, 한편으로는 생물학에서 유전 체 중심 관점을 바꾸려고 애쓰는 이자벨 망수이와 후성유전학자들처럼 과학적 합의를 뒤집으려는 사람들을 뒷받침하고, 다른 한편으로는 결 국 그들도 영원히 옳지는 않다는 것이다.

이런 생각에 저항하며 비관적 메타 귀납은 너무 비관적이라고 여길 수도 있다. 무엇보다 현재 이론이 틀렸다고 해도 대개 이전 이론보다 더 폭넓은 설명을 제공하며, 더 믿을 만한 예측 수단이다. (아인슈타인의 상대성이론은 뉴턴 역학이 도달할 수 없는 곳, 아주 빠른 속도와 강한 중력이 존재하는 곳에 이르지만, 뉴턴의 이론은 대다수 일상적인 목적에 여전히 유용하다.) 그리고 우 리가 옳다는 사실을 확신할 수 없다면 과거에 틀렸다는 사실도 확신할 수 없다. 생각의 역사는 틀린 이론이 옳은 이론으로 대체되는 단선적 배열로 이어지지 않는다. 그보다 영감의 불씨가 수세기 동안 덮여 있다 가 누군가 다시 찾아서 조심스레 불꽃으로 키워내는 어둡고 복잡한 망 과 비슷하다.

한편 우리가 현재 가진 이론이 설령 틀렸다고 해도 여전히 의학과 기 술 부문에서 눈부신 진전을 이루기에 충분하다. 틀리는 것은 전혀 두려위 할 일이 아니다. 우리가 틀렸음을 알려주는 아이디어도 아직 우리가 모르는 것이 얼마나 많은지 상기하는 데 큰 도움이 된다.

호기심의 근원

어쩌면 루퍼트 셸드레이크와 다른 사람들이 생각하는 대로 자연법칙은 진화할지도 모른다. 확실하게 말할 수 있는 점은 과학적 아이디어의 진화 자체가 완벽한 진리에 도달한다는 목표나 종착점이 없는 점진적 과정이라는 것이다.[33] 그 과정은 끝없는 재고로 이어지며, 지금 (일시적으로) 아는 것에 대한 지식과 모르는 것에 대한 지식 사이의 미묘한 균형에 의존한다. 그래서 열린 자세를 갖되 모든 것이 빠져나갈 만큼 너무 열지는 말아야 한다. 그렇다면 어떻게 해야 올바른 균형을 잡아서 더 많은 단순한 가정들을 인식하고 '아는 무지'를 찾을 가능성을 극대화할 수 있을까?

한편으로 무지는 좋은 것이다. 제임스 클러크 맥스웰은 "철저히 의식적인 무지는 과학에서 이뤄지는 모든 진정한 진전의 전주곡"이라고 말했다. 또한 생물학자인 스튜어트 파이어스타인은 미래의 과학자들에게 "무지해도 괜찮다. 첨단에 서고 싶은가? 거기는 전부 혹은 대부분이 무지로 가득하다. 답은 잊고 질문에 매진하라."라고 조언했다.[34] 그는 또한 컬럼비아 대학으로 초청 강연을 하러 온 과학자들에 대해 "그들은 여기 와서 알고 싶은 것, 알아야 한다고 생각하는 것, 그것을 알아내는 방법, 이런저런 것들을 알아내면 생길 일, 그렇지 못할 경우 생길 일, 알아낼 수 있는 것, 알아내기 불가능한 것, 10년이나 20년 전에는 몰랐지만 지금은 알거나 지금도 모르는 일에 대한 이야기를 한다."라고 말했다.[35] 요켄 룬드가 말한 대로 과학, 그리고 일반적으로 인간의 지적 탐구는 모르는 무지를 아는 무지로, (약간의 운과 함께) 아는 지식으로 바꾸는 일이다.

무지해도 좋지만 당연히 너무 무지해서는 안 된다. 우리는 대개 호기심을 어떤 것을 알려는 욕구로 생각한다. 그러나 역설적으로 호기심을 가지려면 그 전에 알아야 한다. 우리가 모르는 것이 무엇인지 알아야 한다. 이는 조지 로웬스타인George Loewenstein이 쓴 호기심의 심리학에 대한 유명 논문에 담긴 주장이다. 그는 호기심이 정보의 간극을 메우려는 욕구에서 기인한다고 말한다. 주위를 둘러싼 정보를 이미 갖고 있지 않다면 간극을 인지할 수 없다.

이 생각은 1994년에 로웬스타인이 제시했을 때 새로운 것이 아니었다. 잠시 후 확인하겠지만 다른 많은 생각들의 경우처럼 1세기 전에 윌리엄 제임스가 먼저 제시했다. 로웬스타인의 설명에 따르면 "제임스는 구체적인 지적 호기심과 가장 밀접한 호기심인 '과학적 호기심'은 '음악과 관련된 뇌 부위가 불협화음에 반응하듯이 지식의 비일관성 내지 간극'에서 기인한다고 주장했다." 로웬스타인은 자신의 이론이 제임스의 생각과 밀접하게 이어지는 양상을 설명한다. "이런 시각에 따라 정보 간극 이론은 지식의 간극에 주의를 집중할 때 호기심이 생긴다고 본다. 이런 간극은 호기심이라는 딱지가 붙은 박탈감을 낳는다. 호기심을 가진 사람은 이 박탈감을 줄이거나 없애기 위해 빠진 정보를 획득하려 애쓴다."[36] 만약 그렇다면 이 호기심 모형은 로웬스타인이 지적하는 대로

'모른다는 사실을 인지하지 못하는 것은 호기심을 차단하는 궁극적인 장벽'이라는 사실을 암시한다.

로웬스타인은 "이런 장벽이 도처에 있다고 믿을 충분한 이유가 있다."는 나쁜 소식을 전한다. 가령 결정이론을 통해 잘 알려진 '과신 현상overconfidence phenomenon'이 있다. 거기에 따르면 "사람들은 지식의 간극을 과소평가하여 특정 주제에 대해 실제보다 훨씬 많은 정보를 가졌다고 믿는다."[37]

그렇다면 호기심을 북돋기 위해 어떤 일을 해야 할까? 우선 '소크라테스식 질문법'이 가정과 지식의 간극을 드러내는 데 큰 효과를 나타낸다. 로웬스타인은 이런 이유로 "학생들이 (나름의) 의문을 제기하도록 북돋기보다" 교수법을 활용하는 것이 낫다고 주장한다. 간극을 인지할 만큼 충분한 지식이 없으면 호기심이 생기지 않기 때문이다. 그래서 우선 호기심의 "펌프에 마중물을 댈" 정보를 제공해야 한다.[38] 교사가 소크라테스식 질문법을 활용하면 "학생들이 지식의 간극을 인지하게 된다." 로웬스타인이 내린 결론에 따르면 "모른다는 사실을 아는 일이 중요하다는 점은 '소크라테스식 교수법'이 성공하는 이유를 설명한다." 또한 이 일은 지금까지 살핀 대로 오래된 아이디어가 틀렸는지 아닌지 확실히 모른다는 사실을 알았던 사람들이 이룬 재고가 성공하는 데도 기여했다.

과도한 확신과 무지의 장벽을 생산적으로 극복하는 또 다른 방법은 요켄 룬드의 표현을 빌자면 (호기심을 불러일으키지 않는) 모르는 무지를 무슨 수를 써서라도 아는 무지로 바꾸는 것이다. 가령 상상력을 발휘하여 가설적 시나리오를 만들거나, 일반적으로 받아들여진 시각이 옳은 것이 아니라 단지 더 나은 시각으로 나아가기 위한 디딤돌이라고 가정할 수 있다. 그래서 격론을 통해 우리가 모르는 것을 상기시키는 루퍼트 셀드레이크 같은 사람들에게 방어적인 태도로 화를 내서는 안 된다. 오히려 고마워해야 마땅하다.

결국 모르는 무지와 씨름할 때는 혁신을 이루기가 대단히 어렵다. 앤드루 폰천은 암흑 에너지가 실재하는지 여부에 대해 이렇게 말한다. "정말 어려운 문제죠. 알지도 못하는 것을 고안해야 하거든요. 우리는 고안하려 애쓰는 대상이 무엇인지 제대로 몰라요. 그래서 구체적인 문제를 꾸준히 풀어나가면서 언젠가는 모든 요소가 맞춰지기를 바라는 수밖에 없어요. 그때가 되면 마치 지금 에테르에 대한 생각이 너무나 황당하고 순진하게 여겨지듯이 '옛날에는 터무니없는 생각을 했군.'이라고 생각할지도 모르죠. 50년 후에 지금을 돌아보면 암흑 에너지라는 개념을 형편없게 여길 수도 있어요. …그래도 아는 것이 전혀 없으면 할 수 있는 일이 없죠. 하지만 틀린 아이디어라도 있으면 뭐라도 해볼 수 있잖아요!"

1975년에 오스트리아의 철학자인 파울 파이어아벤트는 《방법론에의 도전Against Method》이라는 명민한 책을 펴내서 반문화적 호들갑을 떨었다. 이 책은 통일된 하나의 '과학적 방법론'이 인류를 미신의 시대로부터 빛나는 진리의 새 시대로 이끌었다는 대중적인 인식이, 역사를 통틀어 실제로 과학이 진전을 이룬 양상을 제대로 설명하지 못한다는 사실을 보여주었다. 이런 이유로 그는 일각에서 순진한 사람들을 유해한 허무주의 내지 상대주의로 오염시켰다는 비판을 받았다. 그가 칼 포퍼 Karl Popper, 그리고 "우리가 아는 과학을 몰아낼 뿐만 아니라 아예 시작하지도 못하게 만들었을 엄격한 반증의 원칙들"이 지닌 무용성無用性을 맹렬하게 비판한 것은 사실이다.[39] 그러나 전반적으로 그는 밝은 어조로 이야기를 펼쳐나갔다. 특히 오류의 잠재적 결실에 대해서는 더욱 그랬다. 그는 "아무리 오래되고 비합리적이라도 우리의 지식을 개선할 수 없는 아이디어는 없다."고 썼다.[40] 또한 "완전히 가치가 없고 집중적 노력의 출발점이 되지 못할 아이디어는 거의 없다."고 덧붙였다.[41] 이는 아무것이나 좋다는 경박한 태도가 아니라 과학적 탐구의 역사에서 이끌어낸 합리적인 결론이다. 지금까지 살폈듯이 틀린 아이디어도 중요한 탐침이자 자극제의 역할을 한다. 그래서 그 견해가 바로 수용되었다면 불가능했을 방식으로 입장을 다듬도록 도와준다.

형태장을 통해 일종의 생기론을 되살리려는 루퍼트 셸드레이크의 시도는 틀렸을지도 모른다. 그러나 과거에 명망 높은 사람들도 자연법칙이 진화한다는 그의 생각을 많이 따랐다. 심지어 그가 관심을 가진 텔레파시도 심리학 분야에서 사라지지 않고 주기적으로 재등장하는 주제다. 이처럼 오래된 아이디어를 재구성하는 작업은 틀렸을 수도 있지만 우리의 지식이 생각만큼 탄탄하지 않을 수 있다는 지점을 보여주는 귀중한 역할을 한다. 다른 한편으로 오류는 대단히 생산적일 수도 있다. 영구적 자연법칙이 존재한다는 생각은 틀린 것으로 드러날지도 모르지만 지금까지 현대 과학의 놀랄 만한 성과들을 낳았다. 또한 암흑 에너지는 아인슈타인의 우주상수를 올바르게 되살리는 수단이 아닐지도 모른다. 그러나 결국 더 나은 것으로 나아가는 데 필요한 디딤돌일 수도 있다. 태양계를 설명하는 혁명적이지만 부정확한 튀코 브라헤의 이론처럼, 시시하게 옳은 것보다 도발적으로 틀리는 것이 종종 더 낫다.

플라세보 효과

어떤 오래된 아이디어는 너무나 강력해서 옳은지 여부도 중요치 않다.

—

"의견에 오류가 있다고 해서 배척할 일은 아니다."
- 니체

—

지금은 뇌의 시대다. 이제 우리는 기능적 자기공명영상이라는 고도기술 덕분에 뇌가 작동하는 원리를 그 어느 때보다 훨씬 많이 안다. 가령 정신질환을 앓는 사람들의 뇌는 정상적인 사람들의 뇌와 다른 방식으로 작동한다는 사실을 안다. 또한 그들은 최신 심리학적 기법을 통해서만 혜택을 볼 것이라는 사실을 안다. 더 일반적으로는 플라세보 효과에 기대어 대충 넘어가기보다 의학 기술의 발달로 만들어진 정확한 약물로 치료받아야 한다는 사실을 안다.

그러나 이 중 어느 것도 진실이 아니다.

이 사실을 분명히 알게 된 어느 여름 날 아침, 나는 케임브리지에 있는 허셜뇌정신과학연구소Herschel Institute for Brain and Mind Sciences에 도착한다. 영국의 주요 연구 중심 병원인 아덴브룩Addenbrooke 병원의 넓은 부지 안에 자리 잡은 이 연구소는 무성한 나무에 둘러싸인 붉은 벽돌 건물에 있다. 내가 도착한 지 얼마 되지 않아 앳된 얼굴의 신경과학자가 로비로 와 인사를 건넨다. 바로 신경과학 교수인 폴 플레처다. 그는 나를 근처에 있는 카페로 안내한다.

얼마 후 플레처는 "가장 충격적으로 다가온 사실 중 하나는 과학이 쉼 없는 진전을 이루지 않았다는 것이었습니다."라며 학자 생활 초기에 얻은 깨달음을 들려준다. 알고 보면 현대 인지과학에서 다루는 많은 핵심 아이디어들은 1세기 전에도 존재했기 때문이다. 오늘날 대중서와 논문들은 '지금에서야' 뇌 스캔을 통해 창의성이나 유머 같은 복잡한 사회문화적 현상에 대한 진리들이 드러나기 시작했다고 계속 주장한다.[1] 지난 시대의 이론가들이 가졌던 아이디어는 역사로부터 지워지거나 비과학적 추정으로 폄하된다. 그러나 자세히 살펴보면 마음을 이해하는 다양한 방식들의 가치를 재고하게 된다. 앞서 인지행동치료가 부분적으로 고대 스토아주의로부터 영감을 받았으며, 스토아주의 자체가 재생과정을 거치고 있다는 사실을 확인했다. 이는 마음에 대한 첨단 이론들중 다수가 재발견임을 말해주는 한 가지 사례에 불과하다.

옳다는 사실이 분명하지 않은데도 되살아난 아이디어들, 분명히 틀렸는데도 되살아난 아이디어들, 틀렸더라도 유용한 아이디어들을 앞서 차례로 살폈다. 지금부터는 이런 문제를 완전히 무의미하게 만드는 아이디어들의 귀환을 살펴보자. 이 경우 맞는지 혹은 틀렸는지는 중요치 않다. 거기서 가치가 생기는 것이 아니기 때문이다.

플 라 세 보 아 이 디 어

근래에 나는 나 자신에게 유용한 심리적 속임수를 쓰고 있다. 이전에는 신문에 서평을 쓸 책을 다 읽은 후에도 바로 앉아서 쓸 마음이 전혀 들지 않았다. 여백에 메모를 끄적이기는 했지만 서평을 쓰는 일은 대개 다음 날로 미뤘다. 그러던 어느 날 오후, 책을 다 읽은 나는 '아직 머릿속에 생생하게 남아 있을 때 되는 대로 생각들을 적어두자. 서평을 쓰는 것은 아니니까 부담을 가질 필요는 없어.'라고 생각했다.

물론 두 시간 후 나는 서평을 마무리했다.

이 방법이 한 번만 통했다면 귀여운 속임수로 볼 수 있을 것이다. 그러나 놀랍게도 계속 효과가 있었다. 매번 나는 실제로 서평을 쓸 필요는 없다고 자신에게 약속했지만 결국 다 쓰게 되었다. 그러는 동안 나 자신에 대한 불신은 생겨나지 않았다. 나는 매번 자신에게 하는 말을 믿었다. 덕분에 이 방법으로 무한정 나 자신을 속일 수 있을 것 같다.

분명 서평을 쓰고 있으면서도 생각나는 대로 적고 있을 뿐이라고 믿는 것은 반드시 옳지 않아도 유용한 생각에 속한다. 이런 생각을 '플라세보 아이디어'라 부르자.

가령 플라세보 아이디어에 해당하는 또 다른 후보는 알코올 중독을 질환으로 보는 이론이다. 과도한 음주가 실은 기질성 질환이라는 관념은 '익명의 알콜중독자들Alcoholics Anonymous' 단체의 역사와 연계된다. 근래에 연구자들은 절대적인 금주가 모두에게 올바른 처치라는 생각과 '질환' 모형 자체를 비롯하여 이 단체의 여러 믿음에 의문을 제기하기 시작했다.[2] 물론 모든 특정한 사안을 둘러싼 인간의 행동은 넓은 스펙트럼을 지니며, 그 다양성은 유전자, 환경, (기억하겠지만) 신경후성 유전학적 요인의 차이와 관련이 있다. 우리는 정확한 인과관계가 밝혀지지 않았는데도 특정한 극단으로 치우치는 성향을 종종 '질환'으로 간주한다. 이런 분류의 진실이 무엇이든 질환 이론은 일부 알코올 중독자에게 여전히 도움이 된다. 가령 (정신적 문제를 가진 많은 사람들이 구체적인 병명을 알면 긍정적인 감정을 느끼듯이) 자신의 문제를 연구하고 파악할 수 있으며, (정확히 12단계는 아니라도) 치료를 위한 단계를 밟을 수 있다는 사실을 아는 데서 오는 심리적 위안을 줄 수 있다. 그래서 질환 모형은 사실관계가 정확하지 않더라도 알코올 중독자에게 도움을 줄 수 있다. 바로 이런 것이 플라세보 아이디어다.

이런 관념에 어느 정도까지 문제를 제기하는 것이 옳은지는 그 자체가 윤리적 문제다. 신경과학자인 마크 루이스Marc Lewis는 모든 중독은 질환이 아니라 행동 문제라고 주장한다. 그러나 그는 중독을 질환으로 칭하는 데 따른 미덕을 이해한다. 그는 "중독자들로부터 '이게 질환이 아니라고 하면, 내가 질환에 걸린 것이 아니라고 하면 나아질 길이 없다.'는 말을 들을 때 정말로 마음이 흔들린다."고 밝혔다. 질환이라는 명칭은 사회로부터 비난받지 않도록 보호해준다. 그래서 "중독이 질환이라면 자신의 잘못이 아니므로 부담감이나 수치심을 느낄 필요가 없다. 아무런 동요 없이 그런 인식을 갑자기 바꾸기는 어렵다."[3]

플라세보 아이디어의 또 다른 예는, 레이디 가가가 말하는 대로 동성애 성향이 유전체에 각인되어 있어서 동성애자는 "그렇게 타고난다."는 것이다. 1980년대와 1990년대에 대중화된 이 생각은 일부 동성애자가 성적 취향에 결부된 수치심을 버리도록 도왔을 뿐만 아니라 계속되는 도덕적 편견에 맞서는 탁월한 방어책이었다. 그래서 자의적으로 도착적인 취향을 선택했다고 생각하는 동성애 혐오자들에게 단지 타고난 생리의 일부라고 대꾸할 수 있었다. 그런 측면에서 '동성애자 유전자'도 강력한 플라세보 아이디어다.

인간의 심리는 실로 복잡해서 어떤 생각들은 확실히 틀렸는데도 강력한 플라세보 효과를 발휘한다. 이는 적어도 정신병적 망상에 대한 현대의 연구가 시사하는 한 가지 사실이다. 이 사실을 제대로 이해하려면 뛰어난 19세기의 독일 과학자를 다시 만나봐야 한다.

모호한 힌트에 대한 재구성

'박식가'라는 말은 남용되고 있다. 그러나 앞서 당대에 사변적 과학을 담은 글들이 쏟아져 나온다고 불평한 헤르만 폰 헬름홀츠는 분명 박식가에 해당한다. 그는 인간의 시각視覺과 물리학에 대한 연구에서 중요한 작업을 했으며, 최초의 음악용 신시사이저를 발명했다. 이 발명은 음향을 구성하는 고조파를 분석한 후에 이뤄졌다. 그는 세밀하게 설계된 청음 실험을 통해 오보에의 소리가 지닌 특색 혹은 음색이 플루트나 바이올린의 소리와 다른 이유가 각 악기의 기본음, 즉 연주되는 '음'(대개 우리가 의식적으로 듣는 유일한 음) 위로 생성되는 배음들이 다르기 때문임을 밝혀냈다. 그리고 그는 전자석의 작용으로 계속 진동하는 소리굽쇠들을 활용하여 나무와 청동만 가지고 일련의 음을 생성하는 장치를 만들었다. 여러 굽쇠를 동시에 울려 실제 악기들이 내는 배음을 재생시킨 결과 소름 끼칠 만큼 악기와 비슷한 소리뿐만 아니라 심지어 알아들을 수 있는 모음 소리까지 만들 수 있었다. 그는 1875년에 만족스러운 어조로 "일련의 불균등한 부분음을 활용하여 클라리넷이 지닌 비음성 nasality을 재현했으며, 모든 굽쇠의 전면적인 화음을 통해 프렌치 혼의 더 부드러운 음을 재현했다."고 밝혔다.[4]

그렇게 해서 헬름홀츠는 기계식 신시사이저를 발명했으며, 1세기 후에 동포들로 구성된 전자음악 밴드 '크라프트베르크Kraftwerk'의 음악을 가능하게 만들었다. 실제로 그는 과학적 관측에 더하여 정확한 화음에 대한 정교한 이론을 구축하는 논문들을 계속 발표했다. 그러나 이런 미학적 기획은 크게 주목받지 못했다. 다만 음악과 관련된 그의 연구에서 제시된 한 가지 요점은 더 높은 평가를 받은 인간의 시각에 대한 그의 주장과 일치한다. 그의 설명에 따르면 우리는 바이올린 소리를 들을 때 다른 주파수에 반응하는 별도의 청각 구조 때문에 모든 배음을 감지한다. (당시의 해부학적 지식은 세부적인 면이 다소 부족하기는 했지만 이 설명은 절대적으로 옳다.) 그러나 뇌가 처리 과정을 통해 이 모든 배음을 통합해야만 비로소 소리를 인식하고 바이올린 소리로 지각하게 된다. 따라서 지각은 무의식적 추론 과정을 수반한다고 볼 수 있다.

헬름홀츠는 자신의 뛰어난 논문 〈생리적 광학론Treatise on Physiological Optics〉에서 청각에 해당되는 사실은 시각에도 해당된다고 주장했다. 즉, 인간의 눈이 감지하는 것은 단지 색과 빛의 단계적 차이에 불과하다. 이 모든 데이터를 이해하려면 뇌가 작동하여 주어진 정보를 한데 모아 감각적 추론 혹은 '무의식적 결론'을 이끌어내야 한다. 그래야만 탁자나 맥주잔을 지각할 수 있다.[5] 따라서 우리가 일상적인 세계에서 대상을 보는 방식은 투명한 유리창을 들여다보는 것과 다르다. 또한 직선적이고 아둔한 신경 자극 절차도 아니다. 세계는 외부에서 주어지는 모호한 힌트들을 통해 어떤 식이든 머릿속에서 합리적으로 재구성되어야 한다. 그렇다면 논리적 추론은 무의식적이기는 하지만 지각의 근본적인 요소다.

이 생각은 많은 연구자들이 인간의 지각을 단순한 기계적 절차로 환원할 수 있다고 가정하던 19세기 말에 큰 논쟁을 불러일으켰다. 20세기 후반에 들어서야 인지심리학이라는 새로운 학문이 이런 생각을 그 토대로 삼으면서 헬름홀츠는 시대를 앞섰다는 평가를 받았다. 케임브리지 대학의 신경과학자인 폴 플레처에 따르면, 요즘 정신이 작동하는 양상을 다루는 첨단 모형에 대한 논문과 강의에서 헬름홀츠를 폭넓게 참조하고 있다. 또한 헬름홀츠의 통찰은 현대인의 정신에 문제가 생겼을 때 어떤 일이 일어나는지에 대한 단서를 제공한다.

정신은 어떻게 작동할까

플레처는 의학도로 학자 경력을 시작한 후 정신의학에 입문했다. 그가 연수생일 때 처음 접한 환자는 대단히 심각한 정신질환을 앓고 있었다. 이 환자는 텔레비전에 나오는 사람들이 자신에게 말을 한다고 생각했고, 사방에서 숨겨진 메시지를 보았다. 나중에는 자해까지 저질렀다. 플레처는 아무런 증거도 없이 가상의 세계를 창조하고 거기에 따라 행동할 수 있다는 데 깊은 흥미를 느꼈다. 이후 그의 연구는 주로 환각에 시달리는 사람들을 대상으로 진행되었다. 대개 우리는 헛것을 보거나 듣는 환각을 정신에 문제가 생긴 사례로 간주한다. 그러나 정신이 원래 이런 식으로 작동한다면 어떨까?

플레처는 "아무도 없는데 목소리를 듣거나 허깨비를 보는 것 같은 일들이 뇌 혹은 정신이 작동하는 방식의 산물일 수 있다는 생각에 크게 매료"되었다. 그 생각이 맞다면 "섬찟한 착란이 아니라 사실은 상당히 창의적인 절차에 따른 결과"일 수도 있었다. 헬름홀츠의 말에 따르면 "헛것은 언제나 신경 기제에 실재하는 듯한 인상을 만들기 위해 거기에 있어야 하는 것처럼 시야에 존재한다고 상상하는 것들이다. (플레처가 보기에 이 말은 환각을 이해하는 데 필요한 절대적 열쇠였다.)" 이 말의 뜻은 어떤 대상을 보거나 지각할 때 해당 경험을 하기 위해 거기 있어야 마땅한 대상들을 상상한다는 것이다.

다시 말해서 '탁자를 본다.'는 것은 천연색 빛의 조각들로 구성된 감각 데이터를 받아들인 다음 역추론을 통해 (적절하게 성공한 경우) 만약 탁자가 앞에 있다면 지금 보이는 것과 같은 천연색 빛의 패턴들을 형성하리라 짐작하는 것이다. 이런 절차를 거쳐 탁자를 지각하고 있다는 결론을 내리게 된다.

플레처는 이 생각이 "처음에는 다소 반직관적으로 느껴지지만" 기호학의 아버지로 여겨지는 미국 철학자 찰스 샌더스 퍼스Charles Sanders Peirce도 받아들였다고 말한다. 퍼스는 세 번째 종류의 논리적 추론을 제시했다. 우리는 연역법(특정한 전제 혹은 사실 뒤에 나와야 하는 것에 대한 추론)과 베이컨식 귀납법(이미 아는 것을 토대로 삼는 미래에 생길 일에 대한 추론)에 익숙하다. 퍼스가 제시한 세 번째 추론법은 소위 '귀추법abduction'이다. 플레처에 따르면 귀추법은 기본적으로 이미 확보한 데이터를 토대로 그 원인이었을 법한 것을 추론하는 것이다. 헬름홀츠가 말한 지각도 이와 비슷해서 일종의 귀추에 해당한다. 즉, 이미 취한 데이터를 통해 그 원인이었을 법한 것과 접촉하려고 시도한다는 말이다. 그래서 귀추법은 모호한 성격을 지닐 수밖에 없다.

플레처에 따르면 "귀추법은 논리적으로 결함이 많다. 근본적으로 '저기 검은 물체가 있다. 까마귀는 검다. 따라서 저 물체는 까마귀다.'라고 말하는 것처럼 거꾸로 추론을 하기 때문이다. 게다가 퍼스가 말한 대로 이는 단지 짐작에 불과하다." 그러나 그래도 상관없다. 퍼스에 따르면 짐작은 인간의 이해를 진전시키는 유일한 방법이기 때문이다. 그는 이렇게 썼다. "진실은 우리가 가진 지식의 전체 구조가 귀납을 통해 확증되고 수정된 순수한 가설의 짜깁기라는 것이다. 모든 단계에서 귀추가 실행되지 않으면 멍하니 바라보는 수준을 넘어서는 지식의 진전은 일체 이뤄지지 않는다."[6]

지각에서 무의식적 추론이 이뤄지는 양상에 대한 헬름홀츠의 통찰을 해당 추론의 논리적 형태를 귀추법으로 제시한 퍼스의 설명과 합치면 우리가 일반적으로 겪는 경험이 얼마나 취약한지 분명하게 알 수 있다. 플레처는 이렇게 설명한다. "모호하고, 혼란하고, 불분명한 데이터들이 마구잡이로 들어올 때 제대로 이해하기 위해 활용할 수 있는 수단은 이미 알고 있는 것뿐입니다. 그래서 들어오는 것과 이미 존재하는 것 사이의 균형이 무너진 상태가 환각이라고 설명할 수 있습니다." 즉, 환각은 정신이 심하게 비정상적으로 작동하는 것이 아니라, 감각을 통해 들어오는 모호한 데이터 홍수에 의미를 부여하기 위해 이미 알고 있는 것에 일반적인 경우보다 더 의존하는 데 따른 것일 뿐이다.

그렇다면 환각은 정신이 끔찍하게 뒤틀린 현상이 아닐지도 모른다. 단지 인간 본연의 두뇌 활동을 하다가 걸린 직업병일 수도 있다. 실제로 플레처가 진행한 실험 결과에 따르면, 환각을 자주 겪는 사람들은 혼란한 이미지를 해석하는 일을 잘한다. 그래서 플레처는 "환각이 모든 사람이 가진, 아주 유용하지만 오도의 위험을 지닌 생리적 기제가 과도하게 발현되는 현상이며, 이 사실은 헬름홀츠가 제시한 생각과 직접적으로 연계된다."고 말한다. 이 대목에서 우리는 뛰어난 독일인 학자가 하늘에서 소리굽쇠로 축가를 울리는 모습을 그릴 수 있다. 동시에 정상과 비정상을 가르는 안일한 기준도 조정할 필요성을 느끼게 된다. 우리는 모두 어둠 속에서 짐작을 하고 있을 뿐이다.

불확정성 원리

이처럼 세상을 바라볼 때 실재하는 대상을 바로 지각한다는 생각은 틀렸다. 그러나 그렇게 생각하지 않으면 제대로 활동할 수 없다. 그래서 이는 대단히 깊이 자리 잡은 플라세보 아이디어다.

플레처는 같은 종류의 추론을 텔레비전이 메시지를 보낸다고 생각하는 것 같은 정신병적 망상에도 적용할 수 있다고 말한다. 기본적인 문제는 뇌가 현실로부터 차단되어 있다는 것이다. "뇌는 두꺼운 뼈에 싸인 채 그 세계로부터 사실상 멀리 떨어져 있으며, 소수의 감각을 통해 혼란하고, 모호하고, 일관성 없는 신호만을 받아들인다." 그래서 많은 신경과학자들은 "과거에 받아들인 신호를 기준으로 새로운 신호를 통합하여" 실제 진행되는 일이 무엇인지 예측하는 것이 뇌의 전략이라고 생각한다.

그러나 이 전략에는 위험이 따른다. 플레처에 따르면 "입력되는 정보에 예측을 덧입히면 지각의 상당 부분을 만들어낼 위험이 있다."(감각 차단실에 들어간 사람은 실제로 이런 현상을 통해 환각에 빠진다.) 이런 일이 일어나지 않게 하려면 "잡음이나 편차 혹은 불안정성 때문이라고 보기에는 예측한 것과 실제로 존재하는 것이 너무 다른 불일치 신호"를 예민하게 잡아내야 한다. 이 불일치 신호 혹은 "예측 오류는 세상에 일어난 변화를 수용하기 위해 지식을 갱신해야 한다는 메시지"다.

그렇다면 뇌는 예측 오류를 최소화한다는 아주 간단한 원칙을 따를 때 가장 원활하게 작동할 수 있다. 물론 그러기 위해서는 예측에 대한 예측을 할 수 있어야 한다. 플레처는 앞서 살핀 대로 도널드 럼스펠드가 비슷한 생각을 말했다가 두루 (그리고 부당하게) 조롱당한 일에 빗대어 이렇게 말한다. "럼스펠드가 한 말처럼 들릴 위험이 있지만 어떤 것을 알거나 완전히 예측할 수 있을지, 그리고 어떤 것을 알지 못할지 자세히 예측할 수 있어야 한다." 다시 말해서 사업과 과학뿐만 아니라 정신적 생활에서도 '아는 무지'를 다룰 줄 알아야 한다.

플레처는 뇌가 "불확실성을 최소화하려 애쓰는 존재"라고 생각한다. 우리는 모두 일상생활에서 불확실성을 자주 접한다. 플레처는 "예측할 수 없는 일을 예측하려는 과정에서 수많은 비극이 발생하지만, 진정으로 예측할 수 없는 것이 무엇인지 모른다는 사실을 감안하면 가설을 세우고, 고치고, 버리거나, 완벽하지 않지만 우리가 할 수 있는 최선을 반영하는 가설을 따를 수밖에 없다."고 말한다. 불확실성은 불편하다. 그래서 우리는 심한 스트레스를 받을 때 불확실성을 최소화하려 애쓰는 경향이 있다. 플레처는 "실제로 스트레스와 불확실성이 거의 동의어가 아닐지 가끔 생각하게 된다."고 말한다. 그래서 우리가 가진 믿음은 옳을 때가 아니라 불확실성을 최소화하는 데 도움이 될 때 가장 유용할지도 모른다. 혹은 나의 표현으로는 플라세보 아이디어로서 강력한 효과를 발휘할 때 가장 유용할지도 모른다.

플레처에 따르면 망상은 "충분한 증거가 없거나 심지어 상충하는 증거가 있는데도 나타나는" 특수한 믿음이라고 정의할 수 있다. 그는 망상을 "끔찍한 혼란과 불확실성 앞에서 안도감을 찾으려는 절박한 시도"로 보는 견해에 동의하지만, 동시에 "일반적인 믿음도 비슷한 취약성을 지닌다."고 덧붙인다. 실로 "망상이 아닌 믿음도 마찬가지로 비합리적임을 감안할 때 어떤 믿음을 망상으로 정의해야 할지 의문을 제기할 수 있다. 안타깝게도 이 문제는 다른 사람들이 얼마나 많이 믿지 않는지 여부로 귀결된다." 이제 많은 연구자들은 정신병자와 '정상'인이라는 이원적 구분보다 모두가 속하는 정신증의 범주를 기준으로 생각한다.

이처럼 망상은 환각과 마찬가지로 뇌가 원래 방식대로, 다만 조금 과하게 작동한 데서 기인한 것으로 보인다. 이 사실은 정상과 비정상을 명백히 가르는 우리의 기준을 뒤흔든다. 망상이 끔찍한 스트레스와 불확실성에 시달리는 사람에게 도움을 주는 플라세보 효과를 지니듯 정상적으로 보이는 많은 믿음도 같은 기능을 하는 것일지 모른다. 즉 믿음은 위약과 같다. 그렇다면 위약 자체의 힘에 대한 믿음도 일종의 위약일까? 또한 위약이 효과를 내는 방식, 위약을 활용하는 방법, 실제로 의존하는 위약이 얼마나 되는지에 대한 생각을 재고해야 할까?

나를 기쁘게 해주오

양자물리학자인 닐스 보어는 행운이 깃들기를 바라는 마음에 시골집 앞문에 편자를 걸어두었다. 어느 날 한 손님이 편자를 보고 놀라서 "설마 그런 미신을 믿는 건 아니죠?"라고 물었다.

보어는 "믿지 않아도 효과가 있다고 하더라고요."라고 대답했다.[7]

보어의 농담은 영리하면서도 정확했다. 실로 플라세보 효과가 지닌 대단히 이상한 요소는 위약은 위약임을 알아도 두드러진 효과를 낸다는 것이다. (아마도 그래서 내가 계속 같은 속임수를 써서 서평을 쓸 수 있는 것인지도 모른다.) 여러 '대체' 요법들이 효과 면에서 '위약과 다를 바 없다.'고 폄하하는 사람들이 많다. 그러나 이는 위약에게 약간 부당한 처사다. 플라세보 효과는 신비로울 정도로 강하며, 더욱 신비롭게도 계속 강해지는 듯하다.[8] 치료나 약이 위약보다 나은 점이 없다면 위약은 이미 충분히 뛰어난 것이다.

폭넓게 인용되지만 논쟁의 여지가 있는 메타 분석에 따르면, 플라세보 효과는 거의 존재하지 않는다.[9] 하지만 다른 한편으로는 많은 실험에서 놀라운 결과가 나왔다. 가령 구강 수술 후 고통에 시달리는 사람들에게 고통을 완화한다며 소금물(염분)을 주었더니 6~8밀리그램의 모르핀을 (말하지 않고) 몰래 투약한 것과 같은 효과가 있었다. 위약보다 강한 효과를 내려면 모르핀의 양을 두 배인 12밀리그램으로 늘려야 했다.[10] 이처럼 위약은 우리에게 알려진 가장 강력한 진통제의 절반에 해당하는 효과를 발휘할 수 있다. 한동안은 이런 결과가 나온 이유가 단지 우리 몸이 자체적으로 진통제(엔도르핀)를 생성하기 때문이라고 생각되었다. 그러나 명민한 실험들이 시사하는 결론은 이전에 실험대상자에게 투약한 약물에 따라 위약 반응이 각각 다른 체내 화학물질을 활성화한다는 것이다. 과학 저술가인 마이클 브룩스Michael Brooks는 "모두가 '플라세보 효과'로 생각했던 것이 실은 각각 고유한 생화학적 기제를 지닌 다양한 효과로 드러났다."고 밝혔다.[11]

또 다른 실험들은 폭넓게 통용되는 약을 사용할 때도 뜻밖의 플라세보 효과가 발생한다고 추정한다. 가령 한 교묘한 실험에서 연구자들은 수술 후 불안에 시달리는 환자들을 두 집단으로 나눴다. 그 다음 첫 번째 집단에게는 불안을 완화하는 약이라며 디아제팜diazepam(신경안정제)을 주었다. 그 결과 예상대로 증세가 완화되었다. 반면 두 번째 집단에게는 정확히 같은 양의 디아제팜을 아무 말도 하지 않고 (링거 주사를 통해) 몰래 투약했다. 그러자 아무런 차도가 없었다. 이 실험을 진행한 파브리치오 베네데티Fabrizio Benedetti는 "공개적으로 디아제팜을 투약한 후 이뤄진 불안 완화 효과는 플라세보 효과"라고 결론지었다.[12] 반면 디아제팜을 투약한다고 알린 다음 전혀 약리작용을 하지 않는 물질을 투약하면 실제로 디아제팜을 투약한 만큼 효과가 나지 않는다. (다른 한편 앞서 살핀 대로 실제 디아제팜도 투약 사실을 알리지 않으면 전혀 효과를 내지 못한다.)[13] 그렇다면 어떤 식이든 플라세보 효과는 특정한 약물에 더하여 환자의 기대에 의존하는 셈이다.

'플라세보Placebo'는 라틴어로 '기쁨을 주다.'라는 의미다. '플라세보 효과'라는 말이 처음 만들어진 20세기 중반까지 플라세보라는 단어는 엉터리 요법을 가리키는 데 사용되었다. 가령 로버트 후퍼Robert Hooper 가 1811년에 펴낸 《신의학사전New Medical Dictionary》을 보면 "환자에게 도움을 주기보다 기쁨을 주려고 쓰는 모든 약물의 별칭"이라고 정의되어 있다. 물론 이제는 그 기쁨이 분명한 효과를 지닌다는 사실을 모두가 안다. 그러나 어떤 사람들은 아주 오래전에 그럴지도 모른다고 생각했다.

플라톤의 대화록인 《카르미데스Charmides》에는 트라키아 자몰시스 Zamolxis 왕의 의사들이 활용한 원칙이 나온다. 거기에 따르면 머리와 몸이 건강하기 위해서는 먼저 영혼을 치유해야 한다. '감언'이나 주문으로 영혼을 치유하면 몸을 건강한 상태로 유도하기 쉽다.[14] 이런 '감언'은 아마도 플라세보 효과를 일으키는 역할을 했을 것이다.

플라세보 효과와 완전히 반대되는 효과인 '노세보nocebo(라틴어로 '해를 입히다.'라는 뜻)' 효과도 있다. 가령 임상 실험에 참여한 사람들이 문제가 생길 것이라고 믿거나 예상하는 경우에는 위약(설탕약)을 먹어도 증상이 악화되며, 강력한 마취제도 통증 완화 효과를 보이지 않는다. 이 사실 역시 오래전부터 직관적으로 생각되던 것이다. 가령 저주가 통하는 것은 노세보 효과 때문일 수 있다.

그렇다면 플라세보 반응과 노세보 반응을 일으키는 원인은 (엉터리 약, 방사선처럼) 효과를 촉발하는 매개체가 아니라 개인의 믿음과 사회적 맥락 같은 요소들이다. 이런 차원에서 몸과 마음이 모두 관련된다고 말할 수 있다. 그렇다고 해서 긍정적이든 부정적이든 해당 경험이 실제적이지 않다는 의미는 아니다. 어쩌면 두 효과는 신비하게 볼 요소가 없는 것인지도 모른다. 신라마르크론을 제시한 이자벨 망수이는 대화 요법이 현행 요법보다 더 정확하게 올바른 두뇌 부위를 겨냥한다고 말했다. 의사 혹은 익숙한 약이 제공하는 보증과 제안도 특정 두뇌 부위를 겨냥하여 도움이 되는 쪽으로 바꿀 수 있다. 파브리치오 베네데티도 "플라세보 효과는 기본적으로 심리사회적 맥락에 속하므로 이 데이터들은 치료를 위한 말이나 의식 같은 사회적 자극제들이 두뇌의 화학작용과 회로를 바꿀 수도 있음을 말해준다."고 주장한다.[15] 의료 분야의 플라세보 효과에 해당되는 사실은 플라세보 아이디어에도 해당되어야 한다. 어떤 관념이 정신을 재구성한다면 두뇌의 '화학작용과 회로'도 바꿀 수 있어야 한다.

플라세보 효과와 흡사한 효과가 생활의 다른 영역, 가령 식당에서 잘 활용된다. 같은 음식이라도 단순한 이름보다 멋진 이름을 붙이면 더 맛있는 느낌을 주며, 식당의 분위기도 맛에 대한 인식에 영향을 미친다는 사실은 익히 알려져 있다. 식당들이 돈을 벌려고 일부러 속임수를 쓸 수도 있으므로 이 사실을 냉소적으로 볼 수도 있다. 그러나 한편으로는 무의식적 조작에 걸려든 손님들이 그렇지 않은 경우보다 음식을 더 맛있게 즐긴다는 사실도 고려해야 한다. 의사들이 하는 말이 6밀리그램의 모르핀만큼 강력한 효과를 발휘한다면 고급 식당에서 발휘되는 플라세보 효과도 단순한 착각이 아니다.

마찬가지로 설령 주파수 분석 결과 고급 헤드폰이 저급 헤드폰보다 소리를 더 잘 재생하지 못한다고 해도 특정 브랜드의 비싸고 화려한 헤드폰을 사는 사람들은 실제로 더 풍부한 소리를 경험할 수도 있다. 멋스러운 식당의 음식이 더 낫다거나, 비싼 헤드폰을 쓰면 더 좋은 소리를 듣는다는 생각은 전적으로 무해한 망상이다. 따라서 대체로 플라세보 효과가 다양한 측면에서 우리의 삶을 개선한다면 굳이 마다할 이유가 있을까?

적어도 의료 분야에서 플라세보 효과는 여러 윤리적 난제를 제기한다. 가령 치명적인 질환을 치료할 신약과 위약을 비교하는 임상 실험을 할 경우 신약 개발을 '성공'으로 판단하려면 위약 집단에 속한 사람들이 더 많이 죽어야 한다. 그런 이유로 요즘에는 심각한 질환에 대한 새로운 치료법을 실험할 때 비활성 물질이 아니라 (설령 비활성 물질이 플라세보 효과 때문에 좋은 영향을 미칠 수 있다고 해도) 현재 활용되는 최선의 치료법과 비교한다.

의사가 플라세보 효과를 의도적으로 활용하는 정도에 따른 윤리적 문제도 있다. 의사가 알면서도 위약을 처방하는 것을 허용해도 될까? 이 문제에 대한 일반적인 반응은 '안 된다'는 것이다. 영국 의회의 관련 위원회가 지적한 대로 위약을 처방하는 일은 "대개 환자에 대한 어느 정도의 기만에 의존"하기 때문이다. 그래도 이런 일은 많이 일어난다. 가령 덴마크와 이스라엘의 의사들을 대상으로 조사한 결과 절반 이상이 자주 위약을 처방하는 것으로 드러났다.[16] 위약을 처방하는 일은 경우에 따라 모두에게 부정적인 영향을 미칠 수도 있다. 감기나 독감에 걸린 사람에게 항생제를 처방하는 경우만 해도 그렇다. 감기와 독감은 바이러스가 원인이므로 박테리아를 죽이는 항생제는 생화학적으로 아무런 작용도 하지 못한다. 그래도 환자들은 종종 항생제를 요구하며, 플라세보 효과의 덕을 보기도 한다. 즉, 원래 소요될 기간보다 빨리 병이 치유된다. 그러나 항생제를 남용하면 박테리아의 내성이 강해져서 대단히 죽이기 어려운 슈퍼박테리아가 생긴다.

흥미로운 사실은 위약임을 밝히고 위약도 강력한 효과를 낼 수 있다고 설명하는 경우에도 플라세보 효과가 난다는 것이다.[17] 이 경우 속임수는 개입하지 않는다. 오히려 그 원리를 충분히 알지 못한다고 해서 효과가 있는 요법을 활용하지 않는 것이 비도덕적이지 않을까?

건강은 영혼에서 신체로 이어진다고 주장한 트라키아 왕실의 의사들은 앞서 소개한 대로 스토아주의의 원칙들을 자기계발 기법에 활용한 프랑스의 약사 에밀 쿠에와 비슷한 생각을 공유했다. 쿠에도 플라세보 효과 혹은 그의 표현대로 암시의 힘에 관심이 많았다. 트루아라는 도시에서 약국을 운영한 그는 환자에게 주는 약에 효능을 알리는 글을 적어두면 더 빨리 낫는다는 사실을 발견했다. 그래서 이 방법을 체계적으로 활용하기 시작했다. (또한 그는 의사들이 설령 필요하지 않더라도 모든 환자에게 약을 처방해야 한다고 생각했다. 그러면 순전히 심리적인 요인으로 인한 병을 고칠 수 있다는 이유였다. 그가 항생제를 넉넉히 보유하지 않았던 것이 다행스러운 일인지도 모른다.)

쿠에는 나중에 《자기암시》에서 플라세보 이론을 설명했다. 그는 부정적 암시가 직접적인 영향을 미칠 수 있다고 경고하면서 이렇게 썼다.

"신분만으로도 암묵적 영향을 미칠 수 있는 의사가 환자에게 '할 수 있는 일이 없으며 병을 고칠 수 없다.'고 말하면, 대단히 파국적인 결과를 초래하는 자기암시를 환자의 마음에 심어주게 된다."[18] (쿠에의 이론에서 '자기암시'는 몸 전체에 강력한 영향을 미치는 내면의 무의식적 생각을 말한다.) 현대 과학은 이 부분에서 쿠에의 생각에 동의한다. 암울한 진단이 강력한 노세보 효과를 낸다는 것은 익히 알려진 사실이다.

반면 의사가 환자에게 "심각한 병이기는 하지만 시간을 두고 끈기 있게 치료하면 나을 수 있다."고 말하는 경우 "때로, 심지어 자주 놀라운 결과를 얻게 된다."[19] '때로, 심지어 자주'라는 표현에서 쿠에가 적절하게 취한 신중한 태도를 엿볼 수 있다. 의사와 낙관적인 대화를 나눈다고 해도 암을 고칠 수 있는 가능성은 낮다. 반면 (의사가 전혀 가망이 없다고 확신한다면) 의도적으로 오도하는 일 역시 환자에게 전혀 도움이 되지 않는다. 다시 나아질 것이라고 착각하기보다 주변을 정리하는 편이 더 낫기 때문이다.

그렇다고 해도 쿠에는 시대를 앞선 사람이었다. 그는 의과 대학에서 '암시의 이론과 실제'를 가르치는 것을 보고 싶어 했다. 실제로 현대의 연구자들은 암시의 생화학적 토대를 탐구하고 있다. 다만 그들은 이런 지식이 위험할 수 있다고 경고한다. 루아나 콜로카Luana Colloca와 파브리치오 베네데티는 〈네이처〉에 실은 글에서 다음과 같이 썼다. "플라세보 연구는 정신의 불안정성(혹은 준안정성meta-stability)과 특히 말로 하는 암시를 통한 조작에 취약한 다소 위험스러운 정신의 경향을 드러낸다. 가령 위약, 가짜 요법, 신선한 물, 설탕약이 적절한 심리사회적 맥락에서 뇌의 생화학적 작용에 긍정적인 영향을 미칠 수 있다는 주장은 기만과 거짓 그리고 엉터리 요법을 정당화하는 위험한 결과로 이어질 수 있다." 이런 사례들은 플라세보 연구가 초래할 수 있는 '부정적인 결과' 다. 따라서 "미래의 연구를 통해 암시가 정신에 작용하는 기제를 완전히 이해하게 된다면 플라세보와 노세보의 오용을 피하기 위한 윤리적 논쟁이 필요할 것이다."[20]

이런 논쟁은 위약이 일종의 우스운 심리적 속임수를 통해 작용하며, 진짜 약보다 열등할 수밖에 없다는 통념을 바로잡은 후 필요하게 될 것이다.

말의 실효성

플라세보 효과는 약뿐만 아니라 말의 형태로도 작용한다. 인지행동치료와 스토아주의가 결국 하려는 일이 무엇인가? 바로 해로운 생각, 저절로 진행되는 부정적인 생각의 절차, 쿠에가 말한 '나쁜 못'을 제거하도록 돕는 일이다. 이런 생각은 (옳든 그르든) 해로워서 노세보 효과를 일으킨다. 따라서 (옳든 그르든) 더 나은 긍정적인 생각으로 바꿔야 한다. 다시 말해서 해당 요법들은 환자의 머릿속에 일련의 플라세보 아이디어들을 심으려 한다.

프로이트식 전통을 선호하는 일부 인지행동치료 회의론자들은 인지행동치료가 통하는 이유는 단지 '플라세보 효과'일 뿐이라고 주장한다.[21] 하지만 대화 요법이 어떻게 다른 방식으로 효과를 내겠는가? 암시의 힘을 통해 원하는 변화를 이끌어내는 것을 플라세보 효과라고 한다면 인지행동치료와 정신분석은 성공적일 경우 모두 플라세보 효과를 활용하는 셈이다. 사실 이런 요법이 지니는 실로 강한 효력은 계속 따뜻한 관심을 기울여주는 사람의 존재에서 나오는 것인지도 모른다. 이는 일부 연구에서 밝혀진 '도도새 효과'를 설명한다. 거기에 따르면 모든 심리요법은 각각의 이론과 무관하게 동일한 효과를 지닌다. 그렇다면 어떤 종류든 심리요법은 플라세보다. 어떻게 심리요법이 플라세보가 아닐 수가 있는가? 우리가 플라세보 효과의 특별한 힘을 제대로 이해하지 못한다면 플라세보 효과는 무시될 수밖에 없다.

플라세보 아이디어의 경우 옳은지 아닌지 알기 위해 그 근거를 따지는 일은 논외의 문제다. 글을 쓰기 위해 속임수를 쓰는 나의 플라세보 아이디어는 무조건 틀린 것은 아니다. 가끔은 무작위로 떠오르는 몇 가지 생각만 적어두고 서평을 완성하지 않기도 한다. 그래도 애초에 그렇게 하려고 마음먹었기 때문에 괜찮다. 중요한 점은 그렇게 하는 것도 도움이 되며, 나 자신에게 해가 될 일은 없다는 것이다. 우리가 일반적으로 플라세보 아이디어를 대하는 태도도 이런 식이어야 한다. 즉, (우리가 파악할 수 있는 최대한) 옳은지 여부가 아니라 유용한지 여부로 판단해야 한다. 그래서 플라세보 아이디어를 유용한 기능을 하는 도구로 대하고 그렇지 않으면 버려야 한다. 실제로 사실을 반영하는지 여부는 중요치 않다. 이는 많은 세계들의 존재와 무한한 수의 당나귀를 받아들이는 데이비드 루이스의 논리보다 훨씬 급진적인 입장이다. 루이스는 어떤 생각이 유용성을 지닌다면 옳다고 생각할 '이유'가 된다고 말한다. 플라세보 아이디어를 받아들이는 사람은 어떤 생각이 유용하다면 옳은지 여부를 신경 쓰지 않을 이유가 된다고 말한다.

이 주장이 위험할 만큼 초현대적으로 들릴지 모르지만 실은 오래전에도 제기되었다. 이 장의 서두에 나오는 니체의 말, "의견에 오류가 있다고 해서 배척할 일은 아니다."라는 말이 그런 뜻이다. 니체는 다음과 같이 말을 이어나간다.

문제는 어떤 의견이 삶을 진전시키거나, 삶을 보존하거나, 인류를 보존하거나, 어쩌면 인류를 교육하는지 여부다. 우리는 근본적으로 틀린 의견이야말로 없어서는 안 되며, 논리적 허구의 인식, 현실과 절대적이고 변하지 않는 순전한 가상 세계와의 비교, 숫자를 통해 지속적으로 세계를 위조하는 일 없이는 살 수 없다고 생각하는 경향이 있다. 따라서 틀린 의견을 폐기하는 일은 삶의 폐기, 삶에 대한 거부나 마찬가지다. 비진리untruth를 삶의 조건으로 인식하는 것은 명백히 위험한 방식으로 전통적 가치관에 의문을 제기하는 일이며, 그런 일에 매달리는 철학은 홀로 선악을 초월하는 입지에 서 있다.[22]

지금까지 주장한 대로 플라세보 아이디어가 반드시 필요하다면 비진리는 삶의 조건일지도 모른다.

심리학자인 윌리엄 제임스도 비슷한 시각을 취했다. 그는 가령 어떤 종교의 계율을 따를지 여부를 결정하는 합리적인 방법은, 그 종교가 진리인지 따지는 것이 아니라 그 계율을 따르면 삶이 나아지는지를 살피는 것이라고 말했다. 이런 태도는 철학에서 '실용주의'로 불린다. 제임스의 설명에 따르면 "실용주의는 대개 이런 질문을 제기한다. '어떤 생각이나 믿음이 옳다면 그 사실이 내 삶에 어떤 확고한 변화를 일으키는

가?'"[23] 만약 긍정적인 변화를 일으킨다면 무조건 받아들이는 것이 좋다. 가령 위기에 처했을 때 종교에서 위안을 얻는 사람은 분명 플라세보 아이디어로부터 실질적인 도움을 받는 것이다. 한편 특정한 종교적 하위 전통은 적어도 사회적 차원에서 플라세보가 아니라 확실한 노세보다. (자살폭탄테러로 자신과 다른 사람을 죽이는 것이 미덕이라는 생각은 대단히 해롭다. 죽고 나서 천국에 간다고 믿는 당사자가 아니라면, 죽임을 당한 다른 사람들에게는 확실히 그렇다.)

일부 인류학자들은 부족사회에서 관찰한 특정한 사회적 행동들을 (가령 믿음을 통한 치유 같은) '플라세보 의식'과 (저주 같은) '노세보 의식'으로 분류한다. 산업화된 현대사회에 사는 우리는 그런 행동을 하지 않는다는 생각은 오만하다. 총선에서 투표하는 일이 중요하다는 생각만 해도 그렇다. 어떤 의미에서 보면 당신의 선거는 중요치 않다. 분명 결과에 아무런 차이가 없을 것이기 때문이다. (미국처럼) 직접 대통령을 뽑거나 (영국처럼) 지역 대표를 뽑는 주요 선거에서 겨우 2표로 당락이 결정된 경우는 한 번도 없었다. 따라서 당신의 표는 사실상 의미가 없으며, 그럼에도 투표를 해야 한다는 생각은 플라세보다. 그러나 모두가 이런 생각에 따라 투표를 하지 않으면 민주주의는 무너진다. 호주 같은 일부 국가는 의무투표제를 통해 이 문제를 방지한다. 다른 국가들은 당신의 투표가 중요하다는 플라세보 아이디어를 불어넣는 더 부드러운 전략을 쓴다. 덕분에 정치가 굴러간다. 이처럼 재고는 사회적, 문화적 관념에서도 옳은지 혹은 그른지가 아니라 사람들에게 어떤 영향을 미치는지가 가장 중요하다는 사실을 상기시켜준다. 플라세보 효과는 개인뿐만 아니라 집단에게도 작용한다.

정말 그런 것처럼!

윌리엄 제임스가 정립한 실용주의는 인지행동치료 체계에도 반영된다. 가령 가장 인기 있는 현대의 지침서는 특정 상황에서 자꾸 화가 나면 '이렇게 화를 내는 것이 득인가?' 자문하라고 권한다.[24] 대개 특수한 경우에는 도움이 될 수도 있지만 대부분의 경우에는 그렇지 않다. 따라서 득이 되지 않는 분노는 자제해야 한다. 이처럼 모든 부정적 사고에 대해 '비용 편익 분석'을 할 필요가 있다.[25] 또한 실용주의는 진실성이 아니라 불확실성을 최소화하는 능력을 기준으로 어떤 믿음의 유용성을 따지라는 폴 플레처의 제안에도 영향을 미친다.

심리학자들이 뒤늦게 80년 후에야 먼지를 털어내고 검증하기까지 제대로 인정받지 못하기는 했지만 윌리엄 제임스가 제시한 다른 생각도 옳았다. 거기에 따르면 스토아주의 내지 신스토아주의로 힘들게 사고방식을 바꾸는 일은 쓸데없을 수도 있다. 그러지 말고 그냥 행동방식만 바꾸면 된다.

웃으면 행복해진다는 말을 들어본 적이 있을 것이다. 그러나 그냥 슬쩍 웃기만 해서는 효과가 없다. 이렇게 해보라. 이마와 눈썹의 긴장을 풀어라. 입꼬리를 최대한 귀 쪽으로 늘리고 눈꼬리도 주름지게 만들어라. 그리고 눈썹을 약간 올려라. 그 다음 20초 동안 그대로 유지하라.

다 했는가? 어떤가? 대다수 사람들은 실제로 별다른 이유도 없는데 조금 바보처럼 기분이 좋아졌다고 말한다. 윌리엄 제임스는 바로 그럴 것이라고 예측했다. 우리가 감정을 이해하는 방식이 거꾸로 되었다고 생각했기 때문이다. 우리는 곰이 무서워서 도망친다고 생각한다. 반면 제임스는 우리가 곰에게서 도망치는 자신의 모습에 무서움을 느낀다고 말한다. 무의식은 몸에서 일어나는 생리적 변화를 감지하고 해석한 다음 적절한 감정을 표출한다. 실제로 근래에 이뤄진 연구에 따르면, 몸에서 일어나는 동일한 생리적 변화가 맥락에 따라 다양한 감정을 표출하는 계기로 해석된다. 그래서 심리학자인 리처드 와이즈먼Richard Wiseman은 "심장이 뛰는 것은 그 순간에 적용하는 기질적 해석에 따라 분노나 행복 혹은 애정의 신호로 간주될 수 있다."고 설명한다. 그는 실제로 그렇다면 행동을 바꾸는 것이 감정을 바꾸는 가장 직접적인 방식이라는 원칙을 토대로 대단히 흥미로운 신제임스주의적 자기계발서를 썼다. 이 원칙은 "어떤 자질을 원하면 이미 그런 것처럼 행동하라."는 제임스의 권고에 따라 '가정원칙As If Principle'이라 불린다. 다시 말해서 "침착해지고 싶다면 침착한 사람처럼 행동하고", 사교적인 성격을 갖고 싶으면 사람들과 어울리고, 결단력을 지니고 싶으면 주먹을 쥐어라.[26] 현대 인지행동치료 분야 내부에서도 인지와 행동 중에서 무엇이 더 중요한지를 놓고 엄청난 논쟁이 벌어지고 있다. 후자라고 주장하는 제임스주의는 행동이 감정을 낳는다고 말한다.

폴 플레처에 따르면, 감정이 근본적으로 몸의 상태에서 기인하는 무의식적 유추라는 윌리엄 제임스의 생각은 지금도 케임브리지 대학 자연과학 학부 과정에서 강의되고 있다. 그는 "이 생각이 사실이라는 좋은 증거는 엄청나게 많다."고 말한다. 그러나 삶을 영위하는 방식으로 받아들이기는 대단히 어렵다. 플레처는 "이 내용을 학생들에게 자주 말합니다. 다들 그 논리는 받아들이지만 진정으로 믿는 사람은 하나도 없거든요."라고 말한다.

실로 제임스의 생각은 1세기가 지난 지금도 충격적이고 터무니없이 들린다. 우리는 감정이 내면의 현실이자 개인적 진실성을 보증하는 수단이라는 생각에 너무 익숙하다. 그래서 다른 것은 몰라도 감정만은 믿을 수 있다고 생각한다. '정체성 정치identity politics(다양한 기준으로 분화된 집단이 각자의 권리를 주장하는 데 주력하는 정치 – 옮긴이)'와 '사전 경고trigger warnings(충격을 받을 수 있는 내용에 대한 사전 고지 – 옮긴이)'의 시대에 우리의 감정은 그 어느 때보다 실질적이고 참된 최고의 지표로 대접받는 듯하다. 그래서 감정을 단순한 반응에서 생리적 절차로 보는 인식의 도약을 이루기가 극도로 어렵다. "나는 감정을 믿지 않아. 감정은 왔다가 가버리니까."라고 읊조리는 뛰어난 가수 레너드 코언Leonard Cohen의 조언을 따르는 일도 마찬가지다.[27]

윌리엄 제임스는 실험을 싫어했기 때문에 감정에 대한 자신의 이론을 검증할 생각을 하지 않았다. 그래서 "황동 기구와 산술 공식이 난무하는 심리학은 생각만 해도 두렵다."는 투정 섞인 말을 하기도 했다.[28] (여기서 탁상 이론화 혹은 합리주의가 또 점수를 올린다.) 그러나 현대에 들어서 많은 연구자들이 제임스의 생각을 검증했으며, 그 결과 옳은 것으로 드러났다.

심리학자인 스탠리 샤흐터Stanley Schachter와 제롬 싱어Jerome E. Singer는 1962년에 제임스의 생각을 더욱 확장하기 위해 실시한 대단히 흥미로운 실험의 결과를 발표했다.[29] 폴 플레처의 설명에 따르면 두 사람은 실험 방법을 구상할 때 "육체적 감각이 감정을 촉발한다는 가정은 전적으로 타당하지만 인지적 작용도 그 관계를 조정한다고 추정했다." 어떻게 이 추정을 검증할 수 있을까? 두 사람은 자원한 대상자들에게 심장을 빨리 뛰게 만들고 손바닥에 땀이 배게 만드는 아드레날린을 주사했다. 이런 육체적 증상의 배경은 대단히 모호했다. 가령 흥분 때문일 수도, 두려움 때문일 수도, 분노 때문일 수도 있었다. 연구자들은 각 집단에 다른 조건을 적용했다. 첫 번째 집단에게는 심장을 빨리 뛰게 만들고 손바닥에 땀이 배게 만드는 약이라고 말했다. 두 번째 집단에게는 "발가락의 감각을 마비시키는 약"이라는 식으로 거짓말을 했다. 세 번째 집단에게는 투약만 하고 아무 말도 하지 않았다. 네 번째 집단(통제군)에게는 (결과를 예상하게 하는 말을 하지 않았기 때문에) 어떤 증상도 초래하지 않는 위약을 투약했다. 그런 다음 각 집단을 아주 즐겁거나 분노한 상태를 연기하는 사람과 같은 공간에 투입했다.

풀어야 할 의문은 심장이 왜 빨리 뛰는지 모르는 사람들에게 연기자의 감정이 더 쉽게 전염되는지 여부였다. 대상자들은 육체적 증상을 설명하려는 무의식적 노력에 따라, 연기자의 기쁨이나 분노에 '전염'되어 비슷한 감정을 드러낼까? 그랬다. 실제로 그런 일이 일어났다. 반면 아드레날린을 주사했다는 사실을 아는 사람들은 쉽게 분위기에 휩쓸리지 않았다. 플레처의 설명에 따르면 "육체적 감각을 느껴도 그 이유를 설명하는 인지적 모형이 있으면 상대적으로 감정이 둔해진다."

이는 감정의 '2요인 이론'을 뒷받침하는 고전적인 실험이다. (두 요인은 '생리적 자극'과 '인지'다.) 플레처는 이 실험에 대해 신중한 말투로 "흥미롭지만, 유일한 문제점은 제가 논의한 모든 사람이 해당 실험을 한 번도 재현하지 못했다고 말한다는 겁니다. 가르치기는 하지만 재현된 적은 없어요."라고 말한다.

그리고 그는 미소를 지으며 "가르치는 이유는 너무나 절묘하기 때문이에요. 과학 하는 사람들이라고 해서 좋은 이야기에 이끌리지 않는 건 아니죠, 안 그래요?"라고 덧붙인다.

우리는 마음이 몸에 영향을 미친다는 사실을 안다. 제임스의 주장은 몸도 마음에 영향을 미친다는 것이다. 하버드 대학의 사회심리학자인 에이미 커디Amy Cuddy는 비슷한 맥락에서 '신체언어가 정체성을 결정한다Your Body Language Shapes Who You Are.'라는 제목으로 테드 강연을 했다. 이 강연은 400만 회의 조회수를 기록하면서 크게 성공했다. 그녀는 현대에 이뤄진 연구에 따르면 가슴을 활짝 펴는 강력한 '파워 포즈power pose'를 몇 분만 취해도 자신감이 높아지고 성공하는 데 도움이 된다고 말한다. 현대 과학은 이것이 뇌에서 일어나는 호르몬의 변화 때문이라고 설명한다.[30] 그러나 자세가 정신에 영향을 미친다는 개념은 다른 전통, 특히 애초에 몸과 마음을 분리한 적이 없는 전통에서는 아주 오래된 것이다. 강력한 자세가 정신에 유익한 효과를 미친다고? 중국무술을 수련한 사람들은 이 말에 전혀 놀라지 않을 것이다.

감정에 두 가지 요인이 있다는 신제임스주의적 이론 자체가 플라세보 아이디어일 수도 있다. 그러나 유용하다면 문제될 것이 없다. 실용주의인 윌리엄 제임스도 분명 용인할 것이다. 그의 이론은 감정이 으뜸간다는 주요한 문화적 가정을 재고하여, 감정이 행동에서 기인하는 정신적 효과일 뿐이라고 그 지위를 격하시키길 권한다. 우습게도 이런 조치는 우리의 기분을 좋게 만들어준다. 그러니 그렇게 하지 않을 이유가 있을까?

자유의지는 존재하는가

우리가 따를 수밖에 없는 또 다른 강력한 플라세보 아이디어는, 오랜 논쟁의 주제인 동시에 다소 놀랍게도 근래 들어 새로이 공적 논쟁의 주제가 되었다. 바로 '자유의지'에 대한 문제다. 대표적으로 저술가인 샘 해리스Sam Harris는 《자유의지는 없다》에서 자유의지라는 개념을 멋지게 비판한 반면, 철학자인 줄리언 바지니Julian Baggini는 《되찾은 자유 Freedom Regained》에서 그 개념을 되살리겠다고 공언했다. 문제는 대다수 사람들이 이해하는 자유의지가 현대 과학의 발견과 양립할 수 없는 것처럼 보인다는 점이다. 그래서 해리스는 그냥 자유의지라는 개념을 포기해야 한다고 주장한다. 그의 주장에 따르면 우리는 생각과 달리 자유롭지 않으며, 설령 그렇다 해도 괜찮다. 그러나 한 가지 의문은 남는다. 우리는 우리가 자유의지를 갖지 않았다는 사실을 어떻게 아는가?

여기서 나는 '자유의지'라는 말을 철학자들이 폄하하듯 말하는 '대중적' 의미 혹은 '자유주의적' 의미로 쓰고 있다. 나는 과거의 특정한 시점에 실제로 한 일이 아닌 다른 일을 할 수 있었다는 의미에서 자유의지를 갖고 있다. 설령 우주의 다른 모든 요소가 동일하다고 가정하더라도 말이다. 다시 말해서 언제든 세상과 나의 몸 및 뇌의 모든 미시물리적 사실들을 고려할 때 나는 여전히 다음에 할 일을 선택할 수 있다. 문제는 '이 선택이 어디서 기인하느냐?'이다. (나의 몸 및 뇌의 상태를 비롯한) 우주의 상태는 (나의 몸 및 뇌의 이전 상태를 비롯한) 우주의 이전 상태로부터 확고하게 기인하거나 결정되는 것처럼 보인다. 한 순간과 다음 순간 사이에는 끊어지지 않는 인과의 사슬이 있다. 무엇이 나의 내면으로 뛰어들어서 사슬을 끊고 다른 방향으로 보낼 수 있을까?

물론 그 답은 영혼이었다. 그 외에는 증명 가능한 인과관계 혹은 결정론에 해당되지 않는 마술적인 선택의 요소가 없었다. 우리는 자연법칙이라는 감옥에서 탈출할 수 없다. (루퍼트 셸드레이크와 다른 사람들이 주장한 대로 자연법칙이 단지 깊이 각인된 습관에 불과하다고 해도 말이다.) 따라서 우리는 자유의지를 가질 수 없다. 이 생각은 적어도 데모크리토스까지 거슬러 올라간다. 그는 만물이 원자와 공허로 이뤄지기 때문에 자유의지는 환각에 불과하다고 생각했다. 또한 근본적인 차원에서 현실은 결정되어 있지 않고 확률적이거나 우연적인 성격을 지닌다는 양자 불확정성이라는 현대적 개념도 별다른 도움이 되지 않는다. 입자 사이의 무작위성은 우리에게 선택할 자유를 주지 않는다. 존재론적 우울에 사로잡힌 사람에게 우리의 존재가 결정된 것이 아니라 우연적일 뿐이라고 말하는 것은 도움이 되지 않는다.[31]

게다가 심리학 분야에서 자유의지의 부재를 증명하는 일련의 유명한 실험들이 있다. 1980년대에 벤저민 리벳Benjamin Libet과 연구팀은 대상자들에게 손가락을 들어 올리거나 손목을 돌리는 즉흥적인 행동을 하되, 해당 행동에 대한 결정이 이뤄진 정확한 시간을 기록하도록 요청했다. 동시에 그들은 대상자들의 두뇌 활동을 관찰했다. 그 결과 의식적 결정보다 뉴런의 '준비 전위readiness potential'(운동을 위한 예비 신호 - 옮긴이)가 약 3분의 1초 정도 빠른 것으로 나타났다. 이런 실험들에 대한 많은 논의들은 대상자들이 자유의지로 경험한 것이 실은 이미 뇌에서 진행된 무의식적 절차를 통해 결정된 것이라는 불길한 결론으로 이어졌다. 결국 자유의지 같은 것은 있을 수 없었다. 그래도 리벳은 실험 결과를 이런 식으로 해석하지 않았다. 그는 우리에게 무의식적으로 시작된 행동을 거부할 힘이 있으며, 따라서 여전히 자유롭다고 주장했다. (어떤 사람들은 이 개념을 '자유의지free will'가 아니라 '자유거부의지free won't'라고 칭한다.) 다른 사람들은 대상자가 결정을 내린 정확한 시점을 몇십 분의 1초 단위로 제시하기가 힘들다는 점처럼 실험 방법에 문제가 있어서 그 결과가 확정적이지 않다고 여긴다. 그래서 많은 철학자와 신경과학자들에게 리벳식 실험은 아직 문제를 해결한 것이 아니었다.[32]

그러나 어떻게 해석을 하든 우리가 법칙이 지배하는 우주에 속한 물리적 유기체라는 결정론의 일반적 주장은 많은 사람들에게 자유의지가 존재하지 않는다는 결정적인 주장처럼 보인다. 그러나 감정에 대한 윌리엄 제임스의 이론을 받아들이기가 얼마나 어려운지 생각해보라. 그 논리는 받아들일 수 있지만, 감정이 진정한 자아의 의미 있는 일부가 아니라는 사실을 받아들이기는 어렵다. 자유의지의 문제도 비슷하다. 위에 제시된 주장의 논리는 받아들일 수 있지만, 자신에게 자유의지가 없는 것처럼 살기는 아주 어렵거나 어쩌면 완전히 불가능하다. 철학자인 존 설John Searle은 "예를 들어 내가 식당에서 메뉴를 보고 있을 때 종업원이 뭘 먹겠냐고 내게 물으면 '나는 결정론자니까 무슨 일이 생기는지 보겠다.'고 말할 수 없다. 이 말조차 내가 보기에는 자유의지의 발현이기 때문이다."라고 말했다.[33]

철학계에서 폭넓은 조류를 이루고 있는 '양립가능론compatibilism'은 일반적인 개념보다 훨씬 제한된 개념을 자유의지에 적용하여 문제를 해결하려 시도한다. 거칠게 말해서 양립가능론은 모든 행동은 외부의 강압에 의한 것이 아닌 한 자유로우며 성격과 욕망을 따른다는 입장이다. 어떤 사람들은 이를 편법으로 본다. 결국 우리의 성격과 욕망을 형성하는 것은 무엇인가? 결정론적 관점에서 보면 우리가 통제할 수 없는 엄격한 원인들로 구성된 앞선 사슬들이 있다. 그래도 양립가능론자들은 으쓱하며 미안하지만 그것이 전부라고 말한다. 대니얼 데닛은 양립가능론자다. 그는 "양립가능론이 겉으로는 신빙성이 떨어지고, 일종의 말장난을 통해 억지로 지어낸 것처럼 보일 수 있다."는 점을 인정하면서도 "대다수 철학자들이 지닌 시각"임을 지적한다. (그가 인용한 설문 결과에 따르면 직업 철학자 중 59퍼센트가 양립가능론을 견지하고 있다. 이 수치는 압도적 다수라고 보기 어렵다.) 게다가 그는 '일반인' 혹은 대학 철학과에서 학생들을 가르치지 않는 대다수 직업 철학자들은 대개 자유의지란 "명백히 터무니없는 것을 의미한다."고 말한다고 덧붙인다.[34]

그러나 양립가능론은 자유의지라는 개념에 대해 무지몽매한 많은 '일반인'들에게 중요한 것, 바로 우리가 다르게 행동할 수도 있었다는 가능성을 보존하지 않는다. 그래서 자유의지가 있든 없든 우리가 자유의지를 지녔다는 관념은 대단히 중요한 플라세보다. 또한 이 관념은 사회적 플라세보이기도 하다. 일부 연구에 따르면 자유의지가 없다고 설득당한 사람들은 정직하지 않은 행동을 할 가능성이 높다.[35] (물론 모두가 자유의지를 믿지 않는다면 사법제도를 완전히 뜯어고쳐야 할 것이다. 범죄자가 자신도 어쩔 수 없는 물리적 힘의 노예라면 도덕적 책임이라는 개념 자체가 부실해지고, 처벌이 가혹하게 보일 수도 있다.) 그러나 적어도 그렇게 설득당한 사람에게는 자유의지를 부인하는 데 따른 이점도 있다. 과거의 어떤 시점에도 다르게 행동할 수 없었다고 믿는다면 더는 후회나 수치심을 느낄 필요가 없다. (요점이 뭘까? 어차피 어느 때든 다르게 행동하기는 불가능했다.) 철학자 테드 혼더리치Ted Honderich 같은 사람들은 이런 시각을 의도적으로 받아들였다고 말한다. 차라리 그렇게 하고 싶은 마음도 들 수 있다. 그러나 대다수 사람들은 우리가 일반적인 의미에서 자유롭다고 계속 생각할 것이다.

그러나 다른 대안을 고려해보자. 어쩌면 '진정한' 자유의지는 블랙박스일지도 모른다. 그래서 우주가 돌아가는 원리에 대한 우리의 이해와 어떻게 양립할 수 있는지 알 수가 없다. 오늘날 대다수 과학자와 철학자들이 자유의지를 거부하는 이유가 거기에 있다. 물론 자유의지에 대한 그들의 생각이 틀린 것은 아니다. 라마르크식 유전이 이뤄지는 양상을 알 수 없다고 해서 후성유전학이 등장하기 전까지 1세기 동안 틀린 것이 아니었듯이 말이다. 진실은 선택이 신경화학적 수준에서 어떤 의미를 지니는지 우리가 여전히 모른다는 것이다. 그리고 대니얼 데닛이 말하지 않은 사실은 앞서 인용한 설문에서 거의 14퍼센트가 현대 철학자들이 자유주의로 알려진 시각을 견지했다는 것이다. 여기서 자유주의는 같은 이름의 정치적 관념과는 다른 것으로, 실질적인 자유의지가 있다고 믿는 것을 말한다. (한편 12퍼센트는 자유의지가 전혀 없다고 말했고, 15퍼센트는 '기타'라는 흥미로운 범주를 택했다.)[36] 우리는 현재 자유의지가 어떤 식으로 작동하는지 모른다. 그러나 근본적인 현실의 속성에 대한 생각들을 굳게 믿는다면 자신 있게 부정할 수 있어야 한다. 이 점을 설득하기는 아주 어렵다. 특히 근본적인 현실을 탐구하는 일을 하는 사람들에게는 더욱 그렇다. 물리학자들은 우리 시대의 완고한 생물학자들보다 기이한 생각들을 잘 들어주는 경향이 있다. 아마도 현실이 얼마나 기이한지 익히 알기 때문일 것이다.

양자물리학자인 에르빈 슈뢰딩거도 그런 사람이었다. 그는 《생명이란 무엇인가》라는 고전적인 강의집에서 마음의 작용에 있어서 "양자 불확정성은 생리적으로 아무런 역할도 하지 않는다."고 말했다. 그는 "나의 몸은 자연법칙에 따라 순수한 장치로서 작동한다."고 확신했다. 그러나 동시에 자유의지를 가졌다는 확신도 품고 있었다. 그래서 "나는 명백한 직접적 경험을 통해 의지의 움직임을 이끌고 있음을 안다. 또한 운명적이고 대단히 중요할 수도 있는 그 영향을 예측하며, 거기에 대해 전적인 책임을 진다."라고 말했다. 그가 보기에 두 가지 사실을 화해시키는 유일한 방법은 "나, 그러니까 가장 폭넓은 의미로서의 나, 나를 말하거나 느낀 모든 의식적 마음으로서의 나는 만약 존재한다면 자연법칙에 따라 '원자의 움직임'을 제어한 사람"이라고 말하는 것이다.[37] 이는 원대한 생각이자, 슈뢰딩거가 지적한 대로 2,500년 전의 우파니샤드 Upanishad로 거슬러 올라가는 생각이다. 그래서 신비롭지만 결정론보다 더 신비롭지는 않다. (결정론을 엄격하게 고수한다면 모차르트 교향곡 40번은 빅뱅이 시작된 순간에 잠재적이지만 정확한 형태로 이미 존재했다고 믿어야 한다. 그 곡이 작곡될 거라는 사실은 불가피하며, 원칙적으로 예측할 수 있기 때문이다.)

어쩌면 다른 가능성이 있을 수도 있다. 결정론과 개연론으로 나눠지는 철저한 이분법은 누구도 아직 생각지 못한 세 번째 대안을 놓치고 있을 수도 있다. 혹은 19세기 독일 철학자이자 완고한 독설가인 아르투르 쇼펜하우어Arthur Schopenhauer의 생각을 재고해야 할지도 모른다. 그는 계속 존재하려는 의지가 세상의 만물을 움직인다고 말했다. (니체는 나중에 이 생각을 '권력 의지'로 발전시켰다.) 이 생각을 진지하게 받아들이고, 게일런 스트로슨이 범심론을 옹호한 것과 같은 주장을 해보자.

가령 우리가 자유의지를 가졌음을 알지만 물질의 상호작용으로부터 자유의지가 어떤 식으로 창출되는지 모른다고 가정하자. 또한 우리는 마음이나 의지 같은 명백히 비물질적인 대상이 전혀 알 수 없는 방식을 통해 물질로부터 불쑥 '튀어나온다'는 작위적 아이디어인 '괴기스러운 창발'도 부정한다. 그러면 의지는 마음처럼 깊은 차원에서 모든 물질의 근본적인 속성이어야 한다. 어쩌면 범심론 자체가 이 사실을 암시하는 지도 모른다. 의지 없이 의식을 생각하기는 어렵기 때문이다. (일을 자꾸 미루는 저술가의 무기력이 강한 반증일지는 모르지만 말이다.)

이론물리학자인 프리먼 다이슨Freeman Dyson은 자서전에서 범심론을 인정하는 일과 자유의지 문제를 명시적으로 연계한다. 그의 말에 따르면 "뇌에서 이뤄지는 의식이 원자물리학에서 말하는 '관측'이라는 절차와 관련이 있다고 생각할 수밖에 없다. 그러니까 의식은 뇌에서 일어나는 화학적 작용에 수반되는 수동적 부수 현상이 아니라, 분자 착물이 양자 상태를 선택하도록 만드는 능동적 요인이라고 생각한다. 다시 말해서 마음은 이미 모든 전자에 내재되어 있으며, 의식이 발생하는 절차는 정도의 차이만 있을 뿐 전자가 소위 '우연'을 통해 양자 상태를 선택하는 과정과 다를 바 없다."[38]

그렇다면 잘 알겠다. 마음이 모든 전자에 이미 내재되어 있다면 자유의지도 마찬가지다. 그래야 전자가 양자 상태를 '선택'할 수 있다. 이처럼 범심론을 믿으면 신쇼펜하우어식 '범의지론panwillism'도 믿을 수 있다. 사실인지는 모르지만 이런 생각은 기분을 좋게 만들어준다.

현대 신경과학을 통해 새롭게 생명을 얻은 '우리에게 자유의지가 있는지 여부'를 둘러싼 오랜 논쟁의 진실은 사실 중요치 않다. 소수의 놀랄 만큼 냉정한 사람들을 제외한 모든 사람은 자유의지가 있다고 생각하며 계속 살아갈 것이다. 우리의 자유 자체가 단지 플라세보 아이디어일 수도 있으나, 그 진실을 인식하는 것 자체가 어떤 사람들에게는 해방감을 안긴다. 또한 우리가 세상을 직접 지각한다는 플라세보 아이디어를 버리는 일도 어렵다. 새롭게 현대에 되살아난 헬름홀츠의 지각론은 그렇지 않다고, 우리 모두는 단지 좋든 나쁘든 추측과 예측을 할 뿐이라고 암시하지만 말이다. 그리고 감정을 내적 의도의 주된 근원이 아니라 부차적 영향으로 보는 윌리엄 제임스의 이론은 어떤가? 특히 이 오랜 생각을 폭넓게 받아들이는 일은 개인의 고유성과 개인적 성장에 집착하는 오늘날 완강한 저항에 부딪힐 것이다. 그러나 이 생각도 기꺼이 재고를 하려는 모험심 강한 사람들에게는 강력한 플라세보가 될 수 있다. 이 경우 과거의 생각을 되살리려는 동기는, 반드시 사실 여부를 확인하는 것이 아니라 본능적이고 개인적인 차원에서 도움이 되는지 여부를 확인하는 것이다.

Re:think
Re:
R
Re:think

예측

PROGNOSIS

▼
▲

"우리는 복잡하고 정교한 아이디어를 중시하는 경향이 있다.
그래서 너무 단순한 아이디어는 순진하다고 평가한다.
세상에 존재하는 온갖 미묘하고 은근한 차이들을 고려하지 않기 때문이다.
그러나 사람들에게 그냥 돈을 주는 것 같은 단순한 아이디어가
사실 좋을 때도 있다."

돌아온 유토피아

어떤 오래된 아이디어를 되살려서 바로 지금 이 세상을 개선할 수 있을까?

—

"기득권의 힘은 사상의 점진적 잠식과 비교하면 지나치게 과장되어 있다."
– 존 메이너드 케인스John Maynard Keynes

—

헝클어진 머리와 몸에 맞지 않는 트위드를 예상했는데, 뜻밖에도 연례
유물사관학회의 전야제는 우아하고 젊은 지식인들이 참석한 가운데 영
국의 한 멋스러운 창고에서 열렸다. 나는 맥주를 마시며 허버트 마르쿠
제Herbert Marcuse를 아는 나이 많은 사람과 대화를 나눈다. 마르쿠제는
독일계 미국인 철학자이자 대중 지식인으로서 1964년에 펴낸 《일차원
적 인간》 같은 반문화적 고전으로 명성을 얻었다. (마르쿠제를 종종 '신좌파'
운동의 창립자 내지는 선도자로 일컫는다.) 나의 새 친구는 요즘 학생들이 소비
자주의가 초래하는 심리적 · 사회적 대가, 현대식 '관리된 삶'의 부자유,

기술이 '사회적 지배 양식'으로 작동하는 양상에 대한 마르쿠제의 짜릿한 공격에 크게 공감한다는 사실이 기쁘다고 말한다.[1] 마르쿠제가 활동한 시기는 반세기 전이었다. 그가 소셜 미디어에서 이뤄지는 집단 모욕과 만연해 있는 국가의 통신수단 감시에 대해 무슨 말을 했을지는 쉽게 상상할 수 있다.

그렇다. 마르쿠제가 다시 돌아왔으며, 전야제 다음 날 진행된 행사에서 강의실들이 가득 찬 것으로 보아 지배적인 경제 모형에 대한 전반적인 비판도 다시 돌아왔다. 2008년 발생한 세계적인 금융위기에 이어 점령운동이 일어나고, 부채 문제를 다룬 데이비드 그레이버와 불평등 문제를 다룬 토마스 피케티Thomas Piketty의 책이 깜짝 베스트셀러에 오른 이후 전 세계 사람들은 정치를 다시 정치경제학으로 돌려놓고 있다. 그리스에서는 시리자(급진좌파연합)가 집권하고 반체제적 경제학자인 야니스 바루파키스Yanis Varoufakis가 잠깐 재무부장관으로 일했으며, 영국에서는 2015년에 제러미 코빈Jeremy Corbyn이 노동당 당수로 깜짝 당선되었다. 또한 2009년에는 억만장자 조지 소로스George Soros가 신경제사상연구소에 연구자금을 지원했다. 또 다른 후원자로서 영국 금융규제당국의 수장이었던 어데어 터너Adair Turner는 "경제학을 이야기하고 경제학자들을 가르치는 방식을 전면적으로 재고해야 한다."고 말했다.[2] 심지어 영란은행은 경제학자가 아닌 사람들을 고용하기 시작했다. 총재로 선임된 마크 카니Mark Carney는 "더욱 다양한 생각들이 필요하다."고 말했다.[3]

금융위기 혹은 예금인출사태가 현대 경제에서 일어날 수 있다는 관념 자체가 오랫동안 죽은 줄 알았던 생각의 눈부신 귀환이었다.[4] 금융위기 이후 "국가의 자본 개발이 도박적 활동의 부산물이 되면 일이 잘 못될 가능성이 높다."거나 "우리가 사는 경제 사회의 두드러진 잘못은 완전고용을 달성하지 못하고 부와 소득을 자의적으로 불평등하게 분배 한 것"이라는 식으로 말하는 사람들이 늘었다.

이런 말은 2007년에 세계적인 금융위기가 발생한 후 유행어가 된 '카지노식 은행업'과 불평등에 대한 대표적인 비판이다. 그러나 실은 80년 전에 케인스가 이미 쓴 내용이다.[5] 그가 돌아오기까지 오랜 시간 이 걸렸다. 그 부분적 이유는 노벨 경제학상 수상자인 폴 크루그먼Paul Krugman이 말한 대로 제2차 세계대전 후 미국 경제학계가 케인스 사상 을 억압하려고 애썼기 때문이다.[6] 왜 억압했을까? 크루그먼의 설명에 따르면 "케인스 경제학이 옳다면 정부는 기업신뢰지수를 크게 신경 쓸 필요가 없고, 불경기에 대응하기 위해 복지제도를 축소할 필요도 없기 때문이다. 따라서 케인스 경제학은 틀려야 하며, 억압되어야 한다."[7] 다 시 말해서 "기업계의 기득권자들은 케인스 경제학을 싫어한다. 실제로 효력이 있을지도 모르기 때문이다. 그렇다면 정치인들은 더 이상 사기 를 북돋우려고 기업인들 앞에서 저자세를 취할 필요가 없어진다."[8]

한편 마르크스주의도 언제나 그랬듯 다시 돌아왔다. 자크 데리다 Jacques Derrida는 1993년에 "역사가 끝난 후 정령이 되돌아온다. 이 정 령은 되살아난 사자死者이자 거듭 되돌아올 유령이다."라고 썼다.[9] 실 로 금융위기가 되풀이될 때마다 주류 경제학의 여러 가정들이 잘못되 었다는 사실이 드러났으며(앞서 살폈듯이 좀비는 존재한다.), 아무리 역사적, 합리적 토대로 반박되었다고 해도 신마르크스주의적 대안이 항상 대기 하고 있다.

1798년에 토머스 맬서스는 인간 사회가 완벽하다는 비합리적인 낙관론을 경고했다. 그는 "인간이 결국 타조가 될 것이라고 누군가 말해도 제대로 반박할 길은 없다. 그러나 합리적인 사람을 설득하려면 인간의 목이 점차 길어지고, 입술이 점차 딱딱해지고 튀어나오며, 다리와 발은 매일 형태가 바뀌고, 머리는 깃털로 바뀌기 시작한다는 사실을 보여줘야 한다. 이처럼 놀라운 변화가 일어날 가능성을 제시하기 전에는 타조가 되었을 때 누릴 행복, 즉 타조처럼 빠르게 달리거나 날 수 있는 능력을 열심히 묘사하고, 특권층만 누리는 호사를 경멸하면서 타조처럼 살아가는 데 필요한 것만 취한다면 모든 사람이 감당할 노동의 몫이 가벼워지고 여유롭게 살 수 있다고 아무리 설명해봐야 시간 낭비, 말 낭비일 뿐이다."라고 썼다.[10]

맬서스는 타당한 의견을 멋지게 표현했다. 그러나 인간이 조류로 변신하는 상황에 의존하는 일 없이 정치경제학을 재구성하려는 아이디어(아주 오래된 아이디어의 현대적 버전)들이 있다. 이들은 아주 단순하다. 그리고 현실에서 통하기에는 너무 단순하다는 이유로 배척할 대상과 배척하지 말아야 할 대상을 재고하게 만든다.

기 본 소 득 으 로 의 회 귀

허버트 마르쿠제가 《일차원적 인간》에서 쓴 다음 구절은 오늘날 많은 사람들로부터 공감을 얻고 있다. "경제적 자유는 경제로부터의 자유, 경제적 힘과 관계에 통제당하는 상황으로부터의 자유, 매일 살아남기 위한 고생으로부터, 생계로부터의 자유를 뜻한다."[11]

어떻게 모든 사람에게 이런 자유를 안길 수 있을까? 한 가지 답은 단순하다. 그냥 모든 사람에게 살아가기에 충분한 돈을 무상으로 주는 것이다. 하지만 이 답은 너무 단순할 수도 있다. 또한 기득권을 위협하고 순진하게 문제의 뿌리를 공격하려 든다는 점에서 너무 급진적일 수도 있다. 그래서 절대 실제로 이뤄질 수가 없다. 안 그런가?

사실 모두에게 살아가기에 충분한 돈을 준다는 아이디어는 오랫동안 터무니없다는 평가를 받다가 현재 전 세계 여러 국가의 정치적 의제로 되돌아온 또 다른 오래된 아이디어다. 이 아이디어는 대개 보편적 기본소득이라 불리며, 말 그대로 정부가 부유하든 가난하든 모든 국민에게 살아가기에 충분한 돈을 주는 것이다. 그래서 법인세 내지 다른 세금을 올려서 마련한 재원으로 더 이상 자산을 따지지 않고 매달 모두에게 돈을 주게 된다. 그러면 국민들은 시간을 어떻게 쓸지 결정할 수 있다. 가령 여전히 부자가 되려고 주식 투자를 하는 사람도 있을 것이고, 기차료사가 되려는 사람도 있을 것이다.

바버라 제이컵슨Barbara Jacobson은 런던 중심부 피츠로비아에서 복지 자문으로 일하는 재미있는 캐나다인이다. 1982년부터 런던에서 주택 및 복지 운동가로 활동한 그녀는 '베이식 인컴 유케이Basic Income UK'라는 자원봉사단체를 통해 보편적 기본소득을 홍보한다. 나는 런던 국립도서관 광장에서 네덜란드 출신의 동료 자원봉사자인 마를리스 퀴넌Marlies Cunnen과 함께 그녀를 만난다. 우리는 제이컵슨이 가져온 라테와 딸기를 놓고 보편적 기본소득이라는 여러 번 되살아난 또 다른 아이디어에 대한 이야기를 나눈다. 이 아이디어는 마침내 자리를 잡게 될까?

우선 기본소득이 생기면 어떨지 상상해보라. 당신은 어떤 일을 할 것인가? 일을 그만두고 다른 일을 하기 위해 교육을 받을 것인가? 아니면 그림이나 요가에 매달릴 것인가? 이 생각이 지닌 유리한 점은 추상적인 문제를 개인화하는 경향이 있다는 것이다. 제이컵슨은 "자본이나 은행의 개혁과 관련된 논의의 문제점은 사람들의 눈빛이 바로 흐려져서 찬반양론을 위한 실질적인 대화가 정말 어렵다는 거예요. 반면 기본소득 문제를 꺼내면 종종 본능적인 반응이 나오고 찬성하든 반대하든 적어도 대화를 시작할 수 있어요."라고 말한다.

보편적 기본소득 같은 문제에 대한 논의는 적어도 1796년에 토머스 페인Thomas Paine이 쓴《토지 분배의 정의Agrarian Justice》로 거슬러 올라간다. 그는 이 책에서 프랑스 혁명 정부를 언급하면서 빈곤은 "자연 상태가 아니라 소위 문명화된 삶에서 생겨난다."고 지적한다. 또한 빈곤을 완화하기 위해 21세가 되면 땅과 공기라는 공동의 유산, 즉 '자연 유산의 평등성'을 반영하여 모든 사람에게 자본을 분배하고, 50세가 되면 연금을 지급해야 한다고 주장한다. 그리고 "이는 자선이 아니라 권리, 포상이 아니라 정의로서 요청하는 것"이라고 덧붙인다.[12] 마찬가지로 프랑스 철학자 샤를 푸리에Charles Fourier는 문명사회가 공동의 땅에서 사냥, 낚시, 목축을 할 타고난 권리를 침해했으므로 정부가 그 대가로 가난한 시민에게 '최소한의' 생계를 보장해야 한다고 생각했다.[13] (푸리에는 이런 생각 때문에 마르크스에게 '유토피아 사회주의'의 대표적 인사로 폄하당했다. 그러나 그가 남긴 다른 많은 생각들은 오늘날 그다지 멍청하게 보이지 않는다. 가령 그는 1837년에 '페미니즘'이라는 용어를 만든 것으로 알려져 있다.) 그러나 1848년부터 모두에게 조건 없이 기본소득을 제공한다는 현대적 기획을 최초로 제안한 사람은 아마도 벨기에 저술가인 조제프 샤를리에 Joseph Charlier일 것이다.[14]

보편적 기본소득은 20세기에 들어서야 정치학계에서 진지하게 받아들여졌다. 사실 이 생각은 지금까지 100년에 걸쳐 세 번째로 되살아났다. 1920년대와 1970년대에도 관련 논의가 진행되었으나 학계로부터 버림받거나 변방으로 밀려났다. 제이컵슨은 "히스 정부에서 일한 나이 많은 분들도 우리를 지지하고 있다."고 말한다. 히스 정부는 1972년 혹은 1973년에 기본소득 제도를 도입하는 문제를 진지하게 고려했다. "당시 미국의 닉슨도 최저 소득 보장 제도 혹은 부의 소득세 제도를 검토하고 있었다." 그러나 얼마 후 히스 정부는 선거에서 패배했고, 국민들에게 돈을 그저 준다는 생각은 논외의 대상이 되었다. 제이컵슨은 "대처Thatcher가 등장하면서 미래지향적인 요구들이 모두 사라졌어요. 다들 수세에 몰렸죠."라고 말한다.

그러다가 금융위기가 일어난 후 보편적 기본소득이라는 아이디어는 가장 텔레비전에 맞는 방식으로 다시 돌아왔다. 2013년 가을, 스위스에서는 시위자들이 스위스의 전체 인구수에 해당하는 800만 개의 동전을 의회 밖에 쏟아부었다. 이 시위는 미술가인 엔노 슈미트Enno Schmidt가 이끄는 보편적 기본소득 운동의 포문을 열었다. 운동가들은 보편적 기본소득이 주어지면 모두가 "인간에게 맞는 삶을 살고 공적 문제에 참여할 수 있을 것"이라고 주장했다. 그들은 정부가 보편적 기본소득 제도를 받아들일지 여부를 국민투표에 부칠 수 있을 만큼 충분한 서명을 모았다. 국민투표에서 부결될 수도 있지만 적어도 대단히 흥미로운 논의를 주류로 끌어들이는 데는 성공한 셈이다.

엔노 슈미트는 미국 언론과 수차례 인터뷰를 했으며, 종종 "모든 미국인이 이 멍청한 스위스 출신 화가처럼 살아야 하나?"라는 식의 반응을 접했다. 본인은 멍청한 화가로 불리는 것을 꺼릴까? 그는 한 인터뷰에서 "아닙니다. 저는 이 일을 자랑스럽게 여깁니다. 좋은 일을 하려면 그 순간에는 약간 멍청해야 하거든요. 그러면 더 많은 것들을 볼 수 있어요. 너무 똑똑해지지 마세요. 그러면 온갖 거부할 명분만 생각하게 됩니다."라고 말했다.[15] 이 말은 "너무 많이 생각하지 말고 다시 생각하세요!"로 정리할 수 있다.

게으른 빈자들

실리콘밸리는 사회주의 운동과 마르크스주의 학회가 열리는 유럽에서 멀리 떨어져 있다. 그러나 놀랍게도 보편적 기본소득 운동은 기술 창업 투자계라는 희소한 세계에서도 기반을 얻고 있다. 로봇이 모든 일자리를 없애버리면 어떤 일이 일어날까? 사람들은 어떻게 살아야 할까? 이는 정치적 범주 전반에 걸쳐서 미국의 기술 부문 보편적 기본소득 지지자들을 이끄는 문제다. 그 대표 주자는 넷스케이프의 공동창립자인 마크 앤드리슨Marc Andreessen과 테슬라 모터스의 수석 소프트웨어 엔지니어인 제럴드 허프Gerald Huff다.[16] 또한 창업 지원 기관인 와이 콤비네이터Y Combinator의 대표인 샘 올트먼Sam Altman은 미국에서 기본소득 제도를 시행할 수 있는 가능성을 연구하는 데 수천만 달러를 투자하겠다고 약속했다. 그는 와이 콤비네이터 웹사이트를 통해 이렇게 말했다.

"미래의 어느 시점에 기술이 전통적 일자리를 없애고 거대한 새로운 부가 창출되면 전국적 규모로 이런 제도가 시행되는 모습을 보게 되리라 확신합니다. 지금부터 50년 후에는 사람들에게 동기를 부여하기 위해 밥을 굶어야 할지도 모른다고 겁을 주었다는 사실이 터무니없게 받아들여질 것입니다. 또한 일정한 소득을 보장하지 않으면 진정으로 평등하게 기회를 제공할 수 없다고 생각합니다. 그리고 좋은 삶을 사는 데 필요한 비용을 줄이는 혁신과 이런 제도를 결합하면 마침내 빈곤을 없애는 데 진정한 진전을 이룰 수 있다고 생각합니다." 이는 신나는 목표다. 일각에서는 실리콘밸리가 기본소득 제도를 받아들이는 저의가 냉소적인 자기변호라고 의심하기는 하지만 말이다. 결국 모든 일자리를 없앨 로봇과 소프트웨어를 설계하는 것이 그들이기 때문이다.

그러나 어쩌면 더 깊은 문제가 있을 수도 있다. 보편적 기본소득이 수세기에 걸쳐 거듭 제기되고 거부되었다면 근본적인 문제가 있을지도 모른다. 나는 제이컵슨과 퀴넌에게 가장 흔하게 접하는 반론이 무엇인지 묻는다. 퀴넌은 "모두가 일을 하지 않을 거라는 말을 자주 들어요."라고 말한다. 제이컵슨도 거기에 동의한다. 퀴넌은 이렇게 덧붙인다. "그 사람들에게 '당신도 그냥 텔레비전만 볼 거예요?'라고 물으면 '아니죠! 하지만 다른 사람들은 모두 그럴 거예요.'라고 대답합니다."

이는 다른 사람들은 자기만큼 훌륭하지 않다고 여기는 영원한 문제다. 당신은 그냥 앉아서 텔레비전만 볼 것인가? 혹은 꿈꾸던 일로 직업을 바꿀 것인가? 아니면 그림을 그리거나 다른 사람들의 개를 산책시키는 일을 할 것인가?

샤를 푸리에는 이런 반론을 예상했다. 그는 생계가 보장되면 일반적인 사람들은 거의 혹은 아예 일을 하지 않을지도 모르기 때문에 매력적이면 서도 의무적인 노동 제도를 수립해야 한다고 생각했다. 그는 몰랐지만 이제 우리는 보편적 기본소득 제도를 시도하면 어떤 일들이 생기는지 안 다. 여러 국가의 마을과 도시에서 시범 연구가 진행되었고, 그 결과 모두 가 멍한 게으름뱅이가 되지는 않는다는 사실이 밝혀졌다.

1970년대에 캐나다 매니토바 주 도핀Dauphin이라는 도시에서 5년 동안 '민컴Mincome'이라는 보편적 기본소득 제도가 실행되었다. 그 결 과를 분석한 보건경제학자 에벌린 포르제Evelyn Forget는 십대와 어린 아기를 키우는 엄마들만 이전보다 일을 덜 한다는 사실을 확인했다.[17] 게다가 제이컵슨의 설명에 따르면 포르제는 "병원 출입, 가정 폭력, 범 죄가 줄었다는 점에서 보건 측면의 혜택도 엄청나다."는 사실을 발견했 다. 교육 측면의 혜택도 커서 "고등학교 중퇴율이 줄고 졸업률이 늘었 다." 그래서 그녀는 영국에서 보편적 기본소득 제도를 받아들여야 하 는 또 다른 근거로 "국민의료보험공단이 비용을 엄청나게 줄일 수 있을 것"이라고 말한다.

게다가 제이컵슨이 지적한 바에 따르면 "현실 생활은 일을 하려면 돈 이 있어야 한다는 사실을 보여준다. 먼저 교통과 옷, 음식 등에 쓸 돈 이 있어야 한다. 독일 기업가이자 보편적 기본소득 지지자인 괴츠 베르 너Götz Werner도 바로 이런 주장을 한다. 실제로 먼저 돈을 받아야 가 서 일할 수 있다." 또한 보편적 기본소득이 뒷받침하는 상황에서 사람 들이 하는 일은 잠재적으로 훨씬 흥미롭다. 뉴욕에서 활동하는 창업투 자자인 앨버트 웽어Albert Wenger는 저술가인 파하드 만주Farhad Manjoo 에게 "20년 동안 트럭을 몰고 미국을 오가게 하는 것은 사람을 제대로 쓰는 방식이 아니라고 생각합니다. 그런 일은 우리가 인간으로서 바라는 것이 아니며, 인간의 두뇌를 부실하게 활용하는 방식입니다. 자동화와 기본소득은 인간성과 더 잘 맞는 놀라운 일들을 할 수 있도록 우리를 자유롭게 하는 진전입니다."라고 말했다.[18] 기술이 일자리를 없앤다는 사실은 불안을 초래한다. 일자리를 잃은 사람들에게 안전망이 제공되어 그들이 폐품 취급을 당하지 않고, 더 흥미로운 일을 하게 되지 않는 한 말이다.

보편적 기본소득이 모두를 나태하게 만드는 것이 아니라 실은 일을 하도록 돕고, 공공보건까지 개선한다는 데 동의한다면 또 다른 문제가 제기된다. 정확히 얼마를 주어야 할까? 2015년에 영국 총선이 진행될 때 녹색당은 현행 세제하에서 감당할 수 있는 규모로 주당 80파운드를 제안했다. 그러나 누구도 그 돈으로 생활할 수 없다. 그래서 딱히 흥분되는 정책 제안은 아니었다. 미국의 기술업계에서 이뤄지는 논의는 대개 월 1,000달러 수준에서 시작된다. 그러나 물론 수령인에게는 더 많을수록 좋다. 제이컵슨은 "우리 모임을 만들 때 사람들은 연 1만 2,000파운드 이하로는 침대에서 일어날 생각이 없다는 게 분명하게 보였어요."라고 말하며 웃는다. 그래서 녹색당의 제안은 고무적이지 않았다. 제이컵슨의 단체는 "토지세나 법인세처럼 다른 재원을 확보하여 기본소득에 활용하는 방안을 모색한다고 홍보한다."

그렇다면 모두에게 적절한 소득 수준은 어느 정도일까? 제이컵슨이 "음, 개인적으로는…"이라고 운을 떼자 퀴넌이 끼어들어서 "가능한 한 많이요!"라고 말한다. 제이컵슨은 거기에 동의하면서도 "하지만 생활임금, 그러니까 1만 4,500파운드가 좋은 출발점이 될 것 같아요."라고 말한다.

제이컵슨에 따르면 녹색당의 제안이 지닌 또 다른 문제점은 현행 복지 체계를 그대로 둔다는 것이다. 복지 체계를 없애는 것은 보편적 기본소득이 제공하는 이점 중 하나다. 실제로 보편적 기본소득을 주장하는 강력한 보수적 관점도 있다. 20세기에 경제학자 프리드리히 하이에크Friedrich Hayek와 밀턴 프리드먼Milton Friedman은 보편적 기본소득이 실업 복지와 주택 복지, 장애 복지 그리고 기타 모든 복지를 실행하는 과정에 수반되는 관료적 낭비를 일소한다고 주창했다. 녹색당이 히피풍 무료 복지 정책을 제안하는 것은 특별한 일이 아니다. 그래서 어쩌면 효율성을 앞세우는 엄격한 우파의 주장이 더욱 많이 제기되어야 할지도 모른다.

제이컵슨의 지적에 따르면, 현행 복지 체계는 거의 추가 소득이 발생하자마자 급여를 중단하므로 일을 시작하도록 돈을 주는 것이 아니라는 점에서 고전적인 함정에 해당한다. 그녀는 "대다수 자산 기반 급여에 따른 한계세율은 급여 상실분에다가 소득에 따른 세금까지 따지면 75퍼센트에서 98퍼센트에 해당합니다. 정부는 이런 체계가 근로 활동을 얼마나 심하게 저해하는지 모르는 것 같아요."라고 말한다. 그녀는 이 문제를 기업들에게 설명하는 세무사로부터 이런 말을 들었다. "하루에 4시간, 일주일에 이틀 동안 근무할 접수 계원을 구할 수가 없는 이유는 일할 만한 가치가 없기 때문입니다. 근로시간이 복지 급여를 받을 수 있는 기준을 살짝 넘어서면 결국에는 버는 돈보다 잃는 돈이 더 많아요." 반면 기본소득이 주어지면 거기에 추가로 수입이 생기는 것이니 기꺼이 일을 한다.

현행 복지 체계는 함정일 뿐만 아니라 실제로 수급자의 건강에도 해롭다. 제이컵슨은 사람들이 미로 같은 관료 체제를 지나 고용 지원 수당을 받도록 돕는 일도 한다. 그녀는 "정신건강에 문제가 있는 수급자에게 보편적 기본소득은 놀라운 혜택이 될 거예요. 게다가 충분히 급여가 높다면 장애인들도 항상 자신이 얼마나 아픈지 강조할 필요 없이 실제로 자신을 계발하여 일을 하고 무엇을 할 수 있는지 강조하기 시작할 겁니다. 하지만 지금은 자신이 얼마나 아픈지 증명해야 하죠. 복지 혜택을 받으려고 이 모든 과정을 거치다 보면 오히려 건강이 나빠지는 것이 눈에 보일 정도예요. 정말 말도 안 되는 일이죠."라고 말한다.

요컨대 기본소득은 유토피아적 좌파 사상으로 배척해서는 안 된다. 제이컵슨은 "보수적인 사람들도 빈곤이 국가로 하여금 상당한 비용을 부담하게 만든다는 사실을 알아요. 그 양상이 범죄든, 보건 문제든, 근로일 감소든 말이죠. 따라서 보편적 기본소득을 시행하면 관료 체제를 넘어설 수 있을 뿐만 아니라 과거 보수파들도 지지한 대로 국고에도 이로울 수 있어요."라고 말한다.

무 상 복 지 논 란

보편적 기본소득을 지지하는 생각이 지금도 일각에서 저항에 부딪히는 이유는 공정성에 대한 근본적인 감각을 침해하기 때문일지도 모른다. 모두에게 무상으로 돈을 주는 일은 반사적으로 윤리적 저항을 불러일으키는 것일까? 물론 한 가지 가능한 대응은 부자들은 이미 아무 일도 하지 않고 (이자, 지대, 투자 수익 등으로) 많은 돈을 버는데 왜 다른 사람들은 안 되는지 따지는 것이다.

또 다른 대응은 절대로 '무상'이 아니라고 대꾸하는 것이다. 즉, 페인과 푸리에가 주장한 대로 공동의 유산을 나누고 문명이 고집하는 우리의 권리에 대한 제한을 바로잡는 것이라고 볼 수 있다. 퀴넌은 다음과 같이 또 다른 대응을 제시한다. "기업들은 이미 무상으로 혜택을 누리고 있어요. 그런데도 기업 복지를 따지는 사람은 아무도 없어요." (가령 영국의 근로장려세제는 공적 자금으로 노동자들의 부족한 급여를 채워준다.) 제이컵슨도 거기에 동의하면서 "맞아요. 일부 사람들, 특히 좌파에 속한 사람들은 기본소득 자체가 사용자들에 대한 지원금이 될 것이라고 말하지만, 충분히 높게 설정하면 사람들에게 노동을 거부할 힘을 부여해요."라고 말한다. 그러면 사용자는 임금을 올릴 수밖에 없다. 제이컵슨은 "소위 직업 시장은 전혀 시장이 아니에요. 노동자들은 굶지 않으려면 일을 할 수밖에 없거든요. 이는 전혀 자유 시장이 아니에요."라고 말한다.

공정성에 따른 거부감을 해소하는 또 다른 답은 재원을 바꾸는 것이다. 제이컵슨은 "복지 재원이 소득세나 국민의료보험이어서 근본적으로 약간 덜 가난한 사람들이 낸 세금을 가난한 사람들에게 준다는 데 실질적인 문제가 있다."고 지적한다. 저급한 매체들은 부정 수급자들을 비롯한 어두운 면을 부각시키고 쉽게 퍼트려서 이런 현실에 대한 사회적 분노를 양산한다. 그래서 제이컵슨은 보편적 기본소득이나 다른 복지 혜택을 위한 자금이 "이윤 혹은 지대나 상속 같은 불로소득"에서 나오기를 바란다.

경제학자이자 개발학 교수인 가이 스탠딩Guy Standing이 제시한 또 다른 아이디어는 특정한 수준을 넘어서는 저작권 및 특허권 수입을 국부펀드로 넣는 것이다. 제이컵슨은 "모든 발명과 창의성은 오랜 유산과 우리를 둘러싼 사람들을 통해서 얻는 것이니까요."라고 설명한다. 그리고 "혼자 방에 앉아서 어떤 것을 발명하거나, 고안하거나, 창조하는 일은 없어요."라고 덧붙인다. 파울 파이어아벤트가 말한 대로 어떤 발명도 홀로 이룰 수 없다. 물론 '자수성가'했다고 자랑하는 사업가들은 반발하겠지만, 스티브 잡스가 애플 컴퓨터를 매장으로 옮기는 도로를 만들지는 않았다. 또한 헤지펀드 매니저는 돈을 버는 공식을 만드는 데 필요한 수학 교육을 무상으로 받았다. 사고와 재고는 더는 줄일 수 없는 협력 관계를 이룬다. 협력자가 오래전에 죽은 저술가라고 해도 말이다.

알 고 보 면 단 순 한 생 각

기본소득에 저항하는 또 다른 시각은 너무 단순하다는 것이다. 거기에 따르면 현실 세계의 문제는 너무 복잡해서 순진한 해법으로 해결할 수 없다. 이런 논쟁에서 우리는 "그냥 돈을 쏟아붓는다."는 구절을 종종 쓴다. 온갖 비생산적인 결과를 초래할 투박한 생각이라는 뜻이다.

사실 알고 보면 그냥 돈을 쏟아붓는 것이 문제를 해결하는 최선의 방법인 경우가 많다. 특히 그 문제가 사람들에게 돈이 충분치 않다는 것이라면 말이다.

지난 몇 년 동안 논평가들은 브라질, 우간다, 케냐 그리고 다른 국가에서 그냥 가난한 사람들에게 돈을 주는 사업이 빈곤과 싸우는 가장 효과적인 방법이라는 데 놀라움을 표했다. 이는 또 다른 급진적 아이디어지만 효과가 있다. 자유시장 경제학의 보루인 〈이코노미스트〉도 "가난한 사람들에게 직접 돈을 주는 방법은 놀랍도록 잘 통한다."고 인정했다.[19] 유일하게 놀라운 점은 이런 사실에 놀라는 사람이 있다는 것이다.

케냐에서 활동하는 단체인 '저스트기빙Justgiving'은 전체 공동체에 기본소득을 제공하는 방법을 실험하고 있다. 제이컵슨은 "이 방법이 다른 어떤 방법보다 훨씬 효율적으로 보인다."고 말한다. 그냥 돈을 준다고? 퀴넌은 "맞아요, 정말 간단하죠!"라고 대답한다. 제이컵슨은 "복지 상담사들과 함께 복지 관련 컨퍼런스에 가서 기본소득에 대한 이야기를 하면 다들 '안 돼요! 너무 단순해요! 그런 식으로는 문제를 해결할 수 없어요!'라고 해요."라고 말한다. 하지만 가능할 수도 있다. 다만 생각을 조금만 바꿀 필요가 있다.

원래 우리는 복잡하고 정교한 아이디어를 중시하는 경향이 있다. 그래서 너무 단순한 아이디어는 순진하다고 평가한다. 세상에 존재하는 온갖 미묘하고 은근한 차이들을 고려하지 않기 때문이다. 그러나 사람들에게 그냥 돈을 주는 것 같은 단순한 아이디어가 사실 좋을 때도 있다.

내가 보기에 유일한 흠은 '기본소득'이라는 표현 자체가 너무 밋밋하다는 것이다. '기본'은 전혀 흥미로운 단어가 아니다. 그렇지 않은가? 제이컵슨과 퀴넌은 내 말에 웃음을 터트린다. 현재 이와 같은 의미를 지닌 다른 표현으로는 '시민배당', '사회배당', '사회임금', '생활보장임금' 등이 있다. 19세기에 조제프 샤를리에는 자신의 혁명적인 제안에 '지역배당'이라는 이름을 붙였다. 어떤 표현을 선택해야 할까? 제이컵슨은 "'사회배당'이라는 표현이 좋아요. '기본소득'은 지난 30년 동안 너무 많이 쓰여서 사람들이 '최저임금'과 혼동해요."라고 말한다. 그러자 퀴넌이 끼어들어서 "'생활임금'과 혼동하기도 해요."라고 덧붙인다. 제이컵슨은 게다가 "'배당'이라는 이름을 붙이면 사람들은 무조건 일을 해야 받는다는 생각을 하지 않아요. 그래서 앞으로 자주 쓰려고 해요."라고 말한다.

이제 명칭은 정해졌다. 사회배당. 이는 특정한 사상에 유리하도록 논쟁에서 은근하게 활용되는 정치적 명칭인 '암시 명칭Unspeak'의 명백한 사례다. '사회'는 따뜻하고 부드러운 느낌을 주는 인기 지표이고('소셜 미디어'와 비교해보라.), '배당'은 투자금융에서 가져온 개념(주주 배당)을 민주화한다.[20] 그래서 적어도 두 단어 모두 좋은 명분을 갖고 있다.

그러나 누가 먼저 뛰어들어야 할까? 어느 나라가 실제로 사회배당을 실시할 것이며, 얼마나 빨리 실시할 것인가? 알다시피 스위스에서는 이 문제가 이미 주요 의제로 논의되고 있다. 또한 2015년 4월에 진행된 핀란드 총선에서는 모든 주요 정당들이 사회배당제도를 지지했고, 새로 수립된 정부는 2017년부터 시범사업을 운영하겠다고 약속했다. 이처럼 대단히 이상적인 아이디어를 현실이 마침내 따라잡기 시작한 것으로 보인다. 제이컵슨은 "버지니아 울프Virginia Woolf도 《자기만의 방》에서 같은 요청을 했어요. 그녀는 '셰익스피어의 여동생'을 발견하기 위해 필요한 것은 연간 500파운드, 지금 가치로는 2만 파운드와 자기만의 방뿐이라고 했어요."라고 말한다. 그때는 1929년이었다. 어쩌면 울프의 에세이가 나온 지 100주년이 될 무렵에 "셰익스피어의 여동생을 다시 찾을지"도 모르겠다.

어떤 사람들은 이토록 합리적이고 평등지향적인 제안을 빨리 수용할 유일한 방법은 정치계급을 일신하는 것이라고 생각한다. 우리는 무엇보다 재선을 앞세우는 전문 정치인들이 정치를 하는 시대에 살고 있다. 주요 정당들이 제공하는 정책의 범위는 대단히 협소하다. 코미디언이자 배우인 러셀 브랜드Russell Brand는 영국 젊은이들에게 일반인뿐만 아니라 정치철학 서적에도 폭넓게 퍼져 있는 대로 현대의 대의 민주주의는 무너졌으므로 2013년 선거에서 투표하지 말라고 말했다. 정부는 국내에서는 부유한 기득권층의 로비에 포획되었고, 국외에서는 채권시장의 투기꾼들에게 사로잡혔다. 전문 정치계급은 일반적인 직장생활을 한 경험이 거의 혹은 전혀 없으며, 권력을 유지하는 일에만 신경 쓴다. 재선을 하려면 부유한 후원자들을 달래야 하며, 4년 내지 5년 주기의 선거는 지구 온난화 같은 장기적 과제의 수립처럼 사회에 가장 이익이 되는 방향으로 행동하는 데 필요한 장기적 시각을 갖지 못하게 만든다. 밋 롬니Mitt Romney가 2012년 대선 유세 기간에 몰래 녹음되는 줄 모르는 상태에서 "43퍼센트의 국민들은 무시해도 된다."고 한 말은 정치인으로서는 드물게 사실을 솔직히 인정한 것이다. 우리의 '민주주의'는 그렇게 돌아간다.

어쩌면 정치인들 자체가 문제일지도 모른다. 이미 많은 사람들은 1세기 넘게 그런 생각을 해왔다. 영국 소설가인 토머스 하디Thomas Hardy도 그중 한 명이었다. 하디는 1885년에 글래드스톤Gladstone이 수상직에서 물러난 후 쓴 일기에서 "몇 주 동안 런던에서 열린 만찬에 참석했지만 '심히 평범한' 정치적 대화밖에 나누지 못했으며, 그가 만난 안타까울 만큼 '평범한 사람들'이 곧 내각에 들어갔다."고 썼다. 그리고 "옥

스퍼드 거리에 있는 상점 주인들을 그대로 내각에 들여도 그들만큼 국정을 운영할 것"이라고 한탄했다.[21]

토머스 하디의 불평은 상점 주인들에 대한 신뢰의 표현이라기보다 정치인들에 대한 모욕에 가깝다. 그의 말을 진지하게 받아들이면 어떨까? 직업 정치인들이 아니라 임의로 선출한 시민들에게 국정을 맡기면 어떨까?

이 역시 아주 오래된 생각이다.

역사상 최고의 아이디어

현재 많은 서구권 국가에서는 시민들을 배심원으로 소환한다. 배심원은 임의로 선정된다. 그래서 평균적인 배심원들이 사회의 단면을 대표하게 된다. 그중 한두 명은 멍청할 수도 있지만 모두가 그럴 가능성은 낮다. 개인이 갖는 단점들은 12명이 참여하는 논의를 통해 균형을 이룬다. 전반적으로 배심원들은 다른 시민의 운명을 결정할 때 증거를 토대로 합리적인 결정을 내린다는 신뢰를 얻었다. 물론 정의가 실종되고 잘못되었다고 평가받는 결정들이 나오는 때도 있지만, 이런 경우는 판사들이 유죄 여부를 결정하는 경쟁 체제에서보다 오히려 덜 나올지도 모른다. 사실 배심원을 통한 판결은 역사상 최고의 아이디어 중 하나다.

그렇다면 같은 원칙을 사회 전반에 적용하지 못할 이유가 있을까? 즉 전문 정치인이 아니라 평범한 사람들 중에서 임의로 지도자를 선정하는 것이다. 그들은 충분한 급여를 받고 정해진 단일 임기 동안 일한다.

어쩌면 그중 다수는 멍청할 수도 있지만 현행 체제에서 선출되는 많은 사람들도 마찬가지다. 또한 임의로 선정된 수백 명이 모두 멍청할 리는 없다. 이런 '배심원 정부'는 일반 시민과 더 많이 교류하며, 분명 단기적 시각과 수박 겉핥기 그리고 부패를 초래하는 선거구와 로비단체의 압력으로부터 자유로울 것이다.

물론 이는 비현실적으로 들린다. 그러나 고대 아테네에서는 그렇게 했다. 민주주의를 고안한 사람들은 복권을 통해 정부를 꾸렸다. 이는 '추첨'으로 불렸으며, 어쩌면 다시 시도할 때가 되었을지도 모른다.

고대 아테네에서는 추첨 제도를 4개의 주요 정치 조직 중 3개에 적용했다. 또한 이탈리아에서는 이 제도가 르네상스 초기까지 유지되었다. 인류학자인 데이비드 그레이버의 설명에 따르면 "대다수 유럽사에 걸쳐서 선거는 민주제가 아니라 귀족제를 통해 공직자를 고르는 것을 뜻했다. '귀족제'는 말 그대로 '최고를 통한 통치'를 뜻하며, 시민에게 주어진 유일한 역할은 '최고' 시민들 중 누가 가장 나은지 고르는 것이었다. …반면 적어도 그리스 시대 이후로 공직자를 뽑는 민주적 방식은 추첨으로 간주되었다."[22]

추첨 방식이 어떻게 현대사회에서 통할까? 일부 진지한 정치사상가들은 이 문제를 고민하고 있다. 철학자인 알렉산더 게레로Alexander Guerrero는 자신이 제시한 모형을 '로또주의Lottocracy'라 부른다. 그 주된 특징은 거대한 의회를 꾸리는 것이 아니라 수십 개의 '단일 사안 입법부'를 만드는 것이다. 즉, 농업, 보건, 교육, 교통 등 사안별로 입법부를 둔다. 게레로의 지적에 따르면 이 방식의 장점은 여러 해 동안 전문가의 조언을 받으며 특정 입법부에서 일하는 시민은 언제든 보직이 순환되어 일주일 전에는 보건 전문가였다가 갑자기 교육 전문가처럼 구는 지금의 정치인들보다 훨씬 많은 시간 동안 해당 분야와 관련된 주제를 공부할 수 있다는 것이다.

게레로는 "선정되어도 반드시 복무할 필요는 없다. 그러나 상당한 금전적 보상이 주어지고, 집안일과 바깥일을 할 수 있도록 일정이 조정될 것이다. 또한 공직에 복무하는 것을 중요한 의무이자 영예로 여기는 문화가 조성되어야 한다."라고 쓴다.[23] 그러나 (아픈 가족을 돌보는 것 같은) 아주 중대한 경우만 예외로 인정하고 공직 복무를 의무화하는 편이 전체적으로 더 나을 수도 있다. 지금도 중산층 전문직 종사자들은 너무 쉽게 빠져나가는 것이 현행 배심원 제도의 문제라는 말이 나오고 있다.

추첨제는 공직자가 애초에 자신을 뽑아준 특정 지역의 이익을 대변해야 한다는 의무감을 느낄 필요 없이 모두를 생각하도록 만든다. 게레로에 따르면 "그들은 우리와 같은 배경을 지녔지만 우리보다 더 많은 정보를 접하며, 특정한 당면 과제를 익히고 고민할 기회를 얻을 것"이다.

추첨제는 아주 간단한 제도다. 또한 정부를 운영하는 방식에 대한 근본적이고 획기적인 재고다. 문제는 변화에 맞서는 기득권이다. 칠면조들이 크리스마스를 지지할 리가 없듯이 정치계급이 스스로 투표를 통해 존재 기반을 없앨 가능성은 낮다. 그러나 그들보다는 우리가 훨씬 수가 많다.

유토피아의 귀환

추첨제와 기본소득(혹은 사회배당)은 종종 '유토피아적'인 생각으로 묘사된다. 우리 시대의 유토피아주의는 대개 전적으로 좌파적이고 진보적인 질병으로 여겨진다. 사람들은 흔히 스탈린주의를 보면 유토피아주의가 결국은 전체주의로 이어진다는 사실을 분명하게 알 수 있다고 말한다.

그러나 그런 딱지가 붙는 일이 드문 다른 종류의 폭넓은 유토피아주의가 있다. 이 사상은 인간이 하는 모든 기획을 의심하기 때문에 전체주의와 상반된다. 규제를 거의, 혹은 전혀 하지 않는 자유시장이 모든 사회적 선을 가장 잘 제공한다는 믿음을 바탕에 깐 이 사상은 때로 신자유주의로 불린다. 신자유주의자들은 사회를 개선하기 위한 모든 하향식 사고는 수용소로 이어지기 때문에 지양해야 한다고 진정으로 믿는다. 또한 아무런 기획이나 지도 없이 작동하는 자유시장은 최선의 성과를 낳는다고 믿는다. 정말 그럴까? 지난 10년 동안의 세계 경제사는 그런 믿음을 별로 뒷받침하지 않는다.

나는 철학자인 제이미 화이트Jamie Whyte가 학회에서 한 강연을 들은 적이 있다. 그는 중앙집권적 교과과정 기획은 실패할 수밖에 없으며, 초등교육과 중등교육에 자유시장 방식을 도입하여 각 학교가 원하는 대로 학생들을 가르쳐야 한다고 주장했다. 그러면 (얼마나 오래 걸릴지는 밝히지 않았지만) 어느 정도 시간이 지난 후 형편없는 학교는 모두 망하고 우수한 교육을 제공하는 좋은 학교만 남게 된다는 것이다. 그야말로 아무런 계획 없이 완벽성을 기하는 방식이라고 하지 않을 수 없다.

나는 강연이 끝난 후 화이트에게 그의 생각 자체가 유토피아적이라고 지적했다. 그는 쓰레기 같은 교육을 하는 학교들이 모두 망하게 될 입증되지 않은, 언제가 될지 모를 미래를 위해 (쓰레기 같은 교육을 하는 학교들로 보내지는 많은 어린이들을 위한) 지금의 교육을 망치는 일을 상당히 낙관적으로 바라보는 것 같았다. 그의 대답은 자신이 보기에 국가적 교육과정에 따른 현행 교육이 이미 나쁘다는 것이었다. 그렇다고 해서 더 나쁘게 만들어도 되는 것일까? 그럴 가치가 있다고 생각하는 사람들, 가령 《모든 것의 진화The Evolution of Everything》를 쓴 동물학자 맷 리들리Matt Ridley 같은 사람들은 보수 철학자인 로저 스크러튼Roger Scruton이 자유주의자들에게 한 말, 즉 "현실과 맞서는 전쟁에 나선 부도덕한 낙관론자"라는 말로 가장 잘 표현할 수 있을 것이다.[24]

경쟁이 최선의 교육으로 이어진다는 생각은 유토피아주의에 속한다. 다만 숙고와 기획이 아니라 순전한 믿음에 토대를 둔 유토피아주의다. 이 문제는 유토피아주의와 적정한 합리성 사이의 선택이 아니다. 두 유토피아 사이의 선택이다. 그리고 일체 계획을 세우지 않는 쪽이 세심하게 생각하는 쪽보다 반드시 더 나은지는 전혀 명확하지 않다. 어떤 경우든 진보적 제안을 유토피아주의로 치부하는 비판은 설득력을 잃는다. 어쩌면 세계적 금융위기 이후 이뤄진 정치경제학에 대한 재고가 새로운 유토피아의 시대로 우리를 끌어들인 것인지도 모른다.

그렇다고 해도 잘못된 것은 없다. 알렉산더 게레로는 추첨제에 대한 글을 다음과 같은 흥미로운 주제로 끝맺는다. "정부를 획기적으로 재구성하는 일은 대개 유토피아주의로 폄하되지만, 선거를 통한 대표민주주의가 다른 모든 기술처럼 개선될 수 없다고 생각할 이유는 없다."[25] 당연한 말이다. 우리가 전기차와 말라리아 치료제를 개선할 수 있다면 정치 체제를 개선하는 것도 능력 밖의 일은 아니다. 단지 약간의 재고만 하면 된다.

안 될 것은 없다

왜 모든 사람에게 살아가는 데 필요한 충분한 돈을 주면 안 될까? 이 방법은 절대 통하지 않을 것이다. 그러면 다들 아무 일도 안 하고 게으름을 피울 테니까. 가난한 사람들에게 그냥 돈을 주는 것은 어떨까? 이 방법도 절대 통하지 않는다. 그냥 돈을 퍼부어서 문제를 해결할 수는 없다. 왜 정치인을 복권으로 뽑으면 안 될까? 이 방법은 절대 통하지 않을 것이다. 평범한 사람들에게 나라를 믿고 맡길 수 없으니까. 그러나 이 방법들은 시범사업으로 실시한 도시와 농촌에서, 고대 사회에서 실제로 통했다. 실험이 이뤄졌고, 결과도 나왔다. 기본소득과 추첨제는 어떤 의미에서 강화 아이디어다. 즉, 그레이스 호퍼가 프로그래밍에 대해 가졌던 이상처럼 더 많은 사람들에게 특권층을 넘어설 힘을 부여한다. 그러니 저항에 부딪힐 만도 하다.

다른 분야와 마찬가지로 정치계에서 재고는 성급하고 부실한 설명 앞에서 물러서지 않는 고집 센 아이처럼 "왜 안 돼?"라고 거듭 묻는 것이다. 어쩌면 가령 기본소득 대신 '사회배당'이라는 말을 쓰는 것처럼, 제시하는 방법을 재고하는 일이 도움이 될지도 모른다. 또한 유토피아주의라는 비판을 들으면 "그렇긴 한데 당신의 생각은 안 그래요?"라고 따져야 한다. 기존 시각도 이미 유토피아적이지 않은가 말이다. 우리는 언제나 우리가 원하는 유토피아를 선택할 수 있다.

시장의 예측할 수 없는 작동에 맡기지 않고 우리의 유토피아를 세심하게 기획했을 때, 그 일이 잘못될 경우에 대한 두려움은 집단지성의 힘을 비관적으로 바라보는 데서 생긴다. 이것은 앞서 실패를 자인하는 것과 같다. 한데 힘을 모아 사람을 달로, 로봇을 화성으로 보내는 우주 탐사 사업을 기획할 수 있다면, 모든 학생이 충실한 교육을 받을 수 있는 최선의 기회를 제공하는 교과과정을 기획하는 일도 그다지 어려워 보이지 않는다. 같은 맥락에서 더 나은 정부 체계를 구축하는 일도 그렇다. 지금 실내나 도시에 있다면 잠시 주위를 둘러보라. 눈에 보이는 모든 대상을 사람이 구상하고, 설계하고, 제작했다. 이는 놀라운 일이다. 물론 협력하는 인간의 이성적 능력을 무한히 신뢰하는 것이 부적절할 때도 있다. 그러나 이런 신뢰가 없으면 어떤 일도 이룰 수 없다. 이는 설령 부정확하더라도 중요하고 유용한 아이디어다. 또한 우리가 삶의 토대로 삼을 또 다른 플라세보 아이디어다.

한편 많은 사람들이 기본소득과 추첨제 같은 오래된 아이디어가 현대에도 타당하다고 주장하는 것은, 우리 시대가 특별히 과거보다 새롭고 독보적이지 않으므로 과거의 아이디어들도 얼마든지 생산적으로 활용할 수 있다는 사실을 보여준다. 경제학자인 조셉 스티글리츠Joseph Stiglitz가 오늘날의 미국에게 뉴딜 정책을 되살리라고 권하면서 말한 대로 "단지 전에 들어본 것이라고 해서 다시 시도하지 말아야 한다는 법은 없다."[26]

선악을 넘어

다시 살필 만한 가치를 지닌 과거의 나쁜 생각들은 무엇일까?
그리고 우리가 지닌 어떤 생각들이 후대에 끔찍하다는 평가를 받을까?

—

"시대는 개인만큼 잘못을 쉽게 저지른다.
모든 시대는 후대에 틀렸을 뿐만 아니라 터무니없다고 여기게 될 많은 의견들을 따른다.
지금은 보편적으로 받아들이는 많은 의견들도 분명 미래에는 배척당할 것이다.
한때는 보편적으로 받아들였던 많은 의견들이 지금은 배척당하듯이 말이다."
– 존 스튜어트 밀John Stuart Mill

—

새로 지은 거대한 프랜시스 크릭 연구소Francis Crick Institute는 물결 모양의 볼록한 금속 지붕 때문에 런던의 세인트 팽크러스 이면에 웅크린 금속 아르마딜로처럼 보인다. 나는 아직 과학자들이 입주하기 전의 어느 가을날 오후에 방문자 센터로 들어선다. 이 작은 전시실에는 질병을 치료하는 일을 돕는 과학자들의 웃는 모습을 담은 사진들이 있다. 연구소의 친절한 홍보 담당자는 내게, 오래전에 분자생물학 연구소를 만든다는 계획을 처음 논의할 때 지역 주민들이 걱정했다고 말한다. "도대체 거기서 뭘 연구하지?"라는 식으로 다소 우려를 자아내는 말과 소문들이 돌았다. 나중에는 에볼라 바이러스가 유출되거나 그와 관련된 테러가 일어날지 모른다는 불안이 제기되었다. 연구소 관계자들은 지역 사회 모임에 나가 불안을 진정시켰다.

그러다가 2015년 9월에 그 연구소에서 인간 배아를 대상으로 한 유전자 조작 실험을 하도록 허가해달라고 요청했다는 뉴스가 나왔다. 이 보도로 연구소 안에서 사악한 연구를 진행하고 있다는 말들이 다시 돌기 시작했다.

다른 홍보 담당자는 참을성 있는 미소를 지으며 "언제나 그렇듯 '맞춤형 아기'라는 말들이 나왔죠. 저희는 '사실 이 프로젝트는 2주 동안만 허가되었고, 약간의 조작밖에 하지 않아요.'라고 말했지만 그다지…." 라고 말한다. 그녀는 근거 없는 동요를 진정시키는 데 익숙한 사람처럼 웃는다.

하지만 맞춤형 아기라고 해서 크게 잘못된 것이 있을까?

불 가 촉 아 이 디 어

어떤 아이디어들은 도덕적 측면에서, 그리고 시대를 초월한 객관적인 관점에서 옳거나 잘못되어 보인다. 우리는 아이디어들이 역사에 걸쳐 다른 맥락 속에서 다양한 도덕적 평가를 받는다는 사실을 안다. 도덕적 태도는 사람이 살아가는 동안 실로 아주 빠르게 변할 수 있다. 근래의 동성 결혼에 대한 관점의 변화가 그 명백한 사례다. 그래서 재고는 과거에는 사악하게 여겼던 생각들을 객관적으로 재평가하여 중립적으로, 혹은 심지어 긍정적으로 보이도록 만드는 일을 수반한다.

관념과 사회적 관행에 대한 도덕적 태도가 시대와 사회에 따라 변하는 양상을 보면 도덕적 상대주의라는 비판을 하고 싶어진다. 그러나 이는 명백한 사실이다. 가령 성관계가 허용되는 연령은 인류사에 걸쳐 시대와 장소에 따라 크게 달라졌다. 과거에는 성인 남성이 12세, 13세 소녀와 혼인하는 일도 흔했다. 도덕적 상대주의라는 끔찍한 혐의를 완전히 면하고 싶다면 이 문제에 대해 무엇이 옳고 그른지 항상 보편적으로 판정할 수 있어야 한다. 그러면 암묵적으로 전체 사회와 문화가 비도덕적이라고 비난하지 않을 수 없다. 결국은 우리 사회에서 우리가 생각하는 것이 지금 우리에게 옳은지만 판정하는 것이 더 현실적이다. 다른 관점에 대해서는 "시대가 다르면, 풍속도 다르다autres temps, autres moeurs."고 인정할 수밖에 없다. 그리고 이 말은 '다른 시대'가 미래일 때도 여전히 유효하다. 우리가 가진 도덕적 관점도 과거의 도덕적 관점들처럼 나중에 재고될 것이다.

인류사를 비관적으로 바라보는 일부 논평가들은 진보를 믿어서는 안 된다고 주장한다. 그들은 계몽이 대량 학살에 대한 새로운 근거로 이어졌을 뿐이라고 말한다. 사실 진보를 축하하는 목소리만큼 부정하는 목소리도 오랫동안 존재했다. 이런 부정론을 계승한 현대인들은 전기와 좋은 치과 의술의 혜택을 누리지만 여전히 똑같은 일을 한다. 어쩌면 진보 부정론에서는 어떤 진보도 기대할 수 없는 것인지도 모른다.

일부는 (전기, 치과 의술 같은) 기술적 진보가 이뤄졌다는 사실은 인정하겠지만 도덕적 진보가 이뤄졌을 가능성은 부정할 것이다. 그러나 1세기 전에는 부유한 남성들이 아프리카로 가서 대형 동물들을 사냥하고, 그 동물의 머리를 나무로 마감한 서재 벽에 걸려고 가져오는 일이 흔했고 특별하지도 않았다. 그러나 2015년에는 한 미국인 치과의사가 짐바브웨에서 세실Cecil이라는 사자를 보호구역 밖으로 유인하여 총으로 쏜 사건이 일어나자 사방에서 혐오감을 드러냈다. 이는 대형 고양이과 동물을 좋아하는 사람들에게는 명백한 진보로 비춰진다. 또한 배심원 평결제, 노예제 폐지, 여성 참정권, 보편적 교육 같은 것들은 적어도 실행할 수 있을 만큼 운이 좋은 국가들에서는 상당한 도덕적 진보로 간주된다. 물론 여러 지역에서 노예제나 고문 같은 도덕적 좀비들이 부활했지만, 그렇다고 해서 세상 전반에서 이뤄진 도덕적 진보가 무효화되는 것은 아니다. 공상과학소설가인 윌리엄 깁슨William Gibson이 말한 대로 "미래는 이미 당도해 있다. 다만 아직 고르게 퍼지지 않았을 뿐이다."[1]

때로 어떤 아이디어는 과거의 공포와 너무나 강하게 연관되어서 악의 대명사가 된다. 해당 아이디어가 되돌아오려 하면 사람들은 과거의 공포를 다시 떠올리고 아예 논의도 못하도록 막으려 든다. 그러나 이는 부당한 처사일 수 있다. 특정한 맥락에서 부당하게 오명을 쓴 아이디어는 불가촉 아이디어pariah idea가 된다. 가령 맞춤형 아기가 그런 사례일 수 있다.

더 낫고자 하는 욕망

당신에게 아이가 있다고 가정하자. 그다지 비싸지 않고 완벽하게 안전하면서 아이의 지능을 상당히 높여주는 약을 자유롭게 구할 수 있다고 상상해보라. 아이에게 약을 먹일 것인가? 논의를 위해, 다른 모든 요소들이 동일할 때 높아진 지능이 앞으로 살면서 누릴 기회들을 개선한다고 가정하면 먹이지 않을 이유가 있을까? 이는 악기를 가르치거나 숙제를 도와주는 것처럼 부모들이 흔히 하는 다른 많은 일들과 비슷하다. 부모들이 약물의 힘을 빌려서 자신의 자녀가 다른 아이들보다 뛰어나도록 만들기 위한 경쟁을 벌이는 양상을 안타깝게 여길 수도 있다. 그러나 문화적 측면에서는 오래전부터 경쟁이 벌어지고 있었다. 그리고 지금 우리는 그런 세상에 살고 있다. 저렴하고 안전한 약으로 아이의 삶을 개선할 수 있는 세상 말이다. 이런 맥락에서는 오히려 아이에게 그 약을 먹이지 않는 것이 잘못되었다고 말할 수도 있다.

이제 약간 다른 상황을 가정해보자. 어떤 여성이 임신 사실을 확인한다. 마침 그다지 비싸지 않고 완벽하게 안전한 약이 있는데, 이 약을 먹으면 태아의 유전체가 변한다. 그래서 나중에 성장하면서 지능이 상당히 높아진다. 여성은 이 약을 먹고 아이가 더 똑똑해지도록 유전적 조작을 해야 할까? 이 경우 첫 번째 사례에서 제시된 주장과 마찬가지로 약을 먹지 않는 것이 잘못된 일이 아닐까?

분명 지금까지 제시한 내용을 접한 적이 있을 것이다. 또한 두 번째 상황에서 긍정적인 답을 했다면 우생학을 지지하는 셈이 된다. 첫 번째 사례에 나온 약물을 통한 개선과 두 번째 사례에 나온 유전적 개선 사이에 도덕적으로 의미 있는 차이는 무엇일까? 우생학이 정확히 어떤 면에서 나쁜 걸가?

이 질문은 제기할 필요도 없어 보인다. 우생학의 역사는 '정신이 박약하거나', 열등한 '피'를 지닌 사람들을 대상으로 저질러진 강제 불임수술이나 결혼 금지, 종종 ('안락사'라는 이름으로 순화된) 노골적인 살인 같은 공포스러운 일들로 가득하다. 이 모든 일들이 20세기 초 몇십 년 동안 미국에서 빠르게 진행되었다. 그래서 미국의 우생학이 나치에 영향을 준 것으로 여겨지고 있다. 1911년 카네기 연구소는 사회의 유전적 퇴보를 막기 위해 '안락사'를 권장했으며, 가스실을 활용하는 방안을 폭넓게 논의했다. 그러나 대중의 반감을 우려한 많은 의사들은 대신 '결함'이 있는 아기들을 '치명적 방치'를 통해 죽였다.[2] 또한 1936년에 해리 로플린Harry H. Laughlin이라는 미국의 우생학자는 '인종청소학'에 기여한 공로로 하이델베르크 대학으로부터 명예박사학위를 받았다. 우생학적 관념은 영국과 유럽의 사회학자 및 진보인사들 사이에서도 상당히 흔했다. 그러다가 제2차 세계대전 동안 나치가 대규모 살인 계획을 실행한 이후, 우생학은 유사과학이 나아갈 끔찍한 지옥의 사례로 제시되는 경우 외에는 다시 거론되지 않았다.

그렇게 일이 진행되었다. 그러나 어떤 아이디어가 과거에 사악한 목적에 활용되었다고 해서 앞으로도 그럴 것이라고 보기는 어렵다. 그럼에도 그렇게 생각하는 경우가 너무 흔하다. 한 저널리스트에 따르면 우생학이 "과거에 아우슈비츠의 문으로 이어지는 모습을 보았기에" 대다수 사람들은 우생학이라는 말을 들으면 움찔한다.[3] 어쩌면 이렇게 묻는 것이 타당할지도 모른다. 우생학이 이끈 것인가, 아니면 떠밀린 것인가? 어떤 아이디어들은 시대와 관계없이 사악한 것일까? 아니면 한 시대에는 사악했다가 다음 시대에는 선할 수도 있을까?

사안을 둘로 나누자. 우리가 해롭다고 여기는 자질을 가진 잠재적 인간의 성장을 허용하지 않는 (혹은 역사적으로 볼 때 죽이거나 심하게 속박하는) 관행을 '부정적 우생학'이라고 부르자. 반대로 바람직하다고 여겨지는 형질을 인위적으로 잠재적 인간에게 부여하는 것을 '긍정적 우생학'이라 부르자. (우생학적 사고의 전성기에 후자는 약간 다른 뜻으로 사용되었다. '긍정적 우생학'은 '우수한 자질'을 지닌 사람들에게 자녀를 더 낳도록 권하는 것이었다. 물론 당시에는 특정한 형질을 인위적으로 자녀에게 부여할 방법이 없었다. 지금 어떤 집단에게 자녀를 더 낳으라고 요청하는 것은 인종차별적 문화전쟁의 변방에서나 일어나는 일이다.)

부정적 우생학은 우생학이 뒤집어쓴 대다수 누명의 근원이다. 부정적 우생학의 관행은 태어날 경우 끝없는 고통에 시달릴 것으로 판단되는 태아를 중절시키는 일처럼 우리 시대에도 여전히 이어지고 있다는 점을 참고할 필요가 있다. 그래도 대다수 사람들은 '운동능력이 뛰어나지 않을 것이어서 낙태하는' 데까지 부정적 우생학의 범위를 확장하는 일은 잘못이라는 데 동의할 것이다.

반면 현대에 긍정적 우생학을 지지하는 일은 더욱 어렵다. 어쨌든 사람들은 번식 상대를 고르는 미숙하고 우발적인 방식으로 이미 긍정적 우생학을 따르고 있다. ('이 남자는 키가 크고 재미있으니까 우리 아이도 그럴 가능성이 높아.') 그러니 앞으로 유전자 조작술이 성숙하면 부모들이 어떤 아이를 가질지 잘 알 수 있도록 체계적인 방식을 도입하는 편이 낫지 않을까? 이 문제를 둘러싼 논쟁은 곧 이뤄져야 한다. 기술적 가능성이 공상과학소설을 빠르게 따라잡고 있기 때문이다. 〈사이언스〉는 크리스퍼CRISPR라는 새로운 유전자 편집술이 2015년의 가장 귀중한 과학적 발전이라고 일컬었다. 이는 일종의 DNA용 워드 프로그램이다. 연구자들은 이미 크리스퍼를 활용하여 성인 환자의 유전적인 질병에 의한 실명 원인 형질을 바꾸어놓는 첫 단계에 성공했다.[4] 크리스퍼는 인간 배아의 DNA도 수정할 수 있다. 그러므로 크리스퍼는 우생학을 실용적으로 만들 뿐만 아니라 어떤 경우에는 우생학을 도덕적으로 활용하도록 만드는 빠진 한 조각에 해당한다.

현실적으로 이런 아이디어에 제동을 거는 한 가지 주장은 우생학적 개입을 하려면 돈이 많이 들어서 모두에게 평등한 기회가 주어지지 않는다는 것이다. 그 결과 부자의 자녀는 갈수록 용모와 지능이 개선되는 반면, 빈자의 자녀는 유전적 복권에 기댈 수밖에 없어서 더욱 뒤처지게 된다. 자본주의 논리를 따르는 선택적 의학의 맥락에서 보면 그럴 수도 있지만, 원칙적으로 그 사실만 가지고 긍정적 우생학을 반대할 근거로 삼을 수는 없다. 그 주장은 사회가 결국 두 계급으로 나뉘길 바라지 않는다면, 우생학적 수단의 가용성을 좌우하는 정치적인 메커니즘을 신중하게 조율할 필요가 있다는 단순한 경고로 삼으면 된다. (어쨌든 우리는 다른 많은 측면에서 그렇게 한다.)

아마도 더욱 핵심적인 문제는 '개선'의 기준을 정하는 주체일 것이다. 미용우생학이 일반화되면 상당수 인구가 금발에 파란 눈을 갖게 될지 모른다. 이는 아리아인의 이상을 따르는 사람들에게는 좋은 소식이지만, 갈색 머리를 좋아하는 사람은 세상이 나아졌다고 여기지 않을 것이다.

그래도 계몽된 우생학을 다시 진지하게 생각할 때가 되었다. 생명공학을 통한 수정은 다가오고 있을 뿐만 아니라 막을 수도 없기 때문이다. 어쨌든 인류를 전반적으로 개선하는 일은 진전될 수 있을지도 모른다. 우리는 곧 인간성 자체를 재고할 수 있는 기술을 갖게 될 것이다. 이것을 어떻게 활용해야 할까?

우 생 학 의 아 버 지

찰스 다윈의 반사촌인 프랜시스 골턴Francis Galton은 빅토리아 시대의 또 다른 뛰어난 박식가였다. 그는 통계 부문에서 중요한 개념들을 고안했고, 지문의 패턴을 분류하여 법정에서 증거로 채택되도록 도왔고, 최초의 신문용 날씨 지도를 만들었으며, (설문을 통해 정신저 능력에 대한 정보를 수집하는) 심리측정학이라는 학문을 창립했다. 또한 우생학자이기도 했다. 사실 그리스어로 '좋은 태생'을 뜻하는 '우생학eugenics'이라는 단어를 만든 사람이 그다. (그가 '혈통을 개선하는 학문'에 처음 붙인 이름은 덜 인상적인 '양육학viriculture'이었다.)[5] 그래서 그의 이름은 20세기 후반에 폭넓은 경멸의 대상이 되었다.

그러나 골턴의 연구는 어떤 의미에서 인간적이었다. 그 이념은 합리적 인간이 이제 자연보다 덜 가혹한 방식으로 자신의 발달을 통제할 수 있다는 것이었다. 그는 1883년에 쓴 글에서 "지금까지 진화 과정은 우리가 일을 추진하는 방식에서 익히 아는 대로 개인의 불운은 전혀 고려치 않은 채 엄청나게 기회와 생명을 소모하면서 진행되었다. 시간이나 기회를 낭비하지 않고, 불필요한 고통을 초래하지 않으며, 순수한 실수를 공정하게 허용하면서 성과를 내는 지성과 자비의 측면에서 볼 때, 지금까지 지구에서 이뤄진 진화 과정에는 우리가 보기에 지성도, 진리도 없었다."라고 지적했다.[6]

다시 말해서 지금까지 지구에서 이뤄진 진화는 오직 고통과 죽음만을 통한 자연선택이라는 눈먼 기제를 거쳤다. (허버트 스펜서Herbert Spencer가 1864년에 만든 '적자생존'이라는 구호는 진화의 실제적이고 냉혹한 장치로 '비적자비생존'이라는 마찬가지로 타당한 관점을 덮어 감춘다.) 그러다가 인간이라는 형태의 의식과 합리적 정신을 갖춘 대상이 등장했다. 이는 1세기 뒤에 토머스 네이글에게 그랬던 것만큼 골턴에게도 놀라운 일이었다. (골턴은 "우리의 인격은 불멸하는 우주적 정신의 일시적이지만 근본적인 요소일지 모른다."고 우아하게 추정했다.)[7]

골턴은 이제 인간이 존재하므로 자연보다 덜 가혹한 방식을 취할 수 있으며, 능력이 있으므로 사실상 의무적으로 그렇게 해야 한다고 생각했다. 그래서 "인간은 나름의 개인적인 이득을 위해 반은 무의식적으로 진화를 상당히 진전시켰으나, 아직 의도적으로 그리고 체계적으로 그렇게 하는 것이 종교적 의무라는 확신에는 이르지 못했다."라고 썼다.[8]

지금까지는 충분히 타당하다. 그러나 골턴이 인류 가운데 '저급'하고 '열등'한 인종은 사라져야 한다고 말할 때부터 현대인들에게는 불편한 대목이 시작된다. 다만 그는 완력으로 없앨 것이 아니라 단지 '우월'한 인종들이 더 많이 번식하는 방식을 취해야 한다고 주장했다. 그래서 "내가 말하는 소위 '우생학'의 가장 자비로운 형태는 우월한 혈통이나 인종의 지표를 살핀 다음, 그 후손들이 늘어나 낡은 인종의 후손들을 대체하도록 만드는 것"이라고 밝혔다.[9] 그는 이런 말이 나쁘게 들릴 수 있다는 사실을 알았다. 그래서 "열등한 인종을 점차 멸종시킨다는 생각에 반대하는 대부분 상당히 불합리한 정서가 있다."라고 언급했다. 그의 지적에 따르면 이런 정서는 "인종을 없애는 일이 수많은 사람을 없애는 일인 것처럼 인종과 개인을 혼동하는 데서 나온다. 우월한 인종에 속한 사람들이 더 일찍 결혼하거나, 동일한 압박하에서 더 많은 활력을 발휘하거나, 생계를 꾸려갈 기회를 더 많이 얻거나, 혼종 혼인을 통한 우성 유전을 이루는 방식으로 조용히 그리고 서서히 진행되는 멸종 절차는 그런 것이 아니다."[10]

그렇다면 우리가 골턴에 대해 할 수 있는 말은 그가 (다윈과 거의 모든 사람들처럼) 당대의 유사과학적 인종관을 받아들였지만, 인종 청소를 주장하지는 않았다는 것이다. 그에게 특히 불운했던 역사적 사실은 그가 우생학적 목표를 이루기 위한 어떤 방법도 구체적으로 배제하지 않았다는 것이다. 그는 "실효성을 지닌 계획이 제시되기 전까지 인류를 개선한다는 생각은 유토피아적"이라는 반론에 대해 자신에게 그런 계획까지 세우라는 요구는 부당하다고 여겼다. "어떤 목표가 중요하다는 사실을 설득하고 나면 조만간 달성하는 데 필요한 수단들이 나오기 마련이기 때문"이었다.[11] 실제로 조만간 그런 수단들이 나왔다. 강제 불임 시술과 대량 살인을 수반하기는 했지만 말이다.

생명윤리에 관한 다른 생각

그래서 20세기 말 골턴은 연좌제에 따라 지적 불가촉천민이 되었고, 우생학은 불가촉 아이디어가 되었다. 이런 이유로 현대의 생명공학이 지닌 가능성을 옹호하는 많은 사람들은 '우생학'이라는 표현 대신 '인간 강화'라는 표현을 선호한다. (이는 '사회배당'처럼 전략적인 암시 명칭에 해당한다. 누가 '강화' 특히 모든 인간의 강화에 반대하겠는가?) 어떤 사람들은 이런 개발이 우생학에 해당한다는 사실을 있는 그대로 인정해야 한다고 생각해서 과감하게 우생학이라는 용어를 되살린다. 이런 사상은 대개 재미있는 역설처럼 들리고 호기심을 자아내기에 충분한 '자유주의적 우생학'으로 분류된다.

현대에 들어서 인간 강화 내지 자유주의적 우생학에 반대하는 주장은 단지 골턴과 나치를 거론하는 것으로는 충분치 않다. 현대의 긍정적 우생학은 특정한 사람들이 죽어야 한다거나 임신을 해서는 안 된다는 생각과는 거리가 멀기 때문이다. 또한 우생학이 '신의 역할'을 한다는 우려도 크게 고려할 필요가 없다. 이런 주장을 내세우는 사람들은 식용 작물을 교배하거나 항생제를 개발하는 것과 같은 '신의 역할'도 중단해야 한다는 데 거의 동의하지 않기 때문이다.

그렇다면 자유주의적 우생학을 반대할 좋은 논거가 있을까? 2014년에 발행된 스코틀랜드 생명윤리 위원회 토론집에는 주요 찬반양론이 유용하게 정리되어 있다. 토론자들은 삶의 질을 개선하기 위해 우생학적 선택을 수용하는 일은 유엔인권선언에 제시된 모든 인간의 "타고난 위엄과 가치"를 부정하는 것이라는 이유를 들어 최종적으로 반대 의견을 냈다.[12] 그러나 '삶의 질'을 추구하는 특정한 구상을 위해 어떤 특성을 선택하는 일과 '타고난 가치'가 상충하는지 여부는 명확하지 않다. 어느 한 가지 관점에서 사람을 소중히 여긴다고 해서 다른 관점에서는 소중히 여기지 않는 것일까? 성인이 성행위 상대를 선택하는 경우를 보자. 어떤 여성이 특정한 남자와 자지 않기로 결정했다고 해서 반드시 그 남자의 '타고난 가치'를 부정적으로 평가하는 것은 아니다. 단지 다른 남자를 선호한 것일 뿐이다. 마찬가지로 부모가 유전자 조작술로 자녀에게 더 나은 운동능력을 부여한다고 해서 운동신경이 둔한 수학 천재가 타고난 가치를 무시하는 것은 아니다.

'삶의 질'이라는 관념이 어떤 삶은 일체 가치를 지니지 못해서 나치의 구호처럼 "삶을 누릴 가치가 없는 삶"이 된다는 의미로 쓰인다면 그야말로 문제를 제기하고 반발해야 한다. 그러나 그렇지 않다면 (자녀가 지닌 특정한 자질을 고르는) 선택이 모든 아이가 근본적으로 타고난 가치라는 관념에 배치되지 않는다. 결국 모든 인간이 위엄과 평등성을 타고난다는 선언은 생식, 성 혹은 단순한 선호를 막론하고 어떤 측면에서도 인간을 구분하지 말라는 뜻이 아니다. 모든 인간이 위엄과 평등성을 타고난다는 원칙은 인종이나 부 같은 기준에서 국가가 부당한 차별을 하지 못하도록 보호하는 것이지, 기업들이 적절한 기술이 없다는 이유로 지원자를 탈락시키는 경우처럼 모든 차별을 금지하는 것이 아니다. 한 걸음 더 나아가 자녀를 위해 최선을 선택할 부모의 권리는 타고난 위엄을 지니지 않는지 물을 수 있다.

우생학적 자유에 대해 가장 세심한 문제 제기를 한 사람은 독일 철학자인 위르겐 하버마스Jürgen Habermas다. 그는 "미래에 사람에게 유전

322

적 성향을 부여하는 능력을 활용한다는 것은 그 시점부터 유전적으로 설계되었든 아니든 모든 사람이 자신의 유전체를 비판할 수 있는 행위 내지 누락의 결과로 여길 수 있음을 뜻한다. 그래서 유전 형질을 결정할 때 왜 운동능력이나 음악적 재능을 고르지 않았는지 설계자에게 설명과 해명을 요구할 수 있다."라고 썼다.[13] 아이들은 부모가 선택한 재능을 갖게 된 것을 항상 행복하게 여길까? 아니면 오히려 부담스럽게 받아들일까? 이는 긍정적 우생학으로 인해 제기될 수 있는 개인적, 사회적 문제다. 이 문제가 다른 혜택들보다 중대한지 여부는 합리적인 논쟁을 통해 따져야 한다.

적어도 한 가지 혜택에는 반론의 여지가 없다. DNA 구조를 발견한 사람 중 한 명인 제임스 왓슨은 이렇게 주장했다. "유전적 주사위는 저주를 받을 만큼 큰 잘못을 저지르지 않은 수많은 사람들과 그 가족에게 계속 가혹한 운명을 부여할 것이다. 마땅히 누군가 그들을 유전적 지옥으로부터 구해내야 한다. 우리가 신의 역할을 하지 않는다면 누가 하겠는가?"[14]

인간의 고통을 완화하는 일을 거부하려면 상당히 강력한 정당화가 필요하다. 또한 기술적으로 가능한데도 인간의 번영을 돕지 않는 일에도 강력한 정당화가 필요하다. 이미 우리는 우생학을 활용하고 있다는 사실을 명심하라. 다만 아주 체계적이지 않을 뿐이다. 정신적 외상에서 생긴 스트레스와 우울증이 다음 세대로 유전될 수 있다는 신경후성유전학 분야의 주장은 더 많은 생각들을 불러일으킨다. 이 사실은 정신적 외상을 입을 수 있는 상황을 회피한 부모는 바람직하지 않은 유전 형질로부터 자녀를 보호하는 우생학적 행동을 한 것임을 시사한다. 이런 행동을 더 정확하게 할 수 있다면 어떨까? 크리스퍼식 유전체 편집술이 믿을 만해지고 보편화되어서 우생학을 체계적으로 활용할 수 있다면, 유전병으로 초래되는 많은 고통이 완화될 것이며, 심지어 더 나은 재능과 용모를 지닌 세대가 나올 것이다. 그렇게 된다면 규제와 관련된 논쟁에서 모든 해악에 견줄 만한 확고한 혜택이 될 것이다. 이미 유전적 선택을 위한 특정 시술을 금지하는 법안도 마련되어 있다. 가령 영국에서는 2008년 이후 불임 치료 시 장애를 갖게 될 배아를 일부러 선택하는 것을 금지하고 있다. 이런 식으로 특정한 열생학(우생학의 반대로서 '나쁜 태생'을 뜻함)적 개입이 금지되었다. 이처럼 우리는 해로운 선택을 금지한다. 그렇다면 왜 도움이 되는 선택을 허용하지 않는가?

합리적인 사람들은 우생학적 시술의 세부 내용과 범위에 반대할 수도 있고, 하버마스처럼 세련된 도덕적 이유로 반대할 수도 있다. 그러나 오늘날 이런 논쟁이 벌어진다는 사실은 우생학이 뗘는 20세기 후반 대부분의 기간 동안 그랬던 것처럼 생각조차 할 수 없는 주제는 아님을 보여준다. 우생학은 서서히 불가촉천민 취급에서 벗어나고 있다.

우생학은 긍정적이고 바람직한 대상이 되기 위해 역사적 변화를 거치고 있는 중인지도 모른다. 즉, 미래에는 우생학적 기술을 몇 가지라도 활용하지 않는 것이 부도덕하게 여겨질 수도 있다. 제임스 왓슨은 마땅히 그래야 한다고 말했다. 2010년에 IVF 요법을 개발하는 데 기여한 공로로 노벨 의학상을 받은 로버트 에드워즈Robert G. Edwards도 비슷한 시각을 확고하게 견지했다. 그는 1999년에 "부모가 유전질환이라는 무거운 짐을 진 아이를 낳는 것이 곧 죄악시 될 것이다. 우리는 자녀의 질을 고려해야 하는 세상으로 들어서고 있다."라고 말했다.[15]

에드워즈는 여기서 아주 강력한 주장을 제기한다. IVF 요법을 활용하여 배아가 지닌 유전질환을 파악할 뿐만 아니라 고치는 일은 우생학적 개입이며, 현대 의학이 올린 가장 장엄한 개가 중 하나다. 덕분에 겸상적혈구 없이 태어난 아이가 누리는 '삶의 질'이 그런 행운을 누리지 못해서 병을 안고 살아가는 아이가 누리는 삶의 질보다 나으며, 기회가 주어진다면 (모두가 타고난 가치와 위엄을 부정하는 일 없이) 누구나 전자를 그들의 아이로 삼을 것이라는 주장을 무시하기는 어렵다.

이처럼 우생학이 부적절한 낙관론으로 출발하여 대량 살인에 동기를 부여하면서 생각조차 할 수 없는 대상이 되었다가, 너무나 필요한 나머지 활용하지 않는 것이 오히려 '죄악' 내지 도덕적 의무를 방기하는 일이 되었다면, 이전에 우생학을 불가촉천민 취급한 것은 특정한 사회정치적 맥락과 연계된 것이라는 사실이 자명해진다. 여전히 조심스럽기는 하지만 오늘날 폭넓게 인정받는 대로, 그 잔학성에도 불구하고 나치의 과학조차 부분적으로는 좋은 아이디어들을 지니고 있었다. 로켓 기술을 개척한 것이 명백한 사례다. (그래서 미국은 전후에 V-2 로켓을 개발한 베르너 폰 브라운Wernher von Braun을 데려와 탄도 미사일 개발팀에 이어 나사에서 일하게 했다.) 로버트 프록터Robert N. Proctor의 《암과 맞선 나치의 전쟁The Nazi War on Cancer》 같은 연구서에 따르면 나치는 암 연구와 영양학 같은 다른 보건 분야에서도 시대를 앞서 나갔다.[16] 이는 '소식을 전하는 사람이 싫다고 해서 소식까지 거부해서는 안 된다.'는 원칙을 뒷받침하는 가장 극단적인 사례에 해당한다.

미래의 충격

나쁜 생각이 좋게 바뀔 수 있다면 좋은 생각도 나쁘게 바뀔 수 있다. 그렇다면 현재 우리가 따르는 관념 중에서 미래에 나쁘게 보일 것은 무엇일까? 이제 도덕적 진전이 마무리되었고, 우리가 완벽하게 정의로운 세상에 산다고 생각지 않는 한 현재 따르는 관행과 가정 중 일부는 분명 미래의 후손들에게 철저히 타락했거나 멍청하게 보일 것이다. 무엇이 거기에 해당할까? 어떤 생각이 나중에 우리를 불가촉천민으로 만들까?

일부 지배적인 관념들은 이미 불가촉 관념이 되는 길에 오른 듯하다. 그래서 지금은 현실을 이루고 있지만 갈수록 크고 시끄러운 비판에 직면하고 있다. 가령 육식이 거기에 해당될 수 있다. 동물들은 연구를 거듭할수록 높은 지적 능력을 지닌 것으로 드러나고 있다. 돼지는 사실 상당히 지능이 높으며, 심지어 물고기도 고통을 느낀다. 엄격한 채식주의자는 사회성을 지닌 곤충을 먹는 것조차 꺼린다. 그래서 미래에는 동물을 자주 먹던 시대가 충격적인 야만의 시대로 보일 수도 있다. 사실 이 글을 쓰는 나는 스테이크와 닭고기 그리고 잘게 찢은 돼지고기를 정말로 포기하고 싶지 않다. 다행히 그럴 필요가 없을지도 모른다. 인공 동물성 단백질 혹은 구호대로 '발 없는 고기meat without feet' 제작 기술이 지금과 같은 추세로 발전하여 실제 닭을 키워서 죽이지 않고도 저렴하고 맛있는 닭가슴살을 만들 수 있다면 모든 문제가 잘 해결될 것이다. 물론 수세기 동안 일각에서는 계속 채식을 권했다. 그래서 채식이 새로운 관념은 아니다. 그러나 동물을 도살하여 먹는다는 관념은 지금의 보편적인 인식과 달리 미래에 사악하다는 오명을 얻을 것이다.

우리 눈앞에서 불가촉천민이 되어가는 또 다른 관념은 마약을 무조건 금기시하는 시각이다. 우울증을 치료하는 LSD의 효능에 대한 연구를 둘러싼 흥분을 기억하는가? 지지론자들은 LSD가 실은 그렇게 위험하지 않은데도 A등급 금지약물이라고 말한다. 정신과 의사인 제임스 러커James Rucker가 2015년에 〈영국의학저널British Medical Journal〉에서 밝힌 대로 "환각성 약물이 습관을 형성한다는 증거는 전혀 없으며, 통제된 환경에서도 해롭다는 증거는 거의 없다. 반면 흔한 정신 장애에 활용할 수 있다는 역사적 증거는 상당히 많다." 그러나 여전히 LSD를 비롯한 향정신성 약물을 금지하는 것이 유엔 가입의 조건으로 되어 있어서 "특정한 행동 양식에 오명을 씌우고, 방지하는 해악보다 더 많은 해악을 초래하고 있다."[17] 많은 사람들이 보기에 현재 금지된 모든 약물의 경우도 마찬가지다. LSD나 사일로사이빈이 지니는 효능을 제시하는 것은 현재 금지된 일부 약물의 법적 지위를 바꿔야 한다는 설득력 있는 논거지만 모든 금지 약물을 합법화해야 한다는 논거는 아니다. 어떤 약물이든 불법화하지 말아야 할 이유는 근본적으로 아주 단순하다. 결과적으로 이전 상태와 비교할 때 훨씬 적은 사람에게 훨씬 적은 해악을 끼친다는 것이다.

실제로 마약과의 전쟁은 훗날 술을 금지한 미국의 거대한 실험보다 더 비생산적이고 비틀린 방식으로 비극을 초래한 일로 여겨질지도 모른다. 미국이 지금까지 마약 단속에 들인 비용은 닉슨이 1971년에 마약과의 전쟁을 선언한 이래 1조 달러를 넘었다. 경찰과 연방요원들로 구성된 '금지에 반대하는 법률 집행관 모임'이 분석한 수치는 대단히 놀랍다.[18] 거기에 따르면 200만 명이 넘는 수감자 중 거의 절반이 마약사범이다. 다시 말해서 전 세계 수감자 중 8분의 1이 금지약물을 소지하거나 판매한 죄로 미국의 감옥에 갇혀 있다. (현재 미국에서 마약사범을 처벌하는 양상은 인종차별적 성격도 강하다. 전국적으로 볼 때, 비슷한 양을 복용했어도 백인보다 흑인이 체포되고 수감될 가능성이 훨씬 높다.)[19] 그러나 마약에 맞선 이런 호전적인 조치들은 바라는 효과를 내지 못했다. 미국인 중 거의 절반은 불법 약물을 쓴다고 인정한다. 따라서 단속 정책은 효과적인 억제책이 아니다. 또한 마약은 더 비싸지기는커녕 저렴해졌다.

현재 대마초가 미국의 여러 주에서 합법화된 것처럼 코카인, 헤로인, LSD 같은 마약도 기분전환용으로 사용하는 것을 합법화해야 한다는 주장에는 여러 종류가 있다. 가령 "내가 내 몸에 무슨 짓을 하든 정부가 무슨 상관이냐."는 단순한 자유주의적 관점을 근거로 제시할 수 있다. 혹은 미식축구나 승마 같은 합법적인 활동으로 입은 피해와 불법 약물로 입은 피해를 비교해볼 수도 있다.[20] 마약 합법화를 주장하는 세 번째 입장은 사회에 미치는 전반적인 혜택에 초점을 맞춘다. 대다수 주거 침입 및 노상강도는 마약을 살 돈을 구하려는 마약중독자들이 저지른다는 사실을 고려해보라. 그들이 대신 안전한 약물을 저렴하게 (혹은 보건소에서 무료로) 구할 수 있다면 거리에서 벌어지는 수많은 범죄가 바로 사라질 것이다. 이는 당연히 약물 사용자들보다 더 많은 사람들에게 긍정적인 변화다.

이유가 무엇이든 대중들의 의견은 점차 바뀌고 있다. 1998년 이전 20년 동안 진행된 설문 결과를 분석한 내용에 따르면, 미국인 중 78퍼센트는 지금까지 마약을 단속하기 위해 이뤄진 노력이 실패했다고 생각했다. 그럼에도 3분의 2는 같은 전략에 더 많은 노력을 기울여야 한다고 생각했다.[21] 반면 2014년에 '퓨 리서치 센터'에서 조사한 바에 따르면, 미국인 중 3분의 2는 헤로인과 코카인 중독자들을 처벌하기보다 치료하는 데 마약 정책의 초점을 맞춰야 한다고 생각했다. 또한 비슷한 비율의 응답자들은 많은 주들이 비폭력적 마약 사범들까지 무조건 수감하는 정책을 폐기한 것을 잘한 일로 평가했다.[22] 그리고 현재 절반 이상은 대마초 합법화를 지지한다.[23] 어쩌면 마약과의 전쟁이 마침내 조금씩 잦아들고 있는 것인지도 모른다. 대신 다른 대상과의 전쟁을 선포할 시기가 된 것일까? 고기와의 전쟁, 혹은 운전과의 전쟁은 어떨까?

운전대에서 손을 떼시오

미국과 노르웨이 같은 선진국에서 총 구매를 허용하는 일은 많은 사람들에게 이미 부정적으로 인식된다. 세계적인 총기 불법화가 아무리 요원하다고 해도 말이다. 그러나 차와 비교하면 총은 그렇게 많은 사람을 죽이지 않는다. 해마다 교통사고로 100만 명 이상이 죽고 1,000만 명 이상이 다친다. 전 세계에 걸쳐 15세에서 29세 사이에 속한 사람들이 죽는 가장 큰 요인은 대개 과실로 발생하는 교통사고다.[24] 지금까지 사람들은 술을 마시고 운전하거나, 문자 혹은 (설령 무선 통화라고 해도) 통화를 하면서 운전하는 일이 지닌 위험성을 우려했다. 그러나 조만간 이런 우려가 실로 큰 문제와 비교하면 사소한 수준이라는 사실을 깨달을 것이다. 애초에 대단히 가연성이 높은 액체로 채워진 쇳덩어리를 빠른 속도로 몰 수 있도록 허용한 문제 말이다. 사람이 차를 몬다? 이는 이제

나쁜 생각이 되었다.

대다수 혹은 모든 차가 현재 구글과 다른 제조사들이 시험하는 자율주행차로 바뀌면 그렇게 인식될 것이다. 자율주행차라고 해서 사고를 전혀 일으키지 않는 것은 아닐지 몰라도, 컴퓨터가 지닌 빠른 반응속도와 한결같은 집중력을 감안하면 분명 과실이 잦은 인간보다 나을 것이다. 또한 자율주행차는 더 안전하면서도 빠르고 긴밀하게 달려서 정체를 줄일 것이다. 그리고 승객을 직장에 내린 후에는 스스로 주차장을 찾아갈 것이다. 그러니 싫어할 만한 구석이 있을까?

우선 컴퓨터가 보조하는 '해법주의solutionism(모든 사회문제에 기술적 해법이 존재한다는 생각 - 옮긴이)'를 맹렬하게 비판하는 예브게니 모로조프Evgeny Morozov는 "자율주행차가 도시계획에 미치는 영향이 어떤 사람들에게는 바람직하지 않을 수 있다."고 지적한다. 그는 "자율주행차가 보편화되어 더 많은 사람들이 이용하면 대중교통이 열악해지지 않을지" 우려한다.[25] 이는 상상력을 통해 드러낼 수 있는 의도치 않은 결과("무지")다.

자율주행차가 도래한 세상에서 우리가 씨름해야 하는 또 다른 문제는 뉴욕대 심리학 교수인 게리 마커스Gary Marcus가 제기했다. 자율주행차를 타고 좁은 다리를 건너는데 아이들을 가득 태운 버스가 고장 난 상태로 당신을 향해 달려온다고 가정하자. 버스를 피할 공간은 없다. 그렇다면 당신이 타고 있는 자율주행차가 아이들을 구하기 위해 당신이 죽더라도 다리를 벗어나는 결정을 내려야 할까?[26]

이 사례가 보여주는 사실은 기계가 더 효율적으로 할 수 있는 기술적 요소뿐만 아니라 도덕적 요소도 차를 모는 일에 수반된다는 것이다. 운전을 차에게 맡기는 것은 기계적 조작만이 아니라 도덕적 판단까지 맡긴다는 뜻이다. 아마도 사람들은 해마다 죽어가는 100만 명을 살릴 수 있다면 그 정도 대가는 치를 수 있다고 생각할 것이다. 그러나 적어도 자율주행차의 알고리즘이 어떻게 설정되고, 자율주행차에 어떤 도덕적 선택이 내재되는지 알아야 할 중대한 이유가 생긴다.

아 이 를 가 질 권 리

스웨덴을 비롯한 많은 나라에서는 개를 기르려면 허가를 받아야 한다. 그러나 대다수 나라에서는 누구라도 아이를 가질 수 있다. 이것이 좋은 생각일까? 과거에는 반드시 그렇게 여겨지지 않았다. 미래에도 그럴지 모른다.

스코틀랜드생명윤리위원회가 우생학을 논의한 내용을 정리한 책을 보면 DNA를 발견한 사람 중 한 명인 프랜시스 크릭이 1963년에 《인간과 미래Man and the Future》라는 책을 썼다는 이야기가 나온다. 거기에 따르면, 그는 이 책에서 어떤 사람들은 부모가 되기에 적당하지 않으므로 공식적인 허가 체계가 필요하다고 주장했다. 이는 크릭을 존경하는 사람들에게는 실망스러운 내용일 것이다. 런던에는 프랜시스 크릭 연구소라는 첨단 생물학 연구소가 있다. 이 연구소에 어떤 사람들은 아이를 가질 자격이 없다고 생각한 사람의 이름을 정말 붙여야 했을까?

지금은 세상을 떠나 대답할 수 없는 사람이 한 말은 언제나 제대로 확인할 필요가 있다. 이 경우 사실 크릭은 그런 말을 한 적이 없으며,

《인간과 미래》라는 책을 쓴 적도 없다. 다만 한 학회에서 관련된 문제를 논의하기는 했다. 그리고 그와 다른 사람들이 실제로 한 말은 훨씬 흥미롭다. 1963년에 비영리과학재단인 시바 재단Ciba Foundation은 '인간과 그 미래'라는 제목으로 심포지엄을 열었다. 생물학과 다른 분야의 선지자들이 런던의 포틀랜드 플레이스Portland Place에 모여서 인간의 진화 및 그 개선 가능성을 논의하는 자리였다. 즉, 우생학을 이야기하는 자리였다. 당시는 쿠바 미사일 위기가 발생한 지 얼마 되지 않은 때였다. 그래서 당면 과제를 특별히 시급하게 다룰 필요성을 느꼈다. 유전학자인 조슈아 레더버그Joshua Lederberg는 동료 학자들에게 "아마 이 자리에 있는 사람들 중 대다수는 현재 세상 사람들이 핵전쟁을 일으키지 않을 만큼 똑똑하지 않다고 생각할 겁니다. 그래서 저는 이처럼 특별한 사태를 조금이라도 더 잘 피할 수 있도록 미래를 위한 대비책을 마련하고 싶습니다."라고 말했다.[27]

프랜시스 크릭은 이 모임에서 발언을 하지는 않았다. 대신 긍정적 우생학을 다룬 2편의 논문에 대한 전체 토론에는 참여했다. 그 주제는 강압적 수단을 동원하지 않고 사람들의 일반적인 지적 수준을 높이는 방법이었다. (2편의 논문 중 하나를 쓴 허먼 멀러Herman J. Muller는 여성들이 우월한 기증자의 정자를 고를 수 있는 정자 은행을 만들자고 제안했다. 물론 이 아이디어는 실현되었다.)

그렇다면 크릭은 무슨 말을 했을까? 분명 그가 제기한 문제는 민감했다. 그는 "한 가지 특정한 사안에 집중하고 싶다."며 "과연 사람들이 애초에 아이를 가질 권리가 있는지" 물었다. 뒤이어 그는 다음과 같이 공상과학소설 같은 아이디어를 제시했다. "정부가 식품에 어떤 약을 넣어서 누구도 아이를 갖지 못하게 만드는 일은 그다지 어렵지 않을 것이다. 그다음 (가정하자면) 다른 약으로 앞선 약의 효과를 되돌릴 수 있다면 아이를 갖도록 허가된 사람들에게만 이 약을 지급할 수 있다. 이는 논의할 필요도 없을 만큼 허황된 가정이 아니다. 사람들이 아이를 가질 권리가 있다는 것이 일반적인 생각일까? 기독교 윤리의 일부라서 당연히 받아들여졌지만, 인본주의적 윤리에 따르면 왜 사람들이 아이를 가질 권리를 부여받아야 하는지 모르겠다."라고 밝혔다.[28]

일부 참석자들은 '사회'가 필요로 한다면 개인의 선호를 배제하면서 전체적으로 무엇이 최선인지 결정할 수 있어야 한다는 점을 전제로 크릭의 생각에 동의했다. 그러나 강력하게 반발하는 참석자들도 있었다. 나중에 《조이 오브 섹스》라는 책으로 유명해진 동물학자 알렉스 컴포트Alex Comfort는 이렇게 말했다. "아이를 가질 권리가 있는지 여부는 환경에 좌우된다고 말하는 것이 더 맞다고 생각한다. 한 가지 확실한 점은 누구에게도 아이를 갖지 못하게 막을 권리는 없다는 것이다. 이는 매우 어려운 문제다."[29] 일부 참석자들은 누가 '사회적으로 더 바람직한지' 어떻게 알 것인지, 혹은 누가 결정할 것인지 묻는 날카로운 질문을 던졌다.

이처럼 이 심포지엄은 한 사람이 생각하는 이상적인 정책을 권위적으로 발표하는 자리가 아니라 학자들이 모여서 솔직하게 지적 토론을 하는 자리였다. 크릭은 사안을 제기하기 위해 일부러 도발적인 사고 실험을 들고 나왔다고 강조했다. 그는 허가제를 설명한 후 "이 내용은 다소 극단적이라고 생각하며", 결코 "사회적으로 받아들여질 수 없기에" 제도화하려고 애쓸 필요가 없다고 말했다. 다만 세제 혜택을 통해 "사회적으로 바람직한" 사람들이 아이를 더 가지도록 유도하는 완곡한 방식은 가능할 것이라고 밝혔다.

크릭의 편을 들든 혹은 컴포트의 편을 들든, 해당 토론은 앞서 언급했듯이 지금 자유주의적 우생학을 둘러싼 논쟁을 통해 되돌아온 주제와 관련하여 매우 흥미로운 내용을 담고 있다. 크릭이 강조한 말 중에서 권리가 개인, 원자화된 개인에게 귀속된다고 생각하는 우리 시대에 유익하게 재고할 만한 말은 이것이다. "아이가 전적으로 그들만의 일, 개인적인 문제가 아니라는 생각을 사람들에게 전할 수 있다면 엄청난 진전이 될 것이다."[30]

어쨌든 크릭은 부모가 되기에 적당하지 않은 사람들이 있다는 말을 하지 않았다. 그러나 우생학은 지금도 쉽게 도덕적 불쾌감을 자아내는 주제여서, 우생학과 관련된 생각을 했다고 알려진 사상가들은 실제 한 말이 다르다고 해도 반감을 사고 만다. 프랜시스 크릭도, 프랜시스 골턴도 그랬다. 그리고 오랫동안 비방에 시달린 또 다른 사상가, 토머스 맬서스도 마찬가지였다.

불가촉천민 취급을 받는 사상가들이 실제로 무슨 말을 했는지 찾아보는 일은 언제나 사실을 밝히는 데 도움을 준다. 알고 보면 억울하게 오명을 뒤집어쓴 경우가 많다. 그렇다면 맬서스가 실제로 품었던 생각은 무엇일까?

인구 정책에 관한 재고

부정적 우생학, 즉 유전적으로 바람직하지 않다고 평가되는 사람들이 아이를 갖지 못하게 하려는 시도는 여전히 불가촉천민 취급을 면치 못한다. 그러나 부양 능력도 없는데 아이를 갖는 것은 도덕적으로 잘못되었다고 여기는 디스토피아적인 미래 상황에서 그런 생각이 드물게 되살아날 가능성을 상상할 수도 있다. '맬서스주의'의 토머스 맬서스는 1798년에 《인구론》을 펴낼 때 이미 그런 생각을 했다. 이 책은 금세 악명을 얻었다. 이듬해 바이런, 셸리Shelley, 콜리지("사실상 끔찍한 궤변"), 해즐릿Hazlitt("비논리적이고, 조잡하며, 모순적인 추론") 그리고 나중에는 마르크스("인류에 대한 명예훼손") 등이 맬서스를 비판했다.[31] 그렇다면 왜 그는 지금까지 종종 괴물 취급을 받을까?

사실 맬서스는 강제로 번식을 막아야 한다는 주장을 한 적이 없다. 다만 (나중에 크릭이 그랬던 것처럼) 사회적 장려책이 모조리 잘못되었다고 생각했다. 그는 먼저 억제하지 않을 경우 인구가 기하학적으로(곱하기로) 늘어나는 경향이 있는 반면, 농지가 해당 인구를 먹여 살리는 능력은 산술적으로만(더하기로) 늘어난다고 지적했다. 이런 인구와 식량 사이의 긴장 때문에 인구 증가는 "낮은 계급에 속한 사람들에게 고통을 안기고, 그들이 처한 여건을 크게 개선하지 못하도록 계속해서 막는 경향이 있다."[32] 따라서 빈자들이 만연한 기아와 빈곤에 시달리지 않도록 하려면 인구 '억제책'이 장려되어야 한다. 맬서스가 권한 핵심적인 인구 억제책은 형편이 나쁠 때는 결혼을 미루는 것이다.

왜 이것이 좋은 생각일까? 맬서스는 이런 방식으로 사람들에게 동기를 부여해야 하는 이유를 설명하기 위해 상당히 동정적인 어조로 두 계층의 사례를 제시한다. 먼저 그는 "교양 교육을 받았으나 겨우 신사들과 어울릴 만한 수입밖에 올리지 못하는 사람"을 예로 든다. 이런 사람은 "결혼하여 가정을 꾸리면 사회적으로 중간 수준의 농부나 낮은 수준의 상인과 같은 등급에 속할 수밖에 없음을 안다." 물론 당시에 상류층 여성들은 일을 하지 않았다. 따라서 그는 겨우 먹고살 만한 수입을 가족과 나눠야 하며, 더 이상 "올바른" 계층에 속한 사람들과 어울릴 수 없을 것이다. 맬서스는 이런 현실이 배우자에게도 매우 부당하다고 생각한다. 그래서 "사랑하는 사람을 취향과 성향에 너무나 맞지 않는 상황으로 내모는 일에 동의할 남자가 있을까?"라고 묻는다.[33]

맬서스는 같은 맥락에서 정직한 노동계급에 속한 남성도 형편이 안 되면 가정을 꾸리지 말아야 한다고 설명한다.

하루에 18펜스를 벌어서 홀로 어느 정도 편하게 사는 노동자는 한 사람에게만 적당한, 변변찮은 수입을 4명 내지 5명과 나누기 전에 약간 망설여야 한다. 사랑하는 여인과 살기 위해 더 열심히 일하겠지만, 조금이라도 생각이 있다면 대가족을 꾸리거나 어떤 불운한 일이 생기는 경우 아무리 아끼고 애를 써도 아이들이 굶거나, 독립성을 포기하거나, 관청에 기대야 하는 가슴 아픈 경험을 할 수밖에 없음을 알아야 한다.[34]

맬서스는 너무 많은 사람들이 구빈법Poor Law에 따른 보조를 받으며 "관청에 기대고" 있다고 생각했다. 실제로 당시 1,060만 명인 영국 인구의 10퍼센트 이상이 지금의 '복지 수당' 혹은 급여를 받고 살았다.[35]

맬서스는 이를 '의존적 빈곤'이라 부르고, 대상자 자신에게도 좋지 않다며 매우 어두운 시각으로 보았다. 그래서 안타까운 어조로 "아무리 힘든 상황이라도 의존적 빈곤은 수치스럽게 받아들여야 한다. 독립적으로 가족을 유지할 가능성이 거의 혹은 전혀 없는데도 관청의 보조를 받을 생각으로 결혼을 한다면, 자신과 자녀가 불행과 의존성을 부당하게 떠안는 것일 뿐만 아니라 부지불식간에 같은 계층에 속한 모든 사람에게 해를 입히는 일이 된다. 가족을 부양할 능력이 없으면서 결혼하는 노동자는 어떤 면에서 동료 노동자들의 적으로 간주할 수 있다."라고 썼다.[36] 현대적인 표현으로 인간에게는 아이를 가질 침해할 수 없는 권리가 있다는 반론에 대해 맬서스는 아이도 빈곤과 고통에 시달릴 환경에 태어나지 않을 권리가 있다고 맞받아친다.

편견 없는 현대적 시각으로 볼 때 맬서스는 미국이나 영국의 많은 보수주의자들보다 나쁠 것이 없으며, 인간의 번영을 진정으로 바랐던 것으로 보인다. (《인구론》 전체를 읽어보면 이 점에 관한 그의 진심을 의심하기는 어렵다.) 복지 체계의 삐뚤어진 유인책을 비판하는 것은 반드시 우파적 입장도 아니다. '수당 함정'에 대한 바버라 제이컵슨의 시각을 상기해보라. 현대적인 관점에서 맬서스가 피임이라는 인위적 수단을 '죄악'으로 보고 권장하지 않은 것은 안타까운 일이다. 그러지 않았다면 (20세기에 농업 생산성이 크게 향상된 것은 물론이거니와) 이 부문에서 이뤄진 진전을 기쁘게 받아들였을 것이기 때문이다.

그러나 사후에 맬서스는 대단히 흡사한 이유로 프랜시스 골턴과 같은 취급을 받았다. 나중에 '신맬서스주의' 운동이 빈자와 '부적합자'에 대한 강제 불임 시술 같은 부정적 우생학을 주장하기 위해 그의 주장을 이용하기 시작하면서, 맬서스는 사실과 달리 훨씬 냉혹하고 잔인한 신조에 연루되었다. 오늘날 인간에 대한 혐오를 바탕에 깐 신맬서스주의는 지구가 이미 인간들로 과포화 상태에 이르렀다는 극단적인 생태주의를 뒷받침한다. 가령 2015년에 엘리자베스 콜버트Elizabeth Kolbert가 〈뉴요커〉지에 실은 지구 온난화를 다룬 기사를 읽고 한 독자는 "인구를 줄일 수 있다면 세계적 난제들을 크게 완화할 수 있을 것이며, 이 문제를 논의해야 한다."는 의견을 밝혔다.[37] 도대체 무슨 방법으로 인구를 '줄일' 것인지는 언급하지 않았다. 그러나 맬서스가 실제로 쓴 내용은, 지금도 아무런 생각 없이 그와 결부시키는 비관적 인간 혐오와는 거리가 아주 멀다.[38]

한편 맬서스는 경제학과 인구학의 발전에 중대한 영향을 미쳤다. 또한 찰스 다윈과 앨프리드 러셀 월리스Alfred Russell Wallace가 자연선택을 통한 진화의 원칙을 발견하도록 영감을 준 점도 고맙게 생각할 일이다. 다윈은 자서전에서 "체계적 연구를 시작한 지 15개월 후에 기쁘게도 맬서스의 《인구론》을 읽게 되었으며, 동물과 식물의 행동을 오랫동안 관찰한 결과 사방에서 벌어지는 살아남기 위한 고투를 잘 이해하게 된 나는 이런 환경에서는 바람직한 변이가 보존되고 바람직하지 않은 변이는 파괴되는 경향이 있음을 바로 깨달았다. 그 결과 새로운 종이 생겨난다. 그렇다면 마침내 지금부터 연구할 이론이 나온 셈이다."라고 썼다.[39]

생식권을 제한해야 한다는 주장이 다시 받아들일 만해지거나 심지어 미덕이 될 가능성이 있을까? 중국의 한 자녀 정책은 잘 알려진 대로 끔찍한 결과를 불렀다. 부모가 아들을 얻고 싶어서 여아를 죽이는 것이

한 가지 예다. 그러나 한 자녀 정책은 늘어나는 인구가 한정된 수자원으로 생존할 수 있도록 해주었으며, 한 환경학자는 어떤 의미에서 "세상을 구했다."고 주장하기도 했다.[40] 중국은 2015년 말에 한 자녀 정책을 중단했지만 그렇다고 가톨릭식으로 원하는 만큼 낳도록 허용하지도 않았다. 대신 한 자녀 정책을 두 자녀 정책으로 바꿨다.[41] 한편 철학자, 세라 콘리Sarah Conly는 2015년에 펴낸《한 자녀: 우리에게 더 가질 권리가 있는가?One Child: Do We Have a Right to More?》에서 이미 부제가 제기하는 질문에 대한 답은 "아니오."라고 밝혔다. 그녀는 자원이 제한된 세상에서 두 명 이상의 자녀를 두는 것은 미래 세대에게 받아들일 수 없는 압력을 가하는 일이며, 그래서는 안 된다고 주장했다. 이런 시각에 따르면 정부가 사회 전체의 혜택을 위해 개인의 생식을 제한하는 것은 정당화되어야 한다. 콘리는 교육과 무료 피임 수단 그리고 소가족을 위한 감세를 통해 이 일을 달성할 수 있다고 주장한다. 임신 중절과 불임 시술을 강요하는 불가피한 미래는 없다. 콘리는 "어떤 종류든 한 자녀 정책은 모두 매력적이지 않다. 그러나 다른 대안은 더 나빠 보인다."라고 말한다.[42]

그보다 덜 행복한 미래에 맬서스나 프랜시스 크릭에게 돌아가든 아니든, 누구나 원하는 만큼 아이를 가질 수 있다는 생각은 언젠가 일반적으로 잘못되었고 사회적으로 해로운 것으로 보일 수 있다. (가령 우주선에서는 잘못된 생각이며, 사회적으로 해롭다고 여겨지기 쉽다.) 물론 자녀를 갖기에 적합한 사람을 누가 결정하느냐 하는 문제는 시바 심포지엄에 참석한 사람들이 이미 알았던 것처럼 언제나 정치적 수렁이 될 것이다. 그러나 이 문제는 자원이 부족해지면 언제든 다시 떠오를 수 있는 문제다.

미래의 관점

오래된 생각이 되돌아오려면 사악한 역사를 한쪽으로 치워서 불가촉
지위에서 벗어나게 해야 한다. 마땅히 불가촉 취급을 당해야 한다고 가
정하기보다 우선 창안자가 실제로 한 말이 무엇인지 살피는 일은 언제
나 도움이 된다. 부당하게 비방당한 과거의 인물이 한 말을 공정하게
듣는 일은 재고에 따른 윤리적 요구다.

　이런 생각들을 살피는 일은 도발적인 문제를 제기하게 만든다. 그러
나 그런 도발적인 문제제기를 금기시해서는 안 된다. 크릭이 말한 대
로 "논의할 필요도 없을 만큼 허황된 가정"은 없다. 어떤 생각을 금기
시하는 것은 모든 생각에 대한 모욕이다. 우리가 고려하는 의견을 계몽
된 미래 세대에게 전하는 것이 논쟁적인 측면을 완화하는 데 도움이 될
지도 모른다. 대체로 내가 말하는 미래의 관점을 적용하는 것은 유용한
방식이다. 이는 또 다른 종류의 재고로, 더욱 문명화된 미래의 관점으
로 냉정하게 현실을 살펴서 지배적인 가정에 의문을 제기하는 것이다.
지금은 완전히 정상이라고 생각하지만 후손들의 등골을 오싹하게 만들
관행들은 얼마나 될까?

확신하지 말아요

오늘날 우리가 잘못 알고 있는 것들은 무엇일까?
또한 생각에 대한 생각을 어떻게 재고해야 할까?

—

"매일 닭에게 모이를 주던 사람도 나중에는 그 목을 비튼다.
닭으로서는 자연의 제일성齊─性(동일한 조건에서는 동일한 현상을 일으키도록 통일된 질서를 견지하는
자연의 원리 - 옮긴이)에 대해 보다 정제된 시각을 가졌더라면 이로웠을 것이다."
-버트런드 러셀

—

오랜 옛날, 별 볼 일 없는 화가였지만 멀리 여행을 다니다가 철학에서
가장 강력한 전통 중 하나를 세운 사람이 있다. 그의 이름은 피론Pyrrho
이다. 피론은 기원전 360년 경 고대 그리스의 도시국가이자 올림픽의
본고장인 엘리스에서 태어났다. 그는 지금도 우리에게 많은 것들을 가
르친다.

고대 철학자들의 전기를 쓴 훌륭한 작가인 디오게네스 라에르티오스
Diogenes Laertius에 따르면 피론은 엘리스의 경기장에서 벌어진 횃불 계

주를 "무심하게" 그린 그림들로 공적 생활을 시작했다.[1] 이후 그는 그림을 포기하고 소크라테스 학파에게 철학을 배웠다. 나중에 그는 비웃는 원자론자인 데모크리토스의 사상을 추종하는 철학자, 아낙사르쿠스 Anaxarchus와 친구가 되었다. 마침 아낙사르쿠스는 알렉산더 대왕과 친분이 있었다. 그래서 피론과 아낙사르쿠스는 알렉산더 대왕의 인도 원정에 동행했다.

아낙사르쿠스의 철학은 별로 알려지지 않았으나 전해진 내용으로는 상당히 도발적이다. 그는 우리가 보는 세상을 그림에 비유했으며, 일상적 경험이 몽상가나 광인의 경험과 다를 바 없다고 주장했다. (그는 이런 식으로 지각을 정신적 구성으로 보고 정신증의 범주를 제시하는 현대적 이론을 예측했다.) 또한 그는 알렉산더 대왕의 과대망상증을 바로잡는 일을 즐겼다. 가령 알렉산더 대왕이 제우스의 후손임을 자처하자 피가 나오는 상처를 가리키며 "보이시오? 이 필멸자의 피가?"라고 말했다. 알렉산더 대왕은 우주에 무한하게 많은 세상이 있다는 아낙사르쿠스의 말에 절망하기도 했다. 아직 하나의 세상도 정복하지 못했기 때문이었다. 그는 명백히 영광과 성공에 골몰해 있었다. 아낙사르쿠스가 보기에 현자는 사물의 가치에 무심해야 했다. 이런 시각은 그에게 잘 맞았다. 그래서 나중에 그는 '행복한 사람Happy Man'으로 불렸다.[2]

아낙사르쿠스는 심지어 최후의 순간까지도 변함이 없었다. 어느 날 그는 알렉산더 대왕과 같이 저녁을 먹다가 항복자로 동석한 키프로스의 왕 니코크레온Nicocreon을 모욕했다. 알렉산더 대왕이 죽은 후 아낙사르쿠스는 배를 타고 가다가 뜻하지 않게 키프로스에 내리게 되었다. 니코크레온은 그를 잡아서 절구에 집어넣은 다음 쇠공이로 두들겨 죽이라고 명령했다. 그래도 아낙사르쿠스는 "나를 넣은 절구는 두들길 수 있으나 나를 두들길 수는 없소."라며 도발했다. 그렇게 그는 세상을 떠났다.[3]

이 영웅적인 침착성이 준 교훈은 분명 젊은 친구인 피론에게 영향을 미쳤다. 그는 또한 여행길에 인도의 고행자(벌거벗은 현자) 및 점성술사들과 나눈 대화에서 많은 영향을 받았다. 그 결과 그가 그리스로 가져온 새로운 사상의 씨앗은 회의론이라는 유쾌한 철학이 되었다.

행복한 회의론자

현재 우리는 때로 합리적으로 필요한데도 회의론을 신랄하고 부정적인 태도라고 생각한다. 그러나 피론을 필두로 한 고대의 회의론자들에게 회의론은 진정한 행복과 만족에 이르는 유일한 길이었다. 디오게네스는 회의론을 "불가지론과 판단 중지"를 토대로 삼은 "고귀한" 철학이라 칭했다. 회의론의 기본적인 원칙은, 완전한 확실성에 이를 수 없다면 모든 긍정적 명제에 대한 판단을 보류하는 것이다. 이런 태도는 '중지'를 뜻하는 '에포케epoché'라 불렸다. 이때 유예하는 대상은 말하자면 불신이 아니라 신념이다. (2,000년 후 독일 철학자인 에드문트 후설Edmund Husserl은 이 사상을 되살렸다. 그가 보기에 외부 세계에 대한 확고한 의견을 보류하는 일은 편견 없이 의식의 내용을 살펴서 경험을 더 잘 이해하도록 해준다.) 폭넓은 의미에서 에포케는 모든 관념에 대한 판단 중지, 즉 맞거나 틀렸다는, 혹은 도덕적으로 옳거나 그르다는 딱지를 붙이지 않는 것이다. 또한 뒤이은 사고를 할 때 특정한 의견에 얽매이지 않도록 어떤 관념을 마치 손가락 끝으로 조심스레 잡듯 '괄호로 묶기'도 한다. (이는 스토아주의의 영향을 받은 인지행동치료에서 생각을 판단하지 말고 중립적으로 관찰하도록 요구하는 것을 상기시킨다.)

'스켑티코스skeptikos'라는 단어 자체가 어떤 대상을 무조건 거부하지 않고 살피거나 조사하는 사람을 뜻한다.[4] 공교롭게도 회의론자Sceptic들은 믿을 만한 지식을 아직 찾지 못했다. 우리는 항상 겉모습에 속는다. 그래서 판단을 중지하고 믿음에 속박되지 말아야만 명료한 평정심, 즉 '아타락시아ataraxia'에 이를 수 있다. (이는 집착에서 벗어나야만 얻을 수 있는 불교식 평정심과 비슷하다. 어쩌면 피론이 만난 인도 철학자들이 실제로 영향을 미쳤을지도 모른다.)

물론 살아가려면 약간의 실용적인 믿음이 필요하다. 가령 절벽에서 뛰어내리면 죽는다거나 먹어도 되는 것과 안 되는 것이 있다는 믿음이 그런 예다. 나중에 피론의 추종자들이 설명한 바에 따르면 현자는 이런 경우에 실제로 믿음을 갖는 일 없이 (벌집이 아니라 사과를 먹는 것처럼) 겉모습을 지침으로 삼는다.[5] 디오게네스는 피론이 전혀 거리낌 없이 마차나 벼랑으로 인한 위험에 아랑곳하지 않고 돌아다니는 바람에 제자들이 보호해주었다고 전했다. 다만 달려드는 개를 무서워한 적은 있었다. 그래서 위선적이라는 비판이 나오자 피론은 인간적 약점으로부터 완전히 벗어나기는 아주 어렵다고 점잖게 대꾸했다. 동물은 완전히 무사태평한 바람직한 태도를 가진 최선의 모범이었다. 한번은 배를 타고 가는 동안 피론과 함께 탄 다른 승객들이 태풍 때문에 불안에 떠는 일이 있었다. 침착한 모습을 잃지 않은 피론은 그저 계속 밥을 먹고 있는 작은 돼지를 가리켰다. 그리고 모름지기 현자는 저런 상태를 갈구해야 한다

고 말했다.[6]

명백히 허무주의적인 철학을 구상한 피론이 폭넓은 사랑을 받았다는 사실이 놀라울 수도 있다. 그는 산파인 누이와 함께 살았으며, 자기 몫의 집안일을 했다. 종종 돼지와 닭을 시장으로 데려가는 모습도 보였다. 그는 선배인 데모크리토스의 글을 좋아했으며, 호메르스Homer를 즐겨 인용했다. 특히 "사람의 인생이란 나무에 달린 잎과 같다."는 구절을 자주 언급했다. 그는 그리스인들로부터 두루 존경을 받아서, 그 자신 덕분에 모든 철학자에게 면세 혜택을 부여하는 법까지 통과되었다.[7] 이런 귀감이 되는 인물이 우리 시대에 살았다면 얼마나 좋을까.

피론은 어떤 글도 남기지 않았지만 제자들이 그와 관련한 저서들을 썼다. 심지어 회의론자들이 한동안 플라톤의 학교에서 교수로 활동하기도 했다. 이 고대 철학에 대한 결정적인 기록은 피론이 죽은 지 거의 500년 후인 2세기에 작성되었다. 작성자는 자신을 자랑스레 피론주의자로 칭한 의사 섹스투스 엠피리쿠스Sextus Empiricus였다. 그러나 이후 회의론의 전통은 거의 사라졌다가 르네상스 시대에 재발견되어 프랑스 수필가인 몽테뉴와 영국 철학자인 데이비드 흄David Hume을 비롯한 여러 사람들에게 영감을 주는 연쇄작용을 일으켰다. 현대 과학자와 첩보 기관장들은 지금까지 믿음을 보류한다는 회의론의 핵심 사상을 중요한 철칙으로 여기고 있다.

피론의 스승인 아낙사르쿠스가 끔찍한 죽음을 의연하게 맞은 것에 강한 인상을 받은 디오게네스는 "니코크레온이여, 원하는 만큼 두들겨라. 그것은 그저 두들김일 뿐. 계속 두들겨라. 아낙사르쿠스의 자아는 이미 제우스와 함께한 지 오래다."라고 썼다.[8] 다시 말해서 아낙사르쿠스가 지닌 불멸의 영혼은 물리적 타격에 아무런 영향을 받지 않고 하늘로 올라갔다는 것이다.

물론 종교적 신념을 가진 많은 사람들은 우리에게 영혼이 있다는 믿음을 공유하고 있다. 퓨 리서치 센터가 2014년에 실시한 설문에 따르면 미국인 중 3분의 2 이상은 사후세계를 믿는다.[9] 그러나 세속 철학과 과학의 세계에서 영혼은 오랫동안 가능한 한 죽은 관념으로 여겨졌다. 누구도 우리의 몸에 보이지 않는 비물질적 영질靈質이 깃들어서 생명력을 부여하고 생각과 꿈을 심는다고 생각지 않는다. 우리는 모두 냉철한 물질주의자다. 그래서 물리적 성분밖에 없다는 것을 안다. (기억하겠지만 설령 범심론자라고 해도 말이다.) 우리는 세상을 물리적 실체와 정신적 실체로 명백히 나누는 데카르트 같은 '실체이원론자'가 아니다.

영혼이 없으면 영적 위안을 얻을 수 없다고 생각할 수도 있다. 그러나 현대 분석철학자인 피터 엉거Peter Unger는 영혼이라는 관념을 대단히 진지하게 받아들이면서도 오히려 전혀 위안이 되지 않는다고 생각한다. 그는 "우리에게 비물질적 영혼이 있다면 어떤 일이 일어날까?"라고 묻는다. 그가 제시한 답은 그다지 힘이 되지 않는다. 그의 주장에 따르면 두뇌 그리고 눈과 귀 같은 육체적 감각기관으로부터 분리된 비물질적 영혼은 보고 들을 수 없고 촉각도 느끼지 못할 뿐만 아니라 현재 겪는 경험에 대한 새로운 기억을 하지 못하는 '전향적 기억상실prospective amnesia'이라는 끔찍한 병에 시달리게 된다. 엉거는 우리가 의존하는 뉴런의 전기화학적 구조 없이 어떻게 기억을 형성할 수 있는지 묻는다. 그리고 다음과 같이 말한다.

> 우리 자신이 현재 가진 욕구와 가치관에 비춰볼 때, 육체로부터 분리된 채 고립되어 언제나 칙칙한 경험만 하는 영혼의 존재는 얼마나 가치가 있을까? 이런 존재는 끝없이 심한 고문을 당하는 것만큼 나쁘지는 않더라도 그저 사라지는 것보다는 나쁠 것이다. 게다가 출구 없이 수십억 년, 심지어 영원히 같은 경험이 지속되어야 한다면 더욱 그렇다. …지금까지 주어진 거의 모든 증거가 심하게 잘못되지 않은 한 우리에게 일어날 일은 우리가 원하는 양상과 거리가 멀며, 어떤 종류든 많은 사람들이 대단히 두려워하는 양상이 될 것이다.[10]

마른 침이 삼켜지는 말이다. 그러나 엉거가 결국은 틀렸을지도 모른다는 희망은 있다. 이는 그도 기꺼이 인정한다. 사실 영혼과 관련된 그의 주장에서 가장 흥미로운 점은 한 가지 관념에 대한 두 가지 태도를 뻔뻔하게 구분한다는 것이다. 그는 영혼과 관련된 자신의 주장에 대해 "지금까지 그렇게 주장했고, 여전히 그렇게 주장할 것이다. 다만 이 거대한 형이상학적 문제와 관련하여 진정 무엇을 믿어야 할지는 전혀 모르겠다. 그래서 나는 이 모든 문제에 대해 불가지론적 입장을 취한다."라고 밝혔다.[11]

이 말은 이상하게 들린다. 일상생활에서 어떤 관념을 믿지도 않으면서 지지하는 주장을 펴는 사람은 위선적이거나 정직하지 않다는 말을 듣기 쉽다. 그러나 엉거의 구분은 타당하며, 심지어 인간적이다. 첫째, 때로 믿음에 대한 요구는 진실성과 무관하게 번식력이나 플라세보 효과 혹은 가능성의 영역에서 탐험되지 않은 부분의 지도를 만드는 순전한 흥미 같은 다른 미덕을 지닐 수도 있는 관념에 지나친 압력을 가한다. 둘째, 믿음은 오만하다. 그래서 오류의 가능성을 부정한다. 셋째, 믿음은 종종 위험하다. 믿음 때문에 사람들이 죽고, 타인의 믿음 때문에 더 많은 사람들이 원치 않게 죽는다. 때로 선진국 국민들은 더 이상 아무것도 믿지 않는다고 한탄한다. 이 말이 맞다면 이는 진보로 볼 수 있다.

또한 특정한 시각에 믿음의 문제를 제기하는 일은 종종 사회적 소속이나 소외 같은 지식 외적 문제를 불러온다. 엉거도 나중에 다음과 같이 이 가능성을 언급한다. "존재 이원론 내지 실체 이원론을 받아들이지 못하는 중대한 이유가 그것이 나의 직업적 문화권에 속한 거의 모든 사람들 사이에서 대단히 인기가 없고 심하게 무시당한다는 사실 때문이 아니기를 바란다."[12]

물론 어떤 관념이 무시당한다는 사실 그 자체가 재고를 통해 그 관념의 지지자가 되어야 할 이유는 아니다. 그러나 마찬가지로 폐기해야 할 이유도 아니다. 결국 실재는 여러 가지 방식으로 우리의 무시를 그다지 신경 쓰지 않는다는 사실을 거듭 보여주었다.

피터 엉거는 불멸의 영혼에 대한 특정한 입장을 내세우면서도, 믿음을 갖지 않는다는 점에서 피론과 회의론적 전통을 따르고 있다. 믿음도 없이 주장만 하는 것이 철학적 형이상학이라는 비교적 대가가 적은 분야에서 택하기 좋은 방법처럼 보일 수도 있다. 그러나 현실 세계에서는 그렇게 행동할 수 없다. 에포케라는 고전적 태도와 아주 유사한 것을 전설적인 CIA 첩보 지침서에서 권유하고 있기는 하지만 말이다.

리처즈 호이어Richards J. Heuer는 CIA 분석가로서 원래 대학에서 철학을 공부하다가 우리가 지식을 얻는 양상을 다루는 인식론에 관심을 갖게 되었다. 인식론은 영원히 이론적 문제일 수밖에 없지만(회의론자들은 우리가 결코 어떤 것도 확실히 알 수 없다고 생각했다.), 동시에 첩보 세계에서는 중요한 실질적 문제이기도 하다. 호이어는 나중에 이 문제와 관련하여 폭넓게 인정받은 CIA 지침서인 《정보 분석의 심리학Psychology of Intelligence Analysis》을 썼다. 그는 이 책에서 '판단 보류 원칙'이 창의적 사고에서 가장 중요하다고 밝혔다. 그의 설명에 따르면 "분석 과정에서 아이디어를 생성하는 단계는 아이디어를 평가하는 단계와 분리되어야 한다. 이때 평가는 가능한 모든 아이디어가 나오기 전까지 보류되어야 한다. 이 방식은 아이디어 구상과 평가를 동시에 하는 일반적인 방식과 상반된다." 다시 말해서 하나를 선택할 때까지 모든 아이디어를 보류하라는 것이다. 그 이유가 무엇일까? "단정적 태도는 상상력을 저해하기 때문"이다.[13] 첩보원의 상상력은 이중, 삼중 속임수라는 아찔한 가능성을 포괄해야 한다. 실제로 방첩 책임자를 지낸 제임스 지저스 앵글턴은 첩보원이 어떤 의미에서 과학자보다 훨씬 어려운 입장에 있다고 말했다. 현미경을 들여다보는 생물학자는 그 대상이 자신을 속이려고 일부러 그렇게 배열되지 않았다고 가정할 수 있다. 그러나 첩보원은 적이 허위정보를 만들었을 가능성을 항상 염두에 두어야 한다.[14]

한 가지 해석을 너무 빨리 받아들이는 것은 첩보원에게 위험한 일이다. 사업에도 나쁠 수 있다. 워런 버핏이 가치 투자로 성공한 예를 상기해보라. 이 전략은 매일 달라지는 주가에 즉각 반응하지 않는다. 일단 주식을 매수하면 물리학자가 번식성 내지 확증 가능성을 지닐지도 모르기 때문에 어떤 관념을 폐기하는 일을 보류하듯이 일시적 변화와 위기가 발생하는 동안에도 판단을 보류하고 계속 보유한다. 버핏의 전략은 투자자의 판단 리듬이 어떠해야 하는지 재고하여 장기전을 벌이는 것이다.

비슷한 방식으로 생각을 대하면 어떨까? 어떤 생각의 주식에 대한 매매를 고려할 때도 즉각적인 반응을 피하는 것이 좋을지 모른다. 현대의 자유주의적 사회에서 사람과 그 생활방식을 지나치게 '단정'하는 것은 잘못으로 여겨진다. 그러나 많은 사람들은 단정적으로 생각한다. 그래서 명백히 틀렸거나 사소하다고 치부하는 만큼 멍청하거나 사악하다고 치부하는 경우도 많다. 그러나 호이어가 주장하듯이 이런 태도는 상상력을 저해한다. 상상력을 해방시키는 한 가지 방법은 지난 장에서 언급한 것처럼 특정한 역사적 환경에 결부된 도덕적 무게로부터 벗어나 미래의 관점으로 생각을 살피는 것이다. 또한 더 일반적으로 생각에 대한 판단을 보류하는 습관을 들이려고 노력할 수 있다.

에포케 혹은 보류의 태도는 탐구에 필요한 핵심적인 도구지만 모든 것에 적용되지는 않는다. 피론의 전통을 따르는 현명한 회의론자들도 '겉모습에 순응하여' 독이 없는 음식을 먹고 절벽을 피했다는 사실을 명심하라. 이는 존중하기 힘든 얼버무림처럼 보일 수도 있다. 그러나 현대 과학에서도 종종 그렇게 한다. 진실성에 대한 믿음을 보류하는 한편 겉모습을 참고하는 것은, 양자물리학에서 실재의 진정한 속성이 시사하는 의미에 그다지 신경 쓰지 않은 채 수학적 측면에 집중하는 태도와 아주 비슷하다. (사실이 아닐 수도 있지만 대개 리처드 파인만이 했다고 알려진 "닥치고 계산이나 해!"라는 유명한 말이 이런 신회의론적 입장을 단적으로 드러낸다.)[15]

더욱 일반적으로 보자면 이런 식으로 판단을 보류해야만 어떤 생각의 옳음 내지 그름이 반드시 가장 흥미로운 점은 아니라는 사실(그 생각이 플라세보거나 디딤돌일 수도 있다.)이나 명백한 그 도덕적 가치가 역사적 조건에 따른 것이라는 사실(미래에는 불가촉 아이디어가 될 수 있다.)을 깨달을 수 있다. 또한 이 책에 소개된 사상가들은 에포케를 통해 비로소 폐기된 아이디어가 실은 나름의 가치를 지닌다는 사실을 깨달았다.

물론 어떤 시점이 되면 판단을 내려야 한다. 그러나 에포케는 그 과정에서 여전히 중요한 역할을 한다. 가령 형사 소송의 배심원들이 하는 일을 생각해보라. 배심원들은 합리적 의심을 넘어서는 확신이 들기 전에는, 혹은 현대 영국 법률의 표현에 따르면 "확실하다고 확신하기 전에는" 유죄라고 판단하지 말아야 한다. 다시 말해서 증명이 되기 전까지는 판단을 보류해야 한다.

일상적인 차원에서 보면 우리는 때로 많은 아이디어를 떠올린 다음 가장 좋은 것을 고르고 싶어 한다. 그래도 에포케는 중요한 요소다. 스티븐 레빗Steven Levitt은 《괴짜 경제학》에서 "한 가지 효과적인 방법은 냉각기를 가지는 것이다. 아이디어는 처음 떠오를 때는 거의 언제나 좋아 보인다. 그러니 적어도 24시간이 지나기 전에는 실행하지 말아야 한다."라고 조언한다.[16]

오늘날의 '회의'라는 용어가 지니는 의미와 회의론자들이 생각한 에포케의 의미가 다르다는 점에 주목하라. 회의적 태도는 오래된 헛소리를 믿지 않으려 애쓴다는 점에서 미덕이며, 과학에 실로 필수적이지만 ("어디 한번 보여봐.") 종종 모든 새롭거나 불편한 주장에 대한 강한 불신으로 이어진다. 우리 시대에 '회의적'이라는 표현은 종종 어떤 명제를 단호하게 배척하면서 거기에 반하는 의심스러운 사실이나 주장을 쉽게 받아들이는 사람들에게 남용되고 있다. 가령 인류가 지구 온난화를 초래한다는 충분한 근거를 지닌 생각을 배척하는 '기후 변화 회의론자'들이 그런 경우다. 그들은 때로 '부인론자'로 불리지만 에포케가 결여된 태도가 문제라고 보는 것이 더 정확하다. 그들은 설득력 있는 논거를 축적하기 전에 합의된 관념이 틀렸다고 섣불리 판단한다. 반면 성공적인 과학은 적어도 이상적인 형태에서는 에포케를 내포한다. 그래서 최고의 결과도 언제나 일시적이고 근접한 것, 더 나은 결과가 나올 때까지 충분히 활용할 수 있는 것으로 여긴다. 그렇다고 해서 현재 우리가 가진 최선의 이론들이 로봇을 화성에 보내거나 예방접종을 통해 수많은 아이들의 생명을 구하기에 충분하지 않은 것은 아니다.

증거의 부재는 부재의 증거가 아니다

에포케에 따른 입장은 증거를 미심쩍어하는 냉정한 접근법을 취한다. 또한 "증거의 부재는 부재의 증거가 아니다."라는 친숙한 말로 정리되는 거울상 진실도 지닌다. 이 말은 현대 과학이 유령이나 와이파이 과민증에 대한 진실한 믿음을 묵인하지 않는 데 박탈감을 느낀 사람들이 많이 하는 경향이 있어서 과학의 성공을 존중하는 합리적인 사람들을 분개하게 만든다. 그들은 이 말이 모든 문제에 적용되는 것처럼 군다. 철학자 버트런드 러셀은 누구도 신의 부재를 증명할 수 없다는 반론에 대해, 화성 궤도를 도는 찻주전자의 부재도 증명할 수 없지만 그 존재를 믿을 이유는 추호도 없다고 대꾸했다.

그러나 "증거의 부재는 부재의 증거가 아니다."는 말은 깊고도 강력한 진실이다. 영미법에서 형사 배심원은 피고가 '결백'하다기보다 유죄가 아니라고 판단해서 무죄를 선고한다. 유죄를 증명할 충분한 증거가 없다고 해서 완전히 무죄라는 증거가 되는 것은 아니기 때문이다. 이 원칙은 생각에 대한 오랜 역사적 관점에서도 여실히 드러난다. 수천 년 동안 원자가 존재한다는 직접적인 증거는 없었다. 처음 제시될 당시 증거가 없다는 것은 혁신적인 새로운 생각의 속성일 수도 있다. 혹은 적어도 기존 설명을 뒷받침하는 증거 외에 추가적인 것은 없다. (태양계에 대한 코페르니쿠스의 모형이 튀코 브라헤의 모형보다 더 정확하게 행성의 운동을 설명하지 못했다는 사실을 상기해보라.) 사실 어떤 이론과 관련하여 신중하게 실험을 했는데도 아무런 결과를 얻지 못한다면 그 이론이 성립되지 않는다고 생각하기 쉽다. 이런 경우 배제될 수도 있다. 가령 특정한 에너지 범위에서 입자가 발견될 것이라고 예측했지만 수차례 실험해도 발견되지 않는다면 해당 이론은 틀렸을 가능성이 높다. 그러나 이런 식으로 정확하게 생각을 부정하는 일은 과학계에서도 이뤄지기 힘든 경우가 많다.

심지어 어떤 생각을 위한 증거 같은 것은 없다고 말할 수도 있다. 한편으로는 강입자충돌기의 경우처럼 일부 이론, 혹은 더욱 일반적으로는 다양한 이론에 따라 구성되고 분석된 일군의 증거들이 있다. '증거'는 다양한 생각을 완성할 수 있는 확고하고, 변함없으며, 절대적으로 안정적인 토대가 아니다. 생물학자 스튜어트 파이어스타인이 지적한 대로 "모든 과학자는 사실을 신뢰할 수 없다는 것을 안다. 어떤 자료도 차세대 도구를 가진 차세대 과학자들로부터 안전하지 않다. 알려진 사실은 절대 안전하지 않으며, 충분하지도 않다."[17] 다른 한편으로는 여러 생각들이 경쟁하는 가운데 자의적으로 선택한 기존 증거들을 자의적으로 선택한 생각을 뒷받침하는 데 동원하는 일은 놀라울 만큼 쉽다. 이는 과학의 신뢰성에 대한 회의적 관점이 아니라, 과학이 전체 역사를 통틀어 실제로 이룬 양상에 대한 현실적 관점이다. (그렇다고 해서 공공보건이나 다른 분야에서 '증거 기반' 정책을 추구하지 말아야 한다는 뜻은 아니다. 다만 누구의 지시에 따라 누가 (어떤 암묵적 편견을 갖고) 증거를 수집했으며, 증거로 간주할 수 있는데도 간과한 데이터가 있는지 살펴야 한다.)

리처즈 호이어는 다음과 같이 과학적 탐구와 첩보 활동 사이의 유사점을 드러낸다. "아무리 많은 정보들이 부합한다고 해도 주어진 가설이 옳다고 증명할 수 없다. 같은 정보가 다른 가설에 부합할 수도 있기 때문이다. …거의 모든 타당한 가설에 부합하는 긴 증거 목록은 쉽게 만들 수 있다."[18]

따라서 특정한 가설에 대한 믿음은 그것이 타당하다고 해도 가능한 한 오래 보류하는 편이 낫다.

터무니없는 생각들

그래도 어떤 생각들은 분명 터무니없다고 배제할 수 있지 않을까? 가령 동종요법을 보자. 여기에 우리가 모르는 요소는 없다. 동종요법을 실시하려면 약초 추출물을 물에 넣은 다음 '진탕법succussion(기본적으로 마구 흔드는 것)'으로 희석해야 한다. 이런 과정을 유효성분의 원자가 하나라도 남아 있지 않을 정도로 계속 반복한다. 그렇다면 동종요법이 지닌 임상적 효능은 플라세보 효과에 따른 것으로 보아야 한다. 물론 알다시피 플라세보 효과는 강력하고 신비롭다. 그러나 그보다 더 비판적인 시각에 따르면 터무니없는 미신으로 중병에 걸린 사람에게 실질적인 의학 치료를 받지 말라고 부추기는 '대안 요법' 치료사들처럼 동종요법은 위험할 수도 있다.

맞는 말이다. 그러나 물리학 박사학위를 가진 과학 저술가인 마이클 브룩스가 지적한 대로 우리는 물에 대해서도 여전히 놀라울 만큼 아는 것이 적다. 그는 "우리는 액체에 대해 아는 것이 거의 없다. 그중에서도 물은 특히 이상한 액체"라고 말한다.[19] 얼음이 밀도가 더 작아서 물에 뜬다는 사실을 비롯하여 물이 지닌 악명 높은 기이한 성격은 애초에 지구에 생명체가 존재할 수 있었던 이유일지도 모른다. 물 분자는 예상치 못한 기하학적 형태로 (가령 20개의 면이 있는 정이십면체로) 뭉칠 수 있으며, '구슬'과 '사슬' 형태를 취할 수도 있다. 또한 미세 단위에서 물의 양은 우리가 가정하는 양상과 전혀 다르다. 물이 분자 단위에서 기화하는 양상도 최근까지 제대로 파악되지 않은 상태였다.[20] 그리고 브룩스의 설명에 따르면 "구조 정보가 한 물질에서 다른 물질로 전이되는 유명한 현상"인 에피택시가 물에도 적용된다면 동종요법 의사들이 주장하는 대로 물이 용해된 물질의 '기억'을 지닌다는 가상의 역학이 실제로 작용할 수도 있다. (물질에 일상적인 속성을 부여하는 것은 다름 아닌 분자 구조다.)[21]

그러나 아예 유효성분을 엄청나게 희석하지 않아도 동종요법이 효과를 낼 가능성이 더 높다. 브룩스는 수학적으로 개선된 분지학(생물학적 유기체의 분류)에서 이뤄진 흥미로운 연구들을 소개한다. 거기에 따르면 동종요법 의사들이 특정한 계통을 치료하기 위해 모은 요법들이 실제로 화학적 유사성을 지닌다. 브룩스의 설명에 따르면 "이 사실은 희석과 진탕법이 시간낭비일 뿐만 아니라 문제의 근원일 수 있음을 뜻한다. 효력이 화학적 성분에서 나온다면 액체에 구조를 새기려고 무의미한 반복 작업을 할 필요가 없다."[22] 결국 식물에서 효력이 증명된 약물을 추출하는 것은 의학계에서 전적으로 인정받는 일이다. (버드나무 껍질에서 추출하는) 아스피린이 대표적인 사례로 거대 제약사들은 항상 그런 일을 한다. 또한 중국의 약리학자인 투유유는 약쑥이 지닌 말라리아 치료 효과를 활용하는 방법을 찾아낸 공로로 노벨상을 받았다.

19세기에 영국 의사인 리처드 휴스Richard Hughes는 〈영국 동종요법 학회 연보Annals of the British Homeopathic Society〉의 편집자가 된 후 추출물을 훨씬 적게 희석해야 한다는 주장을 펴서 논란을 일으켰다. 그 결과 동종요법학계에서 따돌림을 당했으며, 사후에는 공식 역사에서 제명되기까지 했다.[23] 어쩌면 그동안 동종요법의 진정한 문제점은 추종자들이 효력을 쓸데없이 제한하는 정설을 고수한 것인지도 모른다. 사회학적 측면에서 그들에게 곤란한 사실은, 희석과 진탕법이 필요 없다는 말이 맞다면 동종요법은 더 이상 독자적인 '생각'이 아니라는 것이다. 그래서 모든 정교한 의식과 합리화가 쓸데없는 짓으로 드러나고, '동종요법'은 그저 천연물질에서 약물을 찾는 오래되고 고귀한 전통이 된다.

결국 동종요법은 수리분지학이 패턴을 드러내기 전에는 누구도 이유를 몰랐지만, (다소) 효과가 있는 블랙박스 아이디어였을지도 모른다. 이 사례가 보여주는 더욱 일반적인 문제는 과학이 (그래야 하는 대로) 정확한 인과적 설명을 요구하는 방식 때문에 종종 블랙박스를 오해할 수 있다는 것이다. 그래서 획득 형질의 유전이나 손 씻기를 통한 환자 사망률 감소처럼 아직 누구도 역학을 이해하지 못하는 현상에 대한 설명이 제시되어도 거부되는 경우가 많다. 그 부분적인 이유는 막스 플랑크에게 조언한 교사의 생각처럼 과학은 세상에 어떤 원인과 힘들이 존재하는지 사실상 전부 안다고 가정하기 때문이다. 다른 한편 이런 가정은 유용한 예측을 뒷받침하여 비행기와 컴퓨터가 예상한 방식대로 작동하도록 해준다.

비행기에 장착되는 블랙박스는 수수께끼를 풀기 위한 구체적인 정보를 담는다. 반면 블랙박스 아이디어는 그 핵심에 신념으로 받아들일 수밖에 없는 더없이 신비로운 요소를 지닌다. 좋은 블랙박스 아이디어를 나쁜 블랙박스 아이디어들로부터 골라내기 어려운 이유가 여기에 있다. 공정성을 기하자면 20세기 내내 라마르크론을 강력하게 배척한 과학자들은 유전자를 고정된 운명으로 보는 오래된 관점을 토대로 그럴 만한 확고한 증거가 있다고 생각했다. 그러나 후성유전학에서 이뤄진 발견들이 신라마르크론을 다시 진지하게 받아들이도록 요구하는 핵심 역학을 제공하면서 그 증거가 갑자기 약화되었다. 이 사실은 다른 분야에서도 의문을 제기한다. 동물 텔레파시처럼 루퍼트 셸드레이크가 관심을 가졌던 소위 심령 현상을 설명하는 타당한 역학이 훗날 제시될 수도 있지 않을까? 물론 다소 허황되게 들리는 말이다. 그러나 역사는 절대적 확신이 기껏해야 취약한 입장에 불과하다는 사실을 거듭 말해주었다.

편견을 끊자

1998년에 인도 정부는 핵무기를 실험했다. 이 사건은 미국의 분석가들을 놀라게 만들면서 '정보정책 실패'의 대표적인 사례로 간주되었다. 리처즈 호이어는 이 실패의 원인이 전략적 가정에 대한 과대평가와 그에 반하는 전술적 지표에 대한 과소평가 때문이라고 말한다. 인도 핵무기 실험의 경우에서 전략적 가정은 "새 인도 정부는 미국의 경제제재가 두려워서 핵무기 실험을 포기한다."는 것이었다. 반면 당시 확보한 전술적 지표에는 인도 정부가 실제로 핵무기 실험을 준비하고 있다는 보고서도 포함되어 있었다.[24] 놀랍게도 미국의 정보 당국은 핵무기 실험을 할 리가 없다고 확신한 나머지 이 보고서가 잘못되었다고 결론지었다. 마찬가지로 아리스토텔레스는 '빵이 냄새를 풍기고 물웅덩이가 증발하는 현상을 토대로 삼은 데모크리토스의 확고한 주장'이라는 전술적 지표에 반하는 전략적 가정(4원소는 나눌 수 없다.) 때문에 원자 가설을 배척했다. 수많은 측면에서 대단히 명민한 사상가였던 그도 가정을 보류하여 새로운 주장에 따라 생각을 바꾸려 하지 않았다. 그러나 에포케는 아무리 탄탄하게 보이는 전략적 가정이더라도 발목을 잡히지 않으려면 함부로 확신해서는 안 된다고 가르친다.

에포케의 이점은 여기서 끝나지 않는다. 에포케에 따른 회의적 태도를 취하면, 그럴 듯하지만 결함이 있는 생각에 얽매이지 않을 수 있을 뿐만 아니라 가능한 최선의 사상가가 될 수 있다. 지금까지 유망한 생각을 거부할 좋은 이유들이 있다는 사실을 살폈다. (코페르니쿠스에 대한 튀코 브라헤의 공격은 여러 측면에서 옳았다.) 그러나 나쁜 이유들도 있다. 그중 다수는 요켄 룬드가 사업 전략을 논의할 때 이야기한 정신적 문제인 인지적 편견에서 나온다. 우리는 가용성 어림법(쉽게 머리에 떠오르는 일들이 더 흔하게 일어난다는 생각)이나 확증 편향(자신의 관점에 부합하는 내용만 고려하는 경향)에 쉽게 걸려든다. 이 모든 편향이 반드시 나쁜 것은 아니다. 또한 다른 곳에서 주장한 대로 인간이 대개 '비합리적'이라는 증거가 될 수도 없다.[25] 그래도 여전히 함정이 될 수 있다.

다행히 우리에게는 뛰어난 방어수단, 바로 에포케가 있다. 믿음을 보류하는 태도는, 회의적 태도가 더 건설적이고 유익한 상황에서 섣부른 판단을 내릴 위험으로부터 우리를 지켜준다. 인지적 편향이 초래하는 위험성을 알면 조치를 취할 수 있다. 리처즈 호이어는 정보분석관들에게도 상충하는 생각들을 조사할 때 인지적 편향을 인지하고 가능한 한 오래 판단을 보류하라고 권한다. 그러면 "자신이 안다고 생각하는 사실을 덜 과신하게 된다."[26] 이처럼 확신을 줄이면 새로운 관점을 가질 여지가 생긴다. 믿음을 보류하는 능력은 우리 자신이 지닌 인지적 편향과 싸우는 일에서 최고의 무기가 될 수 있다.

지금까지 오래되고 새로운 생각들을 바라보는 여러 양상들을 살폈다. 이 모두는 믿음을 보류하는 태도에 의존한다. 이런 태도는 우리에게 잠재적으로 더 충실한 다른 각도에서 생각을 바라볼 시간을 주며, 그 지속적인 힘을 재발견하도록 해준다. 어떤 생각을 접하게 되면 그 생각이 (라마르크론 같은) 블랙박스가 아닐지 고려하라. 옳은지 혹은 그른지 따지기보다 (감정에 대한 윌리엄 제임스의 이론처럼) 플라세보 효과를 지닐지 아니면 (암흑 에너지처럼) 틀리더라도 디딤돌이 될지 살펴라. 멍청하기 때문이 아니라 (다중 언어 컴퓨터 프로그래밍처럼) 강화 아이디어라서 배척당한 것은 아닌지 따져라. (범심론처럼) 가장 덜 터무니없는 대안을 진지하게 고려하라. 우리가 모른다는 것을 아는 것이 무엇인지 파악하여 호기심을 자극하라. 상식을 버리고 시장에 맞서서 돈을 걸어라. 통하기에는 너무 단순해 보이는 것을 다시 살펴라. 미래의 관점과 계몽적 시각으로 현재의 사고방식을 바라보라. 믿음을 보류하는 일은 발견과 재발견을 이루는 데 필요한 강력한 동력원이다.

미래로의 귀환

"지금은 숨겨져 있는 진실이 지적 능력과 오랜 연구를 통해 드러나는 때가 올 것이다.
…그렇게 뻔한 일들을 우리가 어떻게 모를 수 있었는지
후대 사람들이 의아하게 여기는 때가 올 것이다."
- 세네카

우리의 문화는 오랜 전쟁과 사라진 사회에 대한 이야기로 가득하지만 생각을 둘러싼 대단한 역사적 고투에는 훨씬 관심을 덜 기울인다. 지적 과거를 무의미하게 여기는 문화에서는 미래를 구상하는 일이 중단될 위기에 처할 수 있다. 일론 머스크와 이자벨 망수이처럼 역사를 아는 사람들이 가장 강력한 혁신을 일으킨다. 우리에게는 크리스퍼와 트위터가 필요하지만 그레이스 호퍼와 피론도 필요하다. 결국 이 책에서

선택적으로 조명한 대로 생각의 진화 고리는 전자담배, 후성유전학, 플라세보 아이디어, 사회배당 같은 것들이 나온 후에도 다른 많은 문제를 해결할 새로운 접근법이 재고와 재발견의 순간을 기다리며 과거에 잠들어 있을지 모른다는 사실을 강하게 시사한다.

조지 산타야나George Santayana는 "과거를 기억하지 못하면 반복할 수밖에 없다."고 말했다. 이 말은 생각의 역사에도 적용된다. 가령 21세기에 이뤄진 엄청난 신무신론 투쟁에서 제시된 논점들은 중세 시대의 수도승들에게 사실상 별로 낯설지 않을 것이다. 그들은 대체로 더 세련되고 인간적인 수준에서 논쟁을 벌였다. 무지한 반복으로는 진보를 이루지 못한다. 애플 컴퓨터의 전 구호처럼 "다르게 생각하는" 강력한 방법은 전기차나 라마르크식 유전 같은 오래된 생각들을 의도적으로 재고하는 것이다. 우리 사회는 독창성을 숭배한다. 그러나 독창성의 가치는 과대평가되었다. (내가 이 책에서 뜻하지 않게 새로운 생각을 제시했다면 에누리해서 받아들여야 한다.) 이전에 다른 사람이 이미 한 생각이라는 점을 지적당했다고 해서 부끄러워할 필요는 없다. 오히려 기뻐할 일이다. 어쩌면 더 낫게 만들 수도 있으니까 말이다.

고대 아테네의 정치가인 솔론Solon은 "죽을 때까지는 누구도 행복하다고 말하지 마라."라고 말했다. 터무니없다는 평가를 들었던 생각들이 되살아난 이야기들을 살펴본 우리는 지금 이 말을 이렇게 바꿔볼 수 있다. "누구도 영원히 틀렸다고 말하지 마라." 1989년에 프랜시스 후쿠야마Francis Fukuyama가 처음 선언했을 때도 지정학 분야의 역사가 끝나지 않았듯이 지금도 생각의 역사는 끝나지 않았다. 우리는 단지 또 다른 오류와 진화의 역사적 단계를 지나고 있을 뿐이다. 진리는 파리Paris

처럼 움직이는 향연과 같을지도 모른다. ("운 좋게도 젊은 시절에 파리에서 살았다면 평생 어디를 가든 파리가 함께한다. 파리는 움직이는 향연과 같으니까."라는 헤밍웨이의 글에서 빌린 표현 – 옮긴이) 그렇다고 해서 과거와 미래에서 진리를 찾는 일을 중단해서는 안 된다.

마 지 막 변 경

우주왕복선 컬럼비아호는 2003년 2월 1일, 지구 상공 56킬로미터 지점에서 분해되었다. 대기권에 재진입할 때 기체에서 떨어져 나온 방열판이 날개에 구멍을 내면서 뜨거운 대기가 유입된 것이 원인이었다. 이 사고로 승무원 전원이 사망했고, 우주시대도 종언을 고했다. 아니, 당시에는 그렇게 보였다. 나사는 국제우주정거장 이외의 모든 유인 탐사 계획을 취소했다. 2년 반 동안 우주왕복선은 발사되지 않았고, 이후의 발사 일정도 지체되다가 결국 사업 자체가 취소되었다. 2011년에 애틀랜티스호가 비행한 것이 마지막이었다. 지난 10년 동안 전쟁과 기아, 그리고 지구온난화가 닥친 상황에서 우주탐사는 지나치게 유별나고 값비싸다는 생각이 갈수록 통념으로 굳어졌다. 그래서 흥미로운 대상을 찾겠다는 희망으로 어두운 우주를 날아다니는 데 수십억 달러를 들이기 전에 지구에 사는 인간에게 닥친 문제부터 해결하는 것이 당연해 보였다. 여전히 탐사선과 착륙선을 보내고 화성에서 원격 조종 로봇을 운용하고 있지만, 인간을 저궤도 너머로 보내는 일은 다시 현실성 없는 이야기처럼 보였다. 가끔 달을 보다가 인간이 실제로 거기까지 날아가 걸어 다닌 적이 있다는 사실을 상기하면, 더는 따라할 수 없는 호메로스식 고대 영웅들의 위업처럼 실로 놀랍게 느껴진다.

우주탐사는 1세기 넘도록 미래에 대한 패러다임을 형성하는 이상이었다. 그러나 모든 실제 우주탐사는 오래된 아이디어에 따른 것이었다. 단지 계획에 10년 넘는 시간이 걸렸기 때문이 아니다. 현대 로켓기술의 기본원칙은 기원전 1세기에 알렉산드리아의 헤론Hero이 발명한 '에오리아의 공aeolipile'이라는 최초의 증기 장치에 담겨 있다. (물을 담은 둥근 용기를 가열하면 증기가 서로 반대편에 있는 두 출구로 빠져나가면서 회전력을 발생시킨다.) 또한 작가들은 실제로 구현되기 오래전부터 유인 우주탐사와 스스로 돌아다니는 기계를 상상했다. 그리스의 풍자 작가인 사모사타의 루키안Lucian of Samosata은 2세기에 달 여행에 대한 글을 썼다. (거기에 따르면 달에는 머리가 셋인 독수리와 몸의 반은 여성, 반은 포도덩굴인 괴물들이 산다.) 현대에 들어서는 대중 공상과학소설이 동시대 과학 분야의 아이디어에 영향을 미치고 그 아이디어를 반영한다. 이제는 타임머신을 뒷받침하는 실질적인 물리학이 제시되었으며, 우주학자인 로렌스 크라우스Lawrence M. Krauss가 써서 호평 받은 《스타트렉의 물리학》은 순간이동이나 초광속 공간이동 추진법이 실현될 가능성을 살피는 새로운 분야를 열었다. 그러나 은퇴를 앞둔 우주왕복선이 'USS 엔터프라이즈호((〈스타트렉〉에 나오는 함선 - 옮긴이)'의 선구자라기보다 저궤도로 향하는 스테이튼 아일랜드 페리Staten Island Ferry에 더 가까워 보이기 시작하면서, 대중 공상과학소설은 내면을 살피거나, 가상세계로 나아가거나, 철학적인 탐구에 나섰다. 그들이 참고한 모범은 〈2001 스페이스 오디세이〉가 아니라 〈매트릭스〉와 〈인셉션〉이었다.

우주여행은 본질적으로 위험하다. 얇은 금속에 둘러싸인 대기와 환경을 갖추고 사람이 살 수 없는 진공 공간으로 나가야 하기 때문이다. 그래도 일각에서는 여전히 시도할 가치가 있다고 생각했다. 일군의 열성적인 작가들은 믿음을 버리지 않고 인류가 계속 별들을 탐험하는 근미래 본격 과학소설을 펴냈다. 그중 일부는 지난 수십 년에 걸쳐 나사가 다른 행보를 하는 대안 역사를 토대로 삼았다. 스티븐 백스터Stephen Baxter는 두 가지 소설을 다 썼다. 우주공학을 공부한 백스터는 허버트 웰스Herbert G. Wells에게 강한 영향을 받았다고 밝혔다. 그는 《타임머신》의 '공식' 후속작을 집필하기도 했다. (먼 미래를 내다보는 문학 분야인 공상과학소설조차 현실에서 새로운 영감을 얻지 못할 때는 오래된 아이디어로 돌아간다.) 백스터의 일부 작품은 소름 끼칠 만큼 정확한 예지력을 보여준다. 가령 1997년에 발표한 《타이탄Titan》에는 우주왕복선이 대기권으로 재진입하다가 부서지는 급박하고 공포스러운 장면이 등장한다. 다행히 승무원들은 탈출에 성공하지만 말이다. 이 우주왕복선의 이름이 무엇이었을까? 바로 컬럼비아호였다.

그러다가 뜻밖의 일이 벌어졌다. 모두가 다시 우주에 뜨거운 관심을 갖게 된 것이다. 2014년 8월에 유럽우주국에서 발사한 로제타호가 '67P/추류모프-게라시멘코Churyumov-Gerasimenko'라는 딱딱한 이름이 붙은 혜성에 접근하는 데 성공했다. 32미터 넓이의 태양전지판을 단 3,000킬로그램이나 나가는 로제타호는 10년에 걸쳐 이 혜성을 추적해왔다. 그동안 속도와 방향을 맞추려고 총 4번에 걸쳐 화성(1번)과 지구(3번)의 궤도를 돌며 중력의 보조를 받았다. 그리고 마침내 2014년 11월 12일에 혜성 표면으로 착륙선인 필레호를 발사했다. 세탁기 크기의 씩

씩한 필레호는 소셜 미디어 중계를 통해 사람들이 숨죽이고 지켜보는 가운데 계속 사진을 전송하면서 혜성 표면에 두 번 튕긴 후 화구벽의 그늘에 안착했다. 태양전지판이 충분한 햇빛을 받을 수 없었기 때문에 배터리가 지속되는 시간은 60시간에 불과했다. 그래도 필레호는 11월 15일 자정에 교신이 두절될 때까지 사전에 목표로 정한 표면 데이터 측정치의 80퍼센트를 송신했다. 덕분에 알게 된 중요한 사실은 아세톤과 포름알데히드 같은 복잡한 유기 분자가 표면에 존재한다는 것이었다. 이는 태양계 생성 초기에 '생명의 구성요소'가 존재했음을 시사하는 것이었다.[1]

모선인 로제타호는 착륙선이 겪은 난관에 좌절하지 않고 2015년까지 계속 태양 주위를 도는 혜성을 따라다니면서 꾸준히 방출되는 기체를 분석했다. 그 결과 산소 분자가 들어 있다는 사실이 밝혀졌다. 이는 혜성이 형성될 때 산소도 존재했다는 의미였다.[2] 게다가 종종 사람처럼 묘사되던 필레호가 마침내 다시 깨어나면서 팬들을 흥분시켰다. 어정쩡한 자리에서 하루에 몇 분씩 햇빛을 모아 안전모드에서 벗어날 수 있을 만큼 배터리를 서서히 재충전한 덕분이었다. 안타깝게도 부활한 시간은 잠시뿐이었고, 2015년 7월 9일 이후로 다시 필레호의 소식이 끊겼다. 그러나 곧 다른 우주선이 대중의 관심을 끌었다. 나사가 만든 피아노 크기의 500킬로그램짜리 탐사선인 뉴허라이즌스호는 9년 동안 평균 시속 4만 8,000킬로미터 이상으로 태양계를 날아갔다. 그리고 2015년 7월 14일에 명왕성과 그 위성들이 있는 곳에 도착하여 놀라운 근접 촬영 사진들을 최초로 송신했다. 대다수 사람들은 명왕성을 그저 운석 자국투성이의 죽은 눈덩이로 생각했다. 그런데 알고 보니 명왕성 정상에 얼음이 덮인 산들이 우뚝 솟아 있고, 서서히 계곡을 파내는 빙하 활동이 이뤄지고 있었다. 이는 중심부에 생각지 못한 열원이 있다는 뜻이었다.[3] 또한 놀랍게도 대기에 그을음 같은 입자로 구성된 '연무'가 폭넓게 퍼져 있어서 낮에는 하늘이 푸르게 변하기도 했다.[4]

이런 일들은 트위터가 널리 쓰이고 전 세계 사람들이 과학에 열광하는 시대에 중대한 문화적 행사가 되었다. (그리스 작곡가 방겔리스Vangelis는 로제타호의 탐사 활동을 소개하는 홍보 영상에 들어갈 배경음악을 만들었고, 코믹 웹툰 〈XKCD〉를 그린 랜들 먼로Randall Munroe는 필레호가 착륙하던 날 홈페이지에 실시간으로 만화를 그려 올렸다.) 그러나 적어도 우주여행이 이뤄질 미래에 미치는 영향력 면에서 가장 중요한 사건은 또 다른 우주선이 지구로 무사히 귀환한 것이었다.

전기차를 재발명하는 데 만족하지 않는 일론 머스크는 나사와 계약을 맺어서 국제우주정거장에 보급품을 보내고, 민간기업의 의뢰를 받아 위성을 궤도에 올려주는 우주항공 사업체, 스페이스엑스SpaceX도 보유하고 있다. (이는 공상과학소설이 현실에 영향을 미치는 또 다른 사례다. 스페이스엑스에서 만든 로켓의 이름은 〈스타워즈〉에 나오는 밀레니엄 팔콘의 이름을 따서 '팔콘'으로 불린다.) 로스앤젤레스에 있는 스페이스엑스의 로켓 공장은 우주항공산업의 관례를 거스르고 엔진부터 전기장치까지 거의 모든 부품을 직접 만든다. 덕분에 설계를 아주 빠르게 수정하고 개선할 수 있다. (인소싱insourcing은 새로운 아웃소싱outsourcing이다.)[5] 초기에는 약간의 성장통도 있었다. 가령 2015년 여름에 국제우주정거장에 보급품을 전달하려던 로켓이 머스크의 간결한 표현대로라면 "예정에 없던 빠른 분해"로 폭발하는 사고가 발생했다. (일부 지구평면론자들은 당연히 로켓이 원반형 지구를 덮은 돔에 부딪혔다는 증거라고 주장했다.) 그러나 12월에 개선형 '팔콘 9' 로켓이 케이프 커내버럴에서 발사되어 9개의 통신위성을 궤도에 올리는 데 성공했다. 뒤이어 비실험용 로켓으로서는 최초로 15층 건물 높이의 1단 추진체를 귀환시키는 시도가 이뤄졌다. 화물을 내려놓은 '팔콘 9' 은 시속 4,800킬로미터의 속도로 움직이는 와중에 급선회를 한 후 대기권을 뚫고 발사지점으로 되돌아왔다. 그리고 맹렬한 불길을 뿜으며 지지대를 펴고 사뿐하게 내려앉았다. 열흘 후 머스크는 인스타그램에 로켓의 사진과 함께 "케이프 커내버럴 격납고에 돌아온 '팔콘 9'. 아무런 손상 없이 다시 출격할 준비가 되어 있음."이라는 글을 올렸다. 이로써 '팔콘 9'은 우주왕복선 이후 최초로 재사용 가능한 궤도 비행 우주선이 되었다. 기체를 재사용하면 비용 측면에서 우주비행의 효율성이 크게 높아진다. 구체적으로 어느 정도일까? 머스크는 "여타 방식의 1퍼센트도 안 되는 비용밖에 들지 않습니다. 굉장히 핵심적인 차이죠. 덕분에 화성에 도시를 건설할 수 있다는 확신이 더욱 강해졌습니다. 아시다시피 그게 이 모든 일들을 벌이는 목표니까요."라고 설명했다.[6]

잠깐, 화성에 도시를 건설한다고? 그렇다. 결의에 찬 억만장자의 자금 덕분에 오래된 우주시대의 꿈이 갑자기 되살아난 것이다. 20세기 후반 공상과학소설의 전성기에 익히 접했던 "할 수 있다."는 도전적인 실현 가능성에 매력적인 화려함이 새롭게 더해졌다. 이런 대중적 의식은 〈인터스텔라〉와 〈그래비티〉 그리고 무엇보다 주연배우인 맷 데이먼만큼 과학과 공학이 큰 비중을 차지하는 리들리 스콧 감독의 〈마션〉에 반영되었다. 이베이의 공동 창립자인 피터 시엘Peter Thiel은 일론 머스크의 전기를 쓴 작가와 가진 인터뷰에서 "사람을 화성으로 보낸다는 목표는 우주에서 시도하는 다른 목표보다 훨씬 고무적입니다. 미래로의 귀환 같은 생각이죠. 우주탐사 활동은 오랫동안 잦아들었고, 사람들은 1970년대 초반에 가졌던 미래에 대한 낙관적인 시각을 버렸어요. 스페이스엑스는 그 미래를 되살릴 길을 보여주고 있어요. 거기에 일론이 하는 일이 지니는 엄청난 가치가 있어요."라고 말했다.[7]

일론 머스크에게 화성으로 가는 일은 단지 공상을 실현하기 위한 것이 아니다. 그의 목표는 인류를 구원하는 것이다. 한 행성에만 머무는 한 우리는 취약하다. (머스크가 테슬라 전기차와 태양광 사업체인 솔라시티SolarCity 를 통해 애쓰고 있듯이) 지구 온난화에 따른 최악의 결과를 피한다고 해도 소행성이 인류를 멸망시킬 수도 있다. 6,600만 년 전에 겨우 직경 10킬로미터짜리 소행성이 공룡을 멸종시킨 것처럼 말이다. 그래서 다른 행성에 식민지를 건설해두면 보험이 된다. 이는 인류의 생존이 걸린 문제다. 스페이스엑스 대표 겸 최고운영책임자인 그윈 쇼트웰Gwynne Shotwell은 "인간이 멸종해도 좋다면 우주로 나가지 않아도 됩니다. 그러나 위험을 관리하면서 우리가 살 수 있는 두 번째 장소를 찾을 가치가 있다고 생각한다면 이 문제에 집중하여 돈을 들여야 해요."라고 말한다.[8]

소행성 충돌로 대량 멸종이 일어날 가능성은 오래된 기술인 핵무기를 다른 목적으로 쓴다는 또 다른 아이디어에 동기를 부여한다. 핵무기는 앞서 살핀 것처럼 부분적으로 핵 전략가들의 노력 덕분에 지금까지 인류를 멸망시키지 않았으며, 심지어 나중에는 인류를 구원할지도 모른다. 만약 지구를 향해 날아오는 거대한 소행성이 감지된다면 핵탄두를 실은 우주선을 보내서 가로채는 것이 아주 좋은 방안일 수 있다. 다만 영화 〈아마겟돈〉처럼 소행성에 구멍을 뚫어서 날려버리는 것은 안 된다. 소행성을 폭발시키는 것은 아주 나쁜 아이디어다. 남은 덩어리들이 지구로 날아와 지옥 같은 광경을 연출할 것이기 때문이다. 대신 나사가 설명한 대로 소행성 바로 위에서 핵탄두를 터트리면 중성자가 표면에서 폭발을 일으켜서 그 반동으로 소행성이 지구를 완전히 비껴가도록 방향을 바꾸게 할 수 있다. 즉, "소행성을 날려버리는 것이 아니라 지구와 충돌하지 않도록 살짝 떠미는 것이 비결이다."[9] 러시아의 로켓 과학자들은 냉전 기간 동안 미국을 조준하던 대륙간 탄도 미사일을 개선하여 인류를 구원할 소행성 타격용으로 바꾸고 싶어 한다. 그들은 2036년에 불안할 만큼 가까이 지구를 지나갈 아포피스라는 소행성을 상대로 이 방법을 실험해보자고 제안했다.[10]

한편 유럽 주도하에 연구기관과 우주항공기업들이 모인 세계적 컨소시엄인 네오실드Neoshield 2 프로젝트는 우주선을 고속으로 충돌시켜서 소행성의 방향을 바꿀 수 있을지 연구하고 있으며, 캘리포니아 대학 산타바버라 캠퍼스의 실험우주학그룹Experimental Cosmology Group이 운영하는 '유도 에너지 행성 방어Directed Energy Planetary Defence' 프로젝트, 소위 디스타DE-STAR 프로젝트는 우주공간에서 발사한 레이저로 소행성의 표면을 태워서 궤도를 바꾸는 방법을 연구하고 있다.[11] 정부와 연구기관들은 갈수록 소행성 충돌을 진지하게 받아들일 만한 위험으로 간주하고 있다. 언젠가는 모든 사람을 죽일 소행성이 반드시 날아오게 되어 있다. 유일한 문제는 그 시기다. 먼 미래에 그런 일이 생긴다면 로봇과 레이저로 쉽게 대응할 수 있을지 모른다. 그보다 빨리 소행성이 날아온다면 인간이 핵무기를 개발한 것을 기쁘게 받아들여야 할지도 모른다.

2015년 여름에는 또 다른 우주 관련 아이디어가 러시아 투자자이자 전 물리학자인 유리 밀너Yuri Milner가 제공한 1억 달러와 함께 두각을 드러냈다. 바로 다른 문명의 증거를 찾아 우주공간을 훑는다는 아이디어였다. 밀너가 추진한 브레이크스루 리슨Breakthrough Listen 프로젝트는 외계지적생명체를 찾는 세티SETI 사업에 박차를 가했다. 왜 지금일까? 밀너는 이렇게 설명한다. "1960년대에 프랭크 드레이크Frank Drake가 세티 사업을 개척했고, 이후 1980년대까지 부분적인 자금 지원이 이뤄졌습니다. 그러나 그 이후로 의문만 남긴 채 사업이 쇠퇴해버렸어요. 하지만 현재 우리가 1년 동안 모아야 할 데이터를 하루 만에 모을 수 있도록 해주는 여러 변화들이 생겼어요. 이제 우리는 은하계에 수십억 개의 후보가 있다는 사실을 압니다. 과거에는 망원경을 사용할 시간을 얻기가 힘들었지만 지금은 개인도 돈으로 망원경을 살 수 있죠. 그리고 무어의 법칙도 작용하고 있습니다. 그래서 대량의 데이터를 그 어느 때보다 빨리 처리할 수 있는 인프라를 설계할 수 있어요. 우리는 실리콘밸리와 과학계가 지닌 최고의 역량을 결합하고 싶습니다." 밀너는 방대한 우주에 우리만 있는 것이 아니라고 생각한다. "우리뿐이라면 너무나 엄청난 공간 낭비"이기 때문이다.[12]

2016년에 나사는 국제우주정거장에 보급품을 전달할 새로운 우주왕복선을 선택했다. 우주왕복선의 복잡한 역사는 그 자체가 재고에 대한 작은 우화다. 끝부분이 위로 휘어진 날개를 가진 멋진 새 우주선은 사실 1960년대에 처음 비행한 '보르BOR'라는 오래된 소련 우주선을 바탕으로 삼았다. 보르는 당시 미국이 설계한 우주선보다 더 진전된 것이었다. 1982년에 보르 계열 우주선이 인도양에 착륙하는 광경을 상공을 지나던 호주 정찰선이 촬영했다. 이 사진들을 넘겨받은 CIA는 공학자들을 동원하여 설계를 재구성한 후 풍동 실험실에서 검증을 거쳤다. 그 결과 인상적일 만큼 공기역학적 성능이 뛰어났다. 나사는 새 우주왕복선을 보완하기 위해 나름의 버전을 제작한다는 계획을 세웠지만 실행에 옮기지 않았다. 그러나 나사가 오래된 소련 우주선을 개선한 설계는 새 우주선을 만드는 공학자들에게 직접적인 영감을 주었다.[13] 이 우주선의 이름은 '드림 체이서Dream Chaser'다.

이처럼 21세기의 두 번째 10년의 현실은 다시 소설을 따라잡기 시작했다. 러시아는 새로운 유인 우주탐사 계획을 발표했으며, 중국은 달의 뒷면에 탐사선을 착륙시키려 하고 있다.[14] 2015년 말에는 나사가 스페이스엑스를 뒤따라 화성에 사람을 보내기 위한 인상적인 이정표를 발표했다. 나사는 발표문에서 다음과 같이 그 어느 때보다 강한 자신감을 드러냈다. "나사는 화성으로 향하는 여정에서 우리나라와 세계를 이끌고 있다. 우리는 아폴로 프로그램처럼 전체 인류를 대신하여 이 여정에 나선다. …우리는 화성에 이르고, 착륙하고, 사는 데 필요한 역량을 개발하고 있다."[15]

지구에서 우리 모두는 시궁창 속에 있다. 그러나 다행히 몇몇은 별을 바라보고 있다. ("우리 모두는 시궁창 속에 있지만 몇몇은 별을 바라본다."는 오스카 와일드Oscar Wilde의 글에서 빌린 표현 – 옮긴이)

감사의 글

이 책을 쓰는 데 존 엘렉Jon Elek, 해리 스코블Harry Scoble, 대니얼 로델 Daniel Loedel, 스카일러 헨더슨Schuyler W. Henderson의 조언에 많은 도움을 받았다. 이자벨 망수이, 요켄 룬드, 앤드루 폰천, 게일런 스트로슨, 루퍼트 셸드레이크, 폴 플레처, 바버라 제이컵슨, 마를리스 퀴넌, 이언 체임버스Iain Chambers, 칼 세데르스트룀Carl Cederström, 토니 예이츠Tony Yates, 나이절 윌콕슨Nigel Wilcockson, 닉 험프리Nick Humphrey, 루시엔 존스Lucien Jones, 그리고 영국 국립도서관 직원들에게 감사드린다. 또한 커피와 다른 모든 것에 대해 이지 맨트Izzy Mant에게 특별한 고마움을 전한다.

– 런던에서.

373

참고문헌

- Abrahams, Marc, *This Is Improbable* (London, 2014)
- Adamson, Peter, *Philosophy in the Hellenistic and Roman Worlds* (Oxford, 2015)
Albats, Yevgenia, trans. Catherine A. Fitzpatrick, *KGB: State Within a State* (London, 1995)
- Allan, Tony, *Virtual Water* (London, 2011)
- Anderson, Curtis Darrel & Anderson, Judy, *Electric and Hybrid Cars: A History* (London, 2005)
- Andrew, Christopher & Mitrokhin, Vasili, *The Mitrokhin Archive: The KGB in Europe and the West* (London, 1999)
- Aubrey, John, ed. Andrew Clark, *Brief Lives: Chiefly of Contemporaries* (Oxford, 1898)
- Ayres, Ian, *Super Crunchers* (London, 2007)
- Bacon, Francis, trans. R. Ellis & James Spedding, *Novum Organum* (New York, 1905)
- Ball, Philip, *Curiosity: How Science Became Interested in Everything* (London, 2012), *The Devil's Doctor* (London, 2006)
- Benedetti, Fabrizio, *Placebo Effects: Understanding the Mechanisms in Health and Disease* (Oxford, 2009)
- Beyer, Kurt, *Grace Hopper and the Invention of the Information Age* (London, 2009)
- Bobbitt, Malcolm, *Taxi! The Story of the London Taxicab* (London, 1998)

- Bohr, Niels, *Atomic Physics and Human Knowledge* (New York, 1958)
- Brent, Joseph, *Charles Sanders Peirce: A Life* (Bloomington, 1998)
- Brooks, Michael, *13 Things That Don't Make Sense* (London, 2009), *At the Edge of Uncertainty* (London, 2014)
- Burger, Edward B. & Starbird, Michael, *The 5 Elements of Effective Thinking* (Princeton, 2012)
- Burns, David D., *Feeling Good: The New Mood Therapy* (Kindle edn, 2012), *The Feeling Good Handbook* (New York, 1999)
- Capri, Anton Z., *Quips, Quotes, and Quanta: An Anecdotal History of Physics* (London, 2011)
- Chaucer, Geoffrey, ed. Larry D. Benson, *The Riverside Chaucer* (1987; Oxford, 2008)
- Chomsky, Noam, *Language and Problems of Knowledge* (Cambridge, Mass., 1988)
- Coué, Emile, *Self-mastery through Conscious Autosuggestion* (1920; New York, 2007)
- Crick, Francis, *Of Molecules and Men* (1966; Seattle, 1967)
- Dawkins, Richard, *The Extended Phenotype* (Oxford, 1982)
- Diogenes Laertius, ed. R. D. Hicks, *Lives of Eminent Philosophers* (Cambridge, Mass., 1925; 1972)
- Dyson, Freeman J., *Disturbing the Universe* (New York, 1979)
- Eddington, Arthur S., ed. H. G. Callaway, *The Nature of the Physical World* (1928; Newcastle, 2014)
- Edgerton, David, *The Shock of the Old: Technology and Global History since 1900* (2007; Oxford, 2011)
- Ensmenger, Nathan, *The Computer Boys Take Over* (Cambridge, Mass., 2010)
- Epictetus, trans. P. E. Matheson, *Discourses Books 1 & 2* (New York, 2004)
- Epstein, Edward Jay, *Deception: The Invisible War between the KGB and CIA* (New York, 1989)
- Feyerabend, Paul, *Against Method*, 4th edn (1988; London, 2010), *Farewell to Reason* (London, 1987)
- Firestein, Stuart, *Ignorance: How It Drives Science* (Oxford, 2012)
- Freedman, Lawrence, *Strategy: A History* (2013; Oxford, 2015)

- Freud, Sigmund, trans. Anthea Bell, *A Case of Hysteria (Dora)* (Oxford, 2013)

- Galton, Francis, *Inquiries into Human Faculty and Its Development*, 2nd edn (1907; Public Domain/Kindle)

- Golitsyn, Anatoliy, *New Lies for Old: The Communist Strategy of Deception and Disinformation* (London, 1984)

- Gould, Stephen Jay, *Ontogeny and Phylogeny* (London, 1977)

- Graeber, David, *The Utopia of Rules* (London, 2015)

- Grant, Edward, *Planets, Stars, and Orbs: The Medieval Cosmos, 1200–1687* (Cambridge, 1996)

- Grof, Stanislav & Halifax, Joan, *The Human Encounter with Death* (New York, 1977). Habermas, Jürgen, *The Future of Human Nature* (Oxford, 2003)

- Harris, Sam, *Free Will* (New York, 2012)

- Hawthorne, John, *Metaphysical Essays* (Oxford, 2006)

- Heath, Chip & Heath, Dan, *Made to Stick: Why Some Ideas Take Hold and Others Come Unstuck* (London, 2007)

- Helmholtz, Hermann von, ed. James P. C. Southall, *Helmholtz's Treatise on Physiological Optics* (New York, 1925), ed. David Cahan, *Science and Culture: Popular and Philosophical Essays* (Chicago, 1995), trans. E. Atkinson, *Popular Lectures on Scientific Subjects, Vol. II* (1895; London, 1996), trans. Alexander Ellis, *On the Sensations of Tone as a Physiological Basis for the Theory of Music* (1875; Bristol, 1998)

- Heuer, Richards J., *Psychology of Intelligence Analysis* (Virginia, 1999)

- Holton, Gerald, *The Scientific Imagination* (1978; Cambridge, Mass., 1998)

- Hoyle, Fred, *Home is Where the Wind Blows* (Mill Valley, Calif., 1994), *The Nature of the Universe* (Oxford, 1960)

- James, William, ed. Giles Gunn, *Pragmatism and Other Writings* (London, 2000)

- Johnson, Scott C., *Ghost in the Cell* (Matter, 2013)

- Jones, Lucien, *The Transparent Head* (Cambridge, 2007)

- Keen, Andrew, *The Internet Is Not the Answer* (London, 2015)

- Kerr, Margee, *Scream* (New York, 2015)

- Keynes, John Maynard, *The General Theory of Employment, Interest and Money* (1936; New Delhi, 2008)

- Kirk, Robert G. W. & Pemberton, Neil, *Leech* (Chicago, 2013)
- Kondo, Marie, trans. Cathy Hirano, *The Life-Changing Magic of Tidying* (London, 2014)
- Koyré, Alexandre, *From the Closed World to the Infinite Universe* (1957; Baltimore, 1968)
- Kuhn, Thomas S., *The Structure of Scientific Revolutions* (1962; Chicago, 2012)
- Lederman, Leon, *The God Particle* (London, 1993)
- Levitt, Steven D. & Dubner, Stephen J., *Think Like a Freak* (London, 2014)
- Levmore, Saul & Nussbaum, Martha C. (eds), *The Offensive Internet* (Cambridge, Mass., 2010)
- Lewis, David, *On the Plurality of Worlds* (1986; Oxford, 2001)
- Lightman, Alan P., *The Discoveries: Great Breakthroughs in Twentieth-Century Science* (Toronto, 2005)
- Livio, Mario, *Brilliant Blunders* (New York, 2013)
- MacIntyre, Alasdair, *After Virtue: A Study in Moral Theory* (1981; London, 2011)
- MacKellar, Calum & Bechtel, Christopher (eds), *The Ethics of the New Eugenics* (New York, 2014)
- Malthus, Thomas Robert, *Population: The First Essay* (1798; Ann Arbor, 1959)
- Marcuse, Herbert, *One-Dimensional Man* (1964; London, 1991)
- Meulders, Michel, *Helmholtz: From Enlightenment to Neuroscience* (Cambridge, Mass., 2010)
- Montaigne, Michel de, trans. M. A. Screech, *The Complete Essays* (London, 2003)
- Morozov, Evgeny, *To Save Everything, Click Here* (2013; New York, 2014)
- Mount, Ferdinand, *Full Circle: How the Classical World Came Back to Us* (2010; London, 2011)
- Nagel, Thomas, *Mind and Cosmos* (Oxford, 2012)
- Nietzsche, Friedrich, trans. Helen Zimmern, *Beyond Good and Evil*, in Manuel Komroff (ed.), *The Works of Friedrich Nietzsche* (New York, 1931)
- Petersen, William, *Malthus* (London, 1979)
- Plato, *Timaeus*, in Desmond Lee (ed.), *Plato: Timaeus and Critias* (London, 1977), *Charmides*, in Robin Waterfield (ed.), *Plato: Meno and Other Dialogues* (Oxford,

2005)

- Poole, Steven, *Unspeak* (London, 2007)
- Quiggin, John, *Zombie Economics: How Dead Ideas Still Walk Among Us* (Princeton, 2010)
- Ridley, Matt, *The Evolution of Everything* (London, 2015)
- Robertson, Donald, *The Philosophy of Cognitive-Behavioural Therapy* (London, 2010)
- Schelling, Thomas C., *Arms and Influence* (1966; Cambridge, Mass., 1977)
- Schmidt, Eric & Rosenberg, Jonathan, *How Google Works* (London, 2014).
- Schopenhauer, Arthur, trans. E. F. J. Payne, *The World as Will and Representation* (1881; New York, 1969)
- Schrödinger, Erwin, *What Is Life?* (Cambridge, 1944)
- Scruton, Roger, *The Uses of Pessimism* (Oxford, 2010)
- Searle, John R., *Mind: A Brief Introduction* (Oxford, 2004)
- Sheldrake, Rupert, *A New Science of Life* (London, 2009), *The Science Delusion* (London, 2012)
- Skrbina, David, *Panpsychism in the West* (Cambridge, Mass., 2005)
- Smith, Andrew F., *The Oxford Companion to American Food and Drink* (Oxford, 2007)
- Smith, Jon Maynard, 'The Concept of Information in Biology', in Paul Davies & Niels Henrik Gregersen (eds), *Information and the Nature of Reality* (2010; Cambridge, 2014)
- Stanton, Doug, *Horse Soldiers: The Extraordinary Story of a Band of US Soldiers Who Rode to Victory in Afghanistan* (New York, 2009)
- Stiglitz, Joseph, *The Great Divide* (New York, 2015)
- Strawson, Galen et al., ed. Anthony Freeman, *Consciousness and its Place in Nature* (Exeter, 2006)
- Sun Tzu, trans. Lionel Giles, *The Art of War* (1910; Kindle edn)
- Tett, Gillian, *The Silo Effect* (London, 2015)
- Unger, Peter, *Empty Ideas* (Oxford, 2014)
- Vance, Ashlee, *Elon Musk: How the Billionaire CEO of SpaceX and Tesla Is Shaping Our Future* (London, 2015)
- Weinberg, Gerald M., *The Psychology of Computer Programming* (1971; New York,

1998)

- Weinberg, Steven, *To Explain the World: The Discovery of Modern Science* (London, 2015)

- Weismann, August, trans. J. Arthur & Margaret R. Thomson, *The Evolution Theory* (2 vols., London, 1904)

- Wilczek, Frank, *A Beautiful Question: Finding Nature's Deep Design* (London, 2015), *The Lightness of Being* (New York, 2009)

- Wiseman, Richard, *The As If Principle* (London, 2012)

- Wolstenholme, Gordon (ed.), *Man and His Future* (1963; London, 1967)

- Wootton, David, *The Invention of Science* (London, 2015)

주석

머리글

1. Anderson & Anderson, 27-30.

2. Bobbitt, 7-20.

3. Vance, 316

4. Tad Friend, 'Plugged In', *New Yorker*, 2009. 8. 24.

5. Vance, 312

6. Joe Wiesenthal, 'The Tesla Model S Just Got the Best Safety Rating of any Car in History', *Business Insider*, 2013. 8. 20.

7. Keen, 92

8. Andrew Smith, 'Meet Tech Billionaire and Real-life Iron Man Elon Must', *Telegraph*, 2014. 1. 4.

9. Feyerabend(1988), 116.

10. Richard Conniff, 'Alchemy May Not Have Been the Pseudoscience We All Thought It Was', *Smithsonian Magazine*, 2014. 2.

11. 'Recreating Alchemical and Other Ancient Recipes Shows Scientists of Old Were Quite Clever', *American Chemical Society*, 2015. 8. 5.

12. 'When Woman Is Boss', *Collier's*, 1926. 1. 30.

13. Helmholtz(1895), 228.

14. 이 내용은 대개 출처로 언급되는 제임스의 1896년 강의록《믿고자 하는 의지The Will to Believe》에 나오지 않는다.

제1부 명제

1. 옛것의 충격

1. Freedman, 129-30.
2. Stanton, 116.
3. Alex Quade, 'Momument Honors US "horse soldiers" Who Invaded Afghanistan', CNN, 2011. 10. 7.
4. Stanton, 159.
5. 상게서, 257.
6. Quade, 전게서.
7. Dwight John Zimmerman, '21st Century Horse Soldiers- Special Operations Forces and Operation Enduring Freedom', Defense Media Network, 2011. 9. 16.
8. 'US Special Forces Joined Charge on Horseback against Taliban', Bloomberg, 2001. 11. 15; Stanton, 172.
9. Freedman, 504.
10. 상게서 인용, 188.
11. 상게서, 216.
12. Donald H. Rumsfeld, 'Transforming the Military', *Foreign Affairs*, 2002. 5/6.
13. Stanton, 29.
14. Freedman, 222.
15. 상게서, 237.
16. 상게서, 205.
17. David H. Petraeus, 'Learning Counterinsurgency: Observations from Soldiering in Iraq', *Military Review* 2006. 1-2., 45-55.
18. John Colapinto, 'Bloodsuckers', *New Yorker*, 2005. 7. 25.
19. 상게서.
20. M. Derganc & F. Zdravic, 'Venous Congestion of Flaps Treated by Application of Leeches', *British Journal of Plastic Surgery*, vol. 13(1960. 7.), 187-92.
21. Kirk & Pemberton, 166-8.
22. Lawrence K. Altman, 'The Doctor's World: Leeches Still Have Their Medical Uses', *New York Times*, 1981. 2. 17.

23. 'FDA Approves Leeches as Medical Devices', Associated Press, 2004. 6. 28.

24. Mohamed Shiffa 외, 'Comparative Clinical Evaluation of Leech Therapy in the Treatment of Knee Osteoarthritis', *European Journal of Integrative Medicine*, vol. 5, no. 3(2013. 6), 261-9.

25. Andreas Michalsen 외, 'Effectiveness of Leech Therapy in Osteoarthritis of the Knee: A Randomized Controlled Trial', *Annals of Internal Medicine*, 139(2003), BBC, 724-30.

26. Colapinto, 전게서.

27. Celia Hatton, 'Nobel Prize Winner Tu YouYou Helped by Ancient Chinese Remedy', 2015. 10. 6.

28. Jane Perlez, 'Answering an Appeal by Mao Led Tu Youyou, a Chinese Scientist, to a Noble Prize', *New York Times*, 2015. 10. 6.

29. 'The Noble Prize in Physiology or Medicine 2015', Nobel press release, 2015. 10. 5.

30. Coué, 40.

31. Robertson, 30.

32. Massimo Pigliucci, 'How to be a Stoic', *New York Times*, 2015. 2. 2.

33. Robertson, 8.

34. 상게서, 166.

35. Kenneth E. Vail Ⅲ 외, 'When Death is Good for Life: Considering the Positive Trajectories of Terror Management', *Personality and Social Psychology Review*, 16, no. 4(2012), 303-29, 인용 출처: Kerr, 146.

36. Robertson, 250.

37. Nietzsche, 9.

38. Epictetus, xx.

2. 빠진 조각

1. Livio, 159.

2. Ken Rosenthal, 'US Men Czech Out, without Checking In', *Baltimore Sun*, 1998. 2. 2.

3. Rachel Alexander, 'Czech Republic Beats Russia for Gold', *Washington Post*, 1998.

2. 23.

4. John Henderson, 'Boy from the Black Sea: Vladimir Kramnik in Interview', *The Week In Chess*, 313(2000. 11. 6).

5. Mark Crowther, 'Kramnik Takes Kasparov's World Title', *The Week In Chess*, 313(2000. 11. 6).

6. Eric Schiller, *Learn from Kasparov's Greatest Games* (Las Vegas, 2005).

7. Garry Kasparov, 'Garry's Choice', *Chess Informant*, 118(2013. 11).

8. 프랑스 국립과학연구센터가 라마르크를 위해 만든 사이트인 lamarck.cnrs.fr에서 뛰어난 전기 및 다큐멘터리를 볼 수 있다.

9. Christoph Marty, 'Darwin, Cuvier and Lamarck', *Scientific American*, 2009. 2. 12.

10. Schrödinger, 41.

11. Livio, 53.

12. 인용 출처: Gould, 156.

13. Smith, 166.

14. Robin Marantz Henig, 'How Depressed Is That Mouse?', *Scientific American*, 2012. 3. 7.

15. Johnson, 205.

16. Helen Thomson, 'Study of Holocaust Survivors Finds Trauma Passed on to Children's Genes', *Guardian*, 2015. 8. 21.

17. Weismann, vol. Ⅱ, 107-12.

18. Freud, 97.

19. Dawkins, 164-5.

20. Ayres, 90-96.

3. 게임 체인저

1. Emma Jay, 'Viagra and Other Drugs Discovered by Accident', BBC, 2010. 1. 20.

2. Davin Hiskey, 'The Shocking Story behind Playdoh's Original Purpose', *Business Insider*, 2015. 9. 21.

3. Sun, Tzu, Ⅸ 15.

4. 상게서, Ⅲ 2.

5. Freedman, 51.

6. 상게서, 509.

7. Sun Tzu, Ⅲ 18.

8. Golitsyn, 40-1; Albats, 170.

9. Sun Tzu, XⅢ 21.

10. Golitsyn, 43.

11. Sun Tzu, Ⅰ 22.

12. 상게서, V 18.

13. Golitsyn, 278-9.

14. Andrew & Mitrokhin, 528.

15. Epstein, 51.

16. Andrew & Mitrokhin, 479.

17. Epstein, 85.

18. 상게서, 16.

19. 상게서, 223.

20. Andrew & Mitrokhin, 233.

21. Walter Pincus, 'Yuri I. Nosenko, 81; KGB Agent Who Defected to the US', *Washington Post*, 2008. 8. 27.

22. Andrew & Mitrokhin, 241-3; 479.

23. Bacon, 127.

24. Aubrey, 75.

25. Janet Maslin, 'The Inventor Who Put Frozen Peas on Our Tables', *New York Times*, 2012. 4. 25.

26. Smith, Andrew F., 51.

27. Benedict Carey, 'LSD, Reconsidered for Therapy', *New York Times*, 2014. 3. 3.

28. Grof & Halifax, 15.

29. Erowid, 'From the Stolaroff Collection: Laura Huxley's Letter on Aldous' Passing', erowid.org, 2009. 7.

30. *CIA v. Sims*, 471 US 159- Supreme Court 1985.

31. Ed Cumming, 'Is LSD about to Return to Polite Society?', *Observer*, 2015. 4. 26.

32. Teri S. Krebs & Pål-Ørjan Johansen, 'Lysergic Acid Diethylamide(LSD) for Alcoholism: Meta-analysis of Randomized Controlled Trials', *Journal of*

Psychopharmacology, vol. 26, no. 7(2012. 7), 994-1002.

33. Matthew W. Johnson 외, 'Pilot Study of the 5-HT2AR Agonist Psilocybin in the Treatment of Tobacco Addiction', *Journal of Psychophamacology*, vol. 28, no. 11(2014. 11), 983-92.

34. Peter S. Hendricks 외, 'Classic Psychedelic Use is Associated with Reduced Psychological Distress and Suicidality in the United States Adult Population', *Journal of Psychopharmacology*, vol. 29, no. 3(2015. 3), 280-8.

35. Suresh D. Muthukumaraswamy 외, 'Broadband Cortical Desynchronization Underlies the Human Psychedelic State', *Journal of Neuroscience*, vol. 33, no. 38(2013. 9. 8), 15171-83.

36. Cumming, 전게서.

37. Dan Hurley, 'The Return of Electroshock Therapy', *Atlantic*, 2015. 12.

4. 아직도 멀었나요?

1. Barbara Demick, 'A High-tech Approach to Getting a Nicotine Fix', *LA Times*, 2009. 4. 25.

2. 'E-cigarettes: an Evidence Update', PHE publications gateway number: 2015260.

3. 'Professor David Nutt Discusses e-cigarettes', National Institute for Health Innovation, University of Auckland, 2013. 12. 8.

4. James Dunworth, 'An Interview with the Inventor of the Electronic Cigarette, Herbert A. Gilbert', ecigarettedirect.co.uk, 2013. 10. 2.

5. 'Smokeless Non-tobacco Cigarette', US patent no. 3200819 A.

6. Robert N. Proctor, 'The History of the Discovery of the Cigarette-Lung Cancer Link: Evidentiary Traditions, Corporate Denial, Global Toll', *Tobacco Control*, 21(2012), 87-91.

7. Diogenes, 36-8.

8. Lederman, 59.

9. Bohr, 13.

10. Kuhn, 133.

11. Weinberg, S., 13.

12. Bohr, 70.

13. Holton, 82.

14. Ball(2006), 10.

15. 상게서.

16. Shane Hickey, 'Are Britain's Foodies Ready to Eat Insects?' *Guardian*, 2015. 2. 1.

17. 상게서.

18. Marcel Dicke, 'Nordic Food Lab to Serve Insect Snacks at First Global Conference on Edible Insects', Nordic Food Lab press release, 2014. 5. 15.

19. grubkitchen.co.uk.

20. Emily Anthes, 'How Insects Could Feed the World', *Guardian*, 2014. 10. 30.

21. 상게서.

22. 'Ants and a Chimp Stick', Nordic Food Lab, 2013. 6. 28.

23. Anthes, 전게서.

24. Emma Bryce, 'Foodies Unite: Insects Should Be More Food that Fad', *Guardian*, 2014. 5. 20.

25. *Edible Insects: Future Prospects for Food and Feed Security*, FAO Forestry Paper 171, Food and Agriculture Organization, UN, 2013.

26. Beyer, 242.

27. 상게서, 264.

28. 상게서, 273.

29. Philip Schieber, 'The Wit and Wisdom of Grace Hopper', *OCLC Newsletter*, no. 167(1987. 3/4).

30. Beyer, 242.

31. Weinberg, G., 111.

32. Ensmenger, 236.

33. Julia Carrie Wong, 'Women Considered better Coders– but Only if they Hide their Gender', *Guardian*, 2016. 2. 12.

제2부 반명제

1. 태양(들) 아래 새로운 것

1. Chaucer, 385.

2. 인용 출처: Woottoon, 75.

3. 상게서, 207.

4. 상게서, 345.

5. J. E. McGuire & P. M. Rattansi, 'Newton and the "Pipes of Pan"', *Notes and Records of the Royal Society of London*, vol. 21, no. 2(1966. 12), 108-43.

6. Wootton, 108-9.

7. Hugo Gernsback, 'The Isolator', *Science and Invention*, 1925. 7.

8. Carl Cederström.

9. Freedman, 126.

10. 상게서, 129-31.

11. 상게서, 146.

12. 상게서.

13. Alexander J. Field, 'Schelling, von Neumann, and the Event That Didn't Occur', *Games*, 5(2014), 53-89.

14. Freedman, 172-3.

15. Jean-Paul Carvalho, 'An Interview with Thomas Schelling', *Oxonomics* 2(2007), 1-8.

16. Thomas C. Schelling, 'An Essay on Bargaining', *American Economic Review*, vol. 46, no. 3(1956. 6), 281-306.

17. Schelling, 45.

18. James Rothwell & Rob Crilly, 'Nato Says North Korea's "hydrogen bomb" Test "undermines international security"', *Telegraph*, 2016. 1. 6.

19. *Today*, BBC Radio 4, 2016. 1. 6.

20. Hans M. Kristensen, 'General Confirms Enhanced Targeting Capabilities of B61-12 Nuclear Bomb', Federation of American Scientists blogpost, 2014. 1. 23.

21. William J. Broad & David E. Sanger, 'As US Modernizes Nuclear Weapons,

"Smaller" Leaves Some Uneasy', *New York Times*, 2016. 1. 11.

22. William J. Perry & Andy Weber, 'Mr. President, Kill the New Cruise Missile', *Washington Post*, 2015. 10. 15.

23. Melissa Locker, 'Stephen Hawking Has Finally Weighed in on Zayn Malik Leaving One Direction', *Vanity Fair*, 2015. 4. 26.

24. Hoyle(1960), 119.

25. Pius XII, 'The Proofs for the Existence of God in the Light of Modern Natural Science', 교황청 과학원 연설, 1951. 11. 22.

26. Livio, 201, 211.

27. Andrei Linde, 'A Brief History of the Multiverse', arXiv:1512.01203.

28. Wilczek(2009), 182.

29. George Ellis & Joe Silk, 'Scientific Method: Defend the Integrity of Physics', *Nature*, 2014. 12. 16.

30. Lewis, 2.

31. 상게서, 110.

32. 상게서, 2.

33. 상게서, 3.

34. Wilczek, 318-19.

35. *New Books In Philosophy* 팟캐스트, 'Margaret Morrison, "Reconstructing Reality: Models, Mathematics, and Simulation"', 2015. 7. 15.

2. 아직은 모르는 일

1. Kondo, 95.

2. 상게서, 96.

3. 상게서, 86.

4. 상게서, 90.

5. 상게서, 70.

6. 상게서, 102.

7. Lucretius, 번역: Martin Ferguson Smith, *De rerum natura* (Indianapolis, 2001), 인용: Catherine Wilson, 'Commentary on Galen Strawson', 출처: Strawson 외, 177.

8. Galen Strawson, 'Real Naturalism', *London Review of Books*, 2013. 9. 26.

9. Galen Strawson, 'Consciousness Myth', *TLS*, 2015. 2. 25.

10. Eddington, 258.

11. Chomsky, 142.

12. David Graeber, 'What's the Point if We Can't Have Fun?', *The Baffler*, no. 24(2014).

13. Strawson 외, 248.

14. Skrbina, 88.

15. Schrödinger, 87.

16. Simon Blackburn, 'Thomas Nagel: a Philosopher Who Confesses to Finding Things Bewildering', *New Statesman*, 2012. 11. 8.

17. Mark Vernon, 'The Most Despised Science Book of 2012 is… Worth Reading', *Guardian*, 2013. 1. 4.

18. MacIntyre, 65.

19. Nagel, 28.

20. 상게서, 52.

21. 상게서, 6-7.

22. 상게서, 92.

23. John Hawthorne & Daniel Nolan, 'What Would Teleological Causation Be?' 출처: Hawthorne, 265-84.

24. Galen Strawson, 'Panpsychism? Reply to Commentators with a Celebration of Descartes' 출처: Strawson 외, 184-5.

25. Schopenhauer, 1 xvii.

26. Malthus, 148-9.

27. Steven Poole, 'Why We So Obsessed with the Pursuit of Authenticity?', *New Statesman*, 2013. 3. 7.

3. 좀비들이 공격할 때

1. Wootton, 120.

2. enclosedworld.com.

3. José Santiago, '36 Best Quotes from Davos 2016', World Economic Forum website, 2016.1.23.

4. Quiggin, 35.

5. 상게서, 64.

6. 상게서, 36.

7. 상게서, 168.

8. Firestein, 24.

9. 상게서, 24.

10. Edgerton, 156-7.

11. Amelia Gentleman, 'UK Firms Must Show Proof They Have No Links to Slave Labour under New Rules', *Guardian*, 2015. 10. 28.

12. Edgerton, 182.

13. Brad Bachtel 외, 'Polar Route Operations', *Aero* magazine(Boeing), QTR_04 2001.

14. Heath & Heath, 5.

15. Cass R. Sunstein, 'Believing False Rumors' 출처: Levmore & Nussbaum, 106.

16. 'Ukraine Health Officials Fear Big Polio Outbreak', BBC, 2015. 9. 22.

17. Daniel D'Addario, 'The Music World's Fake Illuminati', *Salon*, 2013. 1. 24.

18. Suzanne Goldenberg, 'Work of Prominent Climate Change Denier was Funded by Energy Industry', *Guardian*, 2015. 2. 21; Douglas Fischer, '"Dark Money" Funds Climate Change Denial Effort', *Scientific American*, 2013. 12. 23.

19. Michael Dutton, Hsiu-ju Stacy Lo & Dong Dong Wu, *Beijing Time* (Cambridge, Mass., 2008).

20. Wilczek(2009), 6.

21. Helmholtz(1895), 229.

22. Aileen Fyfe, 'Peer Review: Not as Old as You Might Think', *THES*, 2015. 6. 25.

23. John P. A. Ioannidis, 'An Epidemic of False Claims', *Scientific American*, 2011. 5. 17.

24. Ed Yong, 'Nobel Laureate Challenges Psychologists To Clean Up Their Act', *Nature*, 2012. 10. 3.

25. Gary Gutting, 'Psyching Us Out: The Promises of "Priming"', *New York Times*, 2013. 10. 31.

26. 'How Science Goes Wrong', *Economist*, 2013. 10. 19.

27. John P. A. Ioannidis, 'Why Most Published Research Findings Are False', *PLoS* 10. 1371/journal.pmed.0020124, 2005. 8. 30.

28. Ben Goldacre, 'Scientists Are Hoarding Data and it's Ruining Medical Research', *Buzzfeed*, 2015. 7. 23.

29. 'How Science Goes Wrong', *Economists*, 2013. 10. 19.

30. John Colapinto, 'Material Question', *New Yorker*, 2014. 12. 22.

31. Kuhn, 150-1.

32. Joseph Nocera, 'The Heresy That Made Them Rich', *New York Times*, 2005. 10. 29.

4. 틀리는 법

1. Elizabeth Howell, '"Clever Editing" Warps Scientists' Words in New Geocentrism Film', *Live Science*, 2014. 4. 15.

2. 'Brahe Myths Are Disproved, but Secret Remains Buried', *Copenhagen Post*, 2012. 11. 16.

3. Wootton, 12-13.

4. Dennis Danielson & Christopher M. Graney, 'The Case against Copernicus', *Scientific American*, 2014. 1.

5. Danielson & Graney 전게서.

6. Grant, 345.

7. Wootton, 193.

8. Kuhn, 79.

9. Bohr, 56.

10. OED.

11. Brooks(2009), 46-55.

12. John Maddox, 'A Book for Burning?', *Nature*, 1981. 9. 24.

13. Rupert Sheldrake, 'A New Science of Life', *New Scientist*, 1981. 6. 18.

14. D. J. Bem, 'Feeling the Future: Experimental Evidence for Anomalous Retroactive Influences on Cognition and Affect', *Journal of Personal and Social Psychology*, vol. 100, no. 3(2011. 3), 407-25.

15. Benedict Carey, 'Journal's Paper on ESP Expected to Prompt Outrage', *New York Times*, 2011. 1. 5.

16. Ned Potter, 'ESP Study Gets Published in Scientific Journal', *ABC News*, 2011. 1. 6.

17. Carey, 전게서.

18. Daryl Bem, Patrizio Tressoldi, Thomas Rabeyron & Michael Duggan, 'Feeling the Future: A Meta-analysis of 90 Experiments on the Anomalous Anticipation of Random Future Events', *F1000Research*, 4(2015), 1188.

19. E. J. Wagenmakers, 'Bem is Back: A Skeptic's Review of a Meta-Analysis on Psi', Open Science Collaboration, 2014. 6. 25.

20. Edgerton, 210.

21. Crick, 99.

22. Gould, 96.

23. Ewen Callaway, 'Fearful Memories Haunt Mouse Descendants', *Nature*, 2013. 12. 1.

24. Scott F. Gilbert, John M. Opitz & Rudolf A. Raff, 'Resynthesizing Evolutionary and Developmental Biology', *Developmental Biology*, 173(1996), 357-72, 365.

25. 상게서, 366.

26. Ellen Larsen, 'Genes, Cell Behavior, and the Evolution of Form', 출처: Gerd B. Müller & Stuart A. Newman (편집), *Origination of Organismal Form: Beyond the Gene in Developmental and Evolutionary Biology* (Cambridge, Mass., 2003), 125.

27. Marc Kirschner, John Gerhart, Tim Mitchison, 'Molecular "Vitalism"', *Cell*, vol. 100(2000. 1. 7), 79-88.

28. Timothy O'Connor & Hong Yu Wong, 'Emergent Properties', *Stanford Encyclopedia of Philosophy* (2015. 여름); Scott F. Gilbert & Sahotra Sarkar, 'Embracing Complexity: Organicism for the 21st Century', *Developmental Dynamics*, 219(2000), 1-9.

29. Livio, 241.

30. Wilczek(2015), 318.

31. Lightman, 8.

32. Montaigne, 643.

33. Kuhn, 171.

34. Firestein, 15-16.

35. 상게서, 5.

36. Loewenstein, George, 'The Psychology of Curiosity: A Review and Reinterpretation', *Psychological Bulletin*, vol. 116, no. 1 (1994), 87.

37. 상게서, 91.

38. 상게서, 94.

39. Feyerabend (1988), 157.

40. 상게서, 27.

41. 상게서, 116.

5. 플라세보 효과

1. 참고자료: Steven Poole, 'Your Brain on Pseudoscience: The Rise of Popular Neurobollocks', *New Statesman*, 2012. 9. 6.

2. Gabrielle Glaser, 'The Irrationality of Alcoholics Anonymous', *Atlantic*, 2015. 4.

3. Melissa Davey, 'Marc Lewis: the Neuroscientist Who Believes Addiction is not a Disease', *Guardian*, 2015. 8. 30.

4. Helmholtz (1875), 181.

5. Helmholtz (1925), Ⅲ 4-5.

6. 인용 출처: Brent, 72.

7. Capri, 88.

8. Jo Marchant, 'Strong Placebo Response Thwarts Painkiller Trials', *Nature*, 2015. 10. 6.

9. Asbjørn Hróbjartsson & Peter C. Gøtzsche, 'Is the Placebo Powerless? An Analysis of Clinical Trials Comparing Placebo with No Treatment', *New England Journal of Medicine*, 344 (2001. 5. 24), 1594-602.

10. Luana Colloca & Fabrizio Benedetti, 'Placebos and Painkillers: Is Mind as Real as Matter?', *Nature Reviews: Neuroscience*, vol. 6 (2005. 7), 545-52.

11. Brooks (2009), 170.

12. Benedetti, 195.

13. Brooks (2009), 175.

14. Plato, *Charmides* (157a-157b), 7.

15. Fabrizio Benedetti, 'How Placebos Change the Patient's Brain', *Neuropsychopharmacology*, 36 (1) (2011. 1), 339-54.

16. Brooks(2009), 167.

17. T. J. Kaptchuk 외, 'Placebos without Deception: A Randomized Controlled Trial in Irritable Bowel Syndrome', *PLoS ONE* 5 (12), e15591.

18. Coué, 5.

19. 상게서.

20. Luana, Colloca & Fabrizio Benedetti, 'Placebos and Painkillers: Is Mind as Real as Matter?' *Nature Reviews: Neuroscience*, vol. 6(2005. 7), 551.

21. Oliver Burkeman, 'Therapy Wars: The Revenge of Freud', *Guardian*, 2016. 1. 7.

22. Nietzsche, 4-5.

23. James, 88.

24. Burns(2012), 그림. 7-5.

25. Burns(1999), 113.

26. Wiseman, 11, 88-9, 244.

27. Leonard Cohen, 'That Don't Make It Junk'.

28. Wiseman, 11.

29. S. Schachter & J. Singer, 'Cognitive, Social and Physiological Determinants of Emotional State', *Psychological Review*, 69(1962), 379-99.

30. Kate Murphy, 'The Right Stance Can Be Reassuring', *New York Times*, 2013. 5. 3.

31. Jones, 242.

32. 참고자료: Tim Crane, 'Ready or Not', *TLS*, 2005. 1. 14; Tim Bayne, 'Libet and the Case for Free Will Scepticism', 출처: Richard Swinburne(편집), *Free Will and Modern Science* (Oxford, 2011).

33. Searle, 211.

34. Daniel Dennett, 'Reflections on "Free Will"', naturalism.org, 2014. 1. 24.

35. Kathleen D. Vohs & Jonathan W. Schooler, 'The Value of Believing in Free Will: Encouraging a Belief in Determinism Increases Cheating', *Psychological Science*, vol. 19, no. 1(2008. 1), 49-54.

36. David Bourget & David J. Chalmers, 'What Do Philosophers Believe?' *Philoshphical Studies*, vol. 170, no. 3(2014), 465-500.

37. Schrödinger, 89.

38. Dyson, 249.

제3부 예측

1. 돌아온 유토피아

1. Marcuse, 154.

2. Tett, 132.

3. 상게서.

4. Tony Yates.

5. Keynes, 142, 341.

6. Paul Krugman, 'Conservatives and Keynes', *New York Times*, 2015. 5. 20.

7. 상게서.

8. Paul Krugman, 'The Smith/Klein/Kalecki Theory of Austerity', *New York Times*, 2013. 5. 16.

9. Derrida, 10.

10. Malthus, 4.

11. Marcuse, 4.

12. Thomas Paine, 'Agrarian Justice, Opposed to Agrarian Law, and to Agrarian Monopoly, Being a Plan for Meliorating the Condition of Man, &c.', *Eighteenth Century Collections Online*, 미시간 대학.

13. John Cunliffe, Guido Erreygers, 'The Enigmatic Legacy of Charles Fourier: Joseph Charlier and Basic Income', *History of Political Economy*, vol. 33, no. 3(2001. 가을).

14. 상게서.

15. Enno Schmidt & Paul Solman, 'How a "stupid painter from Switzerland" is Revolutionizing Work', *PBS Newshour*, 2014. 4. 9.

16. Lauren Smiley, 'Silicon Valley's Basic Income Bromance', *Backchannel*, 2015. 12. 15.

17. Evelyn Forget, 'The Town with No Poverty: The Health Effects of a Canadian Guaranteed Annual Income Field Experiment', *Canadian Public Policy*, vol. 37, no. 3(2011) 283-305.

18. Farhad Manjoo, 'A Plan in Case Robots Take the Jobs: Give Everyone a Paycheck', *New York Times*, 2016. 3. 2.

19. 'Pennies from Heaven', *Economist*, 2013. 10. 26.

20. 참고자료: Poole, 16-19.

21. 인용 출처: Michael Millgate, *Thomas Hardy: A Biography* (Oxford, 1982), 266.

22. Graeber, 177.

23. Alexander Guerrero, 'The Lottocracy', *Aeon*, 2014. 1. 23.

24. Scruton, 62.

25. Guerrero, 전게서.

26. Stiglitz, 302.

2. 선악을 넘어

1. William Gibson, 'Talk of the Nation', National Public Radio, 1999. 11. 30.

2. Edwin Black, 'Eugenics and the Nazis- the California Connection', *San Francisco Chronicle*, 2003. 11. 9.

3. Jonathan Freedland, 'Eugenics: The Skeleton That Rattles Loudest in the Left's Closet', *Guardian*, 2012. 2. 17.

4. Alexander G. Bassuk 외, 'Precision Medicine: Genetic Repair of Retinitis Pigmentosa in Patient-derived Stem Cells', *Nature Scientific Reports 6*, 논문 번호: 19969(2016).

5. Galton, 18 n. 2.

6. 상게서, 200.

7. 상게서, 199.

8. 상게서, 201.

9. 상게서, 202.

10. 상게서, 204.

11. 상게서, 214.

12. MacKellar & Bechtel, 191.

13. Habermas, 60-1.

14. 'God's little helper', *THES*, 1997. 3. 14.

15. Andrew J. Imparato & Anne C. Sommers, 'Haunting Echoes of Eugenics', *Washington Post*, 2007. 5. 20.

16. Basil H. Aboul-Enein, 'Preventive Nutrition in Nazi Germany: A Public Health

Commentary', *Online Journal of Health Ethics*, vol. 9, issue 1.

17. James J. H. Rucker, 'Psychedelic Drugs should be Legally Reclassified so that Researchers can Investigate their Therapeutic Potential', *BMJ*, vol. 350, h2902(2015. 5. 26).

18. 'The War on Drugs at a Glance', leap.cc.

19. Chris Roberts, 'Black City Residents More Likely to be Busted for Pot, ACLU Says', *San Francisco Examiner*, 2013. 6. 6.

20. D. J. Nutt, 'Equasy: An Overlooked Addiction with Implications for the Current Debate on Drug Harms', *Journal of Psychopharmacology*, 23 (1) (2009), 3-5.

21. Robert J. Blendon & John T. Young, 'The Public and the War on Illicit Drugs', *Journal of the American Medical Association*, vol. 279, no. 11(1998. 3. 18), p. 827.

22. 'America's New Drug Policy Landscape', PewResearchCenter, 2014. 4. 2.

23. 'Majority Now Supports Legalizing Marijuana', PewResearchCenter, 2013. 4. 4.

24. 'Depression', Fact sheet no. 369, World Health Organization, 2015. 10.

25. Morozov, 171.

26. Gary Marcus, 'Moral Machines', *New Yorker*, 2012. 11. 24.

27. Wolstenholme, 288.

28. 상게서, 275.

29. 상게서, 283.

30. 상게서, 275.

31. Petersen, 69-71.

32. Malthus, 10.

33. 상게서, 22-3.

34. 상게서, 23.

35. Petersen, 71.

36. Malthus, 30.

37. Letters, *New Yorker*, 2015. 9. 21.

38. Petersen, 71.

39. 인용 출처: 상게서, 219.

40. Allan, 58.

41. Zhuang Pinghui, 'Beijing Unfazed by Drop in Births despite Ending the One-

child Policy', *South China Morning Post*, 2016. 1. 21.

42. Sarah Conly, 'Here's Why China's One-child Policy was a Good Thing', *Boston Globe*, 2015. 10. 31.

3. 확신하지 말아요

1. Diogenes, 62.

2. 상게서, 60.

3. 상게서, 59.

4. Adamson, 102.

5. 상게서, 123.

6. Diogenes, 68.

7. 상게서, 66-7.

8. 상게서, 59.

9. Caryle Murphy, 'Most Americans believe in Heaven... and Hell', *PewResearch-Center*, 2015. 11. 10.

10. Unger, 221-2.

11. 상게서, 28 n, 3.

12. 상게서, 238 n, 14.

13. Heuer, 76.

14. Epstein, 75.

15. N. David Mermin, 'Could Feynman Have Said This?', *Physics Today*, 2004. 5. 10.

16. Levitt & Dubner, 88.

17. Firestein, 21.

18. Heuer, 104.

19. Brooks(2009), 187.

20. Yuki Nagata, Kota Usui & Mischa Bonn, 'Molecular Mechanism of Water Evaporation', *Physical Review Letters*, vol. 115, no. 23(2015. 12. 4), 논문 번호 236102.

21. Brooks(2009), 190.

22. 상게서, 200.

23. 상게서, 200.

24. Heuer, 74-5.

25. Steven Poole, 'Not So Foolish', *Aeon*, 2014. 9. 22.

26. Heuer, 109.

에필로그

1. 'Science on the Surface of a Comet', 유럽우주국 보도자료, 2015. 7. 30.

2. 'First Detection of Molecular Oxygen at a Comet', 유럽우주국 보도자료, 2015. 10. 28.

3. 'New Findings from NASA's New Horizons Shape Understanding of Pluto and its Moons', 나사, 2015. 12. 17.

4. 'New Horizons Finds Blue Skies and Water Ice on Pluto', 나사, 2015. 10. 8.

5. Vance, 226.

6. Ken Kremer, 'A City on Mars is Elon Musk's Ultimate Goal Enabled by Rocket Reuse Technology', *Universe Today*, 2015. 12. 27.

7. Vance, 336.

8. 상게서, 249.

9. 'Target Earth', Near Earth Object Program, nasa.gov.

10. 'Russia's Improved Ballistic Missiles to be Tested as Asteroid Killers', Tass, 2016. 2. 11.

11. 'Project Overview: NEOShield-2: Science and Technology for Near-Earth Object Impact Prevention', neoshield.net: 'DE-STAR: Directed Energy Planetary Defense', deepspace.ucsb.edu.

12. Matt Vella, 'Yuri Milner: Why I Funded the Largest Search for Alien Intelligence Ever', *Time*, 2015. 7. 20.

13. Eric Berger, 'NASA's Newest Cargo Spacecraft Began Life as a Soviet Space Plane', *Ars Technica*, 2016. 1. 18.

14. John Ruwitch, 'China to Land Probe on Dark Side of Moon in 2018: Xinhua', *Reuters*, 2016. 1. 15.

15. *Nasa's Journey to Mars: Pioneering Next Steps in Space Exploration*, 나사, 2015. 10. 8.

스티븐 풀Steven Poole

"그의 눈을 거치면 세상이 전혀 다른 그림을 그린다." 그에 대한 인물평에서 드러나듯이, 그에게는 다양한 학문의 경계를 능수능란하게 넘나드는 "통섭의 천재"라는 칭호가 뒤따른다.

1972년 런던에서 태어나 케임브리지 대학교에서 영문학을 전공한 석학으로, 〈가디언〉, 〈인디펜던트〉, 〈뉴 스테이츠맨〉 등 유수의 매체에서 저널리스트로 활동하며 문화와 비즈니스 등에 관한 다양한 글을 써왔다. 특히 언어와 문화에 관심이 많으며, 관련 분야에 대한 해박한 지식을 바탕으로 지금까지 네 권의 책을 펴낸 저술가이기도 하다. 대표작으로는 정치인의 언어를 다룬 《언스피크Unspeak》와 비디오게임을 미학적 차원의 논의로 끌어올린 《트리거 해피Trigger Happy》가 있다. 세계적인 문학 축제인 시드니 작가 페스티벌(2006)과 비엔나에서 열린 게임 컨퍼런스(2008)에 초청받아 기조연설을 했으며 BBC 다큐멘터리에 고정 출연하는 등 활발한 활동을 하고 있다.

저자는 이 책에서 "문화와 역사에 대한 인간의 생각은 '태양 아래 새로운 것은 없다'는 입장과 '이전에 전혀 없었던 새로운 창조나 혁신이 가능하다'는 두 입장 사이의 긴장과 갈등 속에 있다."고 말한다. 그러면서 환경적 위험, 기술 발달로 급변하고 있는 삶을 사는 우리에게 필요한 것은 "생각 그 자체를 재점검하고, 재발견하는 태도" 그리고 "과거를 부활시키고 과거에서 빠진 퍼즐 조각을 채움으로써 현재와 현명하게 결합하는 혁신적인 태도"라고 말한다. 그는 우리가 답을 찾곤 하는 인문과 고전이 그러하듯, 과거에는 비웃음을 당하고 헛소리 취급받았던 수많은 새로운 주장과 발견이 시간이 지나서 타당성을 인정받거나 혁명적인 것으로 판명된다고 주장하며, 인간의 짧은 시야를 뛰어넘어 몇천, 몇백 년의 시간 속에서 펼쳐지고 사라졌던 경제, 역사, 문화, 과학, 의학, 군사학, 철학, 심리학 분야의 다양한 복원된 생각과 혁신의 사례들을 흥미롭게 보여준다.

번역 김태훈

중앙대학교 문예창작과를 졸업하고 현재 번역 에이전시 하니브릿지에서 전문 번역가로 활동하고 있다. 주요 역서로는 《어떻게 원하는 것을 얻는가》, 《그 개는 무엇을 보았나》, 《스티브 잡스 프레젠테이션의 비밀》, 《달러제국의 몰락》, 《야성적 충동》, 《욕망의 경제학》, 《프리덤 라이터스 다이어리》 외 다수가 있다.